A. Schuller / J. A. Kleber (Hg.)

Gier

Zur Anthropologie der Sucht

Vandenhoeck & Ruprecht
in Göttingen

Die Deutsche Bibliothek – CIP-Einheitsaufnahme

Gier: zur Anthropologie der Sucht /
A. Schuller; J. A. Kleber (Hg.). –
Göttingen : Vandenhoeck und Ruprecht, 1993
(Sammlung Vandenhoeck)
ISBN 3-525-01422-8
NE: Schuller, A. [Hrsg.]

Die Umschlagabbildung zeigt das Gemälde „Der Hai"
von Harald Metzkes (1957); © VG BildKunst, Bonn 1992.

© 1993 Vandenhoeck & Ruprecht, Göttingen
Printed in Germany
Druck und Einband: Hubert & Co., Göttingen

Inhalt

Zu diesem Buch

Vor kurzem beschäftigte ein Gerichtsurteil die Gemüter der Nation. In einem alltäglichen Cannabis-Prozeß bestätigte der Richter öffentlich, was jeder Süchtige im Stillen schon immer weiß: es gibt ein Recht des Menschen auf Rausch. Dabei ist es eine Gesetzmäßigkeit im Krankheitsverlauf, daß sich die Fähigkeit zum Rausch in dem Maße verliert, wie Sucht entsteht. Das Verschwinden des Rausches fällt biographisch und historisch mit dem Erscheinen der Sucht zusammen. Auf der Suche nach dem verlorenen Rausch tritt die Regression des Abhängigen an die Stelle der gesuchten Überschreitung. Angesichts der Leistungsorientierung moderner Gesellschaften ist der Kontrollverlust einerseits die einzige Möglichkeit des ekstatischen Heraustretens, die das System der Selbstkontrolle verläßt. Andererseits wird aber gerade er wieder zum Zwang. Die Sucht ist ein Kreislauf des unmöglichen Potentials.

Parallel zur zunehmend virtueller generierten Realität entstehen immaterielle Formen der Sucht. Liebessucht, Spielsucht, Computersucht bis hin zur - das ist nur scheinbar ein Paradoxon - Gesundheitssucht. Es scheint, als passe sich das Krankheitsbild den Veränderungen der Realität an. Wo nach der Schätzung von Wissenschaftlern über neunzig Prozent der Bevölkerung süchtig oder co-abhängig sind (ANNE WILSON SCHAEF), ist das heutige System eines, in dem sich die Abhängigkeiten des Menschen nicht mehr durch seine "Eindimensionalität" oder durch seinen "autoritären Charakter" stabilisieren, sondern eines, das den Süchtigen als das normale Gesellschaftsmitglied braucht und produziert. Gerade eine Therapie der Sucht hat es also nicht einfach, kommt doch Therapie in erster Linie im Korsett des Normierungszwanges daher, weil Heilung gemäß der Vorstellung TALCOTT PARSONS von Gesundheit als Funktionstüchtigkeit gleichzusetzen ist mit Überformung zur Norm. Eine Behandlung, die den süchtigen Charakter des Klienten überwinden würde, wäre eine Therapie, die nicht nur nicht auf das genormte Persönlichkeitsmodell der Gesellschaft zielte, sondern es sogar in wesentlichen Punkten korrigierte. Damit würde sie aber ihre systemstabilisierende Rolle außer Kraft setzen. Selbst im Therapieziel professioneller Suchtbetreuung ist also der paradoxe Zirkel der Sucht wiederzufinden. Dem Betroffenen bleibt konsequenterweise unter dem Druck der süchtigen Gesellschaft der Rückfall, der seinerseits das unkontrollierbare Dauerärgernis der Rehabilitation ist. Bei geglückter Entwöhnung steigt der Entzogene bestenfalls auf eine andere Sucht um, wobei die Anzahl der Ebenen, auf denen sich der Antagonismus wiederholt, unendlich scheint. Nicht mehr süchtig zu sein käme im Kontext der süchtigen Gesellschaft der Anarchie gleich.

Die Sucht öffnet den Blick auf die dunkle Seite der aufgeklärten Zivilisation. GEORGES BATAILLE siedelt die Ekstase im Terrain zwischen Tabuverletzung und Tabubestätigung an. Es gibt für ihn selbst im Sakralen keinen Raum des Heraustretens aus dieser Dialektik. Ist Ekstase demnach eine uralte menschliche Illusion? Ein Buch über Sucht ist in erster Linie ein Buch über Grenzen. Die Autorinnen und Autoren des Bandes suchen entlang der Zäune der modernen Existenz den Themenkomplex Ekstase-Rausch-Sucht auf. Es ersteht ein Mosaik derjenigen Antagonismen, die von der Suchtforschung gemeinhin außer acht gelassen werden - vielleicht, um keine Widersprüche zu riskieren.

ALEXANDER SCHULLER widmet sich dem Thema *Sehnsucht*, die er als "Antiwirklichkeitsprinzip" faßt. Sei es nun einerseits die Sehnsucht nach der Vergangenheit (Nostalgie oder Regression), die Sehnsucht nach der Zukunft (politische Utopie), oder sei es die Sehnsucht nach der Gegenwart in Form von Sehnsucht nach dem anderen; Sehnsucht eröffnet Räume der Emanzipation, des Ausstiegs aus der Abhängigkeit der gespaltenen Existenz. DIETMAR KAMPER umkreist den *Horror vacui der Moderne*, der sich in dem Maße in der Bilderflut manifestierte, wie er sich mit einem Tabu umgab. Die Formel des modernen Seins, nämlich "im Bilde zu sein", löst sich bereits wieder auf zugunsten regressiver Sehnsüchte nach einem Leben nach dem Tod. Norbert Bolz behandelt in seinem Aufsatz über die *Gadget-Lovers* die Ersetzung des Politischen im Repräsentationsraum bürgerlicher Öffentlichkeit durch eine Technik der Interzeption im Medienverbund der Simulationsgesellschaft. Die Baudrillardsche Lust des Angeschlossenseins bestätigt den Computer als Übergangsobjekt zwischen der Opposition von belebt und unbelebt. In der Arbeit am Computer ist die Grenze der Vervollkommnungsfähigkeit wieder offen - an ihrem Ende steht das totale Interface. Gerhard de Haan reflektiert den Wissenszwang des Abendlandes anhand der Spaltung zwischen den Herrschenden, die die Bildung verwehren, und dem ungestillten Wissensdrang der Beherrschten. Das Verlangen nach Wissen rechnet er nach der Vision Jean-Jacques Rousseaus dem Urprinzip der *perfectibilité* zu, der menschlichen Fähigkeit, sich zu vervollkommnen. Hat Rousseau in der Weltabkehr am Ende seines Lebens, oder haben Bouvard und Pécuchet im Kopierplan aller Bücher einen Ausweg aus dem Wissenszwang gefunden?

Peter Rau verfolgt die Suchtmotivik bei Thomas Mann. Zwischen Lebenssehnsucht und Todesangst zwingt es die Charaktere in den *Buddenbrooks*, aber auch im *Zauberberg* und im *Felix Krull* dem Untergang entgegen: ein filigranes Bild der verkehrten, süchtigen Welt. Marlis Thiel macht sich auf die Suche nach den Spielregeln des Rausches in ihrer Studie zu *Mythos, Mystik und Sprache*. Die Urform des Rausches, der dionysische Rausch, vereinigt die Pole heilig und profan, Schweigen und Sprechen, Erkennen und Verkennen, Sehnsucht und Sucht. Erst bei der Konstituierung des abendländischen Subjekts verstellt die Alltagssprache den Zugang zum Rauscherlebnis. Jutta Anna Kleber interpretiert die Sucht als Ausdruck des kulturellen Verbots der Weisheit, dem letzten Tabu zivilisierter Gesellschaften. Hasso Spode untersucht die Erfindung der Trunksucht als Krankheit durch die Mediziner Trotter und Hufeland, indem er die medizinischen Erklärungs- und Bewertungskonzepte von Trunkenheit und Trunksucht analysiert. Am Ende der Geschichte des Rausches steht die Theorie der Sucht. Erst die Mäßigkeitsbewegung verhilft dem Paradigma der Trunksucht zu größerer Akzeptanz. Burckhart Krause geht der abendländischen *mentalité* des Heldischen anhand von Ehre und Kampf auf den Grund.

In der Typologie des Heldentums, das seine Wurzeln im Mythischen hat und bis heute die Bewußtseins- und Seelengeschichte Europas und seiner Staaten prägt, verknüpfen sich *Leibliebe und Kampfsucht* zu einem unauflösbaren Antagonismus, in dessen Spannung sich immer neue Facetten des Fortschritts generieren. Zwischen dem Körper-ist-Macht-Konzept des Feudalismus und der "Anatomiefeindlichkeit der Moderne" liegt der Prozeß, der die Lust am Grauen ausdifferenziert.

KARIN WINTER argumentiert mit den Erkenntnissen der Gehirnforschung, daß Sucht eine Regelkreis-Instabilität darstellt, die die Evolution der Menschheit erst ermöglicht. Sucht als Instinkt, der den Menschen von Anbeginn begleitet? In diesem Evolutionsmodell gibt es nur süchtige Individuen. NIKOLAUS HEIM analysiert ideengeschichtliche Aspekte der Transformation *Vom Trieb zur Sucht*. Die Ausdifferenzierung der Wissenschaft und der Verfall menschlicher Körperlichkeit merzt die Fundamentalkategorie Trieb aus und gibt sie der postmodernistischen Metapher *Sucht* preis. Zur Fleischwerdung der Theorie führt am Ende des Buches PHILIPP SCHULLER Tagebuch über den Entzug vom Leistungssport.

Sucht ist als Krankheit anerkannt. Angesichts der Normalität des süchtigen Verhaltens stellt sich aber die Frage nach einer neuen Unterscheidungsmöglichkeit zwischen gesund und krank. Zumindest aber ist es an der Zeit, die herkömmlichen Bewertungen des süchtigen Lebens zu überdenken, vielleicht um effizientere Prämissen in die Erforschung der Sucht und in die Konzeption der Therapie einzuführen.

Alexander Schuller
Jutta Anna Kleber

Sehnsucht

Von Gesellschaft zu Gefühl

Gefühle sind wieder da, sogar in der Wissenschaft. Außerhalb der Wissenschaft ging man mit Gefühlen schon immer großzügiger um. In der Politik, in den Künsten, im Alltag war keiner je ganz so kühl wie die Kontrollgruppe, wie der objektive Geist. Aber der Zeitgeist hatte auch außerhalb der Wissenschaft ein Klima der Sachlichkeit und der Distanz gepflegt. Wer cool war, war in. Aber dann kam der Softie, der ganz so soft so oft nicht war, und der dann auch wieder ging. Aber Gefühle blieben. Die durfte man wieder haben, die durfte man zeigen, über die durfte man reden. Und wer wirklich keine Gefühle hatte, der simulierte sie eben. Cool und hot gingen eine Mischung ein. Die Jugendkulturen, die Alternativkulturen, die religiösen Sekten, die neuen sozialen Bewegungen schufen eine Kultur der Empfindsamkeit. Man mußte nicht nach Poona fahren, man mußte nur dem Jargon der Szene lauschen, um diese neue Sensibilität zu spüren. Aber die Szene war auch in der Uni. Mit einem Viertel des Altersjahrgangs in den Hörsälen - oder zumindest immatrikuliert - konnte die Wissenschaft sich dem neuen Bewußtsein nicht lange verschließen. Sie besann sich auf das Subjekt, auf das Subjektive. Diese Wende ist um so überraschender, als Systemtheorie und Marxismus lange Jahre die erschöpfenden Paradigmen zu sein schienen, zwischen denen die Entscheidung zu fallen habe. Bei dieser - vermeintlichen - Dichotomie gerieten deren Gemeinsamkeiten aus dem Blick. Beide nämlich zielten auf die große Theorie, die eine mehr historisch, die andere mehr strukturell, auf überindividuelle Gesetzmäßigkeiten, auf das Objektive. Der Mensch, in dessen Namen der Marxismus zu sprechen beanspruchte, erschien nur als Gattung und in der Systemtheorie überhaupt nicht.

In der heutigen Debatte geht es um die vorsichtige und vorerst eklektische Wiederbelebung einer Anthropologie. Das läßt sich auch an der Aufwertung qualitativer Forschung ablesen: der Ethnomethodologie etwa, der verschiedenen narrativen Verfahren oder in der Ergänzung der "written history" durch die "oral history". Es geht dabei nicht nur um eine gewandelte methodologische Orientierung, sondern um die Rekonstituierung des Subjekts, das im wissenschaftlichen Diskurs des 20. Jahrhunderts eine eher periphere Rolle spielte. Der gelegentliche Verweis auf Autoren wie SCHELER oder GEHLEN oder PLESSNER hat mehr Alibi- als Referenzcharakter. Der Wandel ist nicht nur das Ergebnis eines innerwissenschaftlichen Prozesses, eines Paradigmenwechsels, es sind vor allem die politischen, die ökologischen, die psychischen Katastrophen, die in je unterschiedlicher Weise das bisherige gesellschaftstheoretische Denken zu verantworten hat. Die Hinwendung zum Individuum, zum Subjektiven, zum Unsystematischen, zum Einzelfall, zu Leiden und Liebe ist sowohl ein Protest gegen die unendlich langen Zahlenreihen der empirischen Sozialforschung, die mir alles über den Makro-Menschen, aber nichts über mich selber sagt, als auch eine Zurückweisung der Borniertheit des Marxismus, dessen Errungenschaften in seinen Gulags zu besichtigen sind.

Der Appell geht an die Wissenschaft, Denken, Handeln und Fühlen nicht nur zu differenzieren, sondern auch wieder zusammenzuführen. Das glatte Denken, das zügige Handeln, die makellosen Antworten begegnen einer neuen Skepsis. Die imperial publizierten Ansprüche sind leise geworden. Die Hoffnung auf die große Theorie ist der Arbeit an den kleinen Einsichten gewichen. Die harten Unterscheidungen zwischen Wissen und Fühlen, zwischen Körper und Bewußtsein, zwischen Macht und Ohnmacht sind weich geworden. Das Objektive scheint nicht mehr so unerschütterlich, und das Subjektive hat längst reale Folgen. Die einst soliden Kategorien, die großen und komplizierten Begriffsapparate sind ins Wanken geraten. Die Destabilisierung der Strukturen hat zu einem Wiedererstarken der Gefühle geführt. Das Sanfte und das Subjektive haben eine neue Legitimität gewonnen. Sowohl die Trauer ist diskursfähig geworden als auch das Lachen. Über Süchte wird nicht mehr nur neurologisch oder psychotherapeutisch, sondern auch philosophisch, historisch, literarisch gesprochen. Damit zerfließt auch die Grenze zwischen Sucht und Sehnsucht.

Das Prinzip Sehnsucht

Sehnsucht will das Andere. Sie hat kein Ziel und kennt den Weg nicht. Sehnsucht ist Suche. Ihr Gegner ist der Stillstand, alles Verläßliche und was wirklich ist. Sie verweigert sich dem Hier und Jetzt, seinen Regeln und Ritualen, sie will hoch hinaus oder tief hinab, aber immer will sie fort. Sehnsucht ist nicht nur unrealistisch, sie ist unvernünftig. Sie lebt von der Freiheit der Phantasie, von dem Anspruch, die Welt anders zu denken, diesen Anspruch umzusetzen in eine neue Wirklichkeit. In diesem Sinne wäre die Sehnsucht dann "produktiv", ein willentlicher oder unwillentlicher Diener der Vernunft, gezähmt, gebändigt. Es ist bezeichnend, daß sozialkritische Schriften oft genug von Sehnsucht in just diesem Sinne, von der Härte, die Sehnsucht immer auch ausmacht, handeln. Eher wird man der Sehnsucht gerecht, wenn man sie als ein Prinzip der Bewegung sieht, für das das Ziel immer sekundär bleibt. Sehnsüchte, die sich auf beschreibbare und begründbare Ziele richten, sind schnell ernüchtert.

Als psychologische Kategorie bedeutet die Sehnsucht Autonomie. Wer Sehnsucht hat, träumt sich selbst, entwirft sich selbst, begibt sich auf den Weg und ins Risiko. Er fragt nicht seine Mutter und nicht seinen Vater und auch seinen Genossen nicht, er bleibt verhangen in seiner Sehnsucht. Er ahnt, daß er auch auf Abwege geraten wird. Das ist das Süchtige an der Sehnsucht, daß sie absolut ist, hemmungslos. Alles oder nichts, Sehnsucht ist gnadenlos. Und manchmal macht Sehnsucht auch gnadenlos.

Mancher Wissenschaftler eröffnet seinen Text mit der Darstellung seines Erkenntnisinteresses, keiner je mit der Deklaration seiner Sehnsucht, obwohl die ihn doch genauso bestimmt wie sein Erkenntnisinteresse. Andererseits wäre die Wahrheit unzureichend komplettiert, wenn wir nur nach Motivationen, bewußten oder unbewußten, suchten. Denn Sehnsucht transzendiert sowohl das Individuelle, wo es verankert ist, als auch das Gesellschaftliche, in das es hineinreicht. Sehnsucht ist eine anthropologische, keine psychologische oder historische Kategorie. Sie reicht zurück bis in unsere animalischen Ursprünge und verkoppelt sie mit den kältesten Artefakten unseres Geistes.

Träume

Wir betten unsere Sehnsüchte in Träume, wir verstecken sie in Träumen und entdecken auch wieder, überwältigt, befreit, erschreckt in ihnen all unsere Sehnsüchte. Manchmal erkennen wir sie gar nicht wieder, wollen sie nicht wiedererkennen. Nein, das habe ich nie geträumt, das bin ich nicht. Träume sind Zwitter, angesiedelt im Zwischenreich von bewußt und unbewußt, von real und irreal, gierig und kindisch. Erst der historische Prozeß, alle unsere Sozialisationen - primäre, sekundäre und tertiäre -, die Institutionen, Normen und sozialen settings bringen unseren Träumen Mores bei. Nur wenn es dunkelt, wenn keiner, auch wir selbst nicht hinsehen, öffnen sich uns all die schönen und grausamen Wahrheiten tief in uns. Traumdeuter haben von Anbeginn, bis hin zu FREUD und JUNG und weit darüber hinaus, im Traum unser anderes, wahrhaftigeres Ich gesehen. Träume lügen nicht. Sie sagen uns immer jene ganze wirre Wahrheit, nach der wir uns zwar sehnen, aber der wir bei Tageslicht nicht ins eigene Auge zu blicken wagen. Ihre Wahrhaftigkeit liegt paradoxerweise in ihrer Differenz zur Wirklichkeit. Sie können wahr sein, weil sie den Zwängen des Realen nicht unterworfen sind. Im Alptraum erfahre ich jene gräßliche Wahrheit über mich, die ich bei Licht und Verstand nie glauben würde. BUÑUEL hat das in jener berühmten Einstellung in "Le chien andalou" zu suggerieren versucht, in der unter großem Mond ein großes weit geöffnetes Auge durchschnitten wird. Nicht nur BUÑUEL, auch MAX ERNST, auch DALI haben magische, suggestive Bilder gemalt, in denen sie die Wahrheit ihrer Alpträume offenbarten. Und nicht nur der Surrealismus, auch der Manierismus, auch der Expressionismus, alle große Kunst hat sich ihr Material in den Tiefen des Traumes gesucht. Sich im Traume zu vergessen, zu entfesseln, das erst macht die Sehnsucht zu einer Kraft, die mich befreit, mich zur Besinnung bringt, die - auch das geschieht gelegentlich - die Massen in Bewegung setzt. Meist aber sind wir zu vorsichtig, denken nicht einmal im Traum daran. Gerade deswegen sind Träume immer auch Versuchungen, die Welt des Realen, des Banalen und des Blöden zu verlassen, über die Brücke zu gehen, in den Kampf, in den Rausch, in die Ekstase, in den Wahn, nie mehr zurückzukehren, dorthin, wo es nur die lächerlichen drei räumlichen und nur jene einzige zeitliche Dimension gibt, sich zu verlieren, zu verschwimmen, zu vergehen.

Nostalgie

Nous sommes tous "à la recherche du temps perdu". Immer wieder greifen wir zurück auf unsere Erinnerungen, schöpfen aus ihnen unsere Wünsche, unsere Maßstäbe, unser Selbstbild. Wir wollen unsere Geschichte, unseren Ursprung wissen, den eigenen, den unserer Familie, unseres Volkes, unserer Gattung. In der Sprache entstehen Ursprungstheorien (GESSINGER u. VON RAHDEN 1989), alle großen Religionen sind Ursprungsmythen (ELIADE 1973). Zwar kann der Rückblick in die Vergangenheit das unwiderruflich Verlorene beweinen, aber auch das Errungene feiern.

Starke Metaphern stehen hier auf. Die Erde in der griechischen Tradition, die Sonne in der japanischen und dann immer wieder die Mutter. Auch ohne Freud und schon lange vorher war klar, welche Bedeutung diese erste Erfahrung haben mußte. Ursprung war immer die Mutter, alles Glück und alle Schmerzen bis hinab zum letzten Atemzug. Deswegen ist der Tod der Mutter auch das Ende der Unschuld, der unwiderrufliche Eintritt in das Leben der Erwachsenen, der progressiven Ernüchterung. Große Literatur ist fast immer die Rekonstruktion der Kindheit: "Tristam Shandy" (STERNE 1904), die "Dubliners" (JAMES JOYCE 1914), die "Buddenbrocks" (THOMAS MANN 1901). Immer wieder kehren wir zurück zu jener Kinderfrage: "Erzähl mir mal, wie war es, als ich zur Welt kam, als ich zur Schule ging, als wir umzogen, als wir arm waren, als wir reich wurden, erzähl!" Diese Bilder aus der Vergangenheit sind verschoben, verzerrt, voller Schmerz oder voller Freude, aber sie zielen alle auf einen Ort: auf Heimat. Das ist lange unterdrückt und unterschlagen, auch diffamiert, als "Heimatrecht" trivialisiert worden, und kehrt doch jetzt in unerwarteter Wildheit wieder, auf der ganzen Welt, oft genug blutig, aber immer entschieden gegen jegliche Vernunft.

Die Sehnsucht nach der Idylle ist, auch wenn sie es sich in italienischen Stahlmöbeln gemütlich macht, nicht abzuschaffen, und der Versuch geht häufig übel aus. Keiner hat so leidenschaftlich gegen den sozialen Wohnungsbau gekämpft wie die Besitzer von Schrebergärten, in deren Interesse der soziale Wohnungsbau zu handeln vorgab. Der großstädtische Kiez versucht, die Idylle zu rekonstituieren, und auch, wenn die Eckkneipe nicht mehr an der Ecke ist, sie ist lebendiger denn je. Da kennt man sich, da trifft man sich, da kann man regredieren und zu sich kommen. Daß die Zeitschrift "Die Gartenlaube", daß alle Sehnsüchte, für die "Die Gartenlaube" als Metapher steht, in Zeiten sozialen Umbruchs entstehen, ist bezeichnend. Die Gartenlaube, die wir alle in uns tragen, sichert uns die Verbindung zu unserer eigenen Vergangenheit, sie sichert unsere Identität und die Kontinuität unseres Lebens (LANGE 1976). Daß die - sowohl demokratischen als auch totalitären - Apologeten der Moderne die Nostalgie immer verachtet haben, zeigt die geheime Geschichtsfeindlichkeit der Aufklärung.

Diese Geschichtsfeindlichkeit macht sie blind für jene langgestreckten historischen Prozesse, auf die BRAUDEL (1966) aufmerksam gemacht hat und die zu der Renaissance von Fundamentalismen aller Art geführt haben: religiöse und regionale, politische und ethnische. Die Sehnsucht nach - auch blinden - Verbindlichkeiten, nach vergangenen und vermeintlich erprobten Ritualen zeigt sich überall. Die Wirklichkeit hat versagt, sagt gut Hegelianisch der Schrei der fanatischen Massen. Nieder mit der Wirklichkeit, Tod den Feinden, wer immer sie seien. Im Fundamentalismus liegt eine tiefe, wilde und verzweifelte Sehnsucht, deren Kraft in "vernünftige" Bahnen zu drängen bisher keinem gelungen und dessen mächtige Impulse der aufgeklärte Verstand offenbar nur schwer begreifen kann. Vorerst findet sich der Fundamentalismus weit hinten in der Türkei. Aber er rückt näher. Auch bei uns könnte er aufbrechen, wieder aufbrechen. In den Hörsälen hatten wir ihn ja schon mal.

Utopie

Auch wenn die Kulturanthropologen uns von den Wanderungen der Guarani berichten, jenem brasilianischen Indianerstamm, der fortwährend das "Land ohne Übel" sucht, so bleibt die Utopie doch ein europäisches Spezifikum. Auch wenn es in anderen Kulturen, bei Japanern, Chinesen, Indern und Arabern Vorstellungen von paradiesischen Glückszuständen, irgendwann und irgendwo in der Zukunft, in der Vergangenheit gibt, so doch nirgends in so besessener Ausführlichkeit wie in Europa (MANUEL u. MANUEL 1989). Vielleicht waren die Chinesen zu kühl, die Inder zu versponnen, um die Spannung zwischen Diesseits und Jenseits, die ja erst die Hoffnung auf einen Himmel auf Erden generiert, wahrzunehmen. Europa aber ist von Anfang an utopisch. Im "Staat" des PLATON und selbst in der nüchternen "Politik" des ARISTOTELES sind differenzierte politische Utopien formuliert. Obwohl HERBERT MARCUSE "Das Ende der Utopie" verkündete, gehörte gerade er zu jenen, die sie neu zu beleben und voranzutreiben versuchten. Es mag schwer sein, die reiche europäische Tradition utopischen Denkens auf den Begriff zu bringen, aber sicher ist, daß sie immer das Mögliche und das Unmögliche zusammenzudenken versucht hat. Das Kommunistische Manifest ist eine Utopie, der Fünfjahresplan, auch dann, wenn er nicht erfüllt wird, keine. Utopien sind grundsätzlich nicht realisierbar, sie sind wie die GUARANI ständig auf der Suche, brechen jeden Morgen neu auf und kommen nie an. Manchmal weisen sie die Richtung - und wechseln sie dann auch wieder. Wer aber das Kommunistische Manifest wie einen Fünfjahresplan zu lesen versucht, verwechselt auf verhängnisvolle Weise Wunsch und Wirklichkeit.

Von allen großen Weltzivilisationen ist die europäische die am wenigsten stabile. Von Anfang an ist europäische Geschichte die Geschichte von Umbrüchen, Erschütterungen und Konflikten, bis hinein in die blutige Gegenwart. Insofern ist verständlich, daß gerade in Europa die politische Utopie im Vordergrund stand. PLATON entwirft einen autoritären "Staat", FRANCIS BACON ein "Neues Atlantis", CAMPANELLA den "Sonnenstaat". So sehr sie sich unterscheiden, eines ist klar: Sie reagieren alle auf den Verfall ihrer Welt, sie suchen nach einer neuen Ordnung. Religiöses Erbe - BACONs ideale Welt heißt in Anlehnung an Jerusalem Bensalem - und Rationalismus mischen sich hier. Messianismus und Pedanterie sind oft nicht zu unterscheiden.

In dem von THOMAS MORUS erfundenen Begriff der Utopie drückt sich der auch in der Folgezeit immer deutlicher werdende Zwiespalt utopischen Denkens aus. Utopie bedeutet nämlich "kein Ort" - nicht wie gelegentlich angenommen: "schöner Ort", also Eutopia - und gibt damit trotz aller immer wieder detaillierten Spezifika seine Ziellosigkeit geradezu deklamatorisch preis. Diese Ambivalenz utopischen Denkens ist bis heute erhalten geblieben. Sie drückt sich aus in der Differenz zwischen ROUSSEAU und ROBESPIERRE, zwischen GOBINEAU und GÖRING, zwischen MARX und STALIN. Die Katastrophe wird unvermeidbar, als Mao TSE-TUNG, der Denker der absoluten Gleichheit, zum Politiker wird und in die Realität eintritt. Die Kulturrevolution als ein Versuch, Utopie real werden zu lassen, scheiterte, zumindest an einer begrifflichen Unschärfe. Man kann also froh sein, daß BLOCH (1954), politische Verantwortung zu tragen nie Gelegenheit bekam. Er hatte sich als die treibende Kraft jenes Übergangs vom Möglichen zum Wirklichen, von Hoffnung zu Erfüllung verstanden, als jener Prophet, der in der Nachfolge MARXens die Utopie konkret machen würde. Für BLOCH war Utopie nicht nur eine Kategorie des Denkens, sondern des Handelns, ein Instrument der Revolution oder genauer formuliert, der Destruktion. In seiner phantasierten Identifikation mit THOMAS MÜNTZER sah er sich als den großen Zertrümmerer (DOREN 1968, S.

123-177). Wie wir inzwischen wissen, reichte seine reale politische Kraft nur dazu, seine Genossen zu denunzieren (ROHRWASSER 1991, S. 167; BLOCH-ALMANACH 1983). Auch wenn sich BLOCH als Verkünder des "Prinzips Hoffnung" verstand, so ist der anarchistische Untergrund seines Denkens doch unübersehbar. BLOCH mißversteht sich selbst. Sein Denken ist gar nicht auf realistische Ziele hin fokussiert, sondern auf die schöne Geste, die kühne Bewegung, die Suche, die Sehnsucht eben, nicht die Theorie oder gar die Praxis. Das hat er mit MARINETTI (1909) gemeinsam.

Politische Utopien sind oft abstrakt, voller Verachtung für individuelles Leiden, für individuelles Glück. Die Aufklärung war vor allem eine Aufklärung des Kopfes gewesen. Nur wenige dachten an Triebe und Gefühle. An dieser cartesianischen Dichotomie von Fleisch und Leib, von Subjektivem und Objektivem laboriert die Aufklärung von Anfang an. Aber erst nach der Französischen Revolution, vielleicht weil deren "menschliches Defizit" so dramatisch klar geworden war, entstanden Modelle auch für die Seele und den Leib. Während DE SADE den Versuch unternommen hatte, den Menschen auf seinen empirischen Kern zu reduzieren, ihn zu entzaubern, ihm seine Seele so lange auszutreiben, bis er vollständig säkularisiert sei, entstanden im Gegenzug und zur fast gleichen Zeit die Konzepte von HENRI DE SAINT-SIMON, CHARLES FOURIER und ROBERT OWEN. Ihnen ging es vor allem um die Entfaltung von Sinnlichkeit, um die Rückgewinnung des Subjekts.

Für SAINT-SIMON sind die Wissenschaftler - und auch DE SADE verstand sich als Wissenschaftler - "brutiers". Das ist bedeutsam, weil gerade die Aufklärung und die Französische Revolution die Wissenschaft feierten. SAINT-SIMON wird zu einem der frühesten Kritiker der Wissenschaft. Auch konzeptionell bezieht SAINT-SIMON eine Gegenposition, indem er Gleichheit als widernatürlich bezeichnet und ihr Ungleichheit als das von der Natur vorgegebene Prinzip entgegensetzt. Er entwickelt eine Vorstellung von Gesellschaft, die sich am biologischen Organismus orientiert. Insofern kann auch nicht überraschen, daß in seiner Nachfolge sexuelle Utopien stärker in den Vordergrund rücken. ENFANTIN, ein Schüler von SAINT-SIMON, sprach sich so offen und so radikal nicht nur für eine befreite Sexualität, sondern auch für die Emanzipation der

Frau, nicht allein für Geistigkeit, sondern auch für Fleischlichkeit aus, daß er im Paris der Restauration auf öffentlichen Protest stieß.

Radikaler noch als SAINT-SIMON fordert FOURIER Freiheit für alle Leidenschaften, einschließlich der sexuellen. Für FOURIER ist Mäßigung ein diffamierender Begriff. FOURIER ist radikaler Naturalist, jedes moralische Gesetz sieht er als Einschränkung nicht nur der Menschenrechte, sondern der Naturgesetze. Für FOURIER ist die sexuelle Begierde der Grundtrieb menschlichen Handelns, die Grundlage von Gesellschaft und Kultur. Im Intellektuellen, als dem Vertreter des Geistes, sieht er nicht nur den Feind des Fleisches, sondern auch seinen eigenen. FOURIER entwickelt sich zu einem leidenschaftlichen Kritiker der Zivilisation. Er konzipiert, eben doch auch Rationalist, eine Taxonomie von zwölf Leidenschaften, die nicht nur eine Anthropologie, sondern, nach FOURIERS Verständnis, eine Gesellschaftstheorie begründen.

Für den modernen Leser erscheinen viele dieser von SAINT-SIMON und seinen Schülern, von FOURIER vorgetragenen Überlegungen durchaus vertraut. HAVELOCK ELLIS, WEININGER (1920), FREUD formulieren eben auch die Utopie von der zu sich selbst befreiten Sexualität, jenem Stück Natur, das, verdrängt und vielleicht auch pervertiert, in uns ruht und das es wieder hell und heil zu machen gilt. Offensichtlich wird diese Utopie bei WILHELM REICH. Auch er folgt, wie FOURIER, einem naturalistischen Konzept von Sexualität. Er sieht in ihr sowohl das Instrument der Unterdrückung als auch der gesellschaftlichen Befreiung: Orgasmus als revolutionäre Kraft. Noch MARCUSE konnte in der radikalen Veränderung der sexuellen Verhältnisse den Kern einer auch politischen Revolution erkennen.

Zu den populärsten Utopien gehören die wissenschaftlichen. Science-Fiction-Texte machen in den USA seit den 70er Jahren etwa zehn Prozent der jährlichen Buchproduktion aus. Ihre Protagonisten RAY BRADBURY, ISAAC ASIMOV, ANTHONY BURGESS, ARTHUR C. CLARKE und vor allem STANISLAW LEM sind längst in die high culture vorgestoßen. Aber auch strikte Fachwissenschaftler gehören dazu und je strikter und je fachwissenschaftlicher, desto radikaler ihre Utopien. Der Behaviorist JOHN B. WATSON hatte schon zu Beginn dieses Jahrhunderts eine eher grobschlächtige Utopie entworfen, die, intellektuell verfeinert, von seinem Schüler SKINNER in zwei berühmt gewordenen Büchern "Walden 2" und "Beyond Freedom and Dignity" fortgeführt wurde. Der zweite Titel zeigt, worum es SKINNER geht: um die Abschaffung der traditionellen humanistischen Werte Europas zugunsten einer Sozialtechnologie des Überlebens. Er sieht die Rettung der Menschheit nicht in weniger, sondern in sehr viel mehr und bewußt eingesetzter psychologischer und sozialer Manipulation. Auch die kommerziellen Formen der Science Fiction sind an dem von Skinner entworfenen Bild vom Menschen und von unserer Gesellschaft orientiert. Dabei verblüfft immer wieder, wie kleinbürgerlich diese Utopien geraten. Sie verlängern die ganz und gar unkritisch gesehene Welt des mittleren Dienstes in eine technologisch aufgerüstete Zukunft. Beim Spielfilm "E.T." von STEVEN SPIELBERG kann man geradezu von Space-Kitsch sprechen. "Star Wars" und andere Serien dieser Art, die im Film, im Fernsehen und auf Videos millionenfach verfügbar sind, stützen sich auf traditionelle Westerndramaturgie, denen sie Trickaufnahmen von gigantischen - im Studio natürlich winzigen - Raumschiffen aufpfropfen. Deswegen ist auch - in Anlehnung an "horse operas" - von "space-operas" gesprochen worden. Bei diesen Serienprodukten handelt es sich weniger um Utopien als um "Gadgeterien", Werbefilme für die Raumfahrt-Industrie. Neben ihrer Naivität fällt aber auch ihre lässig hingeworfene und hemmungslos totalitäre Vorstellung von Gesellschaft auf. Es geht um Präzision, um Überschaubarkeit, um Kontrolle, und die Technologie scheint die Möglichkeit zu einer solchen totalen - eben sozialen - Kontrolle zu bieten: Gesellschaft als Labor, soziale Prozesse als Experiment, unter möglichst genau kontrollierten Bedingungen. Insofern haben die intellektuell anspruchsvollen wissenschaftlichen Utopien, wie die von Skinner etwa, und die trivialen doch wesentliche ideologische Elemente gemein: Das unkritische Vertrauen in "Wissenschaft", die Unterstellung, daß es sich bei gesellschaftlichen Problemen nicht um Ziel-, sondern um Mittelkonflikte handelt und daß nicht der Mensch der primäre Wert sei, sondern Ordnung. Selbst in den Filmen, in denen die Wissenschaft oder der Wissenschaftler einem kritischen Blick ausgesetzt werden, zeigt sich bald, daß es sich lediglich um einen

Konflikt zwischen "echter" und "unechter" Wissenschaft handelt. In "Alien II" etwa siegt die gute Wissenschaftlerin - vielleicht nicht zufällig eine Frau - über den bösen und männlichen Wissenschaftler, der bezeichnenderweise noch als Android und Roboter entlarvt wird.

Die utopische Kraft des Westens ist im Schwinden, auf der Flucht, auf der Flucht vor der Stadt und ihrem Prinzip der Genauigkeit, auf der Flucht vor der Wissenschaft und ihrem Produkt der Technik. Sie konfrontiert nicht mehr die Welt und ihre Wirklichkeiten, sie entrinnt ihr, versucht es jedenfalls. Sie verzettelt sich in vielen Träumen, eklektisch konfiguriert aus östlichem und uraltem Gedankengut. Der Wille, Urbanität und Gesellschaft zu imaginieren und zu formen, ist dahin. Viele der neuen Träume sind ganz und gar anspruchslos, eine Mischung aus Mystik und Meditation, aus Esoterik und Okkultismus. Sie zitieren JUNG und REICH, das Tibetische Totenbuch und das Bagavadghita. Sie feiern das Ende der Arbeit, das Ende der Entfremdung, das Ende der Einsamkeit, die Natur und das Human Potential. Alles ist möglich, nichts ist zwingend. So nackt, so bloß hatte sich die Sehnsucht noch selten gegeben. FRITJOF CAPRA, einer der Propheten dieses aus Verzweiflung geborenen Synkretismus bringt es in seinem Buch mit dem programmatisch gedachten Titel "Wendezeit" (1983) auf den Nenner, indem er sich gegen DESCARTES, gegen unsere als mechanistisch und kalt gedachte Welt, gegen Fortschritt, gegen Konkurrenz und gegen Leistung wendet. Der Mythos eines neuen Paradieses wird hier verkündet, das sich, wie alle uralten Träume, "New Age" nennt und glaubt, es könne "die Welt verwandeln". Gegen den Materialismus, den die Verkünder des New Age in allen abendländischen Formen des Denkens sehen, setzen sie "Bewußtsein" als die neue zentrale Kategorie. Sie soll uns vor der bloßen, der offensichtlichen, der materiellen Welt befreien, uns in neue Träume, neue Räusche, neue Welten führen: nur fort von hier, wohin auch immer.

Die Apokalypse hat die Utopie abgelöst. Nicht Wunschträume, Angstträume beflügeln unsere Visionen von der Zukunft. Immer schon hatten Utopien auch dieses Element, das Element der Warnung, der Kritik, auch des Schreckens. Nicht erst seit JONATHAN SWIFT gibt es Dystopien, also negative Utopien. Aber es scheint, daß die Sehnsucht, besonders des Europäers, nicht mehr Hoffnungen anfliegt, sondern die Verzweiflung. Gerade kommerziell setzen sich immer schlimmere Visionen von Gesellschaft, von Zukunft und von zwischenmenschlichen Beziehungen durch. Horrorfilme und Horrorvideos entwerfen eine Welt des Grauens, aus denen eine immer stärker anschwellende, offenbar nicht mehr zu bändigende Angst spricht. Zukunftsangst dominiert und lähmt unsere Phantasie: Angst vor dem Ozonloch, den gentechnologischen Monstern, dem Tschernobyl II, III, IV und V, den Menschen um uns herum, Asylanten, Kriminellen, Drogensüchtigen. Das alles ist nicht nur populärer Wahn. H. G. WELLS, GEORGE ORWELL, SEMJATIN und ALDOUS HUXLEY haben die modernen Utopien - politische, technologische, gesellschaftliche - ihrem Gegenbild ausgesetzt und sind zu einem vernichtenden Urteil gelangt. Aber alle Gegenutopien, auch die besten, ergeben keine neue Perspektive, sie korrigieren nur und warnen vor dem Schlimmsten. Ihre utopische Kraft ist reflektiert, gebrochen. Sie dementieren nicht, sie bestätigen eher den Verfall utopischen Denkens in Europa. Für die Sehnsucht ist die Zukunft tabu geworden. Zu schlimm scheint das, was uns dort erwartet, zu sein. Wenn wir über die Zukunft zu phantasieren wagen, dann nur im Hilfeschrei.

Das Andere

Das haben Nostalgie und Utopie gemein, daß sie vor der Gegenwart, vor der Realität fliehen, die eine nach vorne, die andere nach hinten. Beide versuchen entlang der Zeitdimension ihre Grenzen zu finden, indem sie sie überschreiten, sie verletzen. Beide, Nostalgie und Utopie, tangieren die Grenze. Sie suchen nicht sich, sondern das Andere, das längst vergessene, das kaum vorstellbare, auf jeden Fall das, wovon wir nur eine Ahnung und kein Wissen haben. In der Suche nach dem Anderen geraten wir außer uns, verlieren uns, erschaffen uns neu. In der Begegnung mit dem Anderen, der Konfrontation werden wir unserer selbst bewußt. Auch wenn das Andere kein ferner und neu zu entdeckender Kontinent ist, wenn das Andere nur eine Phantasie, eine Idee, ein nur halb bewußtes Sehnen und

Zerren, ein vages Gebilde - aus dunklen Träumen und tiefem Atem gehoben -, ist, auch dann führt es uns in eine andere, eine bessere, schrecklichere, aber auf jeden Fall freiere Welt.

Die Sehnsucht nach dem Anderen macht sich - suchend und zögernd - fest an einem, irgendeinem Realen: einem Bild, einem Gesicht, einer Zeile, einem Zweig, im Wasser gespiegelt. Die Sehnsucht versucht sich, indem sie auch den Anderen in Versuchung und hinein in die Wirklichkeit führt. Aber auch das Andere ist Versuchung, die Versuchung, mich anders zu sehen, anders als ich mich in meinem Spiegel sehe, sehen möchte. Sie fordert, daß ich meiner Begierde Folge leiste, mich auf dieses Andere, auf dieses begehrte Bild hin bewege, es in Bewegung setze, es mit Leben erfülle, es, wie Jahwe einst, mit ausgestrecktem Finger ins Leben rufe.

Auf keinen trifft diese Erwartung, diese verzweifelte Hoffnung mehr zu als auf die Geliebte (STENDHAL 1965). Denn je mehr ich mich der Geliebten nähere, mich ihr anvertraue, mich ihr ausliefere, um so mehr erlebe ich die Differenz. Und je größer die Differenz, der Abgrund zwischen uns beiden, desto größer muß meine Kraft, muß meine Liebe sein. Denis de ROUGEMONT hat in seinem Buch über die Liebe im Abendland diesen Gedanken vorbereitet, daß Liebe überhaupt erst möglich wird als Anstrengung zum anderen, daß die Liebe um so größer ist, je utopischer sie ist, um so reiner, je weiter sie springen muß, um zum anderen zu gelangen - so wie damals Tristan, als er über das tückisch ausgestreute Mehl zu seiner Isolde springen mußte. Es sind nicht nur, wie bei de Rougemont, die Tabus - die kommen und gehen ja bekanntlich - es ist die psychische, die biologische Differenz, die die Liebe konstituiert, nicht die Gleichheit. Nähe und Geborgenheit, das sind die zwar ersehnten, aber eben immer trivialen Nebenprodukte der Liebe. Die Liebe will das Andere - das sie nie erreicht - und gelegentlich, mit linker Hand, verschenkt sie eine Erinnerung an Glück. Wer in der Liebe nicht das Andere, sondern das Gleiche sucht, sucht nicht das Wagnis und die Verwundung, sondern das Spiegelbild und die Repetition. Dessen Sehnsucht wird nie fliegen lernen.

Auch das Schöne ist das Andere, selbst dann, wenn es Anspielungen, Erinnerungen, Fragmente verarbeitet (GNÜG 1982). Aber sind das Schöne und das Leben daher Gegensätze, notwendige oder nur mögliche oder gar zu versöhnende Gegensätze? In der Spätromantik hatten BEAUDELAIRE, danach BRUMMEL, POE, schließlich, im fin de siècle, OSCAR WILDE versucht, den Gegensatz von Leben und Kunst - und zwar mit der Figur des Dandy - zugunsten der Kunst zu entscheiden. EDUARD VON HARTMANN (1889) wirft NIETZSCHE die Vermengung und Verwechslung von Leben und Ästhetik vor. THOMAS MANN laboriert, zumindest in seinen frühen Schriften, an dem Gegensatz von Künstler und Leben. STEFAN GEORGE versucht eine radikale Formalisierung und Ästhetisierung von Leben, Lust und Lyrik. Noch MARINETTI fordert im Futuristischen Manifest (1909) den Sieg der Ästhetik über die dumpfe Wirklichkeit. Und auch der Faschismus kann ja als ein - sicherlich nicht letzter - Versuch gewertet werden, das Leben, mit den Mitteln jener von Albert Speer realisierten Ästhetik, zu liquidieren.

Der Wille zum Schönen entspringt dem Widerwillen gegen die als banal und öde erlebte Realität. Kunst opponiert gegen das Leben, sie postuliert sich als Alternative, als Modell, als Kritik, als Befreiung. Kunst ist dort, wo der Mensch - im Schönen und im Häßlichen, in der Trauer und in der Freude - sich selbst entäußert und gegen die Welt in Form bringt. Wie die Liebe, so ist das Kunstwerk nur nebenbei. Primär ist es Flucht und Mühe und Fluch. Daß das für den Künstler gilt, ist bekannt, geradezu ein Topos, aber es gilt auch für denjenigen, dem das Werk, die Metapher, das Geheimnis entgegentreten. Hier offenbart sich der Unterschied zwischen preziösem Konsum und existenziellem Wagnis. Aneignen heißt dann nämlich, aufs Ganze zu gehen, die Welt herauszufordern, sich selbst zu entäußern. Nur wer im Kunstwerk auch das Subjekt erkennt, anerkennt in ihm das Schreckliche, das Erhabene, sich selbst.

Bei der Suche nach dem Anderen geht es um Ferne und um Nähe und um die Differenz zwischen beiden und um die Frage, wie wir diese Differenz aushalten. Je ferner, desto verlockender, aber auch bedrohlicher. Deswegen sind die großen Fahrten des Jason, des Odysseus, der Kreuzritter, des Huckleberry Finn, Mythen der Suche nach Heimat, nach dem Ende. So wie Kolumbus gar nicht das Fremde suchte, aber doch fand, so verfährt umgekehrt der Tourist, er sucht das Fremde und findet das Vertraute. Er simuliert das Abenteuer und bleibt doch auf Las Palmas, in Rimini, in Bangkok bei Beck's Bier und Schweinshaxe zu Hause, so wie er sich zu Hause bei Carpaccio und Cappucino in der Fremde wähnt. Das Fremde ist nämlich gar nicht mehr das Ferne, das ist längst domestiziert, vom Satellitenfernsehen kolonialisiert. Das Fremde ist eingedrungen in unsere Städte, unsere Häuser, in unsere Wohnungen. Die multikulturelle Gesellschaft zerstört nicht nur das Fremde, sondern auch dessen Gegenstück, die Heimat. Das eine ist nicht mehr fremd, verlockend, gefährlich, das andere ist nicht mehr ordentlich und vertraut.

Und damit verschwindet auch das Exotische. Für TSCHE-CHOWS Figuren war der Sommer auf dem Land exotisch, für VAN GOGH die Provence, für GAUGUIN mußte es schon Tahiti sein und für wen heute, mit mehreren Raketenstarts im Fernsehen pro Woche, sind der Mond, der Mars anders als trivial? Das Fremde ist nur dem exotisch, der aus der Ferne kommt und behutsam und zum ersten Mal und überwältigt wird. Das, was Exotik an Projektion und Unschuld zusammenfügte, ist nicht mehr möglich. Wir haben alles gesehen. Die Spannung ist dahin.

Erlösung

Alles sehnt sich nach Erlösung. Das hat Tradition, in allen Kulturen und zu allen Zeiten, ob im Diesseits oder im Jenseits, ob im Gebet oder im Rausch. Erlösung ist zwar auch die Befreiung aus ungerechten und unerträglichen Zwängen, aus einer Ordnung, die nicht mehr gilt, sie verlangt aber auch nach dem Gesetz. Der Erlösungsschrei bewahrt nicht nur das Gedächtnis an den Schmerz, sondern auch die Hoffnung auf das Paradies. Erlösung ist die erhabene Form der Emanzipation, Emanzipation die säkularisierte Form der Erlösung. Das erklärt die mangelnde Spezifität, die gewaltige Dynamik des Emanzipationsgedankens: Erst war es der dritte Stand, dann der vierte, dann Frauen, dann Alte, dann Kinder, dann Behinderte, dann Studenten, dann Homosexuelle, alle wollen sich emanzipieren, alle wollen erlöst werden. Aber mit dem Wandel von Erlösung zu Emanzipation stellen sich reale Forderungen - mit weitreichenden haushaltsrechtlichen Auswirkungen und dem Umschlag ins Banale. Erlösung entfesselt die Hoffnung, Emanzipation die Gier. Erlösung zielt auf das Irreale und ist deswegen möglich, Emanzipation setzt eine reale Dynamik in Bewegung, die kein Ende, nur unendlich steigende Erwartungen schafft.

Obwohl das eine des anderen Spiegelbild ist, wollen sie das Gegenteil. Erlösung will Einheit, Einfachheit und Eindeutigkeit. Emanzipation will Pluralität, Komplexität und Konflikt. Erlösung erhebt sich über die Zeit. Emanzipation ist auf der Höhe der Zeit. Sie betreibt, das wird keinem entgangen sein, die Aufklärung und die Moderne. Trotzdem gleitet ihr die Sehnsucht nach Erlösung aus den Händen. Diese Sehnsucht ist der Protest gegen die Moderne, ihre Komplexitäten, ihre Vieldeutigkeiten, ihre Unverbindlichkeiten. Trotz allen Wehgeschreies von politisch, religiös und gewerkschaftlich "Verantwortlichen" entstehen immer mehr Sekten und Banden, steigt der Drogenkonsum, verhalten sich immer mehr Menschen immer weniger "vernünftig", verstoßen gar gegen ihre eigenen "Interessen". Die Borniertheit, mit der gegen diese "sozialen Mißstände" gekämpft wird, ist bezeichnend: Mit Methadon und Broschüren, mit Sozialkundeunterricht und Aufrufen, unter denen immer wieder dieselben läppischen Namen stehen. Unter all den eklektischen, mißratenen, zynischen Bemühungen, Erlösung - am besten in der ÖTV - zu organisieren, schlummern verdrängte und verbotene, aber trotzig unabweisbare Sehnsüchte, anthropologische Konstanten, die weder zu leugnen noch zu emanzipieren sind.

Erlösung ist aber auch Versöhnung. Hatten nicht alle Utopien, hatte nicht die Aufklärung, hatten nicht selbst der Sozialismus und der Faschismus Versöhnung gefordert und mit dieser Forderung die Massen bewegt, wenn auch nicht immer in die erwünschte Richtung? Die Sehnsucht nach Versöhnung, wie unerfüllt auch immer, bleibt: symbiotisch zu versinken, sich hinzugeben, ganz und gar und rückhaltlos, an die Geliebte, an die Kinder, an - auch das, und warum auch nicht - die Gemeinschaft, die Polis, den Staat. Aber solange der Staat korrupt, die Kinder im Verschwinden und die Geliebte gerade ausgezogen ist, bleibe ich, bleiben wir alle, bleibt unsere Gemeinschaft unerlöst, verwiesen an das banale Tretrad der Emanzipation. Die Komplexitäten werden wachsen und die Sehnsucht nach Erlösung auch.

Die Wissenschaft

So nüchtern sich die Wissenschaften geben, sie sind getrieben, süchtig nach dem Unbekannten. Die unendliche Suche des Wissenschaftlers ist primär, nicht ihr Objekt. Das Objekt läßt die Sehnsucht des Wissenschaftlers nur real werden, verankert sie im Stellenplan der Universität, im Forschungsantrag, im Gerät: Polymere können es sein oder Pollen oder die polnische Teilung, egal. Und auch die Methoden sind nur Folge und Funktion des Abstiegs des Wissenschaftlers in Kontext und Empirie. Alle Wissenschaft stellt Fragen, immer neue, immer andere, immer bessere. Aber schon die Antwort kümmert mehr die anderen. Wenn die Wissenschaft hinabtaucht bis an den Boden unserer Vergangenheit oder hinaufsteigt zum Mond, zum Mars, kümmert sie kein Mond und kein Mars und niemandes Vergangenheit. Denn je höher wir fliegen, desto ferner, je tiefer wir tauchen, desto bodenloser werden wir uns. Je mehr Daten wir über unser Verhalten akkumulieren, desto weniger haben wir uns im Griff. Je mehr wir über uns wissen, und daß wir das tun, kann keiner leugnen, desto weniger wissen wir. Dieses Paradoxon macht das Wesen der Wissenschaft aus. Aber hinter der wissenschaftlichen Suche nach mir, nach dir, nach dem und das steckt nicht das Interesse an Erkenntnis oder gar Selbsterkenntnis, sondern die Hoffnung, daß es hinter jedem Faktum und jedem Paradigma ein neues Paradigma und ein neues Faktum gibt, daß die Suche nie und nirgends enden möge. Die Folgen und die Ergebnisse, die Nebenwirkungen dieser seiner Suche interessieren den Wissenschaftler nur gelegentlich, nach Dienstschluß.

Je differenzierter die Gesellschaft geworden ist, desto diffuser ist die Wahrheit. Je exakter die Methoden der Wissenschaft sind, desto hoffnungsloser ist es geworden, sich in ihr zu finden. Je unsicherer wir uns geworden sind, desto sicherer werden unsere Methoden. Aber der Anspruch trügt. Unsere Methoden sind selbst, so nüchtern und so exakt sie sich geben, besessen von der Sehnsucht nach Verläßlichkeit, nach Gültigkeit. Auf sie, so ihr irrer, wenn auch stummer Schrei, sei Verlaß: Laß fahren alle Zweifel! (DANTE). Aber auch metho-

disch sind wir längst schon auf der Flucht. Je mehr wir nämlich über uns wissen, desto mehr verändern wir uns auch.
Erst allmählich begreifen wir, daß die vielen verschiedenen
und wahrlich phantastischen wissenschaftlichen Methoden
weniger geeignet sind, die Welt oder gar uns selbst zu erkennen, als die Welt und uns zu verändern. Die Modelle, die wir
erarbeiten, beschreiben vielleicht auch uns und unsere Welt,
vor allem aber machen sie uns zu dem, wie diese Modelle sich
uns dachten. Die Ergebnisse von Meinungsumfragen haben,
wie jeder Sozialwissenschaftler weiß, immer auch normativen
Charakter. In zwanzig Jahren werden alle menschlichen Ge-
nome erfaßt, zugleich aber auch durch gentechnologische
Manipulationen zum großen Teil wieder verändert sein. Indem wir uns erkennen, erschaffen wir uns neu, verlieren uns,
erkennen uns wieder, erschaffen uns neu und stellen uns nie
die Frage nach dieser geheimen und unendlichen Dynamik.
Indem die Wissenschaft alte Weltbilder entzaubert und zerstört, setzt sie geistige und seelische, politische und wirt-
schaftliche Kräfte frei, die sie selber zu bändigen nie beansprucht hat und die zu erklären ihr - wenn überhaupt - nur
post festum gelingt. Die Wissenschaft entfesselt Kräfte, schafft
Süchte, aber keine neuen Strukturen, keine Rettung.

Die Revolte

Die Wissenschaft ist ja nur eine, eine moderne Form der
Selbstsuche. Die klassische Form ist die Revolte, vom Aufstand des Adels bis zum "Aufstand der Massen" (ORTEGA Y
GASSET). Aber Revolten haben weder Sinn noch Verstand, sie
wollen das - und zwar mit ganzer Leidenschaft - Andere, was
immer es sei. Die Revolte ist "l'action pure", destruktiv und
auch selbstdestruktiv, beflügelt von jenem Wahn, der die
Wirklichkeit als Wahn entlarvt. Keine Revolte kann je gelingen. Aber in jeder Revolte stecken jene geheimen Dialektiken,
die erst der historische Prozeß zur Entfaltung bringt. Die sind
es dann, die ahnungslos und ungeahnt in die Wirklichkeit
einsickern. CAMUS hat im "L'homme Revolté" dieser Dialektik
nachgespürt und gezeigt, wie sehr jede Revolution Verrat an
der Revolte übt. In "L'Etranger" hat er und in "Les Faux Mon-

nayeurs" hat ANDRE GIDE in der Revolte eine Geste der entschiedenen Sinnlosigkeit entdeckt. ANDRE GIDE spricht dabei von einem "l'acte gratuit". Die Revolution versucht die Revolte zur Vernunft zu bringen, sie ist die Ideologie, die die grundsätzliche Sinnlosigkeit der Revolte verschleiern und für die Revolution nutzbar machen soll. Die Revolution ist reflektiert, die Revolte Reflex, die Revolution denkt, die Revolte handelt, die Revolution ist zynisch, die Revolte naiv. Die Revolution ist das Instrument der Mächtigen, die Revolte der Schrei der Ohnmächtigen. Jede revolutionäre Theorie ist grundsätzlich Alibi. Während die Revolte die Legitimität der alten Ordnung zerstört, versucht die Revolution die Legitmität einer neuen Ordnung zu schaffen. Weil mit der Entfesselung der Revolte eben nicht nur die alten, sondern überhaupt Strukturen vernichtet werden, steht sie im Gegensatz zu jeglicher Revolution, die gnadenlos auf "law and order" zielt. In der Revolte geraten alle Triebe und Triebkräfte außer Rand und Band, werden süchtig. Revolutionstheorien, die eine neue Ordnung wollen, sind immer auch Suchttherapien und von unerträglicher, von zivilisatorischer Brutalität.

Der Glaube

DREWERMANN in seinem Kampf gegen das Dogma der Jungfrauengeburt spielt Gynäkologie gegen Glauben aus (DREWERMANN 1987, S. 503). Glaube aber ist nicht Aufklärung, sondern Aufbruch. Der Glaube behandelt nicht den Eisprung, sondern den Glaubenssprung, wie ihn KIERKEGAARD - auch als Qual - beschrieben hat. Wer die Fakten zusammenzählt, sie einzeln und im Kontext überprüft, mit anderen, vorliegenden Daten vergleicht, alles zusammen der Methodenkritik unterwirft, ist, wenn er es gut macht, Wissenschaftler, der alles, nur das Wesentliche nicht verstanden hat. Das ist, worauf der Glaube zielt: auf das Wesen der Dinge, und das ist weder empirisch noch logisch noch organisatorisch noch politisch zu fassen. Im Glauben und durch den Glauben weigere ich mich, mich auf meine empirische Existenz zu reduzieren, mich von anderen reduzieren zu lassen. Mein Bemühen, wesentlich zu werden, ist keine Frage des empirischen Verfahrens. Es ist reine und phantastische Suche, jene Suche, in der es nicht um dieses oder jenes Faktum, sondern um Leben und Tod geht. Und weil der Glaube trotz aller Modalitäten und Strukturen immer wieder ausbricht, wird er so vielen strengen Scholastiken unterworfen. Die Religion ist der Versuch, diesen Glauben zu bändigen. Die Sehnsucht, sich zu finden in Gott, ernst zu machen mit seinem Leben, die ist immer gefährlich. Franz von Assisi war gefährdet und gefährlich, die Waldenser waren es, Savonarola, Hus, Luther, alle. Die einen fanden Formen oder wurden in jene Formen gebracht, die den Glauben wieder erträglich und lebbar, wieder menschlich machten, die anderen starben ihrer Sehnsucht. Denn der Glaube in seinem Willen zu Gott ist unmenschlich, gnadenlos, tödlich. Die Metapher des Märtyrers zeigt es. Jede bayrische Dorfkapelle, das Kruzifix selbst führt es vor. Der Glaube führt ans Ende, aber am Ende sieht er nicht das Ende, sondern den Neubeginn, die Hoffnung, den qualitativen Sprung. Seine Erfüllung findet der Glaube nie. Ein bißchen Rast, Zwischenstation findet er in der Kirche, im Tempel, in der Pagode, aus der er dann immer wieder ausbricht, auf der Suche nach Gott, den er in sich zu entdecken hofft.

Die Liebe

Liebe will alles, und weil Liebe alles will, scheitert sie. Sie will nehmen und geben, rauben und neu erschaffen. Sie will den Anderen und sie will sich, ohne Reste. Liebe ist total. Und nur wenn sie total ist, ist sie Liebe. Wenn ich liebe, bin ich de-sozialisiert und un-kultiviert, im freien Flug, getragen von meiner Phantasie, meiner Projektion. Liebe ist hemmungslos und unkalkulierbar, lebensgefährlich. Deswegen müssen sowohl in der Wirklichkeit als auch in der Literatur die großen Liebenden immer sterben.

Jedes Hohelied der Liebe singt deren Ende. Alle Formen der Liebe sind Versuche, ihre ziellose und anarchische Kraft in Bahnen der Gesittung, der sozialen Kontrolle, der Rechtsnormen einzufangen. Die Venus des Botticelli, jedes Sonett, jede Arie, jede Nana bannen die Liebe (Benn o.J., S. 25), strukturieren und mumifizieren sie. Aber was bliebe von der Liebe, wenn nicht das Gedicht, das Gemälde, die Sonate das ihnen mögliche

31

Wenige und oft nur Kümmerliche, aber überhaupt irgend etwas retteten. Was bleibt, ist der Diskurs. Don Juan, die Metapher des ewig und immer wieder hemmungslos Liebenden, stürzt jedesmal neu vom Himmel in die Hölle. Nur mit der Kraft des Zynismus gelingt es ihm, die große, alles erlöschende Liebe immer wieder neu zu entfachen. Aber bekanntlich scheitert Don Juan. Er scheitert am Widerspruch von Hoffnung und Erfüllung, von Liebe und Lust, von Wunsch und Wirklichkeit, von Anarchie und Ordnung. Der reale Don Juan beichtet, bittet um Vergebung, wird Mönch und sogar Abt, und die imaginären Namensvettern sterben, weil sie ihrer Suche nach der Liebe kompromißlos treu geblieben sind.

Der Tod

Alle Sehnsucht sucht den Tod, ihr eigenes Ende, das Ende allen Treibens, die Auflösung, die Erlösung. Alles Suchen, alle Sucht läuft darauf zu. Wenn das magische Prinzip fordert, der Moment möge doch verweilen, weil er so schön sei, dann fordert die Sehnsucht den Flug, die Flucht und den Tod. Wenn die Magie zwanghaft ist, dann ist die Sehnsucht schrecklich, nicht so sehr, weil sie den Tod phantasiert, sondern weil sie, in ihrer logischen Konsequenz und ihrer biographischen Vollendung, in den Tod führt. Für die Sehnsucht ist der Tod kein Unfall, der das Erreichen des Zieles verhindert, sondern das Ziel selbst. In der Sehnsucht steckt ein zutiefst lebensfeindliches Prinzip. Die von der Sehnsucht generierte Kraft zur Liebe, zur Verzweiflung, zum Glauben, zur Phantasie, zur Hingabe sind grenzenlos. Meist halten die von Kultur und Gesellschaft dagegen errichteten Dämme, Rituale und Tabus. Aber dann, wenn sie brechen, werden wir zu todessüchtigen Göttern. Um BENN zu variieren:

> Göttlich sind die Liebenden, die Spötter,
> alles Verzweifeln, Sehnsucht, und wer hofft.

Die Zukunft der Sehnsucht

Die Sehnsucht, die Sehnsüchte, die Süchte werden wachsen. Wie Metastasen durchziehen sie schon jetzt unsere Gesellschaft und viele von ihnen sind in den Untergrund gegangen: als Verbrechen und als Verzweiflung, als Narzißmus, als Radikalismus, als Vandalismus, als Alkoholismus und als Terrorismus. Sie erkennen sich selbst nicht mehr. In den vielen tiefen und dunklen Nischen der Komplexitätsgesellschaft nisten sie sich ein, krank und gekränkt und immun gegen die etablierten Abwehrsysteme, unerkannt und unkontrolliert. Und wer ihren Code zu entschlüsseln versucht, wird eine Synthese aus Regression und Transgression, aus Wahn und Wille, aus Rückschritt und Fortschritt, aus Animalität und Spiritualität entdecken. Die Sehnsüchte werden immer einsamer, immer stärker, immer wilder, immer mehr. Aber die Orte, wo sie sich niederlassen können, Heimat finden in dieser Gesellschaft, werden karger. Sie sind auf Trebe, die neuen Nomaden der Moderne. Kein Haus, kein Kruzifix kann sie mehr halten. Viele haben schon die Zelte abgerissen, einige schon die Boote bestiegen, sie warten auf den Sturm, der sie hinaustragen soll auf's hohe Meer, zu rasender Fahrt.

DIETMAR KAMPER

Bilderflut und Körperschwere

Rückfragen nach dem "Horror Vacui" der Moderne

Die Unterschwelligkeit eines Überflusses

Der exzessive Gebrauch, den die Menschen heutzutage von den Bildern machen und den - vice versa - die Bilder heutzunacht von den Menschen machen, die die Bilder brauchen, läßt vermuten, daß darin Nebenfolgen und Spätwirkungen eines besonders hinterhältigen "Schreckens der Leere" zum Tragen kommen. Es sind längst nicht mehr die Gesetze des Sehens, die befolgt werden - beispielsweise, daß Bilder Zeit brauchen, um aufzugehen und zu verschwinden und in dienender Funktion Aufgang und Untergang einer Welt zu gewährleisten -, sondern es ist der Zwang einer Rotation, in der ein Bild das andere überholt, durchkreuzt, ablöst, vernichtet, und so der Eindruck entstanden ist, als gäbe es nichts anderes mehr und die Bilder seien bereits alle Welt, wenn auch im rasenden Wechsel. Ob dieser Zwang eine Sucht ist, wird sich an den Umständen seiner Ausbreitung erweisen. Es ist wahrscheinlich, daß für den Fall des Aufhörens der genannten Bilderrotation eine Kette von Entzugserscheinungen auftreten wird. Aber es ist nicht sicher. Das liegt daran, daß es sich bei den Bildern nicht um gewöhnliche oder ungewöhnliche Stoffe handelt, auf die der Mensch aus freien Stücken oder unter Therapie verzichten könnte. Sie sind vielmehr die "Ur-Tatsachen" des menschlichen Bewußtseins, sowohl in Richtung der äußeren als auch in derjenigen der inneren Erfahrung, wie

Philosophie und Humanwissenschaften seit der europäischen Romantik übereinstimmend annehmen. Was zur Debatte steht, wäre also ein Zuviel, ein Überfließen der Bilder, das - möglicherweise - eine Antwort auf ein Zuwenig darstellt, auf ein historisches Versiegen qualitativer, gesättigter Zeit- und Wirklichkeitserfahrung. Ereignislosigkeit hätte dann einen Wiederholungszwang zur Folge gehabt, der statt Gift Phantasmata als Mittel gegen Traumata braucht, mit der starken Tendenz, diese Mittel zu entmediatisieren und eine Immanenz des Imaginären aufzurichten, in der unendlich viel passiert und fast nichts geschieht. Die Hinterhältigkeit dieses modernen "Horror Vacui" besteht im Exzeß. Die Leere wird niemals als Leere deutlich, sondern schon vorher als ihr vermeintliches Gegenteil wirksam. Es herrscht gewissermaßen ein umgekehrter Bildersturm, ein Sturm von den Bildern her, wie er in den früheren Jahrhunderten nur als pathologisches Phänomen bekannt war: obsessive Visionen, Ideenflucht, Bilderqual usw. Das hängt einerseits damit zusammen, daß die technischen Möglichkeiten der Bilderherstellung enorm gewachsen sind und weiterhin Zuwachsraten haben werden. Zum anderen aber geht die exzessive Bilderflut auf das Schwachwerden religiöser Gesetze zurück. Die Regeln des in den großen Weltreligionen je unterschiedlich ritualisierten Bilderumgangs, vom totalen Verbot bis zur moderaten Erlaubnis mit gelegentlichen Übertreibungen, sind durch die Moderne radikal aufgekündigt worden. Seitdem haben sich die Menschen von der Grenze zwischen einem Zuwenig und einem Zuviel bis zur völligen Orientierungslosigkeit entfernt. Sie waren, geschichtlich betrachtet, noch nie so weit jenseits aller Bilderverbote. Dennoch gibt es kaum Rechenschaftslegungen über diesen Prozeß der Entfernung. Das muß mit einer spezifischen Unterschwelligkeit der Probleme zu tun haben, die dabei auftauchen. Der "Horror Vacui" sorgt offenbar nicht nur für die Dynamik seiner Verstellung, sondern auch für ein Tabu seiner Thematisierung. Wer sich dem Thema nähert, kriegt es deshalb mit der Angst zu tun. Im folgenden wird, um das Schlimmste einer direkten Konfrontation zu vermeiden, eine Annäherung über Umwege versucht. Die drei entsprechenden Fragen lauten: Was ist für die menschlichen Körper so faszinierend daran, zum Bild zu werden oder genauer: im Bilde zu sein? Liegt die Faszination in der verschwiegenen Todesmacht, die das Imaginäre ausübt? Hat die Bildersucht vielleicht mit einer noch kaum thematisierten Entwicklung zu tun, in der die Bilder durch Vervielfältigung und Beschleunigung "flüchtig" werden und so das Versprechen, das in einem angenehmen Totsein gelegen hätte, für die schwergewordenen Körper nicht einlösen können?

Im Bilde sein - eine moderne Existenzform

Wenn man statt eines aktiven Verhältnisses zum Bild ein passives thematisiert, hat man die neuesten Entwicklungen für sich. Das menschliche Auge, als Konstruktionsmittel für die Wirklichkeit in der Neuzeit hochgespielt, hat seine Kontrollmacht längst an blickende Waffen verloren und ist derzeit das große leidende Organ der Menschheit. Was es in seiner Passion kaum faßt, ist die heimliche Transformation der Körper in Bilder, auch des eigenen Körpers, der sich bei seinem Verschwinden gewissermaßen zusehen muß. Denn was die Bilder als Bilder verschweigen, ist ihre Simulationsfunktion, die zuletzt die Wirklichkeit derart substituiert hat, daß nicht einmal Klagen über die verschwundenen Objekte auftauchen können. Es sind Bilder von Körpern, welche die Seelen der Menschen heimsuchen, welche neuerdings die Körper unter Druck setzen. Und wer sich selbst prüft, wird eine rätselhafte Lust daran entdecken, eine Existenz als Bild zu führen, abseits aller Gebrechlichkeit. Was wird aber - so etwa könnten die Rückfragen zu diesem Rätsel lauten - aus den Körpern, wenn man die Körper zu Bildern macht? Wo bleiben sie in ihrer Schwere bei der anstehenden Transformation ins Leichte? Gehen sie in der Bilderflut unter, auf Nimmerwiedersehen? Läßt dieses schier spurlose Untertauchen dennoch eine Erinnerung übrig, zumindest an die spontane Gegenwehr, die Menschen einst dagegen geleistet haben, ins Bild gebracht zu werden? War also die Scheu davor, fotografiert und gefilmt zu werden, doch im Recht? Und was heißt in Betracht des nun gelaufenen Prozesses eigentlich das "Recht auf das eigene Bild", das juristisch unendlich mühsam aus den Grundrechten der Person auf Unversehrtheit abgeleitet wird? Warum fehlen in Anthropologien und Ontologien des 20. Jahrhunderts durchweg die Reflexionen auf einen speziellen Status des "Im Bilde Seins"? Glaubt man immer noch, es handele sich um eine schöne Metapher, statt um eine wirkliche Existenzform? Oder besteht das gesuchte Rätsel darin, daß - sorgsam in einer großen Selbstverständlichkeit verpackt - im Bilde sein soviel heißt wie unsterblich geworden zu sein? Ist es eine Weise des angenehmen Totseins? War es zufällig, daß auf alten Bildern die Seele, die dem Körper entfährt, als eidolon, als "Bildchen" des Verstorbenen gemalt wurde? Ist die Transformation ins Bild eine "Mortifikation"? Läge also die Faszination für die sterblichen Körper in der Über-Setzung? Vom Zustand der hinfälligen Schwere in den Zustand einer flüchtigen, angenehmen Unsterblichkeit? Muß man an die Totenbildchen auf südländischen Friedhöfen erinnern, die den präsentischen Gegenhalt gegen die verwesenden Leichname bilden, dabei schlimmstenfalls der Verwitterung ausgesetzt sind? Was meinte zum Beispiel MARLENE DIETRICH, als sie, nach der Begründung für ihre Weigerung, im Alter noch abgelichtet zu werden, gefragt, antwortete: "Ich bin zu Tode fotografiert worden."? Wie kommt es zu jenem unmenschlichen Terror beim "Body-Building", das keine körperliche Tortur ausläßt, um aus Körpern Bilder zu machen? Und ist es nicht alle Anstrengung wert, dem strahlenden Glanz eines unsterblichen Körperbildes ähnlich zu werden? Plaudern - so betrachtet - die Fitneß-Center der alten und neuen Welt das Geheimnis der europäischen Bildung aus? Und muß man sich noch wundern, daß die VIPs (very important persons) in der gesamten Welt und gleich welcher Profession, wenn man ihnen persönlich begegnet, übertünchten Gräbern gleichen? - Bevor der Verdacht, der den Fragen die Richtung gibt, erhärtet werden kann, muß noch eine semantische Erörterung eingeschoben werden, die einem gesellschaftlich äußerst erfolgreichen Nebensinn des "Im-Bilde-Seins" gerecht zu werden versucht. Die große Selbstverständlichkeit des Prozesses ist hier situiert: Man versteht sich selbst als "informiert" und die Gesellschaft, deren Mitglied man ist, als "Informationsgesellschaft". Es ist nur das Pech, daß auch die Wortgeschichte von "Information" denselben Hintergrund hat wie die der "Bildung", nämlich einen religiösen. Gott schuf den Menschen sich zum Bilde. Die Aufrechterhaltung dieser Schöpfung besteht in der permanenten Wiederholung einer "informatio hominis". Bildung und Information stammen aus dem Umkreis der Mystik und der Heilsgeschichte und beschreiben den bereits geschilderten Vorgang, den Körper in ein Bild zu verwandeln und ihn so aus der trägen Diesseitigkeit in einen jenseitigen Himmel der luftigen Gebilde hinüberzuretten. Obwohl die Menschen inzwischen längst wie die Stellvertreter Gottes handeln, hat sich an der Sachlage einer solchen Heilsbedürftigkeit offenbar nichts geändert.

Das Imaginäre als Todesmacht

Das mag erhellt und erhärtet werden an den Einzelheiten einer rezenten Entdeckung, wie sie von sogenannten Todesforschern beschrieben worden ist. Die Arbeitsgruppe um MOODY und andere hat bei der Befragung vieler hunderter Menschen, die todesnahe Erfahrungen - nach Unfällen, bei Operationen, in extremen Belastungen - gemacht haben, verblüffend stereotype Auskünfte erhalten. Spektakulär sind das immer bestätigte Glücksgefühl, das mit dem erfahrenen "Gestorbensein" verbunden ist, und umgekehrt der zum Teil heftige Widerstand gegen das "Zurückgeholtwerden", das mit wiederkehrenden Ängsten und Verzweiflungen einhergeht. Im einzelnen kommen in den Berichten folgende Auffälligkeiten vor:

- Obwohl es im "Jenseits" Klänge, Düfte und eine dichte Gefühlsatmosphäre gibt, ist die Erfahrung hauptsächlich durch bildhafte Wahrnehmungen gekennzeichnet; die betroffene Person kommt zweimal vor, einmal extern, begabt mit einem extrakorporalen Blick, zum anderen als Akteur von Szenen, wiederum hauptsächlich der tödlichen oder beinahe tödlichen Szene (des Unfalls, der Operation, der extremen Belastung).
- Es herrscht eine Allmacht des Wissens, das bei gleichzeitigem Verlust aller Schmerzen und aller Aggressivität "gut" ist; das ergibt ein ohne Grenzen flutendes Wohlsein in Bildern; die Körper überhaupt (Bildkörper mit holographischer

Realität) sind ohne jegliches Gebrechen, was auch für Körper gilt, die im Leben anders waren, auch für den eigenen.

- Man begegnet Toten, die im Leben durch ein enges Band mit einem verbunden waren, Verwandte, Bekannte (wobei man untrüglich weiß, wer aktuell lebt und wer gestorben ist); man begegnet Lebenden mit transparenten Körpern, transparenten Seelen; man begegnet - fast immer - einem Lichtwesen, das je nach Religion einen Namen hat oder anonym bleibt; in seiner Nähe vor allem wird das eigene Leben vollkommen durchsichtig.
- Die Zeit mit ihrer unerbittlichen Struktur eines Früher oder Später hat aufgehört; stattdessen gibt es eine ewig stehende Gegenwart und einen Raum der völligen Transparenz; die Rückkehr aus solcher Unsterblichkeit in den sterblichen Körper ist derart unangenehm, daß man dem dafür Verantwortlichen (Arzt, Helfer, Retter) in den Arm fällt, wobei man allerdings, wie bei Holographien, nur durchgreift.
- Manche finden durch eine Art Zeit-Tunnel in die Lichtwelt hinein und müssen auf demselben Weg wieder hinaus, wobei die Öffnung ins Leben zurück dunkel ist wie ein "schwarzes Loch"; die Fähigkeit zur extrakorporalen Wahrnehmung hört auf, und kaum erträgliche Schmerzen beginnen, ebenso verschwindet das gute Allwissen; immerhin kann ein Rest hinübergerettet werden, als "neue Liebe zum Leben".

Den Kennern der religiösen, besonders der mystischen Literatur sind die skizzierten Details keineswegs unbekannt. In den berühmten Totenbüchern der alten Welt (Ägypten, Vorderasien), aber auch bei HOMER und den jüdisch-christlichen Apokalypsen und noch im "Tibetanischen Totenbuch", das Vorschriften für das Totsein enthält, denn auch dieses will gelernt sein, werden sich weitere Einzelheiten finden lassen, die mit hier nicht weiter berücksichtigten Varianten der todesnahen Erfahrung zur Deckung zu bringen sind. Doch weder eine solche Prüfung noch eine der Kontingenzen der menschlichen Sprache, wo es um "Unbeschreibliches" geht, noch die der Suggestivität der Fragen des Forschers, der solche Berichte als "gut" qualifiziert, die seinen Rahmen ausfüllen, ist an dieser Stelle beabsichtigt. Vielmehr geht es auf einer Ebene hoher Plausibilität, die bei der Vielzahl der Interviews nicht leichtfertig abgetan werden kann, um die Kontamination von Unsterblichkeit und Totsein auf der einen, von Sterblichkeit und Lebendigsein auf der anderen Seite. Damit soll die Faszination der Bilder qua Unsterblichkeit einerseits unterstrichen, andererseits bestritten werden. Im Umkehrschluß ist es nämlich das Imaginäre als Todesmacht, das die Menschen verführt, das sie täuscht, und zwar fundamental - und das sie darüber süchtig macht. Das Fazit der Todesforscher lautet: Totsein ist grenzenlos angenehm. Es kennt keine Unterschiede, weder des Alters, noch des Geschlechts, noch der Schichtzugehörigkeit, noch der Religion, noch der Rasse, noch des IQ - Genialität spielt zum Beispiel in den genannten Erfahrungen überhaupt keine Rolle. Diese tote, unsterbliche Welt ist wahrhaftig von universaler Allgemeinverbindlichkeit. Die einschlägige Frage lautet, ob das "Im-Bilde-Sein", das "Zum-Bild-gemacht-Werden" seinen strahlenden Glanz nicht von daher bekommt und erhält, daß die differenzlose tote Unsterblichkeit seit jeher ihr Ziel war und ist, daß Bilder mithin eine maskierte Spielart des Todes sind.

Von der Flut über die Flucht zur Sucht

Vielleicht sind sie, die Bilder, die Erfüllung? Vielleicht ist der Einschlag des Todes in die Sehnsucht der Menschen mit dem Imaginären gleichzusetzen, so daß der bisherige Gang der Argumentation bei einer Tautologie endet: Die Menschen haben nichts außer den Bildern. Sie sind - legitimiert durch das Jenseits - das Allgemeinverbindliche schlechthin. Das Sterbliche an ihnen, die Körper hingegen sind eine Art Unfall der Schöpfung. Sie können vergessen werden. - Aber besteht der Sinn des menschlichen Daseins, im Tode vollendet zu sein, wirklich darin, als Bild zu enden unter Verdrängung und Vernichtung des Körpers? Welche Ahnung von Lebendigkeit könnte dem widersprechen? Welches Lob der Sterblichkeit, des vergänglichen Augenblicks käme gegen die ubiquitäre Gewalt eines "Nunc stans" der Ewigkeit, der Unsterblichkeit auf? Hieße an dieser Unverhältnismäßigkeit festhalten nicht, ein Haiku zu setzen gegen das abgelagerte Gewicht aller

Weisheitsbücher dieser Welt? - Die Rückfragen nach dem Hinterhalt des "Horror Vacui" münden in die vorauslaufende Frage nach der kommenden Sucht. Denn es hat den Anschein (obwohl es keineswegs sicher ist), daß auch die Bilderflut versiegen wird, daß schon eine Flucht, ein Fluchtigwerden und ein Fliehen der Bilder eingesetzt hat und daß die Menschen darauf mit regressiven Wünschen reagieren. Deren Ziel wäre es, gestorben zu sein. Ein Verlangen, das ein derart perfektes Futur im Visier hat, kann nicht mehr abgelenkt werden. Die verdrängten und vernichteten Körper, die aus dem Spiel der Transformation als pure Verlierer hervorgehen sollten, haben sich wieder eingemischt und pointieren nun ihrerseits, aufgrund ihrer Schwere und der Unstillbarkeit ihrer produzierten Bedürfnisse, den Ruin des Imaginären. Dabei bleibt eine seltsam anmutende Gespensterwelt übrig, in der - umgekehrt als erwartet - die vervielfältigten und zerstückelten Bilder auf der Suche nach "ihren" Körpern sind. Das Tote entpuppt sich als das Untote, als dasjenige, das nicht sterben kann. Die kommenden Friedhöfe werden deshalb keine Leichname mehr aufnehmen müssen, sondern hätten es mit zerlumptem Bildgelichter zu tun. Vielleicht haben die malträtierten Körper dann noch eine neue Karriere vor sich, nämlich die Karriere von "Särgen des Imaginären", Ikonophagen (die anstelle von Sarkophagen treten werden). Um der haltlosen Spekulation über das Kommende nicht vollständig zu erliegen, sei jetzt der Schluß gemacht mit einigen Thesen über den Gang der Dinge, im Horizont der Frage, wo in der Immanenz des Imaginären die Körper bleiben, die Reste des Realen, oder, wie man gelegentlich noch sagt: die sterblichen Überreste.

- Bilder als Urtatsachen des Bewußtseins und der Erfahrung, als wahrhafte Medien zwischen Innen und Außen, als Fenster zur Welt sind auch Heilmittel gegen Schmerzen, Verletzungen und Zerstückelungen, denen die menschlichen Körper aufgrund ihrer Sterblichkeit ausgesetzt sind. Deshalb ist eine Bilderflut angenehm, wie der Zustand nach dem Leben, wie der Zustand vor dem Leben.
- Bilder jedoch leugnen, daß sie Bilder sind. Das Imaginäre im Verhältnis der Menschen zu ihren Körpern tendiert zur restlosen Immanenz. Dessen suggestive Präsenz - eine Art

der Erfüllung von Sehnsüchten - scheint der Logik der Absenz, der die Sprache unterliegt, überlegen zu sein. Während in der Sprache die Körper spürbar fehlen, wird ihr Fehlen im Bild kaschiert und verheimlicht.

- Der Zivilisationsprozeß, der aus dem Absterben der Körper ein Aufleben der Sprache machen wollte, ist durch eine schleichende Intervention des Imaginären ruiniert worden. Wer der Sterblichkeit und der Geschichtlichkeit, den Körpern und der Sprache die Treue halten will, muß deshalb mit einer Todesmacht rechnen, mit einer erschlichenen Ewigkeit, wie sie in der totalen Welt der Bilder regiert.

- Aber die doppelt gemaßregelten, sowohl symbolisch als auch imaginär traktierten Körper sind dabei, ihrerseits die Faszination des Imaginären durch Zerstückelung zu untergraben. Die damit anhebende Bilderflucht schmerzt die Menschen und verführt sie dazu, an der verlorenen Maßgeblichkeit notfalls durch Verkehrung der Maßstäbe festzuhalten. Denn auf der Gegenseite lastet das Gewicht, die maßlose Schwere der verworfenen Körper.

- Eine solche Konstellation, bliebe sie unaufgeklärt, müßte mit Zwangsläufigkeit zur Sucht führen. Gegen die damit auftauchende "Leere und ihre Schrecken" hätte niemand eine Chance. Regressionen als systematische Rückkehr ins Tote wären unvermeidlich. Doch Einsprüche sind - wie vorgeführt - möglich. Im Bilde zu sein ist mehr als dumpfe, dumme Realität, aber es ist nicht alles. Einsprüche sind auch nötig, vor allem dann, wenn die Vervielfältigung der Bilder ihre Faszination auslöscht. Es wäre in der Tat schade um die schöne Sichtbarkeit der Welt.

NORBERT BOLZ

Gadget Lovers

Unter Bedingungen der neuen Medien und Computertechno-
logien hat das sprechende Sein, das man Mensch nennt, Abschied genommen von einer Welt, die durch Repräsentationen
geordnet war - und das heißt eben auch: Abschied genommen
von einem Denken, das sich selbst als Repräsentation der Außenwelt verstand. Die *gadgets* der Informationsgesellschaft sind
das unhintergehbare historische Apriori unseres Weltverhal-
tens; Programme haben die sogenannten Naturbedingungen
der Möglichkeit von Erfahrung ersetzt. Und jedes Kind weiß
heute, was nur noch die Intellektuellen der Gutenberg-Galaxis
zu wissen hartnäckig sich weigern: daß sich nämlich die Vi-
deowelt, die unser Alltag ist, von der Newtonwelt endgültig
emanzipiert hat. Ganz populistisch verwirklicht die Praxis des
Programmierens, was HEIDEGGER noch der Exzellenz des Daseins vorbehalten wollte: das entwerfend-Sein zu einem Sein-
können. Persönlich heißt der Personal Computer ja deshalb,
weil jeder, der programmieren kann, seine höchst eigenen re-
gelgesteuerten Welten entwirft. Sie unterliegen Konsistenzan-
forderungen jenseits der physischen Realität - und nur diesen.
Das ist der erkenntnistheoretische Grund für das Unbehagen
kritischen Bewußtseins in der Simulationskultur.

Am Realen hatte das, was man Realität nennt, stets nur geringen Anteil. Deshalb besagt die Suspension des Realitäts-
prinzips in der Simulationskultur nicht auch schon, daß wir in
unwirklicheren Welten lebten. Verändert hat sich lediglich
das Maß des Wirklichen. Heute machen die allgegenwärtigen
Bildschirme die Zweidimensionalität zum Realitätskriterium.
Das heißt: Was sich als wirklich verbürgen will, muß sich auf

Monitoren kristallisieren. Entsprechend manifestiert sich das Politische nicht mehr im Repräsentationsraum bürgerlicher Öffentlichkeit, sondern in der Ausstellung vor den Verbreitungsmedien und im Wissen um die Schaltpläne. Politik ist nicht mehr die Kunst des Möglichen im Institutionendschungel, sondern die Technik der Interzeption im Medienverbund. In diesem Kontext ist Manipulation ein rein deskriptiver Begriff, der sich nicht mehr ideologiekritisch auflösen läßt - denn es fehlt ein symmetrischer Gegenbegriff.

So zerbrechen die Horizonte der aufgeklärten Welt unter Medienbedingungen. Und das wird nicht einmal als Verlust erfahren. Die Computerfreaks und *gadget lovers* genießen es, von den Segnungen der Aufklärung verschont zu bleiben. *Gadgeteering*, die Synergetik von Mensch und Maschine, bringt die Befreiung von der philosophischen Zumutung der Freiheit. Weit davon entfernt, die Verkabelung der Welt nach ORWELLS Formular als Machination der absoluten Kontrolle zu perhorreszieren, frönen die Kids der Lust des Angeschlossenseins. Totale Verkabelung, die Konnektion im elektronischen Netz wird der unbefangene funktionalistische Blick aber als profane Variante von "religio" erkennen: Die Vernetzung zum integralen Medienverbund gelingt als Umbesetzung der Transzendenz.

Die Ekstase der Kids vor den Videospielen (die ja mit Video wenig gemein haben; gespielt wird mit errechneten Bildern) unterscheidet sich in nichts vom esoterischen Genießen der Hacker vor den Terminals des Massachussetts Institute of Technology - sie markieren die Pole einer neuen Ästhetik des Risikos und der Kontrolle. Auch das ist eine Umbesetzung: An die Stelle der alten Ästhetik des Erhabenen tritt das gefahrlose Spiel mit Grenzsituationen. Risiko wird technisch ausdifferenziert und als Schauplatz eines permanenten Eignungstests organisiert: Jede falsche Bewegung am Joystick entscheidet über den Krieg der Sterne. Nicht anders operiert die Obsession des Hackers an der absoluten Grenze der Datenverarbeitung: Die Synergie von Mensch und Maschine wird zum Agon, der erst im *sport death* des Hackers endet - nach 16 bis 18 Stunden. Auch unter Computerlaien raunt man längst nicht mehr von einstürzenden Neubauten, sondern von abstürzenden Festplatten.

The Hack ist der mythische Name für das ungreifbare Ziel jener Sehn-Sucht nach absoluter Kontrolle. Und die Legenden, die sich darum ranken, haben immer wieder denselben Inhalt: durch obsessives Hacken in die gigantischen Rechner der Trusts, des FBI oder des Pentagon einzudringen. Diese technische Ausdifferenzierung von Risiko ermöglicht also ein gefahrloses Spiel mit der Gefahr. Deshalb können sich die elektronischen *drug addicts* Risiken ersparen, die sich per definitionem der Computersimulation entziehen - also die Risiken des Anderen, zumal des anderen Geschlechts. Daß sie keine Freundin haben, ist nicht Grund, sondern Ausdruck dieses Sachverhalts.

Die Zahl der Menschen wächst, die, nach einer meist mühsamen Reise an Meeresstrand oder Alpengletscher, dort nicht dem Rauschen der Natur, sondern dem Walkman lauschen. Sie verzichten nicht auf das Rauschen und den Rausch, sondern stellen ihn, störungssicher, technisch auf Dauer. So liegen auch die fernsten Orte noch im elektronischen Mutterbauch. Jene sonderbaren Wesen, die man in die Welt wirft, indem man die Nabelschnur durchtrennt, greifen begierig nach der Kabelschnur, die sie ans telematische Netz ankoppelt. Wer das für eine Metapher hält, hat noch nicht beobachtet, wie fasziniert sich Babys, die gesendete Bilder noch gar nicht decodieren können, ins Flimmern der Bildschirme verlieren. Von solchen telesüchtigen Babys ist mehr über die Synergetik Mensch-Elektronik zu erfahren als von jenen Professoren, die über eine telematische Vergewaltigung zarter Kinderseelen fabulieren. Nicht die Kindheit verschwindet, sondern der Humanismus, der sie erfunden hat. Und hier hätten gründliche anthropologische Analysen Platz zu greifen, die nicht an den Scheinproblemen von *content analysis* und Bildungsfernsehen zu orientieren wären, sondern an tollkühnen Spekulationen wie der, daß die abendliche Versammlung vor dem magisch flackernden Bildschirm eine Wiederkehr der Urhorde vor dem Lagerfeuer sei. Auch die elektronische Urhorde will sich von der Außenwelt abwenden. Auch die Nachrichten aus aller Welt dienen nur jener totalen Fokussierung, die in völlige Zerstreuung umschlägt - man begehrt Hypnose.

Auch wenn die letzten Dinosaurier der Gutenberg-Galaxis

heute zähneknirschend bereit sind, ihre humanistischen Bildungstexte beim Verlag auf Diskette abzuliefern, werden sie doch niemals den eigentümlichen Objektstatus verstehen, den die telematischen *gadgets* und vor allem der Computer für die Kinder des elektronischen Zeitalters haben. Psychoanalytiker sprechen hier von Übergangsobjekten. Gerade der Computer im Kinderzimmer macht anschaulich, wie ein solches Marginalobjekt zwischen *physisch* und *psychisch*, zwischen *belebt* und *unbelebt* situiert ist. Neue Medien und Computer stammen ebensowohl aus dem Selbst des Benutzers wie aus der Außenwelt. *Your inside is out and your outside is in,* heißt es im Lied. Und es ist diese Sensation des Übergangs, die jene Lust des Angeschlossenseins trägt. Ob beim Videospiel oder im Agon der Hacker - der Herzschlag des Computers bestimmt den Takt. Dabei funktionieren die Computerspiele natürlich nur als Einstiegsdroge der EDV-Welt. Jeder weitere Schritt von den *War games* am Bildschirm bis zum Entwerfen der eleganten Algorithmen virtueller Realitäten raffiniert die Suchtmittel. Die reinste Droge nämlich ist das *binary digit* selbst: Bitte ein Bit. Der hier sich fixierende Informationsfetischismus zielt also nicht auf Wissen und Weltorientierung, sondern auf bloßes Signalprocessing - den Rausch aus dem Datenfluß.

Die neuen Medien haben eine Dimension der prinzipiell unbegrenzten Perfektibilität eröffnet. Vollendung ist als ästhetisches Kriterium seither ebenso obsolet wie Echtheit. Und gerade die Arbeit am Computer kennt keine Grenze der Vervollkommnungsfähigkeit, sie muß nie von neuem beginnen und ist nie fertig; die gespeicherten Daten sind ja beliebig oft revidierbar und manipulierbar. Insofern ist der Computer das perfekte Test- und Übungsgerät. Er objektiviert den Willen zur Optimierung - man nennt das heute *debugging.* Und gerade weil sie prinzipiell Verbesserbares entwerfen, faszinieren die neuen *gadgets* als Perfektionsmedien; sie stimulieren den Narzißmus der Benutzer. So findet man die eigenen Texte ja schon deshalb gut, weil sie nicht mit ungelenker Handschrift zu Papier gebracht werden, sondern mit elektronischer Akkuratesse auf dem Bildschirm erscheinen. Ähnlich frönen schon kleinste Kinder der Lust, korrekte Buchstaben schlicht dadurch anzuschreiben, daß sie auf die Tasten des Keyboards schlagen. Wer macht sich nicht lustvoll zum Servomechanismus seines PCs, wenn dieser ihm die Herrschaft über die Schrift vorspiegelt - von der ersten Gedanken-Marke bis zum perfekten Layout des Buches? In der Tat könnte man von einem Computerspiegelstadium sprechen; denn was anders zeigt uns der Hacker an seinem Terminal als einen häßlichen, zerstückelten Körper, der sich in einer aus eleganten Algorithmen geborenen künstlichen Welt des Bilds seiner Ganzheit versichert.

Vidéôte-moi - verführe mich durch Video! Hier zeichnet sich ein Genießen ab, das zugleich Andersheitsverschonung gewährt. Man erspart sich das unkalkulierbare Risiko des anderen Geschlechts. Das ist als Medienonanie nur dem verächtlich, der immer noch glaubt, es gäbe sexuelle Beziehungen zwischen Frauen und Männern. Nun hat uns aber die Psychoanalyse längst verstehen gelehrt, daß sich die berühmte Geschlechtsbeziehung nur insoweit realisiert, als sie fehlgeht. Was verliert also derjenige, der das Debakel des sexuellen Rapports durch die narzißtisch reibungslose Synergie Mensch-Maschine ersetzt? Der großartige Film *Sex, Lies and Videotape* hat einen ersten Ausblick auf die postsexuelle Gesellschaft eröffnet. Die Simulation der Stimulation orientiert das Geniessen an der Bildschirm-Befriedigung.

Nun würden die neuen Medien aber kein Suchtverhalten induzieren, wenn sich diese Bildschirmbefriedigung dem Programm verdankte. Die Faszination von Fernsehen, Video und Computer geht vielmehr davon aus, daß sie *gadgets* zur Dezentrierung des Subjekts sind. Auf Knopf- und Tastendruck gewähren sie die Auflösung des Selbst in Netzwerken und Schaltplänen. Deshalb aber kann das Spielen mit Video und Computer als funktionales Äquivalent einer Psychoanalyse dienen. Die *gadgets* sind ja Wunschmaschinen, weil sie als Partialobjekte fungieren. Damit machen sie aber auch "Übertragung" möglich. Diese Übertragung - und nicht etwa das Broadcasting - macht die neuen Medien zu Suchtmitteln. Immer dann, wenn dem Computer unterstellt wird, Subjekt von Wissen zu sein, wird die Arbeit an ihm zur unendlichen Psychoanalyse - und eben das definiert den Hacker.

Wer die postsexuelle Gesellschaft der elektronischen Medien unaufgeregt ins Auge faßt, kann die den *gadget lover* charakterisierende Sucht als Sonde gebrauchen, um tiefer in die

Funktionsgeheimnisse der digitalisierten Welt vorzudringen. Hier ist eine Erinnerung daran am Platz, wie technische Medien überhaupt anthropologisch zu begreifen sind. Alle neuen Medien sind Extensionen des Menschen, die ihn so lange narkotisieren, bis er zum Servomechanismus seiner *gadgets* geworden ist. Wir lassen uns von den Entäußerungen menscheneigener Funktionen in einem anderen Material faszinieren. Nun ist das Zentralnervensystem ein elektrisches Netzwerk, das den Verbund der Körpermedien, also der Sinne reguliert, und dessen Äquilibrium stets aufs neue gesichert werden muß. Deshalb erzwingt jede technologische Innovation qua Extension von Menschenvermögen eine neue Verschaltung der Organe. Unter Bedingungen der neuen Medien ist der Mensch nicht mehr Benutzer von Werkzeugen und Apparaten, sondern Moment im Medienverbund. Er tritt in organische Konstruktionen ein. Deshalb setzten sich immer mehr Computermetaphern für Selbstverhältnisse durch. Man begreift also nichts von dieser Synergetik Mensch-Maschine, wenn man glaubt, die *gadgets* gehörten zur Außenwelt - *your inside is out and your outside is in*.

In der Tat wie in Trance arbeiten die Hacker am Terminal, spielen die Kids mit den errechneten Bildern; sie optimieren die Schnittstelle Mensch-Maschine. Der Grenzwert dieser Obsession ist elektronische Telepathie: das totale *interface*, vor dem das *face-to-face* zergeht. Wer sich nun aus humanistisch guten Gründen weigert, die *gadgets* zu umarmen und sich von ihnen konsumieren zu lassen, wird die *drug addicts* der neuen Medien nie verstehen. Es sind Götter, denen sie dienen.

So technisch sind die Wege des Genießens in der Informationsgesellschaft. Sie reproduziert sich, indem Menschen als Sexualorgane ihrer Medien funktionieren. Damit konzipiert die *key-board society* der nahen Zukunft die Welt als integrale Benutzeroberfläche. Das Leben wird dann ein unaufhörlicher Eignungstest sein, ausgesetzt dem *information overload* der Datenflüsse und gehalten von den Schleifen eines permanenten Feedback. Hacker und Videosüchtige werden sich dort zurechtfinden. Die letzten Dinosaurier der Gutenberg-Galaxis aber drohen auszusterben.

GERHARD DE HAAN

Wissenszwang und Wissensgier

Man wird einen Anfang machen müssen:

"Untrennbar von der ökonomischen Begünstigung war die Überlegenheit des Wissens. Zum Besitz gehört der Geiz, und die Bevorteilten versuchten, den Unbemittelten den Weg zur Bildung so lange wie möglich zu verwehren. Ehe wir uns Einblick in die Verhältnisse verschafft und grundlegende Kenntnisse gewonnen hatten, konnten die Privilegien der Herrschenden nicht aufgehoben werden. Immer wieder wurden wir zurückgeworfen, weil unser Vermögen des Denkens, des Kombinierens und Folgerns noch nicht genügend entwickelt war. Der Beginn einer Veränderung dieses Zustands lag in der Einsicht, daß sich die Hauptkraft der oberen Klassen gegen unsern Wissensdrang richtete. Seitdem war es das Wichtigste, uns eine Schulung zu erobern, eine Fertigkeit auf jedem Gebiet des Forschens, unter der Verwendung aller Mittel, der Verschlagenheit und Selbstüberwindung. Unser Studieren war von Anfang an Auflehnung. Wir sammelten Material zu unserer Verteidigung und zur Vorbereitung einer Eroberung."[1]

Der Einblick, die grundlegenden Kenntnisse, von denen PETER WEISS schreibt, daß sie den Beherrschten fehlen und die Herrschenden sie nicht freiwillig zur Verfügung stellen, ist Substitution und Vorbereitung zugleich: Wissen dient der Erlangung von Abwesendem und ist selbst ein Abwesendes. Und der Prozeß der Wissensaneignung ist ein mühsames Unterfangen, das mit einer gewissen Aggressivität nur durchzuhalten ist: Die Schulung muß "erobert" werden, und die Strategie nötigt, sich als Partisan zu betätigen: Ohne "Verschlagenheit" ist da nichts zu gewinnen, und ohne das Fundament des Willens

49

zur "Auflehnung" zu besitzen, kann die "Eroberung" als Ziel nicht gelingen und ist auch das Selbst nicht zu überwinden.

So wird man sagen können, daß die "oberen Klassen" bei den dann wohl 'unteren' zu nennenden den "Wissensdrang" zwar niederhalten, daß dieser Drang ferner nicht der mächtigsten einer ist, wenn es schon Selbstüberwindung kostet, ihn hervorkommen zu lassen, daß es aber mit Hilfe des Auflehnungswillens gelingt, diesen Drang nutzbar zu machen.

Unweigerlich wird sich die Frage stellen, wie es zu der Spaltung kam zwischen den Herrschenden, die Bildung verwehren, und den Beherrschten mit ihrem ungestillten Wissensdrang. Jedenfalls ist diese Frage nur schwer niederzuhalten. Es muß ein Anfang gefunden werden. Denn nur er kann das Verständnis für die Sache schaffen, gegen die sich aufzulehnen lohnend oder gar zwingend ist. Macht man das nun vorstellig in der Formel, die Geschichte sei eine Geschichte der Klassenkämpfe, so ist damit zwar ein Fundament gewonnen, um den Status quo via Ableitungsmaschinerie von irgendwo her kommen zu sehen. Dunkel aber bleibt in jedem Fall die Basis des glücklichen Umstandes, bei der niedergehaltenen Klasse zwei Voraussetzungen ausmachen zu können, die die Sache in Gang halten: den Auflehnungswillen und den Wissensdrang.

Ersterer ist nun völlig richtungslos ohne letzteren: Wohin und gegen wen soll sich auch der Auflehnungswille richten, hätte er nicht auf der Basis des Wissens, zu dem etwas drängt, seine zur Revolte anstiftende Diffusität verloren? Will man also einen Anfang machen, so wird man sich um die Geschichte des Anfangs dieses 'etwas' bemühen müssen, das die Anhäufung von Wissen provoziert.

Soweit nun dem Anfang etwas Ereignishaftes zugesprochen werden muß, entzieht er sich der Möglichkeit direkter Beobachtung, weil er schlicht Vergangenheit ist. Der Beginn bleibt unerkannt; daran können auch die zahlreichen Erzählungen von den Anfängen der Welt, der Götter, der Menschheitsgeschichte nichts ändern. Ihre Beliebtheit ist kein Garant für den Gewinn von Sicherheit, daß es so war, wie es als wahr berichtet wird. Ohne aber der Sache einen Anfang und damit einen Namen zu geben, kann weder die Geschichte der Geschichte erzählt werden, noch wird sich die Sache zu etwas

Vertrautem formieren. Ein Anfang schafft Verständnis - und Beruhigung, soweit das Berichtete nicht als völlig aus der Luft gegriffen erscheint.

Die Frage nach dem Anfang, nach dem Ereignis, das den nicht sehr starken Wissensdrang als solchen auch in Erscheinung hat treten lassen, hat nun eine Antwort gefunden, von der noch alle zehren, die zwischen ROUSSEAU und PETER WEISS vom Elend und der Bedingung der Möglichkeit seiner Aufhebung durch Wissen zu erzählen wissen - sie stammt von ROUSSEAU.

ROUSSEAUS Bericht vom Anfang ist zunächst - völlig unspektakulär - der klassische des goldenen Zeitalters. Der Mensch des Anfangs war ein natürlicher Mensch, er war gut und lebte zufrieden. In seinen ersten Schriften entfaltet ROUSSEAU diesen paradiesischen Urzustand in den schillerndsten Szenen.[2] Als in die Prozesse der Natur eingebetteter Mensch war dieser Teil ihres Kreislaufes. Weder besaßen diese Menschen eine Vorstellung von Vergangenheit und Zukunft, noch war ihre Sprache von Rationalität, Kalkül und Strategie geprägt; sie war eine der 'Seele'. Daher gab es zwischen den Menschen auch keine Mißverständnisse. Jeder war jedem transparent, keine arglistige Rede wurde geführt, und auch Neid oder Betrug gab es nicht. Der Mensch des Anfangs kannte keine Ungleichheit und keine alles verderbenden Leidenschaften. "Seine Einbildungskraft bietet ihm keine Bilder dar, sein Herz fordert nichts. Seinen mäßigen Bedürfnissen kann er leicht genug tun, und er ist von allen Einsichten, ohne welche man niemals nach größeren Bedürfnissen strebt, so weit entfernt, daß er weder etwas vorhersehen noch neugierig sein kann. (...) Immer einerlei Ordnung, immer einerlei Dinge, die gehen und wiederkommen."[3]

Einsichten und Neugier sind noch nicht geweckt, gegenseitige Unterdrückung findet keinen Anhaltspunkt der Notwendigkeit, und mithin kann gar nicht aufkommen, was PETER WEISS als Auflehnungswillen mit kombiniertem Wissensdrang tituliert.

Nicht ein Gott hat den natürlichen Menschen aus dem Paradies des Anfangs vertrieben, und auch er selbst ist für den Austritt aus ihm nicht verantwortlich zu machen. "(...) viele äußerliche Ursachen (haben) zufälligerweise (...) zusammenstoßen müssen, die wirklich hätten ausbleiben können",[4] damit aus der ursprünglichen Ahnungslosigkeit Wissensgier und aus der Harmonie auflehnungsprovozierender Dissens hat werden können. Es dürfte die Sorge um die eigene Existenz bei zunehmender Weltbevölkerung und es dürften ungünstige klimatische Verhältnisse gewesen sein - so spekuliert ROUSSEAU -, die schließlich dazu führten, daß zunächst wenige Menschen, letztlich aber alle sich einen bestimmten Besitz zu sichern suchten - an Nahrungsmitteln oder Terrain zunächst, an vielfältigen Vorteilen sodann.[5] Als aber nicht mehr alles allen gleichermaßen zur Verfügung stand, einige mehr besaßen als andere, wurde das Bedürfnis nach dem wach, was jeweils vorenthalten wurde. Wissen ist einer der Vorteile und zugleich etwas, das vorenthalten werden kann.

Allein, auf die Idee zu verfallen, anderen etwas vorzuenthalten, dies setzt ein Vermögen voraus, das zu nutzen dem Menschen, obschon zu seinem anthropologischen Grundbestand gehörend, gar nicht in den Sinn gekommen wäre, hätten sich die widrigen Umstände nicht ins Paradies eingeschlichen: Es ist dies die *'perfectibilité'*, "das Vermögen, sich vollkommener zu machen."[6] Dieses genuin menschliche Vermögen ist dem Einzelnen wie der Gattung eingegeben und machte es erst möglich, daß sich die Menschheit auf die Spur der Geschichte setzte, daß sie den natürlichen, paradiesischen Zustand verließ und sich so "ihr eigenes Unglück selber" schuf.[7]

"Das angeborene Verlangen nach Wohlbefinden und die Unmöglichkeit, dieses Verlangen vollkommen zu befriedigen, lassen den Menschen unablässig nach neuen Mitteln suchen, die dazu beitragen könnten. Das ist das Ur-Prinzip der Wißbegier, ein dem menschlichen Herzen natürliches Prinzip",[8] das nach dem Unfall in der Phylogenese seinen fatalen Lauf nahm. Neid, Diebstahl, Lüge und Betrug, Verstellung und Unsittlichkeit kamen damit in die Welt: reine Produkte des äußeren Zufalls und der inneren *perfectibilité* mit der ihr inhärenten "Wißbegier". Seither versuchten die Menschen und Völker, sich gegenseitig zu übervorteilen, ihr Verlangen auf Kosten der anderen zu realisieren; seither entstanden Elend, Sklaverei, Unterdrückung und unsagbares Leid. Gleichzeitig aber, und das ist die andere Seite der Vervollkommnungsfähigkeit, waren und sind die Menschen ungeheuer erfinderisch geworden. Sie haben ihr Wissen ungeheuer vermehrt: Techniken des Ackerbaus und der Viehzucht wurden entwickelt, Maschinen erfunden und wissenschaftliche Erkenntnisse hervorgebracht. Handwerkskünste sind entstanden, und man hat sich bemüht, sich sozial zu organisieren in Gemeinden, Städten und Staaten mit ihren jeweiligen Gesetzen.

"Nunmehr sind alle unsere Fähigkeiten entwickelt, die Einbildungskraft und das Gedächtnis nehmen ihren Gang",[9] heißt es bei ROUSSEAU im Hinblick auf den status quo. Die Menschen waren mithin durch widrige Umstände und die *perfectibilité* schlicht dazu verurteilt, beides gleichzeitig zu realisieren: begierig auf Wissen zu sein und dieses Wissen gegen die anderen zu wenden oder es ihnen vorzuenthalten. War dieser Prozeß erst einmal in Gang gebracht, so setzte er sich seither unaufhaltsam fort. Mit jedem Wissenszuwachs des einen ist irreversibel auch der Nachteil des anderen geschaffen; und je mehr sich allgemein das Wissen akkumuliert, desto mehr entfernt sich der Mensch von seiner guten Natur, desto tiefer gerät er in den Wissenszwang.

Einem Satz J. STAROBINSKIS zufolge weiß ROUSSEAU zumindest dann, wenn "er sein Denken ganz offensichtlich unter Kontrolle hält",[10] daß jener von ihm idealisierte Naturzustand des Menschen, daß jenes Paradies vielleicht nie gegeben war. Über die glückliche Welt des Anfangs gibt keine Quelle Auskunft, ebensowenig über irgendgeartete anthropologische Konstanten; hier ist alles Spekulation. Doch nicht nur am spekulativen Anfang der Phylogenese befand sich der Mensch im natürlichen Zustand der Wissenslosigkeit aufgrund ungeweckter Wissensgier. Dieser Zustand ist bei jedem Menschen wieder aufzufinden, denn der Mensch kommt als natürlicher auf die Welt. Da bedarf es dann keiner Spekulation mehr, da kann man sich sicher sein. Es gibt für ROUSSEAU einen Beweis: seine eigene Biographie.[11] Als kleines Kind war er, ebenso wie jedes Neugeborene, unschuldig, unverdorben, unwissend. Als Kind dachte er nichts Böses, hatte er keine Leidenschaften, sann er nicht auf den eigenen Vorteil. Symbiotisch lebte er mit den Seinen, befand er sich im Einklang mit seiner Umgebung. Alle Bedürfnisse fanden sogleich Befriedigung, es herrschte das Gefühl; die Zwischenmenschlichkeit war von offenen Herzen und unmittelbarer Gewißheit geprägt. Die Seele des

Kindes war der Umgebung transparent wie die der anderen ihm. Zumindest stellt ROUSSEAU seine ersten Lebensjahre dem Leser aus der Erinnerung so vor.

Aber auch die glückliche Welt der Kindheit war von der Nötigung zum Wissen geprägt. Und auch hier war es eine Verkettung von Unglücken, die das Kind aus dem Paradies vertrieb. Entlang der Kindheitserinnerungen ROUSSEAUs hat STAROBINSKI dies herausgearbeitet: Ein zerbrochener Kamm wird gefunden, und der kleine Jean-Jacques gerät in den Verdacht, dafür verantwortlich zu sein.[12] Das Kind beteuert seine Unschuld, aber ihm wird nicht geglaubt. Alle Indizien sprechen gegen Jean-Jacques. Als Lügner bezichtigt, wird er bestraft. Beim Kind bricht das bis dato gültige Muster der Weltinterpretation zusammen. Sein und Schein lassen sich plötzlich trennen, der Schein dominiert das Sein, er gewinnt Oberhand gegenüber der Wahrheit. "Von nun an ist das Paradies verloren: denn das Paradies war die wechselseitige Transparenz des anderen Bewußtseins, die völlige und vertrauensvolle Mitteilung. Die ganze Welt verändert ihr Aussehen und verdunkelt sich."[13]

Das ursprüngliche Vertrauen ist zerbrochen, das Böse ist in die Welt der Kindheit eingedrungen. Jean-Jacques gerät unter den Zwang der *perfectibilité;* die vermutete anthropologische, metahistorische Konstante wird faktisch an ihm wirksam: Er übt sich im Lügen, in Auflehnung und Täuschung, er eignet sich Fertigkeiten und Wissen an, um bestehen zu können und seinen Vorteil zu erlangen.[14] Mit dem Riß zwischen Sein und Schein als einschneidendem Ereignis zerfällt das kindliche Paradies des Anfangs, wie der gute Anfang der Menschheit zerfiel. Unversehens ist die Zeit reinen Gegenwärtigseins vorbei. Plötzlich gibt es einen Punkt, der hinfort in der Erinnerung ein Datum markiert und von dem her sich alles bestimmt, was in Zukunft geschieht. "Das Bewußtsein wendet sich einer früheren Welt zu und muß erkennen, daß diese einst sein eigen war und doch zugleich auf immer verloren ist. In dem Moment, da das kindliche Glück ihm entrinnt, erkennt es den unschätzbaren Wert dieses versagten Glücks."[15] So braucht man um den Unfall im Paradies des Anfangs der Phylogenese nicht mehr zu spekulieren, findet er sich doch ebenso in jeder Ontogenese wieder ein.

Den Niedergang der Phylogenese in der Ontogenese wieder aufzufinden ist von unschätzbarem Vorteil, denn dies liefert den einzigen Ansatzpunkt, ja, macht es überhaupt möglich, einen Gedanken darauf zu verwenden, dem Wissensdrang als Wissenszwang entgegenzuwirken. ROUSSEAUs erste Schriften sind von diesem Parallelismus noch nicht geprägt und lassen dementsprechend keine Hoffnung auf eine Kehre, auf die Transformation des Fortschritts in die bessere Welt für den Menschen.[16] Mit dem Rekurs auf die eigene Biographie und deren Ausweitung auf die Ontogenese eines jeden Menschen läßt sich erst Hoffnung für die Zukunft gewinnen. Der natürliche, gute Mensch zeigt sich in *jedem* Fall im *Einzelfall*. Wie aber läßt sich dieser gute Zustand bewahren, wie lassen sich die widrigen Umstände ausschalten, die zum Zerfall führen? Und: gibt es keine Hoffnung für den wissensdurchseuchten Menschen?

In der ihm eigenen Ambivalenz hält ROUSSEAU dort, wo er überhaupt Möglichkeiten der Rettung sieht, mehrere Antworten bereit. Manchmal und das ist *der erste Weg* - scheint es ihm, als müsse man alles Individuelle opfern zugunsten des Gemeinwesens, als müsse man durch Wissenschaft, Technik, Verstellung und Unmoral hindurch und sich mehr und mehr auf das Vermögen des Verstandes verlassen. So könnte es schließlich ein neues Paradies auf Erden geben, gegründet auf die Pfeiler der Vernunft.[17] Wer den Fortschritt vom fortschreitenden Verfall befreien will, ist zur Reflexion, zum "Schmerz des Nachdenkens"[18] verurteilt. Er muß durch ihn hindurch, muß sich der Vernunftordnung beugen, um das Paradies wiederzuerlangen.

Schließlich wird sich - so der Erwartungshorizont - der Urzustand der Gesellschaft, die Koinzidenz von Sein und Schein und auch jenes kindliche Paradies des Gegenwärtigseins, des Zusammenfalls von Bedürfnis und Befriedigung und mithin das Fehlen des Wissenszwangs neu, auf höherer Stufe wieder einstellen.[19] Dieser Weg deutet sich freilich bei ROUSSEAU nur an. Letztlich liefert er keine genaue Beschreibung des Mechanismus, wie die sich immer weiter öffnende Schere zwischen Fortschritt und Zerfall sich wieder schließen ließe. Noch jeder Versuch, den contrat social[20] als Modell einer besseren Gesellschaft zu lesen, in der die Schere wieder geschlossen ist, krank an dem Problem, den Übergang zu dieser Gesellschaft nicht recht angeben zu können. Die Behauptung ROUSSEAUS, die Welt würde in fortschreitendem Niedergang im Despotismus enden und mit ihm ginge die legitime Tötung des Despoten einher, sein Satz, alles würde in "kurzen und häufigen Revolutionen" explodieren,[21] war für ihn nicht mit der Hoffnung auf Besserung verbunden, obschon er später aus marxistischer Warte oft so gelesen wurde. Wie aus dem universellen Niedergang der Weg in die Gleichheit gefunden werden kann, das verrät ROUSSEAU letztlich nicht.[22] Berichte wie die von PETER WEISS zählen damit zur Kollektion der Wegbeschreibungen, die nach ROUSSEAU diese Lücke zu schließen versuchen. Sie gehören ins Arsenal der Durchbrecherstrategien und folgen - mit WATZLAWICK - dem Modell "Mehr desselben".[23] Mit noch mehr Wissen, mit dem Schüren der Wissensgier wird versucht, das aufzuheben, was dieses Wissen vorzuenthalten in der Lage ist.

Der zweite Weg, den ist ROUSSEAU selbst gegangen. Der Verstrickung in Rationalismen und Irrtümer, der Anfeindungen, Leidenschaften, des Vernunftgebrauchs und der Intrigen müde, konstruiert sich ROUSSEAU in der dritten Rêverie als fast 65-jähriger sein eigenes 'natürliches' Lebenskonzept. Die Grundsätze eines richtigen Lebens, der richtigen Sicht auf die Welt hat er längst für sich (und nur für sich) erkannt und festgelegt. Anfeindungen und Einwände läßt er nicht mehr gelten, auch wenn er immer wieder durch Gegenargumente und Intrigen, durch seine Isolation vom gesellschaftlichen Geschehen ins Zweifeln gerät. Es sind die Augenblicke, in denen ROUSSEAU sich bewußt wird, daß er schon gar nicht mehr ohne weiteres um die Entwicklungsgeschichte seines Glaubens und seiner Grundsätze weiß: "Ich muß mich meiner alten Entschlüsse, der Sorgfalt, der Aufmerksamkeit und Aufrichtigkeit des Herzens, womit ich sie faßte, erinnern, und mein wankendes Vertrauen wird wieder befestigt. So verweigere ich mich allen neuen Gedanken als traurigen Verwirrungen, die ein glänzendes Aussehen haben und im Grunde nur meine Ruhe stören können.

Ich genieße also, in den engen Kreis meiner einmal erlangten Kenntnisse eingeschränkt, nicht das Glück, wie SOLON, mich mit jedem Tage, den ich älter werde, belehren zu können".[24]

Rousseau zieht sich von der gleichgültig fortschreitenden und ebenso uneinsichtigen wie verdorbenen Gesellschaft zurück, sucht ein ruhiges, glückliches Leben; er botanisiert und ist bemüht, in Bescheidenheit die ihm verbleibende Zeit zu genießen.[25] Und indem er nicht mehr an der Gesellschaft, an dem weiteren Verlauf ihrer Niedergangs- und Fortschrittsgeschichte teilnimmt, verliert sich der Zwang und die Gier, immer mehr wissen zu müssen und zu wollen. Nur ein Herrscher muß bis ins Alter hinein sich weiter belehren: Das weiß Solon, und das wissen jene, die dem Widerständler Peter Weiss das Wissen vorenthielten. Rousseau aber, der über nichts herrschen will und keine Neuerungen mehr möchte, der seine einsame Insel außerhalb des gesellschaftlichen Lebens sucht und vermißt, ist geheilt. "Unter den wenigen Büchern, die ich noch zuweilen lese, zieht Plutarch mich am meisten an und bringt mir am meisten Gewinn."[26] Aus dem bücherverschlingenden Jean-Jacques der Kindheit, der mit dem Vater ganze Nächte lesend zubrachte, bis alle Bücher der Bibliothek der verstorbenen Mutter gelesen waren, ist ein Abstinenzler geworden. Und selbst Plutarch ist keine Lektüre, die zu gänzlich neuem Wissen führt: Plutarch "war das erste Buch, das ich in meiner Kindheit las, und wird auch in meinem Alter das letzte sein".[27]

Eine dritte Möglichkeit ist in der ontogenetisch gedachten unverdorbenen Natur begründet. Sie bringt die Erziehung zur Chance und in die Not, sich dem Verfall entgegenstemmen zu können und zu müssen.[28] Die Erziehung kann beim Einzelnen zwischen das elementare ursprüngliche Paradies der Menschheit und dessen unweigerlichen Verfall treten. Mit Rousseaus Lehre vom Verfall in der Ontogenese gewinnt die Pädagogik nämlich gleich zwei fundamentale Stützen: mit jedem Kind einen neuen Anfang machen zu können, und jene, sich dabei auf die Natur des Kindes verlassen zu dürfen, die, wenn schon nicht gut, so doch - in *diesem* Strang des pädagogischen Diskurses[29] - von Natur aus nicht schlecht ist. Den Schrecken des Niedergangs im Geschichtsverlauf zu stoppen, ja, vielleicht sogar einen Fortschritt ohne seinen tragischen Zwilling zu initiieren, dies wird unversehens zur Aufgabe der Erziehung. Sie rückt, wo die Dekadenz plausibel erscheint, in die Position der Retterin ein.

Man wird die Erziehung nur so organisieren müssen, daß das Kind zunächst wenig Kontakt mit der verdorbenen Gesellschaft bekommt, wird jeden Schritt in der Erziehung bedenken und jede kindliche Regung sorgsam registrieren müssen. Man wird die Verstellungen und Täuschungen, die Eigensucht und die Sucht nach unerreichbaren Dingen möglichst lange möglichst niedrig halten. Indem man in der Kindheit nichts übereilt, Zeit verliert, ist es möglich, den neuen Menschen lange in der Nähe des Ursprungs zu halten, ihn sich nichts einbilden zu lassen, was die eigene natürliche Kraft übersteigt. Dies ist ebenso zwingend wie der Auszug aus der verderbten städtischen Welt und die Einrichtung in den einfachen, noch naturnäheren Verhältnissen auf dem Lande, wie ROUSSEAU sie im Erziehungsroman *Émile* beschreibt. Nur so läßt sich alles im engen Kreis halten, muß sich die *perfectibilité* nicht notwendig auch und immer negativ auswirken.

Die Stube des kleinen Émile ist entsprechend karg, sein räumliches Ausgreifen begrenzt. Sein Wortschatz wird kleingehalten, sein gedankliches Bemühen führt über die nächste Umgebung nicht hinaus, Einflüsse von außen werden auf das Notwendige beschränkt.[30] Der erste Begriff, den Émile zu lernen hat, ist der des Eigentums. Nicht ohne Erinnerung an die Spekulationen über die Entstehung der Ungleichheit dürfte ROUSSEAU zu diesem Zweck den Émile Bohnen auf fremdem Terrain pflanzen lassen. So lernt er beides: einen Ort zu gründen durch die Nachahmung einer Handlung aus den Anfängen der Menschheit (er wird Ackerbauer)[31] und das Eigentum zu schätzen, als seine Pflanzung durch den Besitzer des Grundstücks zerstört wird. Das folgt streng dem Muster der Wiederholung dessen, was ab origine bezeugt scheint. Mit dem Besitz entstand die Ungleichheit, und indem die Ursprungshandlung der Besitznahme wiederholt wird, soll der damals entstandene unglückliche Verlauf der weiteren Geschichte aufgehoben werden.

So lernt Émile seine begrenzte Welt aus Erfahrung kennen. "Seine Gedanken sind beschränkt, aber klar; weiß er auch nichts auswendig, so doch viel aus Erfahrung; kann er weniger gut als ein anderes Kind in unsren Büchern lesen, so liest er besser in dem der Natur. Sein Geist liegt ihm nicht auf der

Zunge, aber er hat ihn im Kopf".[32] Es ist das Wissen auf der guten Seite der *perfectibilité,* nicht das der Falschheit, der Gier, durch Wissen einen Vorteil über andere zu erlangen. Es ist kein Buchwissen. Émiles einzige Lektüre besteht in DEFOES "Robinson Crusoe". Denn in diesem Buch wird beschrieben, was ein Mensch zu lernen hat, der der Täuschung der anderen nicht bedarf, weil es andere (zunächst) nicht gibt.

Ganz anders die Erziehung für die dunkle Seite der *perfectibilité,* für die Akkumulation von Wissen, das der Übervorteilung, der Angeberei und der Täuschung dient. Einem solcher Erziehung unterworfenen Kind malt ROUSSEAU das Bild des Verlustes der Welt der Unmittelbarkeit und Transparenz: "Ein gestrenger und verdrießlicher Mensch nimmt es bei der Hand und sagt in ernstem Ton: Allons, monsieur, und führt ihn fort. Im Zimmer, das sie betreten, sehe ich Bücher, Bücher! Welch traurige Ausstattung für sein Alter! Das arme Kind läßt sich mitziehen, wendet einen Blick des Kummers zurück auf seine Umgebung, schweigt still und geht mit, die Augen verschwollen und das Herz schwer von Seufzern, die es nicht auszustoßen wagt."[33] Da ist sie, die doppelte Verstellung: Das zu den Büchern geleitete Kind wird als unterdrücktes seine reinen Gefühle unterdrücken und durch die Bücher lernen, anderer Menschen Unterdrücker sein zu können. Indem es Buchwissen lernt, wird sich die Wißbegier in dem Maße einstellen, wie sich dieses Buchwissen strategisch nutzen läßt. Und man sieht die Schwäche, mit der diese Wissensgier behaftet ist: Sie kommt nicht ohne "Verschlagenheit" und "Selbstüberwindung", wie es bei PETER WEISS heißt, aus.

Die Wißbegier als Konsequenz des unterminierten Bedürfnisses nach Wohlbefinden kann nur dann ihrer Ambivalenz beraubt werden, kann sich nur dann als gute zeigen, die alles aus der direkten Erfahrung schöpft, wenn die negativen Einflüsse, die in der Stadt, in den Büchern, in den gestrengen, verdrießlichen Lehrern liegen, ausgeschaltet sind. Wie aber ist die Abschattung der äußeren Einwirkung der dekadenten Welt konstruierbar, wie ist es möglich, die (vielleicht) gelungene Verhinderung des Niedergangs wiederum zu tradieren?

Solange die Wiederholung des Vergangenen und Gegenwärtigen ein Irrtum wäre, weil sie unweigerlich in den Regreß führen muß, kann die neue Welt nur durch einen radikalen

Schöpfungsakt gewonnen werden. Der Glaube an das Kind, an seine Freiheit und Befreibarkeit von der Tradition setzt es in den Status dessen ein, der in einem Schöpfungsakt hervorbringen soll, was die bessere Welt ausmacht. Nur die Destruktion der Vorstellung vom Nachkommen, vom Erben kann dem Menschen und der Menschheit die Chance bieten, sich zu erneuern. K. WÜNSCHE hat dies genau beschrieben: Das Kind ist ein Anfang, es ist freigesetzt und soll aus sich heraus die Neuschöpfung der Welt leisten.[34] Das Kind als Vater, nicht der Vater der Kinder, soll der Archetypus sein. Es ist dann Vorbild für die ihm folgenden Generationen, ist Vorbild für die eigenen Kinder; der Prozeß, daß jedes Kind sich und die Welt ohne Vorbild neu zu schaffen hat, wäre zu Ende.

An ROUSSEAUs Erziehungsroman läßt sich dies ablesen: Émile ist der erste Präsentant des neuen Geschlechts. Am Ende nämlich heißt es: "Nach einigen Monaten kommt Émile eines Morgens in mein Zimmer, umarmt mich und sagt: 'Mein Lehrer, beglückwünschen Sie Ihr Kind; es hofft auf die Ehre, bald Vater zu sein. Ach, welche Mühen werden unserem Eifer auferlegt werden, und wie sehr werden wir Ihrer bedürfen! Gott verhüte, daß ich Sie auch den Sohn aufziehen lasse, nachdem Sie den Vater aufgezogen haben. Gott verhüte, daß eine so heilige und so süße Pflicht jemals durch einen anderen als mich erfüllt werde (...). Aber bleiben Sie der Lehrer der jungen Lehrer.'"[35]

Sein und werden wie der Lehrer, dies erlaubt es, als leiblicher Vater das Kind zu erziehen. Nach der Finalisierung des Verfalls, nach der Wiedereinsetzung in den guten Naturzustand bei gleichzeitig erlangter höchster Sittlichkeit ist es wieder erlaubt, in den archetypischen Zyklus zurückzukehren: Der Vater erzieht den Sohn.

Wie aber muß der Lehrer des Émile beschaffen sein, der einen solchen Neuanfang zu leisten in der Lage ist? Ein Erzieher, der den neuen Menschen heranbilden, ihm aufhelfen soll, muß, so heißt es bei ROUSSEAU, "entweder selber Vater oder ein Übermensch sein."[36] Der Übermensch, der Vater ist der Heros, der Urstifter des Neuen. Denn es heißt bei ROUSSEAU weiter: "Je mehr man darüber nachdenkt, um so mehr Schwierigkeiten entdeckt man. Der Erzieher müßte eigens für seinen Schüler erzogen worden sein (...) - alle, die mit ihm zu tun haben, dürften nur solche Eindrücke empfangen haben, die sie ihm vermitteln sollen. Man müßte von Erziehung zu Erziehung bis wer weiß wohin zurückgehen. Denn wie könnte ein Kind von jemandem gut erzogen werden, der selbst nicht gut erzogen worden ist?"[37]

Das ist konsequent gedacht. Wer den Ursprung der Fehlentwicklung in weit zurückliegenden Zeiten ansiedelt, wird nur immer schon verdorbene Erzieher ausmachen können. Wo soll sich der dem Verfall nicht verfallene Erzieher ausmachen lassen?

"Ist dieses seltene Wesen denn nirgends zu finden? Ich weiß es nicht. Weiß man denn, zu welchem Grad an Rechtschaffenheit eine menschliche Seele in diesen Zeiten der Würdelosigkeit noch in der Lage ist?" Mit dem folgenden Satz beginnt, was nur ein Roman werden kann: "Nehmen wir an, wir hätten dieses Wunder gefunden."[38] Nur im Roman, nur indem man "nicht Hand ans Werk, sondern an die Feder" legt,[39] kann gelingen, was Rousseau vordenkt: Die Schöpfung des neuen Menschen nach dem und durch den Heroen.

Jegliche praktische Umsetzung dieses Romans muß in einer Gesellschaft des Verfalls notwendig scheitern. Die so banal scheinende Frage, wer die Erzieher, Lehrer und Väter erzog, wird in der Antwort mitschleppen, daß sie nicht die Ahnen, Heroen oder Archetypen sein können, es sei denn, es geschähe ein "Wunder", das den "Übermenschen" unvermittelt in den Kreis stellt. Da hilft auch die immer weiter getriebene Dekonstruktion des Kindes nicht. Wer es ausforscht, analysiert, Entwicklungsstufen, unterschiedliche Erkenntnis-, Handlungs- und Moralitätsformen an ihm ausmacht, kann es zwar immer wieder auf dieser Basis neu konstruieren,[40] kann sich nach einem dem Kind zuträglicheren Milieu umschauen, wird aber immer nur ein schon in die Welt eingelassenes Kind finden und erfinden können.

Der Befund ist nicht erfreulich.

Rekonstruktionen eines Anfangs der Wissensgier nötigen zur Annahme eines Unfalls, der sie erst hervortreten und sogleich zum Instrument der Vorteilsverschaffung werden ließ. Die Wissensgier wieder einschlafen zu lassen, oder doch nur ihre gute Seite herauszubilden, das macht nach Rousseau einige Schwierigkeiten: Man kann nicht in einer vom Vorteil des

Wissens lebenden niederträchtigen Gesellschaft plötzlich einen neuen Menschen entstehen lassen. Erziehung bietet da keinen Weg, denn sie setzt einen unauffindbaren unverdorbenen Erzieher voraus, der die Wissensgier niederhält oder doch nur dort fördert, wo sie dem eigenen Wohlbefinden nützlich sein kann, ohne daß dieses Wohlbefinden sich auf Kosten der anderen realisiert. Nur im Roman kann die Geschichte gut ausgehen.

Man kann auch nicht zurück zu den Anfängen, um durch die Totalisierung alles Wissensmöglichen hindurch mit dem Wissen zum Wohlbefinden aller zu gelangen. Jedenfalls bietet ROUSSEAU dafür keinen Weg an. Man wird skeptisch sein müssen. Nicht mit, sondern nach PETER WEISS, nicht nach, sondern mit PAUL WATZLAWICK: Wissensgier, die der weiteren Akkumulation von Wissen zwecks Besserung der Verhältnisse dient, folgt dem Muster "mehr desselben". Dahinter aber "verbirgt sich eines der erfolgreichsten und wirkungsvollsten Katastrophenrezepte, das sich auf unserem Planeten im Laufe der Jahrmillionen herausgebildet und zum Aussterben ganzer Gattungen geführt hat."[41] Stur wird daran festgehalten, mit noch mehr Wissen ließen sich alle Probleme, ließe sich alle Ungleichheit aufheben. Als ob ein jahrtausendelang verfolgter Weg - nur weil er einmal Vorteile (nicht für alle!) einbrachte - der einzig richtige sei. Das hat eine Blindheit zur Folge: "Erstens macht sie die Patentlösung immer erfolgloser und die Lage immer schwieriger, und zweitens führt der damit steigende Leidensdruck zur scheinbar einzig logischen Schlußfolgerung, nämlich der Überzeugung, noch nicht genug zur Lösung getan zu haben. Man wendet also mehr derselben 'Lösung' an und erreicht damit genau mehr desselben Elends."[42]

Die Belege, die sich hier anführen ließen, sind ohne Ende. Längst ist analysiert, daß das gewonnene und angewandte Wissen in den Naturwissenschaften, in der Medizin, Psychologie, Pädagogik und anderen Wissenschaften einerseits den Problemen abhilft, gegen die es Verwendung findet, andererseits aber in der Abhilfe neue Probleme erzeugt, deren Bewältigung wiederum neuer Forschung, neuer Wissensakkumulation zu bedürfen scheint. Was dabei zunächst wie ein lästiger Nebeneffekt des Handelns aussieht, wächst sich schließlich zum Hauptproblem aus, das die unheilige Allianz von Wissenszwang und Wissensgier immer weiter in Gang hält. Ganze Disziplinen, wie etwa die Ökologie und Technologiefolgeabschätzung, leben inzwischen von diesen sich darbietenden Vorteilsverschaffungsprogrammen.

Kein Ausweg aus der Wissensgier im Wissenszwang also? Sicher kann man sich da nicht sein. Schließlich rührt die ganze Malaise vom Zwang her, innerhalb des geschichtlichen Denkens einen Anfang machen zu müssen. Da die Handlungen nicht reaktualisiert werden können, die sich in principio, zu Beginn, uranfänglich ereigneten, ist die Kontinuität in der linearen Zeit nicht zu durchbrechen. Ein mythisches Ereignis läßt sich zwar wiederentdecken, nicht aber wiedererwecken. Das Verhalten in archaischen Gesellschaften, die individuelle, chronologische und historische Zeit durch die Wiederholung überlieferter Handlungen zu vernichten, dieser Weg bleibt in der Geschichtszeit versperrt. Nur in den Gesellschaften des Anfangs ist es möglich, "die Zeit periodisch aufzuheben, die Vergangenheit auszulöschen und die Zeit durch eine Reihe von Ritualen zu regenerieren, die in gewisser Weise die Weltschöpfung reaktualisieren."[43]

Kümmert man sich aber um den Anfang nicht, läßt man die Beunruhigung an diesem Punkt außerhalb dessen, was der Wissensgier Nahrung sein soll, so findet sich eine der vorletzten Möglichkeiten des Umgangs mit der Wissensgier bei FLAUBERT: Vom Wissensbestand ihrer Zeit in Versuchung geführt und durch eine Erbschaft überraschend finanziell abgesichert, geben die Romanfiguren Bouvard und Pécuchet ihre Tätigkeit als Angestellte eines Schreibkontors auf. Sie machen sich daran, begierig alle Bücher der ausufernden und doch systematisierten und inventarisierten Bibliothek zu verschlingen. In ihrer Lesewut wälzen sie Buch um Buch und machen bei allem, was nur irgendwie nach einer Anleitung für sie aussieht, die Probe aufs Exempel. Ihr ewiges Scheitern, das Gelesene praktisch werden zu lassen, kann ihren Glauben an das aufgeschriebene Wissen und ihre Wissensgier nicht schmälern. Nachdem alles probiert ist, nachdem sie alle Vorschriften in den Büchern ernstnahmen, die besagen, wie Menschen sein sollen, wie die Welt sein soll, wie man Ackerbau betreibt, reich wird und sich benimmt, und sie doch immer gründlich scheitern, nehmen sie einen letzten Anlauf. Sie lassen sich ein Doppelpult verfertigen, kaufen Eintragebücher, Radiermesser und andere Utensilien, die sie benötigen, um ihre letzte Antwort auf ihre ewige Frage zu realisieren: "Was sollen wir nun anfangen? Nur nicht nachdenken! Schreiben wir ab! Dann ist nur nötig, daß sich die Seiten füllen, daß sich das 'Denkmal' vollendet - die Gleichförmigkeit des Ganzen, des Guten und des Bösen, des Schönen und des Häßlichen, des Gleichgültigen und des Bezeichnenden. Es gibt nichts Wahres, alles ist Erscheinung."[44]

Das ist die Figur, die sich ROUSSEAUS persönlicher Lösung nähert. Im Alter nahm er nicht mehr Teil am Treiben der Anderen, wollte er nicht mehr dazulernen, konnte seine Wissensgier erlöschen, da nichts mehr zu ihr zwang. Aber es ist nur die Lösung eines alten Mannes, der ans Ende seiner Tage gekommen ist. Es ist die Lösung des Exils, sie ist privat und kann sich nur von daher auch mit der Rückkehr zur Lektüre des Anfangs begnügen, mit PLUTARCH. Wer am Anfang seiner Tage oder in ihrer Mitte steht, wer keiner Robinsonade frönen kann, weil alle Inseln besetzt sind, kann sich dafür stark machen, die Wissensgier im Wissenszwang nach dem Modell von Bouvard und Pécuchet niederzuhalten.

Bouvard und Pécuchet kopieren. "Was kopieren sie? Bücher, ihre Bücher, alle Bücher und zweifellos auch das Buch >Bouvard und Pécuchet<. Denn kopieren heißt: nichts machen, heißt: die Bücher sein, die man kopiert, heißt: jene winzige Erstreckung der sich verdoppelnden Sprache sein, heißt: der Rücklauf der Rede in sich selbst sein, heißt: die unsichtbare Existenz sein, die das flüchtige Wort in das Unendliche des Raunens verwandelt. (...) Bouvard und Pécuchet triumphieren über alles, was dem Buch fremd ist und widersteht, weil sie selbst die fortlaufende Bewegung des Buches geworden sind."[45] Es ist das Verschwinden des Ich, der Identität, der Person, des Subjekts oder welchen Titel man dem fortschrittsverpflichteten und -besessenen Menschen immer gegeben hat, in der Wiederholung des Gewußten. Es ist das Ende der Geschichte in der Geschichte, nicht an ihrem Ende. Es ist nicht die Rückkehr an den Anfang. Denn das Abschreiben läßt sich endlos fortsetzen, "ohne Chimäre, ohne Kitzel, ohne Sünde, ohne Begier."[46]

Das ist kein Ausweg aus dem Wissen, aber doch aus der

Gier. Eine Form, die das Maß des Wissenszwangs nicht weiter explodieren läßt: Es ist das Sagen des schon Gesagten, das Wissen des schon Gewußten, das der Gier eine Begrenzung schaffen kann. Das Gegenwärtige kann dann sekundär werden, weil es gegenüber dem Vergangenen keine Differenz mehr birgt, denn alles verweist auf Abwesendes in Büchern, Bildern, Erzählungen. Selbst das Dabeisein wird sekundär, weil es in schon Ausgesprochenem sich ausdrückt und an ihm genug hat.

Was verschwindet, ist auch die Sorgevigilianz, die noch im Schlaf den verfolgt, der umgetrieben wird vom Wissen der unvermeidliche Mißachtung von noch nicht Gewußtem, dessen Wichtigkeit beunruhigt fürs Weiterkommen am nächsten Tag.

Bleiben aber würde für den Einzelnen eine Frage des COMENIUS, die er anläßlich der Eröffung einer Bibliothek vor 350 Jahren stellte: "Welche Bücher soll man lesen?" Seine ganz und gar lebenszeitunzuträgliche Antwort fürs Lesen und Abschreiben hat dann Bestand: "Alle!"[47]

Anmerkungen

1 WEISS 1983, S. 53.
2 Vgl. ROUSSEAU 1751, S. 39ff.; ders. 1752, S. 112ff.; ders. 1755, S. 196ff.
3 ROUSSEAU 1755, S. 206.
4 Ebd., S. 228.
5 Vgl. ebd., S. 230ff.
6 Ebd., S. 204. Vgl. auch ebd., S. 228.
7 ROUSSEAU 1756, S. 317.
8 ROUSSEAU 1762, S. 354.
9 ROUSSEAU 1762, S. 242.
10 STAROBINSKI 1988, S. 27.
11 Vgl. ROUSSEAU 1781, S. 37ff.
12 Vgl. STAROBINSKI 1988, S. 16ff. Ferner: ROUSSEAU 1781, S. 54ff.
13 STAROBINSKI 1988, S. 19.
14 ROUSSEAU 1781, S. 57ff.
15 STAROBINSKI 1988, S. 23.
16 Vgl. ebd., S. 49ff. Zur Differenz bezüglich der phylogenetischen und ontogenetischen Sicht auf den Niedergang bei ROUSSEAU, die gleichzeitig die Differenz der frühen gegenüber den späteren Schriften ist, vgl. DE HAAN 1988, S. 5ff. Entlang der "Rost"- und "Schleier"-Metaphorik bei ROUSSEAU habe ich in diesem Aufsatz versucht, das Maß an Hoffnung auf Beendigung des Verfalls bei Rousseau auszuloten.

17 Zu den verstreuten Belegen vgl. STAROBINSKI 1981, S. 42ff. ROUSSEAU kennt dabei wiederum zwei Wege: einen homöopathischen und einen allopathischen. Ersterer sucht in und mit den Übeln einen Ausweg, der andere setzt auf die totale Dekadenz und eine anschließende Wende; die Apokalypse ist darin aufbewahrt.

18 Vgl. ROUSSEAU 1762, S. 576.

19 Vgl. das Kapitel: "Jean-Jacques Rousseau und die Gefahren der Reflexion". In: STAROBINSKI 1984, S. 142f.

20 Vgl. ROUSSEAU 1762.

21 ROUSSEAU 1755, S. 263.

22 Vgl. dazu STAROBINSKI 1988, S. 49ff.

23 Vgl. WATZLAWICK 1983, S. 27ff.

24 ROUSSEAU 1776/78, S. 673.

25 Vgl. ebd., S. 659ff.

26 Ebd., S. 674.

27 Ebd.

28 Vgl. ROUSSEAU 1762, bes. das 4. Buch, S. 479f.

29 Für den anderen Strang, insbesondere die Philanthropen betreffend, vgl. die Quellensammlung in RUTSCHKY 1977.

30 Vgl. ROUSSEAU 1762, bes. das 1. und 2. Buch.

31 Vgl. ebd., S. 221ff.

32 Ebd., S. 344.

33 Ebd., S. 342.

34 Vgl. WÜNSCHE 1989, S. 182ff., sowie ders. 1987, S. 108ff.

35 ROUSSEAU 1762, S. 954.

36 Ebd., S. 132.

37 Ebd.

38 Ebd.

39 Ebd., S. 134.

40 Vgl. zum Zusammenhang zwischen Entdeckung, Destruktion und (Neu-)Konstruktion des Kindes in der Pädagogik WÜNSCHE 1987, S. 105ff.

41 WATZLAWICK 1983, S. 27f.

42 Ebd., S. 29.

43 ELIADE 1986, S. 66.

44 FLAUBERT 1880, S. 407 (Aus den Notizen).

45 FOUCAULT 1988, S. 177.

46 Ebd.

47 J.A. COMENIUS 1650, S. 158ff.

PETER RAU

Drogierte Untergänge

Zur Genese der Suchtmotivik bei Thomas Mann

I.

Thomas Manns Erstlingsroman "Buddenbrooks"[1] beginnt mit der Frage aus dem Lübecker Katechismus von 1835, die auf das Glaubensbekenntnis zielt. Dessen Text wird, nach einiger Nachhilfe durch die Mutter, von der kleinen Antonie Buddenbrook rezitiert. Auf dem Schoß des Großvaters schnurrt endlich das protestantisch-bürgerliche Credo ab, und der achtjährigen Patrizierstochter ist dabei zumute, "wie wenn man im Winter auf dem kleinen Handschlitten mit den Brüdern den Jerusalemsberg hinunterfuhr: es vergingen einem geradezu die Gedanken dabei, und man konnte nicht einhalten, wenn man auch wollte." (S. 7) Merkwürdig beschwipst ist diese Sprecherin; bemerkenswert deutlich, nicht zuletzt im Hinblick auf die weitere Geschichte der Mannschen Werke, geht es gesteigert und beschwipst bergab - wird es doch zur Beschwipsung des zur Steigerung angetretenen Helden des "Zauberbergs" (der ein wahrer Drogenberg und eine Hölle der Süchtigen ist) nicht eben wenig beitragen, daß man ihm von den eingemummten Leichen erzählt, die mittels Bobschlitten vom Sanatorium Berghof zu Tal gebracht werden. Dem Wortlaut des lübischen Glaubensbekenntnisses nach, mit dem der Untergang von Firma und Familie Buddenbrook eingeläutet wird, hat Gott alle Kreaturen geschaffen; vor allem auch "Kleider und Schuhe [...] Essen und Trinken, Haus und Hof, Weib und Kind, Acker und Vieh ..." (S. 7). Nur bis zu dieser Stelle kann Antonie B. ihre beschwipste Rede laufen lassen; denn der Senior der Familie bricht in lautes Gelächter aus und debattiert mit der Enkelin über Geschäfte, die man mit den Gottesgaben des frommen Textes machen könnte.

So behaglich wie üppig haben die Buddenbrooks und ihre lübischen Ratsverwandten an den geschaffenen Gütern teil; diese Teilhabe aber verdanken sie weitgehend den Profiten, die Johann B. der Ältere in den Läuften der Napoleonischen Kriege machen konnte. So haben die Buddenbrooks allen Grund, den Modus ihres Habens so zu steigern, daß das fragwürdig Gewonnene selbst zum Mittel wird, über seine abgründigen Herkünfte und Implikate hinwegzudrogieren.

Der Romananfang spielt schon beinahe alle Gründe und Mittel solcher Drogierung ein; der weitere Romantext wird, wie die übrigen Texte des Autors, die angespielten Steigerungen durch Religion, Lachen, Trinken, Essen und anderes zur ubiquitären Hintergrundmetaphorik ebenso wie zu signifikant wiederkehrenden Sinnbildern machen.

Das Lachen des alten Buddenbrook über Religion und Geschäft steckt die ganze Familie an; lachend, kichernd, pruschend wartet man auf die Gäste für das üppige Mahl, mit dem die Einweihung des neu bezogenen Hauses in der Mengstraße gefeiert werden soll. Über die tödliche Besonderheit solchen Gastmahls läßt der Erzähler nicht im unklaren; was man im "Speisetempel" der Buddenbrooks verzehrt, ist von seiner blutigen Herkunft her Gift und von seinem Gebrauch her Betäubungsmittel: unter beiden Aspekten ereignet sich Verzehr als Selbstverzehr, Technik der Erhaltung als Destruktion. Zu den ersten Sinnbildern solcher Destruktivität gehört im Text ein barockes Requisit. Man spricht von Religion und Geld, und man spricht den üppigen Speisen und kostbaren Weinen heftig zu, aber

Die Kerzen brannten langsam, langsam hinunter und ließen dann und wann, wenn ihre Flammen im Luftzuge zur Seite flackerten, einen feinen Wachsgeruch über die Tafel hinwehen. (S. 29)

In Manns frühen Erzählungen, aber auch im "Zauberberg" und im "Doktor Faustus" liegt offen zutage, daß der moralistisch-literarische Konservativismus dieses Autors sich nicht zuletzt in der Reflexion von vermeinten Perversionen der Modernität unter Verwendung vor- oder frühmoderner Verfahren artikuliert. Zwischen den Sünden und Lastern der älteren satirischen Literatur oder weltsatirischen Romanliteratur - etwa im 17. Jahrhundert - und der universalen Süchtigkeit und Narkose der Moderne wird auf diese Weise ein Kontinuum hergestellt, das schon in sich eine Form der literarischen Mimesis von historischer und psychopathischer Rückschlägigkeit ist. Ist doch das Mengstraßenhaus der Buddenbrooks, in dem man den Gang in den Untergang verzehrend beginnt und feiert, fiktional 1682 errichtet (S. 22), in einer Zeit, in der die ersten Klassiker des bürgerlichen Romans entstehen.

Das alte lastersatirisch verwendete Sinnbild, das ebenso wie der Friedhof der Marienkirche, den man von den Fenstern des Buddenbrookschen Speisesaals aus sehen kann, den Vergänglichkeitstopos in die Zelebration der oralen Genüsse hereinspielt, initiiert zugleich andere Bildlichkeiten, in denen sich die Fundamentalität und Ubiquität von Gift, Verzehr, Sucht und Betäubung über das Religiöse und über den verschwenderischen Gebrauch der physischen Subsistenzmittel hinaus ausdehnt. Die brennenden Kerzen versinnbildlichen die Identität von Verzehr und Selbstverzehr, der feine Wachsgeruch aber, der bei solchem Brand entsteht, appliziert die Bedeutung des Sinnbilds auf die Luft und das Atmen; in der betäubungsbedürftigen, weil heillos verkehrten Welt der Mannschen Fiktion bleiben die elementaren Prozesse und Stoffe des Lebendigen, das sich süchtig zum Tode neigt, nicht außen vor. In dieser Hinsicht sind nicht erst die Insassen des Zauberberg-Sanatoriums (oder des Sanatoriums "Einfried" in der "Tristan"-Novelle) lungenkrank. Die Selbstvergiftungen der süchtigen Mannschen Gesellschaft sind, nach dem Modell des Einatmens und Ausatmens, zugleich Vergiftungen der Luft für die anderen; eine Pathographie der Umweltverschmutzung, die, wie etwa auch in der Reflexion der Natur und der Elemente im "Zauberberg" und im "Doktor Faustus" hervortritt, zentrales Requisit der spezifischen negativen fiktionalen Anthropologie des Autors ist, der im übrigen seit seiner frühen Prosaskizze "Vision" von 1893 Produktion und Wirkung des Literarischen selbst unter den Aspekt von Sucht und Droge rückt.

II.

Die Kette der Kettenraucher in den "Buddenbrooks" beginnt mit einer Figur, die sogleich die zentrale Bedeutung von Zigarette, Zigarre und Rauchen im Universum der Betäubten illustriert. Nach dem Gastmahl im Speisesaal begeben sich einige der Herren in das Hintergebäude des Anwesens in der Mengstraße, in den Billardsaal; für Kaffee und Zigarre ist gesorgt. Den lustvollen Gebrauch der Tabakware initiiert der Weinhändler Köppen - von Physiognomie, Allüre und Attributen her die erste romanhafte Parodie des Dionysischen im Mannschen Werk.

Der Weinhändler stand auf und horchte, den Mund voll Zigarrenrauch, auf einen starken Windstoß, der zwischen den Häusern pfiff, den Regen prickelnd gegen die Scheiben trieb und sich heulend im Ofenrohr verfing.
  "Verflucht" sagte er und stieß den Rauch von sich. "Glaubst du, daß der 'Wullenwever' zu Hafen kann, Buddenbrook? Was für ein Hundewetter ..." (S. 39)

Die Inszenierung eines Zusammenhangs zwischen drohender Natur draußen, sicherer Behaglichkeit oder behaglicher Sekurität drinnen und noch als Furcht und Sorge maskierter Angst ist so bedeutsam wie mehrdeutig. MANNs fiktive Bürger am Meer sind weder drinnen noch draußen versichert; was da vor den Scheiben heult, wird sich in der Katastrophendynamik der Geschichte nach und nach als dasselbe herausstellen wie das, was da drinnen umgeht, wenn man raucht: Verschlungenwerden durch mißverhaltene Natur ist immer schon im Vollzug durch den Selbstverzehr; auf die sinnbildliche Kerze folgt die Zigarre, und wer an ihr saugt, sie abbrennt, den Rauch einatmet und beim Ausatmen den anderen die Luft nimmt, ist Prototyp aller Süchtigen. Will er sich doch von Angst befreien und produziert sie im selben Moment. Das Betäubungsmittel ist selbst figürlich und unfigürlich die Ananke, wie sie den letzten Menschen in den "Buddenbrooks" wie später im "Zauberberg" zukommt.
  Vom Textverlauf her ist der Konsul Buddenbrook der zweite Raucher im Roman. Der Repräsentant der zweiten, religiös ambitionierten Generation tritt zum erstenmal rauchend auf eine

halbe Stunde vor Mitternacht, die Börsenkurse studierend. Enger als zuvor werden Bilder und Motive aufeinander bezogen; während der Konsul seine Zigarre raucht, sieht man das rötliche, kunstvoll frisierte Haar der Konsulin "vom Schein der Kerzen durchleuchtet" (S. 77). Es wird sich alsbald herausstellen, daß dieses Haar eine Art Äquivalent der Zigarre auf weiblicher Seite ist, allerdings mit eigenen Bedeutungen. Im Gespräch zwischen rauchendem Hausvater und kunstvoll frisierter Gattin geht es um "Geldausgaben"; mit im Text einmaliger Prägnanz und Souveränität legt der Konsul die Vermögensverhältnisse von Firma und Familie offen. Der Erzähler verflicht solche Buchlegung ostentativ mit dem Abbrennen der Zigarre. Weinhändler Köppen ist ein rauchender Drogenhändler und Kaufmann; Konsul Buddenbrook ist Händler von Nahrungsmitteln scheinbar harmloser Art, aber er ist auch ein rauchender Christ. Sein süchtiges Bedürfnis und sein Narkotikum rücken die Figur vom Bezirk der Angst vor Natur in den der eindeutig religiösen Angst. Der christliche Kaufmann als Raucher spielt die Symbolik von Kerze und Zigarre hinüber in die Dimension der Rechtfertigung, die als ein beim beruflichen Tun und beim Verzehr der Güter Verdrängtes wiederkehrt in Gestalt eines Dingsymbols, das tödlich wirkt und zugleich schon vage auf das Verkommen des Transzendenten in oraler Regression verweist. Die einmal mehr vorgeführte Einheit von Rauchen, Atmen, Sprechen ist, hier deutlicher als bei Köppen, die Neuformulierung der Inhärenz von Laster und Strafe als Schuldvergessenheit und regressiver Entlastungssucht. Bei seinem frühen Tod, dem ein rechter Wettersturz angemessen präludiert, ist Konsul Buddenbrook, mit den Worten des Folgemädchens Line, nicht nur "goar tau geel" - wie ein Deckblatt seiner Zigarren -, sondern er kann auch "nich reden und kiemt man immer bloß so" (S. 252f.): in der Symbolik des Textes ein veritabler Rauchertod, sozusagen ein letzter Entzug dessen, was das verkehrte Leben erträglich gemacht hatte.

Zum Zeitpunkt des Sterbens des jüngeren Johann Buddenbrook ist freilich für die angemessene Erbfolge in Sachen Betäubungsmittel, Drogenbedürftigkeit und Selbstvergiftung gut gesorgt. Wie im Geschäftlichen, so ahmt der ältere Sohn Thomas auch im Rauchen den Vater überbietend nach; Verfall einer Familie ist synchronisiert mit Steigerung in Sucht und

Mittel. Unter den Lebensformen der romanhaften Gesellschaft ist Einpassung dasselbe wie Süchtigwerden, sind Allüren der Süchtigkeit Signale der Einpassung - von tödlicher Tücke, in einem gewissen Rahmen Zeichen der Unterwerfung und der Verkennung des falschen als eines richtigen Lebens. Die erlaubte Droge bezeichnet den Benutzer/Genießer als einen, der das Verkehrte so zu genießen weiß, daß er an Veränderung der Zustände nicht interessiert ist. "Tom, schon zwanzigjährig, mit Akkuratesse in blaugraues Tuch gekleidet, hatte den Strohhut zurückgeschoben und rauchte russische Zigaretten." (S. 118) In der lübischen Welt der Mannschen Fiktion werden alle süchtig, die sich zuhause redlich nähren; Zuhausesein ist tödliche Gewohnheit geworden.

Tom warf die Zigarette fort und nahm sich eine neue aus der Büchse, in deren Deckel eine von Wölfen überfallene Troika kunstvoll eingelegt war: das Geschenk irgendeines russischen Kunden an den Konsul. Die Zigaretten, diese kleinen, scharfen Dinger mit gelbem Mundstück waren Toms Leidenschaft; er rauchte sie massenweise und hatte die schlimme Gewohnheit, den Rauch tief in die Lungen zu atmen, so daß er beim Sprechen langsam wieder hervorsprudelte. (S. 118)

Die Bedeutungsfelder, in denen Motivik und Symbolik des Rauchens mit anderen Sucht- und Narkosemotiven kommunizieren, sind in diesem Passus vollständig enthalten. Es bestätigt sich spätestens hier, daß das Thema sich vom Elementaren bis zum kulturell Komplizierten erstreckt. Zusammengeführt werden Rauchen und Selbsterhaltung oder Konkurrenzkampf auf mehreren Ebenen; Rauchen und Atmen, Rauch und Rede - in der Tat sind die Worte der Buddenbrooks Schall und Rauch in einem sehr genauen Sinn. Aber akzentuiert ist auch schon das Herüberholen der Topoi der Zauber- und Liebestranktradition in die spezifischen Selbstberauschungs- oder Selbstbetäubungskulte der erzählten Gesellschaft. Denn das Rauchen des Thomas Buddenbrook wird nach Bild und Sinn verquickt mit den penetranten Düften in jenem schwül-erdigen Blumenladen, wo die Geliebte ist, die der Patriziersohn aus Standes- und Mitgiftgründen lassen muß und will. In Rauch und Dunst von Droge und Erde erscheinen die näheren Sinnbilder des Verzehrs als die des wölfischen Fressens und Gefressenwerdens, vor dem die Droge nicht rettet, das sie vielmehr, List der Unvernunft des gewohnten falschen Lebens, steigert, die Internalisierung darstellend, mit denen sich die Lebendigen dem unterwerfen, was ihr Leben zu totem Leben oder zu lebendem Tod machen muß. Vorgetragen ist zugleich einer der textimmanenten Ursprünge der Tiergleichnisse im Mannschen Universum, das sich ohne Hyperbolik als Tierreich der Süchtigen nicht erst im "Zauberberg" auffassen läßt. Was allerdings die einschlägige Symptomatologie in diesem Roman anbelangt, so ist sie im Text der "Buddenbrooks" am nächsten in der Liebesgeschichte vorentfaltet, die sich zwischen Tony B. und Morten Schwarzkopf abspielt. Dieser heftige Raucher trägt nicht nur den Namen des Todes, sondern ist auch Mediziner; und so ist er, wie der zwielichtige zigarrenversessene Chef der Klinik auf dem Zauberberg, zuständig für die Offenbarungen des Organischen, die Mysterien des Stoffwechsels. Dieser, als Verbrennungsvorgang, ist gleichsam das physiologische Urbild des Zigarrenrauchens. Besonders klar unter diesem Aspekt zeigt sich die Übertragung der Motive des Süchtigen, der Sucht und der Droge auf die Naturprozesse schlechthin. Auch für die systematisch betriebene wechselseitige Einschreibung von Rauchen, Reden und Lachen im "Zauberberg" enthält die Schwarzkopf-Episode in den "Buddenbrooks" eine Art Rohfassung; und die Integration der Suchtpathologie in Erotisches und Liebesgeschichte, die in der Geschichte des Thomas angespielt ist, wird in der Morten-Tony-Geschichte gründlich durchgespielt. Auf eine wenngleich noch schwach bestimmte Weise korreliert diese Geschichte Stoffwechsel, Rauchen, Lachen, Meer und Freiheit und rückt so das Ensemble in toto unter den Suchtverdacht. Der "Zauberberg" wird diesen Verdacht in der Dialektik von illuminierter Steigerung, Aufnahmelustigkeit für Gifte und Drogen und süchtig-liederlicher halluzinogener Freiheit weiter ausspinnen.

Seiner sinnbildlichen Qualität wegen ist es vor allem das Rauchen, das die Pathographie der Süchte bei Thomas Mann mit dem Todesmotiv verknüpft; auch mit Thematik und Motivik des 'bürgerlichen Todes', der eine Hinrichtung besonderer Art ist: die durch den Bankrott. Dieser bedeutet in der Tat eine ganz besondere Synthese von Freiheit und Untergang, und so ist es konsequent, wenn der Romancier die Bildfelder des Rauchens, des Atmens und des Lachens dort dicht verknotet, wo in der gemeinten Hinsicht hingerichtet wird. Es geschieht dies in jener Szene, da der Bankier Kesselmeyer dem verschuldeten Schwiegersohn der Buddenbrooks, Benedikt Grünlich, die letzten Stundungen kündigt. "Herr Grünlich hatte fertig gefrühstückt, und der Duft beider Zigarren vermischte sich mit dem warmen Ofendunst. 'Haben Sie Luft, Kesselmeyer?' fragte der Hausherr ... 'Nehmen Sie eine andere.'" (S. 207) Im "Rauchzimmer" des Hamburger Heims der Tochter und des Betrügers und Mitgiftjägers fallen dann die endgültigen Entscheidungen, deren katastrophale Folgen denn auch die Zigarre signifikant überflüssig machen: "'Nein, Kesselmeyer, hören Sie mich an! ... Tun Sie mir doch die Liebe, noch eine Zigarre zu nehmen ...' 'Ich bin ja mit dieser noch nicht zur Hälfte fertig?! Lassen Sie mich mit Ihren Zigarren in Ruhe! Bezahlen Sie ...'" (S. 211)

Rauchen und Tod, Liebe und Rauchen - in der Geschichte des Thomas Buddenbrook werden die Zuordnungen eingeschmolzen zu essentiellen Ingredienzien einer kontinuierlich zunehmend süchtigen und drogenverfallenen Existenz. Die scharfen russischen Zigaretten werden zu stehenden Attributen einer Figur. Tom B. als der exzessivste Raucher im Text antizipiert den "Zauberberg" auch darin, daß er an Lungenblutung erkrankt und eine "Luftkur im Süden" (S. 213) zu absolvieren hat. An Lungenentzündung stirbt aber nicht der Sohn, sondern die Mutter - wobei der Erzähler allerdings in wünschenswerter Klarheit dartut, daß Rauchen als Regressionshandeln mit Regressionswünschen eines Muttersohns zu tun hat. Der stärkste Raucher ist es, den in der Umarmung der Mutter die tiefste Schwäche befällt (S. 490). Und die spezielle Sucht findet sich im weiteren eng geknüpft an die eigene Krankheitsgeschichte des Tom B., an dessen Nervenkrisen, die aufs Mütterliche bezogen werden, wenn sie der Erzähler ganz altmodisch-lastersatirisch unter "Eitelkeit" firmieren läßt. Unmittelbare Vorgeschichte dieser Krankengeschichte ist die Trennung vom Blumenmädchen Anna, das (wie der Name schon vermuten macht) der Sphäre der Süchte und Drogen keineswegs enthoben ist. - Gerade die Verflechtung von Rauchen und solcher Krankheit läßt deren Symptome zunehmend als Gesten des Suizidären erscheinen. Trotz starker Anmahnungen von ärztlicher Seite ist Tom B. "weit entfernt, sich den betäubenden Genuß der kleinen, scharfen russischen Zigaretten zu versagen, die er, seit seiner Jugend schon, täglich in Massen rauchte." (S. 664)

Mit der Akzentuierung des suizidären Charakters parallel läuft die der Motive des toten Lebens. Nach dem inneren Eingeständnis, daß er eigentlich "fertig" sei, entzündet sich Tom B. "mechanisch eine neue Zigarette, obgleich er wußte, daß es ihm schadete, und fuhr fort, durch den Rauch ins Dunkel zu blicken." (S. 475) "Mechanisch" öffnet und schließt der Fertige den Zigarrenschrank (S. 480). Das Mechanische und das Suizidäre werfen das schärfste Licht auf die lübischen Lebensweisen und lassen prägnant die Zusammengehörigkeit von falschem Leben und Droge aufscheinen, wobei Utensil und Akt des Rauchens auf eine Weise mehr zweideutig bedeutend werden. Vor allem ist der Betäubungszweck klar ausgesprochen und sein Bezug auf die Universalität des Narkotisierungsbedürfnisses im gegebenen Leben offen hergestellt.

In ihm war es leer, und er sah keinen anregenden Plan und keine fesselnde Arbeit, der er sich mit Freude und Befriedigung hätte hingeben können. Sein Tätigkeitstrieb aber, die Unfähigkeit seines Kopfes, zu ruhen, seine Aktivität, die stets etwas gründlich anderes gewesen war als die natürliche und durable Arbeitslust seiner Väter: etwas Künstliches nämlich, ein Drang seiner Nerven, ein Betäubungsmittel im Grunde, so gut wie die kleinen, scharfen russischen Zigaretten, die er beständig dazu rauchte ... sie hatte ihn nicht verlassen, [...]. (S. 624)

Das Künstliche, das Mechanische, das Narkotische als Aspekte desselben verweisen auf die Charakterisierung der künstlerischen Arbeit von der "Vision"-Skizze bis zu den Synthesen von Abstraktion, Halluzination, Orgiastik und Tod im "Doktor Faustus". Was Thomas B. angeht, so erzeugt das Rauchen der Zigaretten aus der wölfischen Dose einen doppelten Schleier: narkotisierend soll es sein im Hinblick auf eine unerträgliche Realität, aber im Fall des Süchtigen, der zugleich überangepaßt ist, wirkt es auch als jene Auswege verschleiernd, die Alterität zu antizipieren oder gar zu ergreifen erlaubten. Andererseits muß festgehalten werden, daß jegliche

Andersheit bei Thomas Mann ebenfalls dem Drogenverdacht unterliegt; in den "Buddenbrooks" schon ist es immerhin das "Rauchzimmer", in welchem der nervöse Leistungsbürger Schopenhauers magnum opus entdeckt - just nach der Einsicht, daß es für das "Verantwortlichkeitsgefühl des echten und leidenschaftlichen Protestanten [...] dem Höchsten und Letzten gegenüber [...] keine Vermittlung, Absolution, Betäubung und Tröstung" (S. 666) geben könne; wobei Tom kurz zuvor seinem Arzt gestanden hatte: "'Man ist so fürchterlich allein ... Ich rauche.' [...] Und er präsentierte sein Tula-Etui ..." (S. 664) In diesem Kontext erweisen die Droge als Dingsymbol und das Rauchen als vielfältig-allegorische Handlung ihre Funktion als integrale Indikatoren des beschädigten Lebens: sie scheinen zu therapieren, was sie zum Bedürfnis macht, und sie sind, was sie therapieren sollen. Kaum klarer tritt die fatale Zirkularität der Mannschen Süchte irgendwo im Text zutage als in jener Szene, in welcher Thomas Buddenbrook im Kreis anderer fertiger und resignierter Existenzen aus der Lübecker Oberschicht am Meer sitzt und raucht. Der gesunden Seeluft wegen wirft der Senator auf Mahnung der Freunde hin die Zigarette fort; aber der Verzicht auf die eine bedeutet nicht einmal die Fähigkeit zur anderen großen Droge (S. 680f.). Dies tote Leben ist in der Tat so sehr tot, daß es sich nicht einmal mehr aufgeben kann. Rechte Narkotika sind die erlaubten Mittelchen der lübischen Herren ja erst dadurch, daß sie das tote Leben am Leben halten; so ist auch Toms Realisierung von Sucht und künstlicher Existenz nur durch mörderischen Eingriff einer fremden Macht zu beenden, und der Romancier zaudert nicht, jene schiefe Dialektik der zäh-süchtigen Lebensformen ins tierische Gleichnis zu setzen. Auf dem Lübecker Fischmarkt (etwa zu Weihnachten) kann man sicher sein,

etwas Frisches zu erhandeln, denn die Fische lebten fast alle noch, die fetten, muskulösen Fische ... Einige hatten es gut. Sie schwammen, in einiger Enge zwar, aber doch guten Mutes, in Wassereimern umher und hatten nichts auszustehen. Andere aber lagen mit fürchterlich glotzenden Augen und arbeitenden Kiemen, zählebig und qualvoll auf ihrem Brett und schlugen hart und verzweifelt mit dem Schwanze, bis man sie endlich packte und ein spitzes, blutiges Messer ihnen mit Knirschen die Kehle zerschnitt. Lange und dicke Aale wanden und schlängelten sich zu abenteuerlichen Figuren. In tiefen Bütten wimmelte es schwärzlich von Ostseekrabben. Manchmal zog ein starker Butt sich krampfhaft zusammen und schnellte in seiner tollen Angst weit vom Brette fort auf das schlüpfrige, von Abfällen verunreinigte Pflaster, so daß seine Besitzerin ihm nachlaufen und ihn unter harten Worten der Mißbilligung seiner Pflicht wieder zuführen mußte ... (S. 686f.)

In der Not zwischen Lebenssucht und Todesangst helfen den Menschen im lübischen Kosmos freilich die zugelassenen Drogen nicht lange weiter. Es ist jene Figur im Roman, die am nächsten am autobiographischen Subjekt des Textes steht, an der der Zigarrenrauch durch Einschlägigeres ersetzt wird. Aber diese Figur, Christian Buddenbrook, muß auch demonstrieren, daß die Verwendung der erlaubten Rauschmittel als Geste der Opposition nicht ohne suchtsteigernde und darin gesteigert strafende Folgen bleibt. Im Kontor des tüchtigeren Bruders erzählt Christian B. mit Vorliebe seine abenteuerlichen Geschichten aus Londons obskuren Gegenden, zu denen offensichtlich Valparaiso/Chile nur ein Vorort ist.

"Du lieber Gott!" sagte er. "Bei der Hitze! Na, der Chef kommt ins Kontor ... Wir liegen, acht Mann, wie die Fliegen umher und rauchen Zigaretten, um wenigstens die Moskitos wegzujagen. Du lieber Gott! 'Nun?' sagt der Chef, 'Sie arbeiten nicht, meine Herren?!' [...] 'Wie Sie sehen, Sir!' Und dabei blasen wir ihm alle unseren Zigarettenrauch ins Gesicht [...]." (S. 278)

Wie Freiheit und Sucht zusammengehören, zeigt sich im Roman sowohl am Meer wie in der Politik; so ist denn auch Christian Buddenbrooks narrative Revolte nur eine Stufe seines Niedergangs. Schon wenig später ist aus dem Verbalopponenten der Narr geworden, an dem die Zigarette nur noch auf eine symbolisch kräftiger repräsentierte Disposition verweist.

Er rauchte. Er kam aus dem Klub, wo er gefrühstückt und ein kleines Jeu gemacht hatte. Er trug den Hut ein wenig schief in der Stirn und schwenkte seinen gelben Stock, der "von drüben" stammte und dessen Knopf die in Ebenholz geschnitzte Büste einer Nonne darstellte. (S. 322)

Dies geschieht zu einem Zeitpunkt, da dem Tabak schon stärkere Mittel konkurrieren, die zugleich die Kontinuität von Zigarre und veritablem Opiat anzeigen. Christians Schluckbeschwerden nehmen zu;

Doktor Grabow wurde zu Rate gezogen. Er stellte fest, daß Herz und Lunge recht kräftig arbeiteten, daß aber der gelegentliche Atemmangel auf eine gewisse Trägheit gewisser Muskeln zurückzuführen sei, und verordnete zur Erleichterung der Respiration erstens den Gebrauch eines Fächers, zweitens ein grünliches Pulver, das man entzünden und dessen Rauch man einatmen mußte. (S. 317f.)

III.

Im abgründig verfehlten Leben derer, die parasitär auf dem Strom der Lebensmittel schwimmen (und darin versinken), ist alles verkehrt, und der implizite Erzähler der "Buddenbrooks" hat wenig Hemmungen, den Verbrauch von Gütern und Lebendigem nicht nur als Verbrennung nach sinnbildlicher Maßgabe von Kerze und Zigarre, sondern auch ein wenig von dem Diskurs her zu erzählen, den der Hauptpastor von St. Marien auf die Häupter der "Wollüstigen, Fresser und Säufer" (S. 74) niedergehen läßt. Wie es schon in Symptomatologie und Symbolik des Rauchens ersichtlich ist, verschlägt es den lebendig-toten Menschen des Mannschen fiktionalen Universums nicht nur zunehmend den Appetit, sondern auch Atem und Geruch. Manns verkehrte Welt ist immer auch Medium einer spezifischen negativen Ästhetik; das Defekte äußert sich schon als Defekt im Elementaren der aisthesis. Den Figuren wird das Sinnliche zu dem, was etwa die Zigarre repräsentiert: zur Droge, die die maskierte Negativität selbst ist. So, wie das Rauchen das schon im Frühwerk fundamentale Rückschlägigkeitstheorem auf den Aspekt der Oralität konzentriert - daß nicht erst Hans Castorp an seiner "Maria Mancini" saugt wie die sonstigen "verwesten Säuglinge"[2] Manns an der imaginären Mutterbrust oder an den Brüsten der Mutter Natur, liegt schon in den frühen Erzählungen vor der Kenntnisnahme Freuds auf der Hand -, so wird dem romanhaften Personal im Absterben einer Lebensform auch Luft und Duft zu gefährlichem Trank und fulminanter Droge. In erster Linie aus diesem konzeptionellen Grund ist in der erzählten verderbten Welt unbeschadet aller 'humoristischen' Milderung der Analyse kaum etwas Unverderbtes und Unverderbliches. Offensichtlich ist hier nicht nur das Luftholen und damit die Genese der Lungenkrankheiten in der Mannschen Werkgeschichte, sondern auch der Vorgang, der den anthropos beim Ausatmen vom Tier unterscheiden sollte, das Sprechen nämlich, von der süchtig-narkotischen Inversion betroffen; das Lachen der Mannschen Charaktere ist auch in diesem Kontext von einer noch näher auszuleuchtenden Signifikanz. Verderbte Natur, die an sich Sucht und Droge ist, oder Natur, die denjenigen verderblich wird, die in ihrer Lebensweise am Widernatürlichen arbeiten: die Frage läßt sich wohl auch von den späteren Texten her bei aller programmatischen Differenzierung des thematischen Komplexes kaum eindeutig beantworten.

Was die "Buddenbrooks" angeht, so ist die erzählte Welt genugsam moraltheologisch ausstaffiert, um alte mythologische sowohl als protestantische Schemata der Bestrafung der - nun offensichtlich zu modernen Süchten gewordenen - Sünden und Laster zu verwenden. Daß Gott demjenigen die Luft abdrehen kann, der in Gottesferne herumtaumelt, findet sich etwa in den Gebets- und Predigttexten des 18. Jahrhunderts häufig; z.B. bei jenem Autor, der dann auch den ersten "Psychologischen Roman" der deutschen Literaturgeschichte schreibt.[3] Gleichnishaft in diesem Sinne werden bei Mann mehr oder weniger deutlich erwürgt der Konsul Jean B. und die Konsulin, also die Eltern schlechthin im Roman - ähnliches widerfährt der Mutter des Hans Castorp, der sozusagen beim Lachen die Luft wegbleibt. Der am meisten abweichende Sohn jener Eltern, Christian, der schon vom Namen her etwas davon verstehen muß, kennt das Syndrom als eigene Furcht. Beim Tod des Konsuls ist der Wetterschlag draußen dem letzten Schnappen nach Luft drinnen synchron. Schon früh hatte Tony Buddenbrook von Morten Schwarzkopf weitläufig von Lunge, Lungenentzündung und Stickfluß hören können; doch von solcher Theorie abgesehen scheint der Tod durch Eindringen von Wasser in die Lungen grundsätzlich denen zu drohen, die in meeresfeuchtegeschwängerter Luft ihr Treiben leben. So ist Atmen im Roman ein Vorgang, bei dem Natur zu

Trank, Gift, Droge und Narkotikum wird, weil mit dem ersten Atemzug der Neugeborenen der Mechanismus der Verkehrtheit und Verderbtheit anhebt. In der Tat fügt der Erzähler den Kindern Einschlägiges zu: sie agieren sogleich die negative Anthropologie, die die Universalisierung der Sucht- und Drogenmotivik fundiert. Manns Kinder gleichen darin alle der kleinen Clara Buddenbrook (die ursprünglich "Maria" heißen sollte; der Name bleibt aber dann doch reserviert für die Zigarre des Hans Castorp); der Vater, Jean B., nähert

sein Gesicht dem Kinde, das rasch und geräuschvoll Luft holte, und atmete während einer Minute den warmen, gutmütigen und rührenden Duft ein, der von ihm ausging. "Gott segne dich", sagte er leise, indem er die Stirn des kleinen Wesens küßte, dessen gelbe, runzlige Fingerchen eine verzweifelte Ähnlichkeit mit Hühnerklauen besaßen. (S. 58f.)

Hühnerklauen und gelbe Finger, wie sie ja etwa Raucher haben: das, über was sich der Vater da beugt, ist schon ganz eine kleine Sammelpersonifikation des süchtigen und der Droge bedürftigen Kampfs ums Dasein; und wenn der Konsul den Duft des Kindes einatmet, so verweisen die gebrauchten Wörter auf die Permanenz der Süchte bei den Erwachsenen - im Kontext der Lebensläufe läßt sich das Hinabneigen durchaus als Geste der Regression lesen, der die Mannschen Protagonisten früher oder später alle zum Opfer fallen. Sie tritt besonders plastisch hervor an Hermann Hagenström, dem temporären Überwinder und Nachfolger der Buddenbrooks in mehr als einer signifikanten Hinsicht; denn dieser deutschjüdische Repräsentant der Konkurrenzgesellschaft atmet stereotyp durch den Mund. Am Ende hat er sich zur veritablen Leitfigur der süchtigen Existenz ausgebildet.

Er war so außerordentlich fett, daß nicht nur sein Kinn, sondern sein ganzes Untergesicht doppelt war, was der kurzgehaltene, blonde Vollbart nicht verhüllte, ja, daß die geschorenen Haut seiner Schädeldecke bei gewissen Bewegungen der Stirn und der Augenbrauen dicke Falten warf. Seine Nase lag platter als jemals auf der Oberlippe und atmete mühsam in den Schnurrbart hinein; dann und wann aber mußte der Mund ihr zu Hilfe kommen, indem er sich zu einem ergiebigen Atemzuge öffnete. Und das war noch immer mit einem gelinde schmatzenden Geräusch verbunden, her-

vorgerufen durch ein allmähliches Loslösen der Zunge vom Ober-
kiefer und vom Schlunde. (S. 613)

Extreme Gegenfigur zu Hagenström ist Hanno Buddenbrook,
der letzte augenscheinlich männliche Repräsentant der Familie; er vor allem kontrastiert dem Platzhalter der Zirkularität
von Selbstaufspreizung, Umweltvergiftung und Selbstdrogie-
rung nicht zuletzt darin, daß er seinen Mund verschlossen
hält (S. 512). Bedeutend bemerkt wird dies vom Organisten
und Musikpädagogen Pfühl beim Musizieren, in dem Mutter
Gerda und Sohn der Welt der üblichen Surrogate, Pillen, Arz-
neien und Drogen entschwinden - die beiden kennen ein Betäubungsmittel, das sich allerdings in seiner erzählten Struktur von Typologie und Gebrauch der anderen Drogen kaum
unterscheidet: Musik ist im Kontext des Romans einerseits auf
die Spitze getriebenes Ethos der Leistung und Abstraktion,
dem die Bürger im Außerkünstlerischen (Christian B. allerdings auch im Künstlerischen) nur mit kompensierenden
Süchten und Betäubungen standhalten können; dies gilt ersichtlich auch für die Hagenströms. Aber Musik ist andererseits Erlösungsmittel und darin so amphibolisch wie jene
Drogen und eben schon die Luft, die man in der doppelten
Hermetik Lübecks ebenso atmet wie später in der Hermetik
des "Zauberbergs". Dessen so fulminant beschwipsende und
fieberverursachende Luft, die zugleich ein Nichts ist, findet
sich schon unweit von Lübeck, in Travemünde - "Diese Luft
hier, die zehrt ... die beschleunigt den Stoffwechsel" (S. 123),
belehrt Morten Schwarzkopf die von Strand und See faszi-
nierte Antonie Buddenbrook. Die Luft des Kurorts, die da
zehrt, ist der Dunst von Meer, Freiheit und Tod; neben Religion, "metaphysischem Zaubertrank" und Musik durchaus ein
Opiat, dem sich nun freilich alle Personen des Mannschen
Endspiels ausgesetzt finden. Atmen in dieser Luft, die der
"Zauberberg" schon in der Hamburgischen Heimat des Helden wiederkehren lassen wird, wirkt hier wie im späteren
Roman; es fördert die Krankheit und reinigt die Atmosphäre,
indem es den Atmenden in erhöhter Temperatur beschleunigt
zu Tode bringt. Bis hin zu Hannos Tod, dessen Verschließen
des Mundes vor allem in dieser Hinsicht ein Palliativ ist, sind
Krankheit und Sterben der Buddenbrooks grundsätzlich mit

der Lunge verbunden. Früh schon muß sich Thomas B. einer Lungenblutung wegen von Amsterdam, einer anderen Meerstadt, aus in den französischen Süden begeben (S. 213), was aber offensichtlich nur zur Steigerung von Sucht und Mittelabhängigkeit führt; und der Tod der Mutter, der Elisabeth B., der Mutter schlechthin im Roman und damit der primordialen Repräsentantin des Rapports zu Natur, legt die Bezüglichkeit von starker Vitalität, Atemnot und Jenseitshoffnung offen. Nicht nur vordergründig ist Atmen bei Mann so unabwendbar wie das Schicksal selbst; die Konkretisierung der fiktionalen Ananke als Pathographie des Atmens bestätigt vielmehr die Fundamentalität von Sucht und Drogierung im Weltkonzept dieses Dichters der Anrüchigkeit der Welt. Bei denjenigen der Buddenbrooks, denen diese Welt zuerst stinkt, wird in der Tat Atmen und Rauchen ein und dasselbe.

Der Senator aber saß seitwärts vom Tische in einem breiten Polsterfauteuil mit schräger Rückenlehne und las mit gekreuzten Beinen die Zeitung, während er dann und wann den Rauch seiner russischen Zigarette einzog und ihn als einen hellgrauen Strom durch den Schnurrbart wieder ausatmete ... (S. 628)

Für das Personal der Mannschen Romane, der "Buddenbrooks" sowohl als des "Zauberbergs", ist das Universum der Lüfte und Düfte insgesamt von gleicher Beschaffenheit und Wirkung wie der Rauch des Rauchenden.

Bei bedeutenden literarischen Lehrmeistern Thomas Manns, so bei GOETHE im "Faust" und bei E.T.A. HOFFMANN in den "Elixieren des Teufels", ist die Synästhesie mit dem Dämonischen, konkret: mit dem Zaubertrank- und Vergiftungsmotiv verbunden. Faustdichtung und Roman, dann eben auch Manns Faustroman, liefern gleichsam eine kritische Analyse der synästhetischen Ingredienzien, in denen die mephitischen Gerüche stecken, die schon Faust in die Nase steigen, und die Gustav von Aschenbach in Venedig riechen kann. Anrüchig sind solche Düfte der Synästhesie als mehr oder weniger würzige Dünstungen der Natur. In der widernatürlichen Welt der Mannschen Untergänge ist, wie bereits dargetan, das Natürliche nur als Droge, als vermeintliches Heil- und faktisches Steigerungsmittel zum Tode, möglich. Weder an herrlicher

Landschaft noch an so schöner wie erhabener Natur fehlt es in den Mannschen Universen; aber die würzige Luft ist, wie das Naturschöne und die Kunst, den Personen des Romans (wie denen der Erzählungen, etwa in krasser allegorischer Deutlichkeit in "Gefallen") Droge als Surrogat, als Linderungsmittel, als Steigerungsstimulans und in all dem als Gift. Frische und zarte Frühlingsluft weht in den "Buddenbrooks" zum erstenmal anläßlich der Geburt der Tochter Clara, die später früh an etwas sterben wird, an dem man Kopfschmerzen und Frömmigkeit kaum unterscheiden kann. Schon in der Kindbettszene weiß der Vater offensichtlich, daß es mit Frühling, würziger Luft und Prokreation nicht ganz geheuer ist - er schreibt bei wehender Frühlingsluft, Wöchnerin und Kind nebenan, in die Familienchronik mit einer Mischung aus Geständnis, Buße und Selbstzüchtigung, als gelte es den Teufel schreibend zu exorzieren (S. 51ff.). Der Duft der Reseden im Garten des Mengstraßenhauses weht im Wind, als der Betrüger Grünlich ins Innere der Familie dringt (S. 94); "Felder, Wiesen, Baumgruppen, Gehöfte ... [ziehen vorüber], und man suchte in dem immer höheren, dünneren, blaueren Dunst nach den Lerchen, deren Stimmen man vernahm", als man mit dem nächsten Freier der Antonie B. eine Fahrt übers Land veranstaltet (S. 351). Naturdüfte und geplante Prokreation schlagen jedesmal um in koboldhaft-tragische Katastrophen.

In der erzählten Welt wird das Elementare zu Gift besonders dann, wenn es die Protagonisten als Antidot zu sich nehmen gegen die Schäden, die ihnen ihre Lebensweise zufügt. Wo der intensivste Duft des Lebendigen ist, ist der Gift- als Drogencharakter des Organischen in den "Buddenbrooks" bereits mit der gleichen Deutlichkeit entwickelt wie später auf dem Zauberberg. In jenem Blumenladen, in dem Thomas B. seine Liebe finden und lassen muß, ist es

warm. Ein feuchter Duft von Erde und Blumen lag in dem kleinen Laden. Draußen schickte schon die Wintersonne sich an, unterzugehen. Ein zartes, reines und wie auf Porzellan gemalt blasses Abendrot schmückte jenseits des Flusses den Himmel. (S. 171f.)

Zur Droge gewordene Natur stimuliert, illuminiert und illustriert die entscheidenden Rückneigungen der Charaktere.

Feuchte Erde wie schöner Himmel als Narkotika des Vitalen und des Religiösen senden in ihren Duftstoffen nichts anderes denn die Kleinen von den Meinen des Goetheschen Mephisto; und die schönsten Düfte sind nur sinnlich falsch wahrgenommene, alsbald aber in ihrer wahren Qualität durchbrechende Gerüche der Verwesung. Diese sind nicht nur im Duft der Mutter, sondern grundsätzlich im Geruch der Erde anwesend. Auch in dieser Hinsicht enthalten die "Buddenbrooks" die organischen Süchte und die süchtigen Organismen, die der "Zauberberg" vorführt, indem er sie ins gleichnishaft Tierische wendet, und denen sich der Erzähler des "Doktor Faustus" erneut zuwendet, indem er die spekulierten Elemente als jammernswert süchtige phallische Pseudolebendigkeit ausstellt.[4] Die so unsäglich halbtierische Frau Stöhr im "Zauberberg" liefert nicht von ungefähr eine kleine Theorie der wollüstigen Sucht, sich bei Hautjucken bis aufs Blut zu kratzen; in der Tat eine dem Medium des radikalsatirischen Romans angemessene Interpretation der tiefsten Lust, die da bei einem anderen Meister Thomas Manns Ewigkeit will.[5]

Zu beinahe orgiastischem Kult der Düfte geraten den Buddenbrooks die Weihnachtsfeste; diese sind im Text die Zentren der Synästhesie, und sie offenbaren am schroffsten deren Pervertierung zur Totalität der Süchte und Rauschmittel im Zeichen der Vergiftungs- und Drogierungsstrategie des Romans. Ikonographisches Zentrum des Festes ist der Weihnachtsbaum, mittels dessen übrigens ein frappierender Zusammenhang hergestellt wird zur Rauch- und zur Brandmetaphorik. Dies geschieht etwa an jener Stelle, da das Festarrangement der Töchtererziehungsanstaltsleiterin Sesemi Weichbrodt in Flammen aufgeht, diejenige beinahe wie eine Hexe verbrennend, die den höheren Töchtern die Konformität mit den Surrogaten des Lebens unter knallenden Küssen auf die Stirn einschießt. Es geschieht aber auch in der Mengstraße, "wo der mit weißen Lilien geschmückte Baum flimmernd, leuchtend und duftend zur Decke ragte und die Geschenktafel von den Fenstern bis zur Tür reichte." (S. 92)

Freilich werden Weihnachtsbaum und Fest ihre ganze Funktion erst so recht unter dem Aspekt von Essen und Trinken entfalten; aber auch die Düfte sind fest einbezogen in die merkwürdige Dialektik der Betäubungen und Steigerungen. Hat der symbolträchtige Geburts- und Lebensbaum doch schon olfaktorisch mit dem anrüchigen Duft der Erde ebenso zu tun wie mit den einschläfernd-berauschenden Wirkungen des Märchens, des Religiösen und des Ästhetischen im engeren Sinne. Das große Weihnachtsfest, das Hanno B. miterlebt, ist unter all jenen Gesichtspunkten eine Initiation; der von da an deutlich Entzückte und Drogierte geht, schneller als die anderen, an dem Dunst zugrunde, der sich in all den herrlichen und würzigen Düften von Meer, Luft, Blumenduft und Weihnachtsgerüchen verbirgt. Es ereignet sich aus Anlaß der diversen Leichenfeiern im Hause Buddenbrook, daß derjenige, der in dem großen Rauschen des Meeres, der Musik und des Mütterlichen untergehen wird, das Mephitische in allen schönen Düften gewahr wird, aber auch einsaugt. Zwei Düfte sind es, die an den Totenbahren der Buddenbrooks literal ineinanderfließen und symbolisch identisch sind. Hanno ist aufmerksam Zuschauender und Riechender:

Und umgeben von seinen ganz in Schwarz gekleideten Anverwandten, den breiten Trauerflor um den Ärmel seines Matrosenanzuges, den Sinn umnebelt von Düften, welche den Mengen von Blumengebinden und Kränzen entströmten, und mit denen sich, ganz leise und nur bei diesem oder jenem Atemzug bemerkbar, ein anderer, fremder und doch auf seltsame Art vertrauter Duft vermengte, stand der kleine Johann zur Seite der Bahre und blickte auf die regungslose Gestalt, die vor ihm zwischen weißem Atlas und feierlich ausgestreckt lag ... (S. 599)

Seltsam und doch vertraut: das ist die formelhafte Abbreviatur des Romantischen, die schon bei E.T.A. HOFFMANN mit dem Motiv der Droge - mit dem der Teufelselixiere wie mit den überall in die Texte eingestreuten Allusionen auf Alkohol - in feste Beziehung gesetzt wird. - An der Bahre der Großmutter entdeckt als erster Hanno, daß die Wohlgerüche der Natur und der Menschenkörper den Geruch des Todes überdecken, und daß die Mischung beider Düfte es ist, die das Tödliche erst recht zur Droge macht, zum vermeinten Rettungsmittel, das tatsächlich in den Zustand befördert, der bei Thomas Mann aller Süchte (Un)Sinn und Ziel ist.

Auf dem Zauberberg wird der Fürst der süchtigen Schatten und medizinische Hofrat Behrens - gleichsam der gealterte

Morten Schwarzkopf - den hanseatischen Gast James Tienappel mit der exzessiven Schilderung dessen erschrecken, was mit der Leiche des Menschen geschieht im Grab, bis sie endlich "ausgestunken" hat ("Der Zauberberg", S. 614); den Gestank hinter allen betäubend-betörenden Düften in der Welt der lübischen Schattenexistenzen entdeckt Hanno Buddenbrook, aber dem Erzähler ist er lange schon bekannt. Zuviel Käse und Käseglocken gehören zu den Viktualien und Utensilien der lübischen Gesellschaft; und Gerda, die Mutter des kleinen Johann, leidet bei Geselligkeit in freier Natur, bei Bierdunst, Zigarettenrauch und duftender Milch unter dem Staub, mit dem die Luft voll ist (S. 358). Das Eindringen des Todes als Staub und Gift in Körper und Bewußtsein artikuliert sich freilich in erster Linie in der Progression der Gegenmittel: neben dem gleichsam den eigenen und den fremden üblen Geruch desinfizierenden Zigarrenrauch treten zunehmend jene künstlichen Mittel hervor, deren Anwendung den Gestank zu hemmen sucht und doch gerade textuell zur Geltung bringt. Die diversen Parfüme sind eingereiht in die Stoffe, unter deren Düften die Buddenbrooks zu Tode kommen. Gerda hat ihr erstes Diner im neuen Haus hinter sich:

Der Konsul hatte an jenem Abend [...] zwischen den durcheinandergerückten Möbeln, in dem dichten, süßen und schweren Dunst von feinen Speisen, Parfüms, Weinen, Kaffee, Zigaretten und den Blumen der Toiletten und Tafelaufsätze, ihre Hände gedrückt und gesagt: "Sehr brav, Gerda! Wir haben uns nicht zu schämen brauchen. [...]" (S. 311)

Zarter Patschuliduft ist penetrant-stehendes Attribut der Figur, an deren Leiche das olfaktorische Unheimliche zum erstenmal hervorbricht; von der Mutter und deren Techniken zur Übertäubung der anrüchigen Natur hat Thomas B. seine progredierende Manie, sich zu parfümieren - der zunehmende schöne Duft ist in Wirklichkeit die unaufhaltsame Verwesung. Im Prozeß des riechenden Untergangs sind denn auch die Protagonisten zu stärkeren Mitteln zu greifen genötigt. Das Zigarrenrauchen wird diesbezüglich in gewisser Weise überlagert von einem anderen "Betäubungsmittel", vom würzigen Atem der See; man atmet ihn im weichen Sand des Strandes, und genießt dabei dieses mühe- und schmerzlose Schweifen und Sichverlieren der Augen über die grüne und blaue Unendlichkeit hin, von welcher, frei und ohne Hindernisse, mit sanftem Sausen ein starker, frisch, wild und herrlich duftender Hauch daherkam, der die Ohren umhüllte und einen angenehmen Schwindel hervorrief, eine gedämpfte Betäubung, in der das Bewußtsein von Zeit und Raum und allem Begrenzten still selig unterging ...(S. 644)

Aspekte des Synästhetischen sind hier konkretisiert zum gehörten Duft; schon vom Olfaktorischen her zieht es die Mannschen Charaktere ins Traumland der Süchte. Entlarvend verdeutlichender Duft aller Düfte gibt sich deshalb dort kund, wo der Tod ebenfalls gerne zugreift: es ist der Geruch des Chloroforms beim Zahnarzt Brecht, in dem das Motiv der universal chloroformierten Gesellschaft im späteren klinischen Roman schon angelegt ist. In diesem Duft beginnt das letzte Sterben des Thomas Buddenbrook; und auf dem Totenbett macht der Romancier seinen fiktiven Vater, Sohn und Doppelgänger zu einem der vielen Sinnbilder der Einheit von Schmutz, Betäubung, Sucht und Tod.

Der Geruch von Karbol, Äther und anderen Medikamenten wehte ihnen entgegen. In dem breiten Mahagonibett, unter der roten Steppdecke lag Thomas Buddenbrook ausgekleidet und im gestickten Nachthemd auf dem Rücken. Seine halb offenen Augen waren gebrochen und verdreht, unter dem zerzausten Schnurrbart bewegten seine Lippen sich lallend, und gurgelnde Laute drangen dann und wann aus seiner Kehle. (S. 695)

Beim letzten Schnappen nach Luft, inmitten der Attribute der luxuriösen Existenz, wird die Gestalt den Fischen auf dem Markt zu Lübeck ähnlich. Das Gurgeln aber läßt scheinen, als atme der Sterbende noch das sinnbildliche Konzentrat der Düfte, mit denen die Agenten und Opfer des verderbten Lebens sich über dem Wasser halten möchten, das zuletzt doch in die Atmungsorgane dringt. Denn im frühen wie im späteren Roman verflicht Thomas Mann die feuchte Lebensluft der Küstenbewohner mit dem Vergiftungsmotiv; legt doch die Meeresnähe der hanseatischen Welt den konzeptionellen Gedanken nahe, verderbtes Leben als unüberwunden Amphibisches im Menschen darzustellen; noch die Tiefseefahrten des

Felix Krull und des Adrian Leverkühn sind offensichtlich von diesem Gedanken inspiriert. Verbunden wird dieses Motiv mit der Regressionsthematik. Die letzten Menschen der Mannschen Fiktion erweisen sich allesamt als zum Wasser zurückkehrende Infantilisierte; auch deshalb sind sie so oral wie süchtig grundverfaßt. Schließlich läßt sich die Meeres-, Feuchtigkeits- und Seeluftmotivik wiederum beziehen auf das Aphroditische; und an dessen suchtstiftender Wirkung haben alle, vor allem aber die Mannschen fiktiven Mütter teil. So ist schließlich auch das Atmen auf die Brüste der Mutter und der Mutter Natur fixiert. Am tödlichen Ende haben die so süchtig rauchenden, dunstenden und atmenden Figuren das in der Lunge, woher sie stammen, etwa "wässerige Flüssigkeit in den Lungenbläschen" (S. 577).

IV.

Wo das Rauchen den Sinn des menschlichen Atmens darstellt, finden sich auch die anderen Selbsterhaltungstechniken eingesponnen in verkehrte als süchtige Welt. Nicht von ungefähr ist der erste exzessive Raucher in den "Buddenbrooks" die Bacchus/Dionysos-Parodie, der Weinhändler Köppen. Das bewegte Bild der zappelnden Fische ist ganz besonders in dieser Hinsicht bedeutend. Die Mannschen Menschen zieht es zum Körperlichen, das heißt aber von den Belehrungen in beiden Romanen her: zum Wasser zurück. Wenn die fiktiven Lübecker nach Luft schnappen, das Verschlucken und das Sichverschlucken fürchten, am Schluckauf sterben oder diverse Getränke trinken, so agieren sie damit diejenige Grund-Sucht, die ihre Ambition zur Rückneigung trägt. Folgerichtig ist die deutlichste Todesfigur im frühen Roman, der Lotsenkommandeur Schwarzkopf, ein veritabler Trinker - er "'is'n ganz passablen ollen Kierl ... Das heißt, nicht immer, sondern nur, wenn er mehr als fünf Gläser Grog getrunken hat. Einmal [...] gingen wir zusammen in die Schiffergesellschaft ... Er trank wie ein Loch.'" (S. 120) Der Tod und seine Boten selbst sind in den "Buddenbrooks" süchtig; ihre Sinnbildlichkeit realisiert sich in jeder einzelnen Gestalt, und sie vor allem ist es, die ein argumentatives und metaphorisches Kontinuum herstellt zwischen feuchtem Element und Subsistenz- und Nahrungsmitteln. Daß diese allesamt partizipieren an dem, was im Roman Wasser, Feuchte, Meer bedeuten, macht sie insgesamt zu Drogen und Giften. Wenn der Erzähler bei Hannos Typhus und Sterben ein gewisses medizinisches Heilverfahren wiedergibt, so tritt die Einheit von Heilmittel und tödlicher Flüssigkeit schroff zutage. Der Arzt

wird das zehrende Fieber durch Bäder bekämpfen, durch Vollbäder, in die der Kranke oft, jede dritte Stunde, ohne Unterlaß, bei Tag und Nacht hineinzutragen ist, und die vom Fußende der Wanne aus langsam zu erkälten sind. Und nach einem jeden Bade wird er rasch etwas Stärkendes und Anregendes, Kognak, auch Champagner verabreichen ... (S. 769).

Dies heißt von der ubiquitären Hintergrundmetaphorik des tödlichen Wassers her nur, den Teufel mit Beelzebub austreiben. Solche Heilmethoden sind strukturhomolog zu allen anderen Drogierungen im Roman: Sie sollen retten vor dem Verderben und sind doch dessen Konzentrat. In diesem Sinne gehen die Buddenbrooks nicht viel anders zugrunde als der kleine Herr Friedemann. Daß das Wasser des anderen Todesboten, des Zahnarzts Brecht, nach Chloroform schmeckt, ist nur eine weitere Konkretisierung dieses Schematismus; ebenso die Spülungen und Pinselungen, die der Dentist an Thomas Buddenbrooks, des exzessiven Rauchers, schmerzhaft brennendem Mund und Rachen vornimmt, wonach der Behandelte alsbald ins Wasser, wenn auch nur in Gestalt einer Pfütze in der Gosse, fällt und stirbt. Auch dieses Mittel heilt und tötet in einem; die letzten Lebenszeichen Toms sind Signale eines Trinkenden sowohl als eines Ertrinkenden (S. 691ff.). Die "gurgelnde[n] Laute" (S. 695) erinnern zugleich grotesk daran, daß der Sterbende sich nach seinem Arztbesuch mit einem Kognak über die Schmerzen hinweghelfen wollte. Sprichwörtlich verbindet Thomas Buddenbrook die Vollendung seines Hauses mit dem Tod; aber auch die Zusammengehörigkeit von Tod und feuchter Sucht hatte sich angedeutet, wenn beim Richtfest eine Champagnerflasche auf dem First zerschlagen wird, und wenn betont erzählt wird, welche Rolle für Tom der Springbrunnen im Garten des neuen Hauses spiel (S. 435, 439). Daß der Romancier Wasser, tödliche Natur und tatsächliche Droge systematisch in Beziehung setzt, liegt in den "Buddenbrooks" auf der Hand; "Der kleine Herr Friedemann" gibt eine Vorstudie dazu. Die Erzählung hebt an wie folgt:

Die Amme hatte die Schuld. - Was half es, daß, als der erste Verdacht entstand, Frau Konsul Friedemann ihr ernstlich zuredete, solches Laster zu unterdrücken? Was half es, daß sie ihr außer dem nahrhaften Bier ein Glas Rotwein täglich verabreichte? Es stellte sich heraus, daß dieses Mädchen sich herbeiließ, auch noch den Spiritus zu trinken, der für den Kochapparat verwendet werden sollte, und ehe Ersatz für sie eingetroffen war, ehe man sie hatte fortschicken können, war das Unglück geschehen. Als die Mutter und ihre drei halbwüchsigen Töchter eines Tages von einem Ausgange zurückkehrten, lag der kleine, etwa einen Monat alte Johannes, vom Wickeltische gestürzt, mit einem entsetzlich leisen Wimmern am Boden, während die Amme stumpfsinnig danebenstand.[6]

Im Roman drückt sich im Genuß von Wasser, Meer und feuchter Luft die permanente Drogiertheit aus als verunglückte orgiastische Steigerung und Berauschung. Schon das erste einschlägige Sinnbild - die spiegelnde Wasserfläche auf dem Schäferidyll der Tapeten im Landschaftszimmer des Mengstraßenhauses (S. 10) - verweist auf das Zusammenspiel von Selbsttäuschung, Reinheitszwang und Wunschleben, das den Gebrauch der Drogen im Roman insgesamt kennzeichnet; mit größter Deutlichkeit im Waschzwang des zunehmend nervenkranken Thomas B. - Am Meer, bei intensivem Genuß des weiten feuchten Elements und scharfen Analysen des Körperlichen aus dem berufenen Munde des blonden Nixen Morten Schwarzkopf(S. 125ff.), wird Liebe als erotische Steigerung identifiziert mit Sucht nach dem feuchten großen Ganzen. Wassersüchtiges Leben als tödlicher Ursprung von Liebe und Freiheit zugleich ist symbolisiert in jenen Quallen, die Tony ihrer funkelnden "Sterne" wegen an Land gebracht hatte, wo sie als faulig riechender feuchter Fleck zergangen waren (S. 137f.). Lachen, Lieben und Freiheitswünsche gelten insgesamt als Modi der "Meeresandacht" (S. 649), die im Geruch faulen Seetangs ihre Demaskierung erfährt (S. 652). Das betrifft durchaus auch das Politische: die lübischen Republi-

kaner auf der Straße erlauben sich bei Gelegenheit der Se-
natswahlen etwa den Scherz '"Heine Seehas is wählt!' [-] Und
dabei ist Seehase ein immer und ewig betrunkener Mensch,
der Dampfbrot auf einem Handwagen herumfährt." (S. 423)
Johann Buddenbrook, dem Großvater, bringt Wettersturz und
Regen den Tod (S. 251, 253); der Enkel, der ja ebenfalls Johannes heißt, wie der Großvater und der kleine Friedemann, und
der nicht alt werden will, lernt als sein erstes Betäubungs-
und Rauschmittel das Meer kennen, dem dann die Musik und
sehr begehrte Arsenikpillen nachfolgen. Aber Trunk als Droge
ist schon das Meer selbst. So ist das "Heimweh" des Knaben
nach der See und nach dem Strand deutlich als Sucht ausge-
zeichnet, und der "Schmerz um die See", die "Wunde", die
durch die Entfernung vom Strand entsteht, trägt ersichtlich
die Kennzeichen des Entzugs, der zu anderen narkotisieren-
den Mitteln treibt (S. 651).

Narkotisierende Surrogate für die zunächst aus bürgerlichen
Gründen versagte große Steigerung in Natur, Meer und Wasser
stehen den Mannschen Protagonisten genug zur Verfügung.
Ihr voluptuös-übermäßiger Genuß ist den Seelsorgern wie den
Ärzten im Roman gut bekannt; Doktor Grabow trägt gerade in
dieser Hinsicht seinen gruftigen Namen nicht umsonst. Und
wenn bei todesfestlicher Gelegenheit, etwa beim Begräbnis
des Thomas Buddenbrook, die Sargträger penetrant nach
Branntwein duften, so hat dies emblematischen Sinn für den
lübischen Tod wie für den Gestorbenen. Eine ganze Reihe von
Szenen verdeutlicht den Zusammenhang zwischen dem Betäubungsmittel Meer und den Getränken der lübeckischen Gesellschaft. Die Kuraufenthalte in Travemünde sind ja in der Tat
(parodierte) Ausflüge ins temporär Dionysische und Orgiastische; wo man sich dermaßen steigert, ist nicht nur der Ort des
Lachens, sondern auch der des Trinkens und Ertrinkens. In jenem Kapitel der "Buddenbrooks", in dem der Trinker und
Lotse Schwarzkopf eingeführt wird, macht Konsul Peter
Döhlmann, einer der Suitiers und schon in dieser Eigenschaft
ein Typus des süchtigen Bürgers, vor der Kurgesellschaft
seine anrüchigen Späße und "fragwürdigen Anekdoten": "Die
Senatorin Möllendorpf rief, erschöpft und außer sich vor Lachen, einmal über das andere: 'Mein Gott, Herr Konsul, hören
Sie einen Augenblick auf!'" (S. 134). Die Möllendorpfs handeln

mit Weinen, und der Chef des Hauses wird sich alsbald an fetten Torten zutode essen. An demselben Schauplatz aber, wo man sich am Meer lachend berauscht, trifft sich später eine Herrengesellschaft, die aus Ausgemusterten und "Fertigen" besteht. Man redet von "Essen, Trinken und Regen"; und in der Tat handelt es sich um eine Gemeinschaft der Süchtigen. Neben dem Rauchen tritt nun das Trinken in den Vordergrund. Makler Gosch konsumiert "Grog von Rum"; Christian Buddenbrook ist "wieder beim Schwedischen Punsch angelangt" (S. 681). Die bedeutsamste Figur ist der Konsul Döhlmann, der ehedem die anderen in die lachende Vernebelung gebracht hatte. Er spricht "einer Flasche Aquavit zu", und dieses Getränk hat es in sich. "'Sie haben sich gänzlich dem Aquavit ergeben, wie?' erkundigt sich Senator Gieseke. 'Wovon soll der Schornstein rauchen', sagte der Konsul." (S. 681)

"Ich krepiere, wenn ich nicht täglich meinen Liter trinke, soweit bin ich, und wenn ich ihn trinke, so krepiere ich erst recht." (S. 682)

Wenig später erfährt man von Döhlmanns Tod.

Er hatte sein ganzes Vermögen verfrühstückt, war schließlich dem Hunyadi-Janos erlegen und hinterließ seiner Tochter eine Rente von zweihundert Mark jährlich [...] (S. 708).

Erst recht hat es im hier gemeinten Sinn der Wein in sich, von dessen historischen, kultischen und mythologischen Bedeutungen sich der Romancier im frühen Roman wie im "Zauberberg" kaum eine entgehen läßt, um die Beschwipsungen und Benebelungen der dargestellten Gesellschaft in die fundamentale Suchtstruktur einzubinden. Mit der Figur des Weinhändlers Köppen ist die Weinmotivik von Anfang an in die Untergangsgeschichte verstrickt; ist doch der körpervolle Parvenü zugleich Träger aller möglichen anderen Süchte des Romans - prononciert läßt ihn der Erzähler seine Kräutersuppe schlürfen, die Konsonanten beim Sprechen verschlucken und Schlüpfrigkeiten rezitieren. Überdies werden bei der Einführung des Weinthemas Bezüge hergestellt zu den ihrerseits süchtigen Fluchtbewegungen der Protagonisten; wobei sogleich das Todesmotiv hinzugefügt wird, etwa dort, wo man bei Wein (und Kaffee) von der großen Wasserflut in St. Petersburg spricht, oder dort, wo von Köppens Rotspon und den importierten russischen Produkten in einem die Rede ist. Den Großbürgern des Romans mißlingt ja nicht nur die Steigerung ins Vertikale; auch die horizontal-süchtigen Bewegungen, die Fluchten und Reisen, offenbaren das Verderben von Sehnsucht zur Sucht. Am Ende dieser Logik scheiternder Ausflüchte wird schon der "Zauberberg" sichtbar; hoch hinauf ins Gebirge fährt der Held, oben angekommen aber verfällt er der Sucht zur Horizontalen, zur "Liegekur". Deren abgründige Dimensionen sind schon in den "Buddenbrooks" angelegt; die dritte Generation der Familie bezieht ihren Wein von Stephan Kistenmaker - gleichsam direkt aus dem Ziel aller horizontalen Süchte, aus der Gegend der letzten Ruhe. Dem Getränk, das daher stammt, spricht man, im Hinblick auf Hanno, blutbildende Wirkung zu; und es ist Kistenmaker, der das erste eigene Haus des Tom B. ankauft (S. 432). Freilich hatte mit Köppen alles angefangen; Lebrecht Kröger, der Vater der Konsulin, hatte schon beim ersten Gastmahl der Buddenbrooks das Produkt bedeutsam geprüft.

Er faßte dabei vorsichtig und elegant den Hals seiner Weißwein-Bouteille, auf deren Pfropfen ein kleiner silberner Hirsch stand, legte sie ein wenig auf die Seite und prüfte aufmerksam die Etikette. "C.F. Köppen", las er und nickte dem Weinhändler zu; "ach ja, was wären wir ohne Sie!" (S. 23)

Daß derjenige, der am Ende Firma und Familie noch in die Nähe des Verbrecherischen zieht, Hugo Weinschenk heißt, und daß der Fall dieses vom Namen her denkbar ungeeigneten Feuerversicherungsdirektors in die Hände des Staatsanwalts Moritz Hagenström gelangt, indiziert die Verallgemeinerung des Motivs für die Geschichte der Buddenbrooks schlechthin. Solche Universalisierung kulminiert figural und szenisch in der Geschichte des letzten männlichen Buddenbrook; und zugleich wird in Hannos Leidensgeschichte der blutbildende Rotwein zum Ingredienz jenes Festes, dessen Symbole unter jedem Stichwort im Register der Süchte auftauchen. An Weihnachten trinkt man, nachdem der Weinhändler Kistenmaker seinem Beruf und Namen nachgestorben ist, alten Rotwein der Firma Möllendorpf, deren Chef an Torten zugrundegehen wird. Der kleine Johann verzehrte, obgleich es ihm fast unerträglich weh an den Zähnen tat, ein rotes, dann die Hälfte eines weißen [Eisbaisers], mußte schließlich doch auch von den braunen, mit Schokoladeeis gefüllten, ein Stück probieren, knusperte Waffeln dazu, nippte an dem süßen Wein und hörte auf Onkel Christian, der ins Reden gekommen war. (S. 555)

Christian erzählt davon, wie es einem ist, wenn man zuviel Schwedischen Punsch getrunken hat - "Ich meine nicht die Betrunkenheit, sondern das, was am nächsten Tage kommt, die Folgen ..." (S. 556). Hanno aber liegt nach dem Genuß des schweren süßen Weins im Bett, mit erregtem Glanz in den Augen und rebellierendem Magen, "und während er still liegend sich der segenvollen Wirkung des Natrons überließ, entzündete sich vor seinen geschlossenen Augen der Glanz des Bescherungssaales aufs neue." (S. 558) In nuce ist hier schon die Ausfaltung des Motivs im "Zauberberg" enthalten - die Berauschung des Hans Castorp auf dem Berg der Süchte findet nach Wein- und Biergenuß einen ersten Höhepunkt ("Der Zauberberg", S. 24, 119). Solcher Genuß erzielt jene Schläfrigkeit, die gerade als eine Form der Erregung in die Horizontale nötigt.

Fundamentalität und Ubiquität der Sucht- und speziell der Alkohol- und Weinmotivik dokumentiert der "Zauberberg", aber auch der "Felix Krull". Dessen Held ist ja Abkömmling jenes Schaumweinfabrikanten aus dem Rheingau, dessen Produkt einen Namen und ein Etikett trägt, die emblematisch auf Literaturgeschichte verweisen. Es ist die Sektmarke "Lorley extra cuvée", und die Wirkungen dieses spritzigen Getränks finden sich, wie humoristisch auch immer, denen von Giften zugerechnet.[7] Im "Felix Krull" ist das Raucher-Paradigma der "Vision" abgelöst durch das alkoholische Analogon. Wie alles andere, ist auch dies in den "Buddenbrooks" angelegt. Die den späteren Kunstsüchtigen am nächsten stehende Figur im frühen Roman, Christian Buddenbrook, ist auch darin ein verzerrter Mikrokosmos der Gesellschaft, die ihn macht, die er erleidet und die er nachäfft, daß an ihm die lange versteckten Süchte der anderen gleichsam in aller Nacktheit offenliegen. Entsprechend seiner potenziert-potenzierenden Funktion, hat er mit Wein wenig zu schaffen; er ist ein Konsument von Champagner schon in seiner Eigenschaft als Don-Juan-Verschnitt, vor allem aber, weil er die süchtige Schwere und die schweren Süchte der Normalbürger nicht erträgt, denen systematisch die schweren Weine zugeordnet sind. Zwar nimmt auch er die typischen Frühstücke mit Krabben und Portwein zu sich, aber zu seinen häufig wechselnden Berufsprojekten gehört die Übernahme einer "Agentur für eine Champagner- und Kognakfirma" (S. 456). Da er jedoch am frühesten und am intensivsten von allen Süchtigen im Roman immer zugleich die Strafe ausbaden muß für das, was er selbst in seinen transatlantischen Liedchen als "Laster" bezeichnet, so landet er alsbald bei einem Getränk, das die Gleichzeitigkeit von Genuß, Trunkenheit und üblen Folgen darstellt: beim "Schwedischen Punsch", der an ihm in der Tat so wirkt, als sei er nur eine Variante des Schwedentrunks - als Körperfolter nämlich; "sonderbar und widerlich" (S. 556), und des näheren als Provokation des Zusammenspiels von Körperschmutz und Reinheitshysterie. Man trinkt am Abend jenes fatale Getränk und hat am nächsten Morgen zu leiden -

"[...] Du badest dich, aber es hilft nichts, dein ganzer Körper scheint dir klebrig und unrein. Dein ganzer Körper ärgert dich, reizt dich, du bist dir selbst zum Ekel ... [...]."(S. 556).

Beschrieben ist die Nachwirkung eines Drogenkonsums; gegeben wird damit jedoch auch eine weitere Antizipation des "Zauberbergs". Aus dem Hypochonder der Süchte wird dann einer geworden sein, dessen hanseatische Süchte sich insgesamt in die Sucht nach dem Organischen steigern; so weitgehend, daß Hans Castorps süchtige Liebe bei einem Röntgenbild der Geliebten endet. Und Castorps Ernüchterungen werden sich von denen wenig unterscheiden, die Christian als üblen Zustand nach übermäßigem Genuß von Schwedischem Punsch schildert. Der Tendenz der Figur zum Grotesken entsprechend, ist der Zusammenhang von Sucht-, Genuß- und Todesmotiv hergestellt. Derjenige, der am meisten über Drogierung und Folgen weiß, leidet zunehmend stark unter der Furcht, seine Schluckmuskeln könnten versagen. So erzählt er auch,

wie er eines Tages, als er sich Tee bereitete, das brennende Zündholz statt über den Kochapparat über die offene Spiritusflasche gehalten habe, so daß beinahe nicht nur er selbst, sondern auch die übrigen Hausbewohner, ja, vielleicht auch die der Nachbarhäuser auf fürchterliche Weise umgekommen wären ... (S. 676).

Der aggressive Impuls ist unverkennbar; ihre Süchte möchte der Außenseiter denen einreiben, die noch die Drogen als Mittel zur Stabilisierung des falschen Lebens einsetzen. Aber der Scheiterhaufen für die anderen ist auch Stätte der Selbstverbrennung. Dieses Motiv kehrt wieder bei einer anderen Figur, die zwar nicht zu den guten Familien gehört, aber immerhin für die Einübung der Töchter in die suchterzeugende Normalität zuständig ist. Schon der Name der Sesemi Weichbrodt ist, wie angedeutet, ein Kompendium der Zuordnungen von Mangel und Sucht, von reduziert-regressiver Existenz und Oralität. Die Verwachsene, eine ganz besondere Variante der "Krüppel" in der Mannschen Werkgeschichte, die allesamt (wie zum Beispiel der "Zauberer" Cipolla in "Mario und der Zauberer") Allegorien der Süchte sind, braut in ihrem kleinen roten Häuschen, mit Vorliebe zu Weihnachten, ein spezielles Getränk, dessen Name ebenfalls abgründig bedeutungsvoll klingt. Therese Weichbrodt bereitet "Bischof",

einen roten und süßen Punsch, der kalt getrunken ward, und auf den sie sich mit Meisterschaft verstand ... "Noch ein bißchen Beschaf?" fragte sie mit herzlichem Kopfschütteln ... und das klang so appetitlich, daß niemand widerstand. (S. 87)

Am Weihnachtsabend fließt dieses Getränk, an dessen entstelltem Namen man nur zwei Buchstaben einzufügen braucht, um möglicherweise das Objekt einer Begierde zu haben, dessen Versagung eben das Rezept für das Gebräu hervorbringt, wahrhaft "in Strömen" (S. 91). Bei einem der Weihnachtsfeste aber, an denen Hanno schon teilnimmt, ereignet sich Merkwürdiges.

'Bischof' gab es in unüberwindlichen Mengen, und die mit Ingwer bereiteten Braunen Kuchen Sesemi's waren ungeheuer schmackhaft. Niemals aber, dank der bebenden Hingabe, mit der Fräulein Weichbrodt jedesmal ihr letztes Weihnachtsfest beging, - niemals verfloß dieser Abend, ohne daß eine Überraschung, ein Malheur, irgendeine kleine Katastrophe sich ereignet hätte, die die Gäste zum

Lachen brachte und die stumme Leidenschaftlichkeit der Wirte noch erhöhte. Eine Kanne mit 'Bischof' stürzte und überschwemmte alles mit der roten, süßen, würzigen Flüssigkeit ... Oder es fiel der geputzte Baum von seinen hölzernen Füßen, genau in dem Augenblick, wenn man feierlich das Bescherungszimmer betrat [...] In diesem Augenblick aber ging über ihr mit einem puffenden, fauchenden und knisternden Geräusch das ganze Transparent in Flammen auf, so daß Mademoiselle Weichbrodt mit einem kleinen Schreckenslaut und einem Sprunge von ungeahnter und pittoresker Behendigkeit sich dem Funkenregen entziehen mußte, der auf sie niederging ... (S. 559f.)

V.

Die Bevölkerung der "Buddenbrooks" macht die Gaben der Natur grundsätzlich zu Betäubungsmitteln. Der merkwürdige holländisch-javanesische Kaffeehändler Peeperkorn im "Zauberberg", dessen Zelebration von üppigem Essen und starken Getränken sich als üble Kompensation eines impotenten und eben deshalb auf fruchtbare Natur versessenen Mängelwesens herausstellt, ist dem frühen Roman in wesentlichen Zügen eingezeichnet. - Die erzählte Gesellschaft Manns ist eine Welt der "Schweren Speisen" (S. 318); eines "nahrhaften Bissens" kann man sich bei Buddenbrooks gewiß sein.

Der Betrüger und Mitgiftjäger Grünlich, der die Buddenbrooks nachahmt und damit in gewisser Weise auch straft, ißt schon zum Frühstück "Koteletts" (S. 202). Das symbolische Brot und Salz beim Gastmahl im Mengstraßenhaus ist luxuriös in schweres Gold gefaßt. Das Speisezimmer, auch "Speisetempel" genannt, ist der entscheidende Schauplatz nicht nur zu Anfang der Erzählung. So genüßlich wie hintersinnig häuft der Romancier die übervollen Schüsseln und die fetten und süßen Speisen. Das Herüberspielen der Motive des goldenen Zeitalters in die Pathographie der zu Süchten gewordenen Laster und der zu Drogen gewordenen Lebensmittel, die der "Zauberberg" vollzieht, ist im frühen Text angelegt. Hier ist allerdings eine historische Genese der spezifisch lübischen Völlerei eingeflochten. Daß man sich auf exzessiv-luxuriöse Weise den Wanst füllen kann, verdankt man den Gewinnen, die der älteste Buddenbrook des Romans als Heereslieferant um 1813 gemacht hatte; aber das Haus, in dem man ißt, hat selbst eine Geschichte, die die jetzigen Bewohner in eine Kontinuität der Gier rückt. "Ratenkamp" hieß die Familie, die das Haus gebaut und lange bewohnt hatte. In den Getreidelagern dieser Familie und Firma aber hatte man "wie die Ratten gehaust" (S. 27). Die allgemeine Gier, die das Tiergleichnis auch hier festhält, ist bei der Nachfolgefamilie weitgehend aufs Essen geschlagen. Die Zeit der Napoleonischen Einquartierungen wird als eine Geschichte erzählt, in der sich Kriegsgeschichte auf die Episode reduziert, als die Franzosen der Antoinette Buddenbrook die silbernen Löffel stehlen wollten; was die Dame dazu brachte, in die Trave gehen zu wollen. Tatsächlich als Geschichte von Mangel und Sucht erweist sich die eigentliche Familiengeschichte an der Figur der Klothilde, einer Pflegetochter aus einer verarmten Seitenlinie der Buddenbrooks, die nach Ort und Stand die Herkunft der reichen Linie darstellt. Klothilde oder "Thilda" ist ein besonderes Kind (von dem sich allerdings die sonstigen Mannschen Kinder kaum unterscheiden). Sie "packt ein wie söben Drescher, die Dirn ...":

Und wahrhaftig, es war zum Erstaunen, welche Fähigkeiten dieses stille, magere Kind mit dem langen, ältlichen Gesicht beim Essen entwickelte. Sie hatte auf die Frage, ob sie zum zweiten Male Suppe wünsche, gedehnt und demütig geantwortet: "J-a-bit-te!" Sie hatte sich vom Fisch wie vom Schinken zweimal je zwei der größten Stücke nebst starken Haufen von Zutaten gewählt, sorgsam und kurzsichtig über den Teller gebeugt, und sie verzehrte alles, ohne Überhastung, still und in großen Bissen. [...] Sie ließ sich nicht einschüchtern, sie aß, ob es auch nicht anschlug und ob man sie verspottete, mit dem instinktmäßig ausbeutenden Appetit der armen Verwandten am reichen Freitische, lächelte unempfindlich und bedeckte ihren Teller mit guten Dingen, geduldig, zäh, hungrig und mager. (S. 31)

Daß das Essen in den "Buddenbrooks" wie im "Zauberberg" etwas mit Mangel und mit Betäubung von Angst zu tun hat, und daß es eigentlich nur invertierte Nahrungsaufnahme in dieser Lebenswelt gibt, ist nochmals fixiert in den Figuren der Töchter des verstoßnen Sohnes Gotthold Buddenbrook; zwei davon sind sehr lang und hager, und eine, Pfiffi mit Namen, ist "allzu klein und beleibt" (S. 74). Auch die Reichgewordenen definieren sich - zumindest in der Wahrnehmung der durchaus repräsentativen Tony B. - durch die Üppigkeit der Speisen. "Vornehmheit", etwa die der Großeltern Kröger, zeigt sich als "Schokolade und Napfkuchen" (S. 61). Besonderheit und besondere Hinterhältigkeit des Essens im Roman Manns bestehen darin, daß die Essenden sich beim Verzehr der üppigen Speisen darüber hinweghelfen wollen, daß sie in einer Welt des universalen Verzehrs existieren müssen; auch beim Essen wird so Teufel mit Beelzebub ausgetrieben. So gewinnen die Speisen den Charakter der Droge, die vollstreckt, was sie hemmen soll. In diesem Sinn ist das konkrete Essen nur Symptom; entscheidend ist, was sich in ihm eigentlich vollzieht. Deshalb können Essen, Verdauung und Verzehr metaphorisch universalisiert werden zur Charakterisierung aller romanhaften Lebensvollzüge; in allen erweist sich eine Fixierung auf Orales. Trotz einiger ironischen Relativierung im Kontext hat ein bestimmter Text viel Wahrheitsgehalt im Hinblick auf das, was die essenden Menschen Manns agieren. Es ist eines der geistlichen Lieder, die man bei den Andachten der Konsulin Buddenbrook abzusingen pflegt.

> Ich bin ein rechtes Rabenaas,
> Ein wahrer Sündenkrüppel,
> Der seine Sünden in sich fraß,
> Als wie der Rost den Zwippel.
> Ach Herr, so nimm mich Hund beim Ohr,
> Wirf mir den Gnadenknochen vor
> Und nimm mich Sündenlümmel
> In deinen Gnadenhimmel! (S. 283)

Diejenige, die sich über solche melodisch-fromme Zerknirschung am meisten mokiert, liefert selbst die ausführlichste Geschichte der Dialektik von Essen und verfehltem Leben, aber auch zur Ubiquität des Verzehrs in und zwischen den Subjekten des Romans. Ist doch Antonie Buddenbrook - Tony - Schülerin der Sesemi Weichbrodt, die auch diese Tochter der Herrschenden an die Surrogate gewöhnt, die den Entzug des möglichen guten Lebens und rechten Liebens drogieren sollen; wozu sie hervorragend disponiert ist: bereits ihr Sprechen ist "appetitlich", sie spricht Butterkruke "Batterkruke" aus und produziert damit das linguistische Gegenstück zu dem Verschlucken der Konsonanten durch den Weinhändler Köppen. Die von Sesemi Dressierte aber, Antonie, hat gesunden Appetit; dieser wird zum narrativen Thema, sobald der Vater die Tochter gewinnbringend zu verheiraten gedenkt. Diese Geschichte beginnt am Frühstückstisch. Tony "setzte sich frisch, hungrig und mit schlafroten Augen an ihren Platz, nahm Zucker und Butter und bediente sich mit grünem Kräuterkäse" (S. 103). Unter den Nahrungsmitteln, die Antonie B. bevorzugt, treten von Anfang an zwei hervor, die ins Zentrum der Bedeutungen des Essens und der sonstigen oralen Süchte verweisen: Honig und Ei. Beide führen und verführen in jenen Bezirk, von dem her das Verzehren und das Essen im Roman seinen absurden Sinn bezieht. Tony selbst kommt dieser Sphäre nah, als sie Ferien beim Lotsenkommandeur Schwarzkopf macht; nun zeigt es sich, daß die Heimat des Todesfahrers auch die Herrschaftssphäre einer Mutter ist. Bereits bei jenem ersten Frühstück zuhause war das Essen Auftrag der Mutter und Konsulin gewesen;

"Du solltest immerhin noch ein wenig Honig nehmen, Tony", sagte die Konsulin, als sie mit ihrer Tochter allein geblieben war, die unbeweglich und mit gesenktem Kopfe an ihrem Platze blieb. "Essen muß man hinlänglich ..." (S. 106)

Unter dem Regiment der Väter besorgen die Mütter das Essen; so im Hause Buddenbrook, so in Travemünde. Hier ergeht das Rezept von Morten Schwarzkopf, aber im Namen der Mutter:

"Dem Scheibenhonig können Sie vertrauen, Fräulein Buddenbrook ... Das ist reines Naturprodukt ... [...] Da weiß man doch, was man verschluckt ... Diese Luft hier, die zehrt ... die beschleunigt den Stoffwechsel." [...] Seine Mutter hörte ihm zärtlich zu und forschte dann in Tony's Gesicht nach dem Eindruck, den seine Worte hervorbrächten. (S. 123f.)

Bei Scheibenhonig, Ei und Wurst in ländlichem Milieu beginnt Tony Buddenbrooks Liebesgeschichte mit Morten; ihr Ausgang, der die lübische Tochter den anderen Süchtigen ihres Standes gleichmachen wird, zeichnet sich schon am Anfang ab in einem bemerkenswerten Nichtverstehen. "Um Verzeihung", sagt Mutter Schwarzkopf,

"daß ich nicht länger Gesellschaft leiste, aber ich *muß* nach dem Essen sehen. Ich habe eine Bratwurst ... Wir geben es so gut, wie wir können."
   "Ich halte mich an den Scheibenhonig", sagte Tony, als die beiden allein waren. "Sehen Sie, da weiß man doch, was man verschluckt!"
   Der junge Schwarzkopf stand auf und legte seine Pfeife auf die Brüstung der Veranda.
   "Aber rauchen Sie doch! Nein, das stört mich ganz und gar nicht. Wenn ich zuhause zum Frühstück komme, ist immer schon Papas Zigarrenrauch in der Stube ... Sagen Sie mal", fragte sie plötzlich, "ist es wahr, daß ein Ei soviel wert ist wie ein Viertelpfund Fleisch?" (S. 128)

Eingetreten in die Sphäre einer Mutter und eines Geliebten, wirkt der Rauch des Vaters bei der Tochter nachhaltig weiter. Das so schlüssig erscheinende Prokreationssymbol wird von Tony übersetzt in die Sprache des Kaufens und Verkaufens, des Äquivalententauschs. Tony ißt Honig und Ei; wer das Hauptsymbol von Fruchtbarkeit nur verzehrt, bleibt am besten gleich bei jenem süßen, "reinen Naturprodukt", das eben Produkt und nicht Produzierendes ist. In der Travemünde-Episode ist Tony dem Lebendigen nahe wie nie; seine Verkennung leitet den Verrat am Geliebten und den Introitus in eine weitere Lebensgeschichte der süchtigen Wiederholung des ein für allemal Unwiederbringlichen ein. Dies ist möglicherweise die zentrale Begebenheit für die Repräsentativität der Figur für die ganze Welt des Romans: diejenige, die sich nach gescheiterten Ehen und totem Kind für kaltes bayerisches Bier entscheidet, um ihr progredierendes Magenleiden zu provozieren, wird zur Personifikation des Mechanismus, der die lübischen Bürger zu WOLLÜSTIGEN, FRESSERN und SÄUFERN macht. Die Süchte des Romans sind allesamt scheiternde und zwanghafte Wiederholungshandlungen.
   Wohin solche Handlungen zielen, ist in der verkehrten Welt des Romans nicht minder zweideutig als seine Verkehrung. Oral fixiert sind die Kreise der Buddenbrooks, weil sie das verzehrende Geschehen der Triebnatur nicht in wirkliche Kultur, etwa in Liebeskultur, überführen können. So bleibt in

all ihrem Tun und Lassen das Unkultivierte ein Movens und ein Stimulans, das bereits im frühen, 'vorfreudianischen' Text die Kennzeichen der Wiederkehr des Verdrängten trägt. Daß Prokreation und Triebnatur ein gefräßiges Geschehen sind, bleibt bei Thomas Mann in Geltung von "Gefallen" und "Der Wille zum Glück" bis hin zum "Fressenden Tropfen" des Jonathan Leverkühn ("Doktor Faustus", S. 30). Es ist das Reich der Mütter, das die Menschen im hausväterlich regierten Reich der Mannschen besseren Gesellschaft einholt. Mutter Schwarzkopf mit ihrer Bratwurst personifiziert solche wiederkehrende Natur und Mütterlichkeit, versehen bereits mit den Insignien der Begierde (S. 128). Königin im Haus in der Mengstraße ist Elisabeth Buddenbrook; das quasimythische Haupthaus des Romans ist in der Tat ein Mutterhaus. Wie Sesemi Weichbrodt ist auch die Konsulin eine bemerkenswerte Köchin. Die eigentliche Krönung des Gastmahls bei den Buddenbrooks ist denn auch ihr spezielles Rezept.

Die Teller wurden aufs neue gewechselt. Ein kolossaler, ziegelroter, panierter Schinken erschien, geräuchert, gekocht, nebst brauner, säuerlicher Schalottensauce und solchen Mengen von Gemüsen, daß alle aus einer Schüssel sich hätten sättigen können. [...] Auch das Meisterwerk der Konsulin Buddenbrook, der 'Russische Topf', ein prickelnd und spirituös schmeckendes Gemisch konservierter Früchte, wurde gereicht.- (S. 27)

Der Sohn raucht russische Zigaretten, die Mutter serviert den "Russischen Topf": selbst fremde Kultur und Reisemotivik ist in die fundamentale Sucht- und Drogenstruktur des frühen Romans aufgenommen; der spätere wird etwa an die Stelle jener beiden Betäubungsmittel die Claudia Chauchat vom Guten Russentisch einsetzen. Deutlich wird in der zitierten Stelle erneut, wie sehr das Mütterliche im Roman als dasjenige gilt, das die Drogen verabfolgt. Dies läßt sich noch durch einen weiteren Umstand verifizieren. Der "Russische Topf" als Krönung der Speisefolge ist ein fruchtiges und spirituöses, jedenfalls aber ein teils festes, teils flüssiges Essen. Zwischen eindeutigen Getränken und eindeutig festen Speisen ist vom Romancier offensichtlich systematisch ein Feld von Nahrungsmitteln untergebracht, deren Bildlichkeit und Symbolik ohne Gewaltsamkeit als fundamental für die 'Anthropologie' des

Romans gelten kann. Die Königin in diesem Feld ist Elisabeth Buddenbrook; Vizekönigin ist Sesemi Weichbrodt, die fatale magistra pro vita der lübischen Töchter. Ihr Name kehrt palimpsestartig wieder, wenn Manns weibliches Sorgenkind des Lebens Ei und Fleisch verkennt und sich dem Honig widmet. - Das Rohe als Gekochtes, das Feste als Flüssiges: die Mischungen von festen und flüssigen Speisen, die Breie und schließlich die Suppen und die Milchgetränke bestücken jenes Feld, und an ihnen hängen nicht nur (gleichsam mit Goethescher Nabelschnur) diejenigen Protagonisten des Romans, die schlechte Zähne haben. Der Romancier versäumt es nicht, bei der letzten Begegnung zwischen Tom und Anna daran zu erinnern, daß es bei der ersten Begegnung nach Limonade und Schmalzgebäck gerochen habe; als Jean Buddenbrook vom Untergang der Vorgängerfamilie berichtet, bewegt er, vornübergebeugt, den Löffel in der Suppe; Toms Brief aus Amsterdam zufolge, der an die Mutter adressiert ist, verläßt man im Hause Arnoldsen nach der Suppe das Gebiet der alten Anekdoten und geht zu ernsteren und fesselnderen Dingen über; Hugo Weinschenk liebt, neben dem Dekolleté der Erika Grünlich, vorzüglich Mehlspeise (was er "Mehlschpeis" ausspricht). Bedeutsame Steigerungen dieser Speisenart sind die häufig und üppig genossenen Süßspeisen; zu diesen gehören die Torten, an denen sich der Senator James Möllendorpf zutode ißt.

James Möllendorpf, der älteste kaufmännische Senator, starb auf groteske und schauerliche Weise. Diesem diabetischen Greise waren die Selbsterhaltungsinstinkte so sehr abhanden gekommen, daß er in den letzten Jahren seines Lebens mehr und mehr einer Leidenschaft für Kuchen und Torten unterlegen war. Doktor Grabow, der auch bei Möllendorpfs Hausarzt war, hatte mit aller Energie, deren er fähig war, protestiert, und die besorgte Familie hatte ihrem Oberhaupte das süße Gebäck mit sanfter Gewalt entzogen. Was aber hatte der Senator getan? Geistig gebrochen, wie er war, hatte er sich irgendwo in einer unstandesgemäßen Straße, in der Kleinen Gröpelgrube, An der Mauer oder im Engelswisch ein Zimmer gemietet, eine Kammer, ein wahres Loch, wohin er sich heimlich geschlichen hatte, um Torte zu essen ... und dort fand man auch den Entseelten, den Mund noch voll halb zerkauten Kuchens, dessen Reste seinen Rock befleckten und auf dem ärmlichen Tische umherlagen. Ein tödlicher Schlaganfall war der langsamen Auszehrung zuvorgekommen. (S. 414)

Den Hausarzt haben die Buddenbrooks mit den Möllendorpfs gemeinsam; und den durch den "widerlichen" Tod des ältesten Senators freigewordenen Senatssitz nimmt alsbald Thomas Buddenbrook ein. Aber auch diejenigen, die den Buddenbrooks wiederum nachfolgen, stehen von Anfang an im Zeichen der Verfallenheit an die Sphäre von Brei und Halbzerkautem. Hermann Hagenström, der sein lebenlang beim Atmen hörbar schmatzt, trägt schon als Schüler ein besonderes zweites Frühstück mit sich herum (das erste besteht aus Brot), nämlich "Zitronensemmel",

ein weiches, ovales Milchgebäck, das Korinthen enthielt, und das er sich zum Überfluß mit Zungenwurst oder Gänsebrust belegte ... Dies war so sein Geschmack. (S. 63)

Hermanns Bruder wird später eine geborene Puttfarken heiraten; dann wird aus der Gänsebrust Gänseleberpastete geworden sein. Im übrigen hatte der Schüler damals versucht, mittels seines Frühstücks Tony B. zu einem Kuß zu bewegen; inzwischen nennt sie sich selbst gerne eine "Gans". Das entscheidende Stichwort in der Skizze des Erzählers jedoch ist "Milchgebäck". Für die 'Gans' Antonie ist "Schokolade" geradezu der Inbegriff der feudal-voluptuösen Lebensform der Großeltern Kröger. Auf dem "Zauberberg" wird Milch nicht nur ein Getränk unter anderen sein - schon vom Schein der Lampen her ist alles dort oben irgendwie milchig; und auch dort führt der Romancier damit die Schlaraffenlandmotivik ein. Schon in den "Buddenbrooks" ist Milch Kennzeichen eines Bereichs, der dem suchterzeugenden Bezirk des Meeres nahe liegt. Die am ausführlichsten erzählten Reisen dorthin hängen zusammen mit der Verlobung der Clara B. mit Pastor Tiburtius und mit der von Antonie mit Herrn Permaneder, dem Hopfenhändler. Beim ersten Ausflug zieht man zusammen vors Burgtor,

um bei einem ländlichen Wirte im Freien an Holztischen Erdbeeren, Sattenmilch oder Rote Grütze zu essen, und nach der Vespermahlzeit erging man sich in dem großen Nutzgarten, der bis zum Flusse sich hinzog, im Schatten von allerlei Obstbäumen zwischen Johannis- und Stachelbeerbüschen, Spargel- und Kartoffelfeldern. (S. 291)

Der zweite Ausflug führt weiter hinaus, ins Oldenburgische.

Buchenwaldungen kamen in Sicht, der Wagen fuhr durch den Ort, über das Marktplätzchen mit seinem Ziehbrunnen, gelangte wieder ins Freie, rollte über die Brücke, die über das Flüßchen Au führt, und hielt endlich vor dem einstöckigen Wirtshaus 'Zum Riesebusch'. Dies war an der einen Seite eines flachen Platzes mit Grasflächen, sandigen Wegen und ländlichen Beeten gelegen, und jenseits dieses Platzes erhob sich amphitheatralisch aufsteigend der Wald. Die einzelnen Stufen waren durch rauh angelegte Treppen verbunden, zu denen man hochliegende Baumwurzeln und vorspringendes Gestein benutzt hatte, und auf den Etagen, zwischen den Bäumen, waren weiß gestrichene Tische, Bänke und Stühle aufgeschlagen. (S. 352f.)

Der Wirt, der nicht ohne Hintersinn "Dieckmann" heißt, bietet "Krebse, Krabben, diverse Wurst, diverse Käse, geräucherten Aal, geräucherten Lachs, geräucherten Stör" an. Zunächst aber entscheidet man sich für die Getränke - "'Einmal Bier, sechsmal Milch ... Süße Milch, Buttermilch, dicke Milch, Sattenmilch, Herr Kunsel ...' 'Halb und halb, Dieckmann. Süße Milch und Buttermilch.'" (S. 353f.) Anwesend sind übrigens auch Moritz Hagenström und sein weiland Fräulein Puttfarken, aus Hamburg, "eine Dame mit butterfarbenem Haar und übermäßig leidenschaftlosen, augenscheinlich anglisierenden, aber außerordentlichen schönen und regelmäßigen Gesichtszügen [...]. Alle aßen Rührei mit Schinken." (S. 355)

In den beiden ländlich-kulinarischen Episoden ist versammelt, was die Menschen des Romans an ihre Süchte bindet. Einmontiert sind wesentliche Symboliken, in denen sich die Bedeutung der Sucht und der Rauschmittel abzeichnet. Natur wird zum Amphitheater, zu einer Art Opferstätte. Diejenigen, die auf den Rampen sitzen, merken nicht, daß sie in der Arena sind; und was sie da trinken, gibt ihnen wenig zu denken. Dem Leser aber wird bei der vielen Milch klar, daß das Essen der Buddenbrooks denselben Richtungssinn hat wie die anderen oralen Laster und Süchte. Wichtig ist insbesondere eine ganz bestimmte Farbkombination, die beim ersten Ausflug angebracht wird. Rot und Weiß gehören zusammen, wo die Natur fruchtbar ist und verführerische Früchte darbietet (die Erdbeeren wird man auch Gustav von Aschenbach verzehren sehen, mit keinen guten Folgen), aber eben auch dahin abwärts fällt, wohin bereits der kleine Herr Johannes Friedemann gefallen und gestorben war, nachdem sich ihm die ei-

gentlich ersehnte Droge, personifiziert in der starken Rauche-
rin Gerda von Rinnlingen, scheinbar versagt hatte: in den
Fluß, ins Wasser.

VI.

Begnügen wir uns für diesmal mit diesem Versuch, Ätiologie,
Struktur und Teleologie der Süchte und Drogen in Manns Geschichten von der betäubten Gesellschaft am Meer herauszu-
heben. Es sei nur noch kurz darauf hingewiesen, wie die skiz-
zierte 'Dialektik' der Süchte, der Linderungs-, Steigerungs-
und Narkotisierungsmittel im Grunde alle Lebensbereiche der
Mannschen Menschen durchdringt. - Rot und Weiß sind die
gleichsam heraldischen Farben der in Natur Natur Verzehrenden, aber traditionell sind es die Liebesfarben (die übrigens
schon in Grimmelshausens satirischem Roman der Laster und
Süchte eine folgenreiche Depravation erfahren hatten). Man
ist ja beidemale auf Verlobungsfahrt. Aber Rot und Weiß verweisen auch auf Blut und Reinheit; die Gäste im Na-
tur-Amphitheater, zu denen ein ewig Schmatzender, ein "See-
hund" (Permaneder), eine "Gans" (Tony), ein Pastor mit Glotz-
augen wie ein Butt gehören, besudeln essend und trinkend
die Landschaft. Einiges mag dabei noch der humoristischen
Dimension des Textes zugeschlagen werden; aber Blut ist, wie
bei GOETHE so bei THOMAS MANN, ein ganz besondrer Saft,
und seine Symbolik hat eine Bedeutung, die allen Humor hinter sich läßt - es sei denn, man erinnert sich, woher Begriff
und Dichtart des Humoristischen lange vor dem 19. Jahrhundert kommen. An Hagenström schon treten physiognomisch
und in der sonstigen narrativen Kennzeichnung seines Tuns
anthropophagische Züge hervor. Der Romancier seiner Heimat hat wenig Skrupel, das Konkurrenz- und sonstige Le-
bensgebaren im Roman nicht nur als verdorben- verderbli-
chen Naturkonsum, sondern auch als zwischenmenschliches
Fressen und Gefressenwerden zu entlarven. In dieser Hinsicht
ist der hoffmanneske Bankier Kesselmeyer eine Spitzenperso-
nifikation. Immer blutigere Wucherzinsen fordert der Geld-
mann; von Physiognomie und Anatomie her ist er ein rechter

Vampir. Doch das Vampirische gehört auch zu den Allusionen, die die erzählten lübischen Kinder im Roman in die Perspektive des Grotesken rücken. Kesselmeyer hat etwa die Größe der Sesemi Weichbrodt und die üblichen roten, runzligen und krallenden Hände der Kinder (S. 59, 205). Ob nun freilich das Apriori der Süchte im Leben derer, die verzehren, wenn sie lieben sollten, die saugen, wenn sie blicken, die rauchen, statt sich zu ändern, auf ein ökonomisches Apriori gegründet ist oder auf eine kaum eindeutig wiederzugebende Pathographie des Lebendigen überhaupt, soll auch an dieser Stelle offenbleiben. Vieles spricht in den fiktionalen Texten allerdings dafür, daß Habgier und Organismus, Geldverkehr und Naturprozeß bei Thomas Mann sowenig unterschieden sind wie in GOETHES "Faust".

Anmerkungen

1 THOMAS MANN: Buddenbrooks. Verfall einer Familie. Frankfurter Ausgabe, hg. v. PETER DE MENDELSSOHN. Frankfurt a.M. 1981. Seitenzahlen ohne nähere Angabe beziehen sich im folgenden immer auf diese Ausgabe.

2 "Der verweste Säugling" wird der Schriftsteller Detlev Spinell in der Erzählung "Tristan" (1903) von den Mitinsassen des Sanatoriums "Einfried" genannt. THOMAS MANN, Frühe Erzählungen. Frankfurter Ausgabe, hg. v. PETER DE MENDELSOHN, Frankfurt a.M. 1981, S. 225.

3 KARL PHILIPP MORITZ: Die Dankbarkeit gegen Gott erhöht unsre Freuden auf Erden. Eine Predigt, in der St. Katharinenkirche zu Braunschweig am 27. August gehalten von M. CARL MORITZ, Conrector am Grauen Kloster zu Berlin. Berlin 1780.

4 THOMAS MANN: Doktor Faustus. Frankfurter Ausgabe, hg. v. PETER DE MENDELSSOHN. Frankfurt a.M. 1980, S. 21 ff.

5 THOMAS MANN: Der Zauberberg. Frankfurter Ausgabe, hg. v. PETER DE MENDELSSOHN. Frankfurt a.M. 1981, S. 224.

6 THOMAS MANN: "Der kleine Herr Friedemann". In: THOMAS MANN: Frühe Erzählungen. Frankfurter Ausgabe, hg. v. PETER DE MENDELSSOHN. Frankfurt a.M. 1981, S. 69-98, hier S. 69.

7 THOMAS MANN: Bekenntnisse des Hochstaplers Felix Krull. Frankfurter Ausgabe, hg. v. PETER DE MENDELSSOHN. Frankfurt a.M. 1985, S. 10.

MARLIS THIEL

Mythos, Mystik, Sprache:
Spielregeln des Rausches

> Am deutlichsten stößt man an
> Grenzen, wo versucht wird, sie
> zu überschreiten; am lautesten
> wird das Schweigen des Wahn-
> sinns, wo es das Wort ergreift.
> (MICHEL FOUCAULT)

Einleitung

Was wissen wir über den Rausch, außer daß wir ihn begehren und daß uns allen dieses Begehren mehr oder minder inne ist, ein Begehren aber, das sich sehr verschwiegen zeigt?

Somit haben wir uns angewöhnt, über den Rausch in der Sprache der Sucht zu reden. Süchtig geworden, konnten wir das Begehren aussprechen, endlich den Rausch befragen, ihn mit Worten umschmeicheln und ihm Geständnisse und Bekenntnisse entlocken, die schließlich ein Wissen ergaben. Hier muß das Schicksal des Rausches allein als Schicksal des beharrlichen Versuchs seiner diskursiven Demaskierung gelesen werden, wo in der beredten Szene massenhafter Süchte zuletzt alle Masken fallen sollten.

Doch müssen wir nicht vielmehr fragen: Was können wir über den Rausch wissen?

Zumindest müssen wir uns eingestehen, daß hier offenbar unser Wissen versagt, sonst hätten wir kein alltägliches Drogenelend zu beklagen. Anscheinend aber schreckt unser Wissen-Wollen vor nichts zurück, selbst wenn es - wie in diesem Fall - an seine äußersten Grenzen stößt. Die Grenze markiert allemal den Rausch, wo das Ereignis sich zuletzt aller sprachlichen Vermittlung sperrt und wo es uns in die Spur des Schweigens wirft, die zugleich auch das Tragische und Religiöse am Menschen bezeugt, die uns allerdings dann noch tiefer ins Verschwiegene leitet; bis wir schließlich beim Symbol ankommen, der Maske, die ebenso rätselhaft und geheimnisvoll auftaucht wie ihr Gott. Aber hier, in der Szene des Dionysos, erschließt sich uns endlich der Raum einer ursprünglichen Erfahrung, auf der zumal die gesamte Menschengeschichte gründet; eine Entdeckung, die selbst einen Skeptiker wie NIETZSCHE erschüttern konnte. Gleichwohl ist es NIETZSCHE zu verdanken, der sich allem leichtfertigen Vergessen entgegen dieser Tragik erinnert hat, die mit dem dionysischen Begehren die dunkelste Seite unserer Kultur vorstellt.

Auch in diesem Beitrag zum Thema soll die ursprüngliche dionysische Tragik den Blick auf das ewig wiederkehrende Spiel sehnsüchtiger Rauschüberschreitungen öffnen, wobei in fünf Regeln entfaltet wird, was eine Serie von Verdrängungen und Mutmaßungen über den Rausch exemplifiziert.

Dieser Leitfaden der Rekonstruktion einer ursprünglichen Rauscherfahrung setzt voraus, sich auf solche Szenen zu berufen, die ein Ursprungsinteresse durchscheinen lassen und das Setting des alltäglichen Rausches transzendieren, das allein in der Logik des Systems funktioniert.

In jenem ursprungsnahen Begehren hingegen kommen sich die Mystikerin und der Poet, der Opiomane und derjenige, der sich noch in diesem Jahrhundert zu seinen dionysischen Wurzeln bekennt, sehr nah, was im nachfolgenden Text ausgeführt werden soll.

Aber wie, in welchen Redewendungen sprechen; handelt es sich doch vor allem um ein sprachliches Problem? Denn offenkundig erscheint die Tatsache, daß wir heute keine positiven Rauschdiskurse haben, zuvorderst als ein Mangel der Sprache. Hier bedingt die Rekonstruktion der Spur eines Schweigens das Innehalten und Heraustreten aus verführerischen Wahrheitsdiskursen gleichermaßen.

Was aber einerseits zu kritisieren ist, nämlich die öde Logik gegenwärtiger "weißer" Suchtdiskurse, die allenthalben Metaphysisches ausblenden, kann andererseits wenig Zuversicht einlösen und schon gar nicht die, es wäre ein heiliger, heiler Rausch wiederzuhaben. Wie sollte hier, angesichts des tatsächlichen Rauschelends, begründete Hoffnung aufkommen? Außerdem hat mit der Profanisierung aller Sphären gewiß auch das Religiöse die Maske gewechselt; und nichts scheint uns heute heiliger als unsere kleinen, privaten Süchte, über die sich gar reden läßt.

Hingegen geht es hier um den Versuch, einer sprachlosen Geste nachzugehen, den Faden der Ariadne wiederabzuspulen, um dort anzukommen, wo ein elementares Schweigen ist, von wo aber ein mehr oder minder starker Glanz noch auf jeden Rausch fällt.

Spielregel des Scheins

Die Szene des Dionysosmythos ist ganz und gar eine Szene des Scheins. Rätselhaft taucht dieser Gott als Maske auf und zeigt sich kopflos unter den Göttern der antiken Mythologie; weit weniger wohl göttliche Person als vielmehr Seins- oder Lebensmetapher, aber darin allenthalben paradoxal. Er ist der Erscheinende und Wieder-Verschwindende, ein Gott, der verfolgt wird, der leidet, der stirbt und wiederaufersteht - für NIETZSCHE das Symbol einer ewigen Wiederkehr.

Im modernen Bewußtsein ist *Dionysos* der Gegenspieler von *Apollon*, wobei diesem Metaphern wie das Maßvolle, das Rationale, Bildhafte, Lichte und das Virile zugeordnet sind, während jener das Irrationale in Welterlebnis und künstlerischem Ausdruck vorstellt. Das antike Denken hingegen vereinigt beide zum Götter-Bruder-Paar. Sie haben eine gemeinsame Kultstätte, wo über ihrem Tempel in Delphi das "Erkenne dich selbst" des griechischen, antiken Welttheaters steht.

Die Beinamen des Dionysos sind auch *bromios*, der Tosende, *zagreus*, der Wilde und *bacchos*, die Zauberkraft der Weinrebe. *Bacchos* heißt der Gott wie der Gottesverehrer, was ohnehin Hybris besagt und das antike, religiöse Selbstverständnis empfindlich trifft, das Unsterblichkeit nur den Göttern vorbehält. Den alten Griechen aber kommt der Mensch den Göttern viel zu nah, wenn dieser sich, berauscht, wie sie außerhalb von Raum und Zeit unsterblich wähnt und selbst vergöttlicht. Nebenbei: Dionysos ist wohl Gott des Weines, aber nicht unbedingt der der Trunkenheit. Mit großer Wahrscheinlichkeit sind neben Wein auch andere Mittel in den dionysischen Ritualen - wie das Kauen von Efeu (nach RANKE-GRAVES), Musik und Tanz sowie das Klappern der Thyrosstäbe (die ein göttliches Zeichen darstellen) - rauschaktiv.

Typologisch unterscheidet sich Dionysos von den übrigen Hochgöttern des antiken Pantheons vornehmlich durch seine Genealogie, seine spezifische Seinsweise und durch die epidemische Faszination an seinen Kulten. Gleich zwei Versionen seiner Geburt erzählt der hellenische Mythos. Die eine stellt ihm Semele als sterbliche Mutter und Zeus als göttlichen Vater zur Seite; die andere imaginiert ihn als künstliche Schenkelgeburt des Zeus, was wohl ein phantastisches Gegenstück zur Kopfgeburt der Athene darstellt, wobei hier als Geburtskanal ein Körperteil mit sehr homoerotischen Assoziationen hervortritt.

Indes ist Sexualität im Ganzen unmittelbarste Figur des Rausches und unwillkürliche Überschreitung der Ich-Grenzen zumeist. Jede Berauschung evoziert die erotische Gebärde; insbesondere im Liebesrausch kann der Mensch die Schranken seines Selbst zu einem "Reflex erlebter Transzendenz" (EVOLA) ausweiten. "Rauschzeit ist Schwarmzeit ... ist Paarungszeit", schreibt hier JÜNGER (1980, S. 28).

Dionysos versetzt die Menschen in Zustände der *ekstasis*, was aus sich heraustreten, sich in Verzückung und Entrükkung auflösen bedeutet und des *enthusiasmos*, der *mania*.[1]

In der "mania" sind die Mänaden neben Sklaven offenkundig vorwiegend Frauen, die diesem Gott hingebungsvoll folgen, die Haus und Herd und damit gesellschaftliche Norm und Rolle verlassen, sich in Rehfelle hüllen und wahnsinnig gebärden, was gleichzeitig ein Bild auf augenfällig durchpatriarchalisierte Verhältnisse im antiken Griechenland projiziert, wo in bereits erstarrten Geschlechterrollen Widerstand aufflackert.

Im Ganzen widersetzt sich der dionysische Rausch der gesellschaftlichen Geschlechterordnung. Das Maskenarrangement ist bereit, die Rollen zu vertauschen. Von Pentheus ist zu hören, der "bereits selbstverloren, sich dionysisch kostümiert, mit langem weibischen Gewand" (BURKERT 1977, S. 257).

111

Auch der Gott selbst präsentiert sich dem männlichen Auge (Euripides) zuallererst als "effiminierter Fremder", der in Frauenkleidern geht. Aischylos nennt ihn Mann-Frau, so wie BORNEMANN ihn zum transvestitischen Gott erklärt.

Hier wird im Mythos Geschlechterspannung exekutiert, deren gattungsgeschichtliche Tragweite sich insbesondere dort veranschaulicht, wo in Mythen von den großen Verdrängungsschüben des weiblichen Anteils am Geschlechterverhältnis die Rede ist und wo die Metaphern Schuld und Sühne sich entsprechend durchdringen. Der Rausch aber entlastet von der aufgegebenen Geschlechterspannung durch vorübergehenden Subjektverlust und spielerische Regression, indes droht das Spiel ebenso zwanghaft zu enden. In diesem Zusammenhang sehr interessant ist die These KLAUS HEINRICHS, der "Sog" und "Sucht" im Hinblick auf das patriarchale Geschlechterarrangement diskutiert.

"Der großen Entlastungsfunktion des Sogs nähern wir uns, wenn wir sehen, wie die Metaphern, die ihn charakterisieren, durch die Geschichte der Gattung hindurch immer wieder mit Ursprungsmäulern verknüpft worden sind, die die weibliche Seite der Geschlechterspannung zu einem großen verschlingenden, faszinierenden und bedrohlichen Schoß stilisiert haben" (HEINRICH 1987, 91).

Schuldgefühle an der Dämonisierung des Weiblichen im Geschlechterverhältnis bilden Heinrich zufolge solange weittragende Motive für Sog und Sucht, wie dieses sich in einer Gesellschaftsformation in einem allzu starren Rollenschema fixiert.

Abgesehen von diesem immanent gattungsgeschichtlichen Erbe realisiert der Mythos immer ein Ursprungsinteresse und die damit verbundene Sehnsucht, die zumeist jedoch unerfüllt bleibt. Selbst der Rausch wird diese Begier nicht stillen, die stets größer ist als alle Erfüllung danach. Denn der Ursprung ist immer schon verlassen, der Sprung (aus dem Ursprung) geschehen. Indes neigt unerfüllbare Sehnsucht sehr leicht aus der Balance zu geraten; wo es zuweilen heilig aufleuchtet, kann das Feuer gleichfalls verbrennen und Sehnsucht sich sodann in Sucht verkehren.

Im Narkissosmythos, der sich thematisch in den dionysischen Zyklus einreiht, ist Ursprungssehnsucht als Sehnsucht nach Selbsterkenntnis dargestellt; Selbsterkenntnis, die jeder

Rausch gleichermaßen sucht. Aber auch an dieser Sehnsucht haftet das Imaginäre, denn hier verliert sich der mythische Protagonist ganz und gar in seinem Begehren, bis zuletzt nur noch ein "narkotischer" Duft von ihm bleibt.[2]

Der dionysische Rausch ist aber stets das Ganze von Erkennen und Verkennen, von Sehnsucht und Sucht. Im zeitlosen Raum der Berauschung wollen logische Dualismen ohnehin nichts mehr gelten. Wenn der Kopf sich im Rausch verliert oder maskiert, ist der Körper im Begehren angekommen; ein Begehren überdies, das der Vernunft die Maske herunterreißt, um dahinter einen Wahnsinn aufleuchten zu lassen, der sich in dionysischer Gebärde lösen will, ein tanzender und singender Wahnsinn vielleicht, aber ebenso auch ein finsterer und gewalttätiger.

Selbst NIETZSCHE, der Dionysos-Wiederentdecker, sollte dieser Tragik nicht entrinnen. Auch in seinem Fall wollte die dionysische Faszination bis zum Äußersten, der Selbst-Auflösung im Wahnsinn gehen, obgleich gerade er um die Gewalt dionysischer Verführung wußte und dementsprechend wohlweislich dem entgrenzenden Dionysosprinzip apollinische Dämme setzte, wie die alten Griechen übrigens auch.

Allerdings könnte das, was bei NIETZSCHE zuvorderst als Zeichen seines Wahnsinns gedeutet wurde, gleichfalls die tragische Konsequenz einer an sich selbst berauschten, entfesselten Vernunft sein. Wer wollte dies entscheiden.

Während hier der mythische, dionysische Rausch hauptsächlich Spielräume eröffnet, die einer unerhörten unbestimmten Sehnsucht Ort und Ausdruck verleihen, was sich dann sowohl in befreienden als auch in sehr vernichtenden, wahnsinnigen Aktionen niederschlagen kann, ist im nachstehenden Abschnitt eine gleichfalls mythische Rauschfigur zu betrachten, die sich bereits eingebunden in den Kultus weiß, wo sie anscheinend die Balance zwischen dionysischen und apollinischen Kräften hält, wo sie sich aber vor allem verschwiegen und geheim inszeniert.

Der moderne Rausch ist allemal beredt. Mit mannigfaltigen Suchtbekenntnissen und -geständnissen folgt er in obszöner Geschwätzigkeit den Imperativen gegenwärtiger Beichtrituale; wie die Sexualität gehört er zur unbedingten Selbstdefinition des Individuums, und wie diese erschließt er in anreizenden, zirkulierenden Diskursen das Innerste des Subjekts. Die Szene des ursprünglichen Rausches hingegen produziert geheimnisvolles Schweigen, ein Schweigen, das vor allem nicht gebrochen werden darf und das im geheimen Kultus des Mysteriums die dionysische Gebärde verhüllt. Hier ist der Rausch das Heilige, das Geheimnis[3] par excellence, das Augen und Ohren verschließt, um die visionäre Erleuchtung zu erfinden, angesichts der alle Worte versagen.

Im heiligen, verschwiegenen Mysterium aber produziert und reproduziert sich unmittelbare *religio*.

Die Mysterienkulte sind wesentlich Zentrum und Herz der antiken Religion, wahren indes den nichtkirchlichen Charakter. Religiöse Bindungskräfte entfalten sich hier in direkter Soteriologie und im Ereignis der Initiation gleichermaßen. Schließlich konstituieren die Kulte die langatmige Spur des Geheimnisses, so daß sich mit ihnen gleichzeitig die verschiedensten Deutungen verknüpfen können. In den Mysterien ist einerseits religiöse Ursprungssehnsucht kultisch institutionalisiert, andererseits reaktivieren sie wiederum elementare, alte Fruchtbarkeitsrituale, die bis in die Zeit der vorpatriarchalen großen Muttergöttinnen zurückreichen. DUERR schreibt über solche Kulte:

"Der Akt dieser Erkenntnis war zugleich ein Akt der Liebe, der einen Inzest mit der Mutter dargestellt hätte, wenn sich nicht im Ursprung mit den Inzestschranken auch der Inzest selbst aufgelöst hätte" (1985, S. 74f.).

Die Eleusinischen Mysterien (nach dem altgriechischen Ort Eleusis bei Athen benannt) verehren neben Dionysos gleichfalls Demeter als Mysteriengöttin. Allem Anschein nach inszenieren die Eleusinien eine "Reise" in den Hades, die "Teilnahme an der kosmischen Krisis" (DUERR) bewirkt. Die tiefen Einsichten des Kults vergegenwärtigen schicksalhafte Verstrickung in

Leben und Tod zugleich, was sich im Mysterienspiel als Rückkehr der verlorenen Tochter (Kore) zur Mutter-Erde (Demeter) in Szene setzt. Die Initiationsrituale aber erzwingen den Schauder des Schmerzes ebenso wie die erleuchtende Theophanie danach. Ekstase und Gottes-Erscheinung fallen in der "epopteia" zusammen; hier wirkt Religion in unmittelbarer Veranstaltung, schmerzlich und versöhnend gleichermaßen.

"In der Mysterienlehre ist der Schmerz heilig gesprochen: Die Wehen der Gebärerin heiligen den Schmerz überhaupt, - alles Werden und Wachsen, alles Zukunft-Verbürgende bedingt den Schmerz ... Damit es die Lust des Schaffens giebt, damit der Wille zum Leben sich ewig selbst bejaht, muß es auch ewig die Qual der Gebärerin geben ... Dies alles bedeutet das Wort Dionysos: Ich kenne keine höhere Symbolik als diese griechische Symbolik, die der Dionysien. In ihr ist der tiefste Instinkt des Lebens religiös empfunden - der Weg selbst zum Leben, die Zeugung, als der heilige Weg" (NIETZSCHE 1871, S. 159f.).

Während NIETZSCHE vor allem versucht, das Psychologische des tragischen Mysteriums zu verstehen, reformuliert der moderne Drogendiskurs die mysterielle Wahrheit hingegen eher in toxischen Substanzen. Bestenfalls debattiert man heute über Art und Wirkung der Substanz, die in den Eleusinischen Mysterien die begehrte "Reise" induziert haben soll. Aufgrund von Rekonstruktion und Vergleich vermutet man inzwischen Mutterkornalkaloide (LSD) im heiligen "kykeon" (vgl. WASSON u.a. 1984); aber auch Opium steht zur Diskussion (vgl. DUERR 1985). Die Annahme, daß Drogen in den Mysterien eine Rolle spielen, ist wahrscheinlich und mag sich in entsprechend anthropologischer Forschung über Drogenkenntnis und Drogengebrauch in Frühkulturen bestätigt finden, allerdings ist hierüber - außer Vermutungen - nichts mit letzter Gewißheit auszusagen. Gleichwohl liegt es in der Logik heutiger Drogendiskurse, die "Reise" in Eleusis letztlich als profanen LSD-trip zu demaskieren; einer Logik überdies, die sich den Übertritt aus der realen Welt in eine andere, sakrale Dimension nur noch mittels Einwirkung potenter Substanzen vorstellen kann und sich wohl auch derart wünscht. "Provozierte Religion" (BENN) kann dann aber sehr schnell zu "instant religion" (LEARY) verkommen; so wie auf das mystische Ganzheitserleben, dem der

LSD-Erfinder Hofmann so Außerordentliches beimißt, dann auch der Spott von Katzenjammer und Ernüchterung fällt. Interessant ist im folgenden die These einiger Autoren, die die meisten Religionen aus drogeninduzierten Theophanien ableiten. BERGSON deduziert die Entstehung der indischen Religion zum Beispiel aus dem heiligen *Soma*.[4] Das Christentum wird somit aus dem Wein-Rausch geboren; die indianisch-mexikanische Religion aus dem Peyote etc. Abgesehen von evidenter Drogenüberschätzung verrät die Frage nach den endgültigen Drogenwahrheiten der Religionen viel über die äußerste Profanität und Ursprungsferne des modernen Menschen, die allerdings tragisch ist. Drogen sind "Öffner", schreibt JÜNGER.

"Um die enge Verknüpfung von Rausch und Ekstase haben die Traum- und Seelenführer, die Magier und Mysten seit jeher gewußt. Daher hat die Droge bei ihren Weihen, Initiationen und Mysterien immer eine Rolle gespielt. Sie ist ein Öffner unter anderen - wie die Meditation, das Fasten, der Tanz, die Musik, die Versenkung in Kunstwerke, die starken Erregungen" (1980, S. 45).

Wenn Drogen also öffnen, dann aber nur das bereits Da-Seiende im Menschen. Das gegenwärtige Denken allerdings neigt dazu, die Droge zu mystifizieren sowie den Rausch in der Droge zu verabsolutieren, wobei es sich oft genug nur als Drogenpropaganda entlarvt; zudem ist die Vorstellung eines nüchternen Rausches oder gar einer Arbeit am Rausch, die zu vollbringen ist, diesem Denken ebenso fern wie die Vorstellung des "Heiligen".

Wahrscheinlich haben Drogen Religionsperspektiven mitbegründet, was der Blick auf die heilige dionysische Rauschveranstaltung des Mysteriums zeigt. Viel interessanter als der hypostasierte Drogengrund der Religionen aber ist die Frage, wie sich diese religiösen Perspektiven haben weiter fortsetzen können, als ihre vielleicht halluzinogenen Ursprünge längst vergessen waren. Überdies dürfte nachdenklich stimmen, was BATAILLE zur Religionsfrage schreibt:

"Ich würde sogar sagen, mit der religiösen Haltung verbindet sich meistens eine so große Gier nach übereilten Antworten, daß Religion den Sinn von geistiger Leichtfertigkeit angenommen hat" (1963, S. 29).

116

Spielregel der Innerlichkeit

Während die mythische Szene im Ganzen Ursprungsnähe atmet in ihren hingebungsvollen Spielen und Mysterien, läßt demgegenüber die Szene der mittelalterlichen Mystik des Abendlandes bereits die Moderne ahnen, die sich in ihren Themen Subjektivierung, Technik und Diskurs vorbereitet. Auch die im archaischen Kultus erzeugte Kollektivität kehrt sich in der Geste der Mystik zu absonderlichen, subjektiven Praktiken, die nun den Menschen einsam begeistern. Hier ist die klösterliche Klausur der sakrale Ort, an dem die Mystik den dionysischen Rausch wiederentdeckt. Die Wiederkehr des Dionysischen bewahrt die Maske, allein aufgrund der Inkompatibilität privater Interessen mit denen der christlichen Lehre, die den "wahren" Glauben formuliert.

Selbst ein so berühmter Mann wie Meister Eckhart, Dominikaner und Professor der Theologie, bleibt vom Ketzereiverdacht nicht ausgenommen. Insbesondere aber sind Frauen den Verfolgungen durch die kirchliche Inquisition ausgesetzt, weil ihre mystische Praxis die Erotik des Körpers miteinbezieht, was im Kontext der Sexualverdammung christlicher Theorie schnell den Verdacht auf Häresie aufkommen läßt.

Indessen erfährt die Verdrängung des Körpers durch das Christentum in der Mystik eine geradezu hemmungslose Wiederkehr, die in körpernahen Exerzitien auf Rauschvisionen drängt, was zugleich auf bewußte Arbeit am Rausch deutet. Der Begriff der "Vision" leitet sich vom lateinischen "visio" ab und meint "Anblick", "Erscheinung" und "geistige Vorstellung". Wesentlich intendiert die Vision einen innerlichen Erfahrungswert, der mit der ganzheitlichen, archaischen Schau gebrochen hat. Heute heißen Visionen zumeist Halluzinationen und fallen überdies in den Zuständigkeitsbereich der Psychiatrie. Auch die Bibel läßt sich als Schrift eigentlicher, visionärer Erfahrungen lesen, denn die meisten prophetischen Texte beschreiben Visionen; allerdings wird solche Exegese von Vertretern rationaler Theologie eher abgelehnt. Die Vision entspringt einerseits einem Zustand, der jenseits des individuellen Willens liegt, denn in die ekstatische Ausnahme kann der Mensch sich nicht selbst erheben und somit wird sie zuallererst als göttliche Gnade gedeutet; andererseits steht die ekstatische Vision schon immer mit der Wiederholung im Bund.

"Es ist offenbar vorausgesetzt, daß die visionäre Erfahrung - oder wenigstens ein bestimmter Typus dieser Erfahrung - von sich aus auf Wiederholung drängt und die Bedingungen für eine solche ersehnte Wiederholung zu schaffen sucht" (BENZ, zit. n. MATTENKLOTT 1984, S. 17).

Wie alle andere Mystik ist auch die christliche mittelalterliche Mystik vor allem Liebesmystik. Ihre Besonderheit aber - hauptsächlich in den Franziskaner- und Dominikanerorden - ist ein ekzessiver Hang zum Leiden, einem Leiden, das sich in dieser Szene offenbar zur Rauschtechnik ausprägt. Denn in der Leidensmystik hat die Steigerung des Körpers, die jeder Rausch wesentlich sucht, dessen völlige Abtötung zur Voraussetzung. Keine geheimnisvollen Drogen sind hier am Werk, nur nüchternste Berechnung und Kalkül, das auf Rauschwiederholung sinnt. Systematisch verwüsten Frauen und Männer ihre Körper, um den Geist in visionäres Feuer zu versetzen. Äußerste, asketische Praxis und Torturen, die sich heute zumal wie Anleitungen zum Exorzismus lesen, sollen die physiologischen Bedingungen für die begehrten Ekstasen und Visionen schaffen. So martert der Mystiker HEINRICH SEUSE (geboren etwa 1300) dreissig Jahre lang beharrlich seinen Körper, um sich die ersehnte Wiederholung einer frühen, unwillkürlichen Vision gewissermaßen abzutrotzen. Diesem Mann geht es neben der Reich-Gottes-Predigt wohlweislich um privaten Rausch und zugleich um

"Theorie im Sinne von methodischer Anleitung zur Wiederholung. Schon auf dieser historischen Stufe sind auch die lebensbedrohlichen Energien wahrgenommen worden, die aus dem Bündnis von Technik mit metaphysischer Sehnsucht hervorgehen können",

schreibt G. MATTENKLOTT (1984, S. 20).

Auch der heilige und stigmatisierte Franz von Assisi (mit bürgerlichem Namen Giovanni Bernadone, geboren 1182) soll seinen Körper als größten Feind bezeichnet haben; "andauernde qualvolle Krankheiten und Operationen, eine Ätzung der Schläfe durch glühendes Eisen, Aderlässe am Kopf töteten seinen Körper ab" (CANCIK 1978, S. 100).

118

Der tragende Gedanke der Leidensmystik zielt auf Imitation ans Kreuz, wobei es bis zum äußersten Zeichen, der Stigmatisation getrieben wird. Seuse zimmert sich eigens ein Kreuz, welches er zudem mit spitzen Nägeln beschlägt und acht Jahre beständig auf entblößtem Rücken trägt, dem Herrn zum Lobe. Diese evidente Leidenspraktik mittelalterlicher Mystik kann nicht mit einer hypostasierten, größeren Schmerzbereitschaft vergangener Zeiten übergangen werden; hier rekonstruiert sich dionysische Sehnsucht in der Maske äußerster Nüchternheit zumal. Augenfällig sind auch auf dieser Bühne Frauen federführend. Unter 321 Stigmatisierten der katholischen Kirche finden sich bis dato nur 47 Männer.

"Gewiß hat es auch Männer gegeben, in denen diese Flamme brannte. Sie sind aber selten, und ihre Glut nahm eine sehr geläuterte intellektuelle Gestalt an",

schreibt SIMONE DE BEAUVOIR (1987, S. 630); denn vor allem bilden Frauen die mystische "Legion". Frauen geben sich ganz und gar diesem Enthusiasmus hin. Die Vision der heiligen Theresa (Theresa von Avila, geboren 1515) ist in diesem Sinn signifikanter Text:

"Der Engel hielt in seinen Händen ein langes goldenes Schwert. Von Zeit zu Zeit stieß er es in mein Herz und stieß zu bis in meine Eingeweide. Wenn er das Schwert wieder herauszog, war es, als wolle er mir die Eingeweide herausreißen, und ich wurde dadurch ganz von göttlicher Liebe entflammt ... Ich bin sicher, daß der Schmerz bis zum Grunde meiner Eingeweide dringt, und es scheint mir, als ob diese auseinanderreißen, wenn mein geistiger Gemahl das Schwert wieder herauszieht, mit dem er sie durchbohrt hat" (zit. nach DE BEAUVOIR 1987, S. 632).

Der verinnerlichte Leidensimperativ, der doch nur bedingungslose Liebe maskiert, steigert in der Frau mit der Vision zugleich die körperliche Lust. Heute werden die erotischen Konnotationen zumeist als verdrängte Sexualphantasien der im übrigen keuschen Nonnen gedeutet, obgleich diese Erfahrungen jedes sexuelle Begehren überschreiten. Solche Interpretationen demaskieren aber vor allem das moderne, sexualisierte Denken, das zudem den Bund von Lust und Schmerz zugunsten einer verabsolutierten Lust ausgrenzt sowie der Perversion bezichtigt. Lust und Schmerz sind indes zwei Seiten eines Körpers, der sich steigern will im Rausch.

Die Autorin LUCE IRIGARAY liest in den mystischen Texten weibliche Sprach-Präsenz, womit sich subjektive religiöse Praxis zu objektiver Tragweite dehnt. Für sie ist die Mystik der einzige Ort in der Geschichte des Abendlandes, an dem die Frau spricht und handelt als "Subjekt" eines Sprechkörpers, wogegen der Mystiker seine Subjektivität, seine Sprache verläßt, um so wie die Frau zu sprechen. Hier spricht

"sie - oder er, aber mit Rekurs auf sie - von der Blendung durch die Quelle des Lichts, die von der Logik verdrängt wurde, vom Überströmen des Subjekts und des anderen in einer verzehrenden Umarmung, die sie als Begriffe zunichte macht, von der Mißachtung der Form, von dem Argwohn gegenüber dem Verstand, der die Dauer der Lust verhindert, von der öden Dürre der Vernunft" (IRIGARAY 1980, S. 239).

Hervorzuheben bleibt, daß am Beispiel der weiblichen mittelalterlichen Mystik religiöse, ekstatische Erfahrung neben subjektiven auch objektive Perspektiven begründet und insbesondere für Frauen Sprach- und Handlungsräume erschließt, während das Setting der modernen Mystik - falls sie überhaupt noch als solche zu verhandeln ist - sich vor allem auf private Interessen konzentriert, was bereits auf die nachfolgende Szene deutet.

Spielregel der Äußerlichkeit

Der Rauschszene scheint die Aura von Magie anzuhaften, die den Austreibern der Magie schon immer verdächtig ist, insbesondere wenn die Szene sich im religiösen Arrangement veranstaltet. Vor allem nachdem die Religion selbst der betäubenden Wirkung bezichtigt worden ist, fällt ihren Vertretern der Rausch um so negativer in den Blick.

"Dieser Vorwurf ist den Kirchen so sehr in die Knochen gefahren, daß sie es vorgezogen haben, ihrerseits ihre Reich-Gottes-Predigt in einen 'social gospel' von mehr oder minder sozialrevolutionärem Charakter umzudeuten", schreibt BENZ (1979, S. 35).

Der gegenwärtige Rückgriff auf die Mystik vollzieht sich in einer Situation, wo der Zweifel an der religiösen Institution einhergeht mit dem sukzessiven Zweifel an der rationalen Erkenntnis, ein Zweifel zumal, der immer zur Mystik treibt. Denn was bleibt, ist die Sehnsucht des Menschen, in einer durchrationalisierten Struktur, deren Übermaß durch nichts mehr zu rechtfertigen ist.

"Wirklichkeit", schreibt G. BENN, "ein quälender Begriff, und er quält alle, die Intelligenz unzähliger Geschlechter spaltet sich an ihm" (1986, S. 219).

Der Boom auf Mystisches aller Genre mag Ausdruck für die "schizoide Katastrophe" (BENN) des modernen Menschen sein, aber bedeutet wohl kaum die Wiederkehr der Religion. Dem ethnographischen Blick unserer Zeit scheint das Fremde überdies näher als die eigene Tradition, was Symptome massenhaften Sektenzulaufs und inflationäre Drogenprobleme gleichermaßen bezeugen. Der Drogenkrieg ist längst offen ausgebrochen und demaskiert allenthalben obszöne Machtverhältnisse, während eine weltweite Drogennachfrage diese wiederum stützt. Nichts kann den Herrschenden bequemer sein als Sucht- und Sektenopfer, die einen gut organisierten therapeutischen Apparat durchlaufen, der sie vor allem normalisiert.

Ein total verdrängter Wahnsinn kehrt wieder in allerdings obszönen Szenen. Hier muß der Diskurs, der in den sechziger Jahren dieses Jahrhunderts um alkaloid-provozierte Religion gehalten wird, in dem Gott zuletzt eine Substanz ist und in dem sich die unmögliche Erfahrung mit noch unmöglicheren Mitteln einläßt, als Vorspiel zu unseren heutigen, gereinigten und "weißen" Suchtdiskursen gelten, denen nichts mehr heilig ist.

Gleichzeitig schimmert durch die wortgewaltig maskierte Rede die alte dionysische Sehnsucht und ein Begehren, das in der Leere gottverlassener Transparenz den Weg zurück zu einer inneren und souveränen Erfahrung sucht und das sich in einem Mann wie HUXLEY versprachlicht hat. Sein Buch *Doors*

121

of Perception, 1954 publiziert, rezipiert den ohnehin drogendurchlässigen Zeitgeist der modernen Mystik, in welcher auch dem *kykeon* wieder eine Bedeutung zukommt. Außerdem weiß HUXLEY sich in einer Tradition, die seit BERGSON und W. JAMES das Religiöse eher als Grad zentralnervöser Erregungsstufen begreift.

Neben dem Schriftsteller HUXLEY kommt im folgenreichen Nachspiel auch die Wissenschaft zu positiven Aussagen über drogeninduzierte, mystische Ekstasen. Überdies rezipieren im psychoanalytischen Rahmen die Arbeiten von H. LEUNER (psychoanalytische Therapie) und S. GROF (transpersonale Therapie) das experimentelle, psychedelische Verfahren, inzwischen allerdings ohne Drogenanwendung.

Auch HUXLEY bekommt die Droge zunächst von seinem Therapeuten. HUXLEY repräsentiert in gewissem Sinn das unglückliche, von der Welt enttäuschte und zudem vom Sprachzweifel gerüttelte, moderne Subjekt, das sich auf die LSD-Reise begibt; ein Weg, den nach ihm viele antreten, die - im Gegensatz zu ihm - niemals wiederkehren sollten. Sicherlich haben die experimentellen Drogenversuche das LSD-Verbot schließlich mitprovoziert, ein Verbot aber, das in der Folge eher durch Übertretungen wirkt.

HUXLEY erlebt sich auf Meskalin "als das selige, für einen Augenblick aus meiner würgenden Umarmung befreite Nicht-Ich, als ein Nicht-Selbst, das das Nicht-Selbst der Dinge wahrnimmt und dieses gleichzeitig ist. Er ist ein neugeborenes Nicht-Selbst, befreit von der Welt der Selbstheiten, der Zeit, der moralischen Urteile und der Nützlichkeitserwägungen (...), der Selbstbehauptung, der kecken Selbstsicherheit, der überwerteten Wörter und vergötzten Begriffe" (SAHLBERG in HUXLEY 1983, S. 288 f.).

Symptomatisch an diesem Text ist sein ausgesprochener Selbsterfahrungswert. Nicht von einer göttlichen Präsenz ist die Rede, auch nicht von Visionen, die eine göttliche Präsenz zumindest durchscheinen lassen wollen. Hier ist die moderne Mystik weit entfernt vom Zweifel der traditionalen, in der das Absolute sich noch Ausdruck verschafft, auch sprachlich. Im total profanisierten Raum aber rekonstruiert sich religiöses Erleben zuletzt in der paradoxen Erfahrung der Nichterfahrbarkeit göttlicher oder absoluter Präsenz.

"In dem Raum, den unsere Kultur unseren Gesten und unserer Sprache einräumt, vermag die Überschreitung das Sakrale nicht mehr in seinem unmittelbaren Gehalt zu treffen, sie kann es nur noch in seiner leeren Form, in seiner dadurch wieder funkelnden und sprühend gewordenen Abwesenheit rekonstruieren" (FOUCAULT 1987, S. 29).

In HUXLEYS Experimenten treibt die Rede vom toten Gott gleichsam zur Grenze einer nicht mehr einzuholenden Erfahrung. Hier repräsentiert sich das Dilemmatische des modernen, gottverlassenen Subjekts, dessen äußerste Profanität sich wieder zu einer alles verklärenden Innerlichkeit und Selbsterfahrung übersteigt. Und warum soll Gott nicht Substanz sein, wenn er nicht mehr ist?

HUXLEY definiert mystisches Bewußtsein als Überschreitung allgegenwärtiger Subjekt-Objekt-Trennungen zu Dingen und Menschen. Er meint, daß wir niemals wirklich das Wesen der Dinge erfahren; was wir normalerweise wahrnehmen können, bleibt "eine merkwürdige Mischung aus unmittelbaren Erfahrungen und kulturbedingten Symbolen, aus Sinneseindrücken und vorgefaßten Ideen" (HUXLEY 1983, S. 265).

Damit wären wir immer dem Diesseits eines kulturell vermittelten Erfahrungshorizonts verhaftet, ein Kontext, der sich allein durch Sprache realisiert. Für HUXLEY Grund genug, an der Sprache und ihrer Aussagekraft zu zweifeln. Zentrum des "artifiziellen Symbolsystems" Sprache ist HUXLEY zufolge das Ego des Menschen, allenfalls Kinder wären durch direkten, spontanen Zugang noch in der Lage, das Jenseits zu vernehmen, worin er den Ansichten von WORDSWORTH und BLAKE nahesteht. Nur durch Überschreitung der fesselnden Egogrenzen sei das Jenseits (der Sprache und Bilder) sowie das Unendliche (der Zeit) erfahrbar. BLAKE, ein Dichter und Mystiker des 18. Jahrhunderts, realisiert die Überschreitung im Prozeß der "Vervollkommnung des Sinnengenusses" in dichterischer Phantasie und Kunst. HUXLEY, der intellektuelle Literat der Moderne, inszeniert sein LSD-Setting. Aber HUXLEY geht noch weiter, indem er seine Ideen auch durch biologische Argumente stützt, wenn er BERGSONS These bemüht, wonach das Gehirn selbst den Menschen vom größten Teil der möglichen Wahrnehmung trenne, was die neuere Bewußtseinsforschung gleichfalls bestätigt; eine These, die überdies auch von FREUD rezipiert wird. Halluzinogene würden sodann die Potenz entfalten, Schutzmaßnahmen des Gehirns vor Reizüberflutung zu durchbrechen, um somit die "Pforten der Wahrnehmung" aufzutun. Auch HUXLEY gelangt zu einer eigenen Interpretation über das Wesen der Religionen: Göttliche Erfahrungen seien schon immer durch Eingriffe in den Chemismus des Gehirns erworben.

Um die Fragen, die die Kontroverse um die "heiligen Drogen" aufwirft, bleibt allemal ein peinliches Versagen. Wo auf der einen Seite sich ein Drogenpapst gebärdet und lautstark LSD zur Religion des 20. Jahrhunderts ausruft,[5] wird auf der anderen, offiziellen Seite heftig über Authentizitätsfragen debattiert, währenddessen aber viele, ohne therapeutische Betreuung, auf die "Reise" gehen. Die Frage also bleibt, ob die verlorene, sakrale Dimension, von der Tillich als der Begegnung mit dem Heiligen spricht, sich mit Hilfe kalkulatorischer Drogendosen wiederhaben läßt, diese Dimension "die durch die Welt der Subjektivität und Objektivität hindurchgeht und bis zu dem hinunterreicht, das nicht Welt, sondern Geheimnis des Seinsgrunds ist" (zit. nach SMITH 1972, S. 164).

Eine Dimension aber, die insbesondere sprachliche Tragweite aufwirft.

Spielregel der Sprache

Die Rekonstruktion der Wiederkehr dionysischer Erfahrung liest sich bis an diesen Punkt, wo es um den ihr eigenen Ausdruck in der Sprache geht, als kontinuierliche Sprachbahnung zum einen, die ausgehend vom mythischen Schweigen über den Sprechversuch der Mystik in die sprachfaszinierten Drogendiskurse der Moderne führt. Allerdings stellt sich hier erneut die Frage des Verbots, die der Diskurs umgeht, indem er über Sucht spricht und dieses maßlos und überspannt, so daß er insgesamt neigt, in die Leere und Beliebigkeit zu entgleiten, wo alles gleich süchtig - liebessüchtig, opiatsüchtig, sehnsüchtig und so fort - erscheint.

Zum anderen aber ist die Sprache der dionysischen Erfahrung da, wo sie ihren Ort und Text findet, niemals in eine diskursive Kontinuität zu stellen. Eher handelt es sich hierbei um diskontinuierliche Sprechblasen, die immer mit den Regeln der profanen Alltagssprache brechen, deren Gefangene wir alle sind.

"Was wären wir ohne die Sprache", fragt BATAILLE. "Sie hat uns zu dem gemacht, was wir sind. Nur sie offenbart uns an der Grenze den souveränen Moment, in dem sie nicht mehr gilt" (1963, S. 271).

Aber scheint es nicht so, als wolle der moderne Mensch alles sagen, als ertrüge oder empfände er den souveränen Augenblick, die Ewigkeit der Ohnmacht nicht, in der seine Worte nichts gelten? Hermetisch eingenistet in jene murmelnden Kammern seines Hirns, zeigt er sich ausnahmslos von Sprache beeindruckt.

In neuerer Bewußtseinsforschung, deren Aktivismus sich interessanterweise gerade auf Drogenforschung zurückführen läßt, werden inzwischen Erfahrungen wie sie in Rausch - und hier sind insbesondere sogenannte "bewußtseinserweiternde" Räusche von Cannabis bis LSD angesprochen, die in ihrer Intensität den mystischen Ekstasen nahekommen - sowie Mystik vorliegen, auf die dichotome Struktur des menschlichen Hirns zurückgeführt. Diese Hypothese differenziert das Gehirn des homo sapiens in zwei komplementäre Hemisphären, wobei die dominante - bei Rechtshändern wäre das die linke - den kognitiven Weltzugang konstituiert, wo das verbale, logische und mathematische Denken stattfindet; die nicht-dominante Hemisphäre würde sodann religiöse, mythische und künstlerische Sphären erschließen und sich in entsprechend intuitiven, ganzheitlichen, sinnlichen und rezeptiven Erfahrungsmodi äußern. Ontogenetisch setzt die Entwicklung der einseitigen Ausrichtung des Menschen auf die Dominanz linkshemisphärischer Bewußtseinsqualitäten mit dem vierten Lebensjahr ein, während Kleinkinder noch wesentlich ganzheitlich orientiert sind. "Das erste, was man einem Kind in der Regel austreibt, sind seine Ekstasen", schreibt in diesem Kontext R. KREIS in seiner NIETZSCHE-Diskussion (1986, S. 82). Phylogenetisch sind die rechtshemisphärischen Erfahrungsmodi als ältere Bewußtseinsstufen zu bewerten.

Diese allerdings sehr biologisch ausgerichteten Überlegungen führen indes zu der Annahme, daß das normale Wachbewußtsein mit einer Bewußtseinsstruktur korreliert, die den objektivierbaren Bereich vor allen anderen Erfahrungszugängen privilegiert. Der objektivierbare Bereich bleibt aber an den sprachlichen Kontext gebunden, obgleich er offenkundig nur den winzigen Ausschnitt eines unendlichen Spektrums beleuchtet.

"Natürlich wissen wir, daß für uns die Wirklichkeit von der Struktur unseres Bewußtseins abhängt; der objektivierbare Bereich ist nur ein kleiner Teil unserer Wirklichkeit" (HEISENBERG, zit. nach ZIMMERMANN 1981, S. 228).

Das System der Sprache ermöglicht zwar einen optimalen, nahezu automatischen Weltzugang, jedoch Heterogenität und Simultanität rauschhaft-ekstatischer Erfahrung liegen nicht in ihrer Ausdruckskompetenz, zumal ihre Logik auf Identität, Linearität und Zeitlichkeit gründet. Folglich können wir das Ganze der Wirklichkeit mit ihrer Hilfe nicht fixieren, was Dichter und Mystiker aller Zeiten beklagen.

"Die Sprache kann für alles außerhalb der sinnlichen Welt nur andeutungsweise, aber niemals auch nur annähernd vergleichsweise gebraucht werden, da sie entsprechend der sinnlichen Welt, nur vom Besitz und seinen Beziehungen handelt" (KAFKA, zit. n. ZIMMERMANN 1981, S. 136).

Außerdem codiert das System Sprache alle Wahrnehmung im voraus; das heißt, wir verbleiben immer im Kontext eines kulturell vermittelten und primär ansozialisierten Erfahrungshorizonts.

Die "Tore des Wahrnehmens" sind verschlossen und endlich, sagt BLAKE, weil der Mensch "alle Dinge nur noch durch die engen Spalten seiner Höhle sieht" (1907, S. 18).

Drängt sich hier nicht das Bild des verengenden Blicks auf von Augen, die aus ihren Höhlen starren und die die menschliche Sinnenlust inzwischen völlig zu beherrschen scheinen?

Vor allem haben wir das Auge zum Vernunftträger gemacht. Das vernünftige Auge korrespondiert mit der Ökonomie der Sprache und Zeichen, die IRIGARAY "skopisch" nennt, eine Ökonomie, die es gleichfalls zum überwerteten Sinnesorgan kodifiziert.

WITTGENSTEINS *Tractatus Logico-philosophicus* endet mit der Absage an alle rauschhaften, mystischen Sprechversuche, auch hier - wie bei BATAILLE - eine Wiederaufnahme des Verbots. WITTGENSTEIN bezweifelt die Möglichkeit einer sinnvollen, logischen Vermittlung von sich zeigender, mystischer Unmittelbarkeit und Evidenz. Er kommt zu dem gleichermaßen schwerwiegenden wie banalen Schluß, daß darüber, wovon nicht zu sprechen ist, geschwiegen werden müsse.

Auch in KAFKA ist dieser immanente Sprachzweifel offenkundig, ähnlich wie in HUXLEY, obgleich er in seinem Tagebuch vermerkt: "Glück aber nur, falls ich die Welt ins Reine, Wahre, Unverständliche heben kann" (1983, S. 389).

In jenen souveränen, authentischen Augenblicken, von denen hier die Rede ist, entfernt sich Sprache offenbar weit von hypostasierten, kommunikativen Zwecken. Alles Sagbare ist letztlich nur sprachliche Annäherung an das Gemeinte. Worte sind Masken, die zugleich auf anderes deuten, als was sie sagen. Die Texte Kafkas sind dafür bekannt, daß sie sich wesentlich symbolisch erschließen.

Auch das mythische Geheimnis verdichtet sich im Symbol. Symbole halten zusammen, was die Sprache zu zerstreuen droht. Außerdem bindet das Verbot, das den Diskurs der mythischen Kultgemeinde verriegelt.

"Wenn die Begriffssprache der Übermittlung des Urteils dient, so die Symbolsprache der Wiedererweckung des Schauens; und wenn der Begriff den Ausgangspunkt der wissenschaftlichen Forschung bildet, so das Symbol der Ursprung des Mythos" (KLAGES 1930, S. 125).

Das griechische Wort "symballein" heißt zusammenwerfen, zusammenbringen; etwas, das offensichtlich eine Differenz bedenkt. Das Symbol rekonstruiert hier einerseits eine rückwärtig gerichtete Bewegung, wenn es auf ein Anderes, Getrenntes und vor dem Symbol Seiendes hindeutet. Dieses Andere ist seine transzendentale Dimension, die sich logisch oder diskursiv nicht einholen läßt. Symbole bleiben seltsame Zeichen, Hieroglyphen wie Klages sagt, die auf den Ursprung weisen, wie die Maske auf die dionysische Spielregel ewiger Metamorphosen zeigt.

Andererseits ist der Mythos in wortgewaltiger Anstrengung ebenso nach vorn orientiert. Das Symbol bringt zusammen, was undenkbar ist. Hier ist Sprache bereits fixiert in Abstraktion von Substanz zugunsten des Zeichens beziehungsweise Symbols. Im Symbol verdichten sich Mythos wie Logos gleichermaßen, Mangel und Fülle der Sprache, das ewige, unaufhörliche Gemurmel der Worte, das uns ausmacht und dem wir nicht entkommen und das dort anhebt, wo die mythischen Formulierungen das Geheimnis bewahren.

Die Sprache des Mythos ist symbolisch wie poetisch. Poesie ist Ewigkeit, "das Meer, das mit der Sonne kreist", schreibt der Dionysier RIMBAUD (zit. nach BATAILLE 1963, S. 24). Dichtung ist vom Ursprung angehauchte Sprache, Sprachlust wie Sprachrausch.

"Damit es Kunst giebt, damit es irgend ein ästhetisches Thun und Schauen giebt, dazu ist eine physiologische Vorbedingung unumgänglich: der Rausch. Der Rausch muß erst die Erregbarkeit der ganzen Maschine gesteigert haben: eher kommt es zu keiner Kunst" (NIETZSCHE 1871, S. 116).

An dieser Stelle ist die tragische Verknüpfung von Dichtung und Rausch nur anzudeuten, für die sich vor NIETZSCHE insbesondere die Romantik, nach NIETZSCHE dann u.a. der Surrealismus berufen fühlt. Mythos, Mystik und Rausch sind Themen romantischer Sehnsucht und bekommen hier künstlerische Evidenz. Ihre Sprache findet die Romantik in Poesie. Während die normale Alltagssprache unentwegt - in zeitlicher und gedanklicher Kontinuität - bündelt und verallgemeinert, verströmt die poetische Sprache sich eher diskontinuierlich. BATAILLE nennt Poesie gar Verneinung und Überschreitung von Sprache. Wenn sich Sprache als Poesie gegen sich selbst wendet, tritt an den Ort teleologischer Weltsicht die paradoxale Erfahrung des Ganzen im Augenblick. Die Alltagssprache aber vermag die Totalität des Ganzen (an Erfahrung) nicht zu behalten;

"in ihr können wir das, worauf es ankommt, nicht ergreifen; es entzieht sich uns in Sätzen, die voneinander abhängen, ohne daß je eine Gesamtheit auftaucht, auf die jeder einzelne verweist. Unsere Aufmerksamkeit bleibt auf jenes Ganze gerichtet, das uns in der

Folge der Sätze entgleitet, aber wir können nicht erreichen, daß das Aufblitzen der sukzessiven Sätze der großen Erleuchtung weicht" (BATAILLE 1963, S. 269).

Wie Mythos und Dichtung in Symbolen, überschreitet der Sprechversuch der Mystik gemeinhin geltende Sprachregelungen, das heißt den diskursiven Raum sprachlicher Immanenz, an dessen Grenze ihr Textbegehren anhebt. Ihren eigentlichen Ausdruck aber findet sie in Musik. Wortwörtlich ist ihre sinnliche Ausrichtung am Hören, wobei Musik die Metapher bezeichnet, die ihr wesentlich näher ist als die Metapher Sprache. In Musik aber rekonstruiert sich die dionysische Gebärde. Auch im Rausch ist der Mensch vornehmlich akustisch sensibilisiert, was allein die Etymologie des Rauschbegriffs bezeugt.[6] Die oder der Berauschte nimmt das "Rauschen", das "Geräusch" ganz in sich hinein. Anders als die grammatikalische Rede, die einschnürende Körperabstinenz verschuldet, weitet Musik Wahrnehmensräume im Ganzen, aber immer am Leitfaden des Leibes. Alle Körpersinne sind im Zustand der Berauschung angesprochen und in Bereitschaft versetzt, was die homogene, skopische Sprachökonomie vorübergehend aufhebt.

Überdies will die mystische Ekstase das innere, visionäre Sehen, das "dritte Auge" aktivieren, wobei der äußerliche Blick ohnehin erkalten wird. Das Paradoxon verweist auf das "Unerwartete", "Unglaubliche" und "Sonderbare" mystischer Diskurse. Ähnlich wie das Symbol in ursprünglicher Bedeutung, vermittelt das Paradoxon keine Eindeutigkeit im Kontext herrschender Logik. Der Sinn dieser Sprache liegt anderswo, außerhalb des rein objektivierbaren Bereichs und ist somit immer wieder neu zu finden. Überall überschreitet die paradoxale Struktur mystischer Texte solche Erkenntnisprozesse, die sich ausschließlich im begrenzten Subjekt-Objekt-Schema veranstalten.

Offenbar scheint es so, daß die Sprache der Normalzeit und der Normalwelt, die alltägliche Begriffssprache also, die zumal weit entfernt ist von ihren Ursprüngen und Verboten, sich wenig dazu eignet, veränderte Bewußtseinszustände - wie sie in Rausch und Mystik vorliegen - auszusprechen und zu kommunizieren. Allerdings gibt es in diesem allzu profanen System eine Sprache wiederzuentdecken, die um ihre Abgründe weiß; eine Sprache, die an besonderen Orten und zu besonderen Zeiten spricht und von der Plotin sagt, daß sie uns allen inne ist. Damit diese Sprache aber werden kann, bedarf es einiger Anstrengung;

"damit der unsterbliche Gesang geboren werde, muß man horchen, aber mit gefesselten Händen und Füßen am Fuß des Mastbaums bleiben, muß man alles Verlangen durch eine List, die sich selber Gewalt antut, überwinden, muß man alles Leiden ertragen und am Abgrund des lockenden Schlundes aushalten und sich schließlich jenseits des Gesanges wiederfinden, als hätte man lebend den Tod durchquert, um ihn in einer zweiten Sprache wiederherzustellen" (FOUCAULT 1987, S. 60f.

Anmerkungen

1   Die Ekstase muß wohl als die höchste Form des Rausches gelten, allerdings sind beide Begriffe - Rausch und Ekstase - in der philosophischen Denktradition nicht unterschieden. "Mania" meint - in der Verwandtschaft mit griechisch "menos" - das Rasen nicht als Abirrung in den Wahn, sondern als Steigerung der selbsterlebten geistigen Kräfte (vgl. BURKERT 1977).

2   In "Narkissos" wie in "narkotisch" steckt das griechische "narkosis", das Betäubung heißt.

3   Das griechische "mystikos", das geheimnisvoll bedeutet, weist sowohl auf das Mysterium als auch auf die Mystik.

4   *Soma* ist nach BERGSON ein berauschendes Getränk, das Ekstase verleiht. ELIADE beschreibt Soma als Getränk des "Nicht-Todes"; Soma ist ebenso Gott, wie Pflanze, wie Getränk (vgl. ELIADE 1978); heute wird Soma als Muscimol - d.i. der Wirkstoff des Fliegenpilzes - identifiziert.

5   Hier ist LEARY gemeint, dem allerdings Drogenpropaganda nachzusagen ist, wenn er schreibt: "Heute ohne bewußtseinserweiternde Drogen nach religiösem Leben zu streben, ist, als wollte man Astronomie mit dem bloßen Auge betreiben." (1970, S. 84)

6   Vgl. zur Etymologie von "Rausch" LEGNARO 1982, S. 156.

JUTTA ANNA KLEBER

Ver/Blendung

Das dritte Auge, die Gesellschaft und die Sucht

> Aber wir wollen auch gar nicht
> ins Himmelreich: Männer sind
> wir worden, - so wollen wir das
> Erdenreich.
>
> (FRIEDRICH NIETZSCHE)
>
> Jede Bedrängnis der Natur ist
> eine Erinnerung höherer Heimat.
>
> (NOVALIS)

These

Die Sucht ist die Manifestation des kulturellen Verbots der Weisheit. Die Sucht ist strukturell in der Gesellschaft verankert. Die zivilisatorischen Heilweisen der Schulmedizin und der Psychotherapie sind diesem letzten Tabu unserer Gesellschaft verpflichtet und überwinden seine Dialektik nicht. Insofern ist die Sucht im sozialen und soziologischen Kontext der Gesellschaft nicht heilbar.

Sophia

"Nach HERAKLIT ist das Gegenteil der Weisheit die Vielwisserei, die polymathia. Umgekehrt ist die eigentliche Quelle der Vielwisserei die Unweisheit. HERAKLIT wendet sich gegen die

Fragmentierung des Wissens, gegen die Analyse als notwendige Methode der Erkenntnis, wie es von XENOPHANES und PYTHAGORAS vertreten wird. HERAKLIT steht damit bereits in der Tradition des Esoterischen, welches nicht eine zweite Lehre, sondern jeweils nur die unsichtbare Seite des Exoterischen ist, "unsichtbar denen, die Augen haben, aber doch nicht sehen".[1] Die Weisheit ist einfältig und offenbart sich in der Entdeckung der Ganzheit, in der Erfahrung, "daß ich die ganze Realität berühre, mich ihr annähern, sie erkennen kann, wenn ich nur mich selbst nicht vergesse, mich nicht ausschalte; wenn ich die Wirklichkeit nicht verobjektiviere und mich dadurch zum abgetrennten Subjekt mache".[2] Das Wissen der Welt stillt die Sehnsucht nach Weisheit nicht. Die Weisheit ist eine menschliche "Invariante" (PANIKKAR), die nicht erreicht werden kann, indem man vieles weiß, sondern indem man nicht weiß. "Nicht erkannt von denen, die es erkennen; erkannt von denen, die es nicht erkennen (KENA UPANISHAD II,3). Das heißt: "Die, die erkennen, wissen nicht. Die, die erkennen, daß sie nicht wissen, sind Wissende und somit erkennen sie nicht. Die die wissen, daß sie nicht erkennen, sind nicht glücklich. So sind nur die weise, die so sehr Nicht-Wissende sind, daß sie nicht einmal wissen, daß sie nicht wissen".[3] In allen Weisheitstexten, auch in Jes. 11,3 wird zwischen Erkenntnis, Wissen und Weisheit unterschieden. Der Mensch ist Mensch, gerade weil er weisheitsfähig ist und sich nach der Weisheit sehnt. In den Sprüchen Salomons spricht die Sophia:

"Als er den Himmel baute, war ich dabei,/ als er den Erdkreis abmaß über den Wassern,/ als er droben die Wolken befestigte/ und Quellen strömen ließ aus dem Urmeer,/ als er dem Meer seine Satzung gab/ und die Wasser nicht seinen Befehl übertreten durften/ als er die Fundamente der Erde abmaß,/ da war ich als geliebtes Kind bei ihm./ Ich war seine Freude Tag für Tag/ und spielte vor ihm allezeit./ Ich spielte auf seinem Erdenrund,/ und meine Freude war es, bei den Menschen zu sein" (8,27-31).

Der ganzheitlichen Möglichkeit der göttlichen Weisheitserfahrung, wie sie Salomon allen Menschen zugesteht, setzt Paulus die Spaltung der Weisheit entgegen: die 'sophia' der Welt einerseits und die 'sophia' Gottes andererseits, die im Mysterium verborgen ist. Das Mysterium aber offenbart sich nur den Eingeweihten. Aus dem Raum der christlichen Alltagsreligion ist die Weisheit verbannt. Die Weltweisheit dissoziiert zur Vielwisserei, während sich die Gottesweisheit als das Andere, das Esoterische inkarniert. Innerhalb des zunächst christlichen, später nachchristlichen Lebens ist die Weisheitserfahrung nicht möglich, das menschliche Bedürfnis nach ihr ist nicht stillbar. Im Mangel wird das Begehren rein erlebt: ungestillt, weil unstillbar strukturiert sich die Suchbewegung nach Weisheit als Grundbewegung der Sucht. Während manchmal, wie Platon es für einige Auserwählte beschreibt, die Liebe zur Weisheit "plötzlich, wie ein Licht, das von fliegendem Feuer entzündet wird, in die Seele kommt und sich dort aus sich selbst nährt", ist den meisten Menschen eine solche Selbsterfahrung verwehrt. Das Leben, das die Weisheit nicht kennt, ist im Sinne des Mangels krank. Das Wort "Sucht" bezeichnet ursprünglich die Krankheit der Menschen, von der alle anderen Krankheiten sich ableiten. Gotisch "sauths" heißt "die Krankheit", ahd. "siukan" bedeutet "krank sein". Da in der Alltagswelt die Weisheit tabuisiert ist (was auch für die religiöse Alltagswelt gilt), ist der in ihr als gesund geltende Mensch im Sinn der Sucht krank. Die Weisheitserfahrung ist das "Andere der Vernunft", doch ist sie nicht erst der Dialektik der Aufklärung zum Opfer gefallen, sondern war bereits in antiken und christlich-mittelalterlichen Lebensmodellen die nur wenigen vorbehaltene Einsicht in die esoterischen Tiefen des Werdens und des Vergehens. Die Weisheit ist der jeweiligen Transzendenz der Gesellschaft verpflichtet, wenngleich sie sich als das Allergeheimste nicht allen Gläubigen, sondern nur den Initiierten zeigt. Der Kontakt von Nichteingeweihten mit der Weisheit kann, da sie die Wirklichkeitsmodelle des Alltags, auch des Glaubensalltags verläßt, verheerend enden: "Schrecklich ist's, in die Hände des lebendigen Gottes zu fallen", lesen wir schon im Hebräerbrief (10,31). Es ist für den Nicht-Eingeweihten eine Begegnung mit dem Numinosen, die er mit den Mitteln, die er bei seiner Sozialisation gelernt hat, nicht verarbeiten kann und die außerhalb seiner sprachlichen Ausdrucksmöglichkeiten angesiedelt ist. Nicht zuletzt zum Schutz der Nichteingeweihten ist die Weisheit an ihre Geheimhaltung gebunden und ihre glückliche Erfahrung setzt die Initiation in das jeweils esoterische Weltmodell voraus.

Dann erst wird erfahren, daß das größte Geheimnis ist, daß es kein Geheimnis gibt.[4]

Wo aber die Menschen die Weisheitserfahrung nicht machen, manifestiert sich die Sucht als Ausdruck der Sehnsucht nach Initiation. LUIGI ZOJA interpretiert die Sucht als eine "umgekehrte oder negative" Initiation, da sie nicht zu einem erweiterten Bewußtsein, sondern zu einer Umkehrung der eigentlich vorgesehenen Erfahrung führt.[5] Während der symbolische Tod der Novizen bei der Initiation das Profanum zum Fanum hin öffnet und das Ende der "natürlichen", das heißt den Beginn der spirituellen Existenz einleitet,[6] erreicht der Süchtige dagegen nicht die Transzendierung des Lebensraumes, sondern dessen sukzessive Verengung in der Spirale zum Tod. Anstatt die Unendlichkeit zu erfahren, veräußert er seine Integrität, indem er sich im Spagat über der Spaltung der Kultur zerreißt.[7] Abhängigkeit in der Freiheit ist die paradoxe Konstellation, die seit IMMANUEL KANTS Lösung der Menschen aus ihrer selbstverschuldeten Unmündigkeit das Leben unter die irdischen Machtketten und Mächte zwängt. Die Ekstase überwindet diese Dialektik, doch nur um zu bestätigen, daß es in der Ver/Gesellschaft/ung kein Entkommen gibt. "Ich löse mich auf, ich schwinde dahin, um dieser Dichte zu entgehen, dieser Stauung, die mich zum verantwortlichen Subjekt macht: ich gehe davon: das ist die Ekstase."[8] Die Tragik der Suchtkranken aber ist es, daß die ekstatische Qualität des Rausches in dem Maße schwindet, wie die Freiheit seiner Wahl in der Erkrankung zum Zwang wird. Im immer krampfhafteren Versuch, Ekstase im Rausch zu konstituieren, wird die Erfahrung als Mittel der Erkenntnis gebannt. Diesen Umstand machen sich erfolgreiche Suchttherapien zu Nutze. In Wat Than Krabok, einem buddhistischen Entzugskloster in Thailand, wird die innere Wahrnehmung der eigenen Suchtstruktur als Heilwendung angestrebt. Erst die Öffnung des dritten Auges komplettiert die Wahrnehmung der latent wie manifest süchtigen Menschen, was der erste Abschnitt auf dem buddhistischen Heil/ig/ungsweg ist.[9] Alle Initiationsrituale offenbaren eine transzendente Welt, in der sich der Mensch als spirituelles Wesen erfahren kann. Insofern ermöglicht die Re/Ligion die Rück/Bindung an die Weisheit und gewährleistet damit auch Ent/Bindung (PANIKKAR), das heißt

die Freisetzung des Subjekts zur Unabhängigkeit gegenüber
seiner abhängigen Mündigkeit in einer süchtigen Welt.

Dionysos und Asklepios

Wie die Ekstase eine im wörtlichen Sinne a/soziale Welt konstituiert, ist auch die Medizin "Umgang mit unmöglichem
Wirklichem".[10] In Athen liegen das Asklepieion und das Dio-
nysostheater dicht beieinander. Schon PAUSANIAS (II,27,3),
aber auch ARISTOPHANES und PLUTARCH (644/45) stellen eine
Beziehung zwischen dem Heiligtum des Asklepios, Epidauros
und Teilen des dionysischen Theaters, der kultischen Thymele
her. Auch die Geburtsmythologeme weisen Dionysos und
Asklepios eine strukturelle Verwandtschaft zu.[11] In der Odys-
see heißt es (11,320), Theseus hätte Ariadne nicht weit entfüh-
ren können, da Artemis sie auf der Insel Dia tötete, auf An-
zeige des Dionysos. Darin erkennt WALTER F. OTTO die Paral-
lele zur Geschichte der Koronis, der Mutter des Asklepios. Sie
wurde von Artemis auf Veranlassung Apollons erschossen,
da sie ihm, dem Vater ihres Kindes, untreu wurde. Auf dem
Scheiterhaufen der Koronis wurde Asklepios geboren: Apollon entnahm das Kind der toten Mutter. Von Ariadne erzählte
das Mythologem ihres Kultes in Zypern, sie sei da im Kind-
bett gestorben. Zu den heiligen Handlungen dieses Kultes gehört es, daß ein junger Mann ihre Geburtswehen nachahmte.
Er übernahm sie gewissermaßen von ihr und spielte damit die
Rolle des Zeus. Denn Zeus tat bei der Geburt des Dionysos
etwas Ähnliches: er übernahm die Schwangerschaft der Semele und führte sie in seinem Oberschenkel zu Ende, nachdem sie wenn auch nicht auf einem Scheiterhaufen, so doch
im Feuerbrand der Blitze ihren Sohn Dionysos gebar.[12] Sowohl der Feuerbrand bei Semele, als auch der Scheiterhaufen
bei Koronis bezeichnen das Mysterium der Geburt im Tode,
das auch in den Eleusinischen Mysterien vom Hierophenten
verkündet wurde. "Das Urgeheimnis selbst ist wahnsinnig",[13]
weil es die Grenzen der Endlichkeit verläßt. Aus dem Tod
entstehen ist die numinose Erfahrung des Rausches wie der
Heilwendung. Sie heißt Allein-Sein im mystischen Sinne von

All-Eins-Sein oder Nicht-Sein. Im Totenreich gewesen zu sein, heißt die Initiation in eine esoterische Bewußtseinstufe durchlaufen zu haben. In der Begegnung mit der Unterweltsgöttin transzendiert sich die Gier. In diesem Sinn ist das Erlebnis eines der Unendlichkeit oder der Unsterblichkeit. Es ist der äußerste Punkt des Mangels und der Fülle. Es ist das aus-der-Leere-Treten, um dem Unstillbaren standzuhalten. Es ist die Erfahrung, die im Tempelschlaf der Asklepieien, umgeben von ungezählten Schlangen als Vertretern des Heilgottes Asklepios, aber abgeschieden von allen Konstituenten endlicher Wirklichkeit gemacht wird. Im Schlaf ereignet sich Identität im Sinne des Identisch-mit-dem-Symptom-Seins. Dabei kann die Symptomidentifikation auch stellvertretend vollzogen werden. Auf den Votivgaben ist folgende Heilung überliefert: "Arate von Lakonien, Wassersucht. Für diese schlief ihre Mutter, während sie selbst in Lakedämon war, und sieht einen Traum: Sie träumte, der Gott schneide ihrer Tochter den Kopf ab und hänge den Körper auf mit dem Hals nach unten; als viel Flüssigkeit ausgeflossen, habe er den Körper abgehängt und den Kopf wieder auf den Hals auf gesetzt. Nachdem sie diesen Traum gesehen, kehrt sie nach Lakedämon zurück und trifft ihre Tochter gesund: diese hatte denselben Traum gesehen."[14] In der schlafenden Überwindung der Differenz des erkrankten zum gesunden Sein bestätigen sich die Grenzen des Realen, wie die Möglichkeit und die Notwendigkeit ihrer Überschreitung. In der Erfahrung des Imaginären kommt der Kranke zur erneuten Bestätigung der symbolischen Ordnung seiner Welt. Das Unbewußte eröffnet den Raum, innerhalb dessen sich die Heilung vollzieht. Heilung ist die Wiedereinfädelung des Lebens in das symbolische Bezugssystem der Gesellschaft, die das Zusammenspiel von Körper, Geist und Seele determiniert und verendlicht. Indem die Asklepieien die Krankheitserfahrung als einen auf Unendlichkeit zielenden Initiationsraum nutzen, funktionieren sie als eine umfassende Re-Sozialisationsinstanz, die außerhalb der Sozialstruktur operiert, um das Überleben innerhalb zu ermöglichen. Die neueste Philosophie der Psychoanalyse knüpft an diese alte Tradition der Asklepieien an. Das Ende der Analyse sieht SLAVOJ ZIZEK in seinem Text "Liebe Dein Symptom wie Dich selbst" nicht in einer interpretativen Auflösung des Symptoms, sondern in einer Identifikation mit ihm, insofern als im Symptom ein Kern des nicht analysierbaren Genießens persistiert, der letztendlich die einzige Stütze des Daseins bildet.[15]

Im ekstatischen Kult des Dionysos hat jedes Mitglied der Kultgemeinde die Möglichkeit, sich für die Zeit des Festes außerhalb der sozialen Körpereinschreibungen im Rausch zu erfahren. Die rituellen Entfesselungen sind erotischer Art und umkreisen im imaginären Selbstopfer den Tod. Dieser steht in der Nachfolge der symbolisch an einem gehäuteten Kalb vollzogenen Selbstopferung des Dionysos als Höhepunkt des Kultes. Insofern der dionysische Rausch den punktuellen Austritt aus der Subjektivität ermöglicht, konstituiert er die andere Seite des Realen. Der Rausch ist zunächst dem dionysischen Fest vorbehalten, das sich als Opposition sowohl zu den profanen, als auch zu den religiösen Alltagsnormen zeigt. Die Ausgrenzung erzeugt den Mangel, wie andererseits das Begehren unstillbar bleibt. Insofern ist der frühe Rausch mit GOTTFRIED BENN Ausdruck eines "kollektiv gesteigerten Existenzgefühls", in Form einer "das Einzelwesen steigernden Kommunion mit dem All".[16] Im Rausch erleben die Menschen ein "Gefühl des Mittags. [...] Überall der unerhörte Jubel einer starken Harmonie".[17] Solange der Rausch die andere Seite des Seins begründet, hat er kathartische Funktion. Er ist heilig, also zum Heil weisend. Das Heile meint die menschliche Vollkommenheit im Paradies, gegenüber welcher sich die irdische Gesundheit als Differenz konstituiert. Im Rausch wird der eigene Gesundheitszustand als relativer erfahren. In der Dialektik nüchtern-berauscht offenbart sich die spirituelle Dialektik gesund-heil, wodurch sich die weltliche Opposition gesund-krank entschärft. Die irdische Gesundheit wird entfetischisiert. Die Gesundheit, die sich als Norm des geglückten Lebens definiert, strukturiert sich als süchtige Bewegung des Begehrens. Der Grad der Abweichung von der Norm, der als pathologische Abhängigkeit bewertet wird, wird von jeder Gesellschaft immer wieder neu ausgehandelt. Beim Aufbau der Moderne, die die Selbstkontrolle zum Konstituens der Identität macht, wird der Kontrollverlust pathologisiert. Er ist das Tabu, das den Weg des Einzelnen zur Weisheit blockiert. Schon Salomo, der König der Juden, dessen Weisheit größer war "als die Weisheit aller Söhne des Morgenlandes und als alle Weisheit Ägyptens", war in höchstem Maße heilkundig (1 Kön 5,10). Sein Heilwissen verdankt sich der "Utopie der absoluten Gesundheit" (OSKAR KÖHLER) aus der sich der ursprüngliche Auftrag des Heilens ableitet. Es ist ein wesentlich utopischer Auftrag in dem Sinne, daß er nie zu erfüllen ist. Er wäre, mit den Worten OSKAR KÖHLERs die Versöhnung der Gesundheit mit dem Heil. Nach ISIDOR VON SEVILLA erstreckt sich der Heilauftrag ursprünglich auf alle Ebenen humaner Kultivierung. Krankheit ist ein Mangel an Sein, kein Prozeß, sondern ein Unterbleiben.[18]

Die Sucht entspricht C. G. JUNG zufolge auf einer niedrigen Stufe dem geistigen Durst des Menschen nach Ganzheit, in mittelalterlicher Sprache: nach der Vereinigung mit Gott. Das mythische Bild des unheilbar verwundeten Kentauren Chiron drückt die Gratwanderung der weisen Heiler aus. Während Erleuchtete, Mystiker und Heilige in die andere Seite des Seins eintreten und die Paradigmen der Gesellschaft verlassen, vermittelt der heilkundige Arzt zwischen beiden Aspekten des Seins. Im Heilsystem des Schamanismus wiederholt sich das Initiationsdrama Tod (Übertritt der Seele in jenseitige Bereiche) und Auferstehung (Rückkehr in den Körper) bei jeder Séance. Die Erwähltheit des Schamanen äußert sich vor allem darin, daß er als einziger der Gemeinschaft zwischen den Welten wandert. Für alle anderen Kultmitglieder ist die Jenseitsreise unumkehrbar.[19] Auf dem Hintergrund seiner Initiation erlebt der Heiler die Suchtbewegung seiner Kraft in der Welt, in die er zum Heil seiner Mitmenschen immer zurückkehrt, bewußt. Sein Wirken in der Welt verdankt sich dem transzendenten Wissen um die Weisheit. Die Unsterblichkeit des Arztes begründet sich in der Notwendigkeit, der Welt das Heilwissen der Weisheit zu bewahren. Im Mythos verzichtet Chiron zugunsten des Prometheus auf die Unsterblichkeit, um seine Wunde zu heilen. Doch zuvor initiiert er Asklepios in die Heilkunst. Die Heilkunst ist der irdischen Gesundheit verpflichtet, die sich zwischen Geburt und Tod ereignet. Der Mythos prophezeit, was heute in der High-Tech-Medizin zum Alltag geworden ist: Asklepios hält das Maß nicht. Indem er Verstorbene zum Leben erweckt, verrät er die Weisheit, die in der Aufrechterhaltung des Bewußtseins der Grenzen besteht. Zum Schutz des Lebens ist es die Aufgabe des Heilers, die Lebenden auf der Welt und die Welt den Lebenden und die Toten im Jenseits und das Jenseits den Toten zu erhalten. Asklepios, der göttliche Arzt stirbt auf Befehl des Zeus wie Dionysos einst als Frühgeburt dem Tod ins Antlitz sah: im Blitzschlag des göttlichen Feuers. Anders als Asklepios aber gilt Dionysos als der zweimal Geborene. Er ist der "Löser", der die Menschen in der Ekstase, im zeitweiligen Aus-der-Welt-Sein von Sorgen und Plagen befreit. Während die Ekstase die Suchbewegung des Begehrens braucht, um die Welt zu transzendieren, ist der im Suchtzirkel gefangene Rausch die ewige Bestätigung der "transzendentalen Obdachlosigkeit" (GEORG LUKACS) und der Endlichkeit des Menschen. Das sich der Unendlichkeit öffnende Begehren erstickt in der auf Befriedigung zielenden Gier. Erst im Entzug setzt sich das Begehren aus der zyklischen Betäubung frei und erfährt sich als unstillbares Verlangen in und nach der Unendlichkeit.[20] Sucht ist die Suche nach der verlorenen Vollkommenheit. Aber aus der Suche nach Heilung des Denkens entsteht seine pathologische Manifestation, die Sucht. Erst im Augenblick der Katharsis wird als Bedingung der Heilung die Bereitschaft, an einer subtileren Bewußtseinsebene teilzuhaben, akzeptiert. Insofern leitet die Überwindung des Suchtkreislaufs die Initiation in eine individuelle oder meist durch Splittergruppen vermittelte Spiritualität ein.

Der Dialektik *gesund-heil* entspricht seit Anbeginn der Medizin ihre Spaltung in Ärzte und Heiler. Bereits in Babylonien stehen den 'asu', den Wundärzten, die der irdischen Gesundheit verpflichtet sind, die 'asipu' gegenüber, die Diagnostiker, die den ganzen Menschen behandeln und die in der Differenz zum Ideal der transzendenten Vollkommenheit heilen. Auch der jungfräulich geborene und wiederauferstandene Grenzgänger Jesus ist insofern eine Chiffre des Heilers der Sucht, als er aus Fleisch und zugleich aus Geist das Seelenbedürfnis der Menschen nach Weisheit stillt. Sein Erscheinen ist Hierophanie im Alltag, sein Charisma vollzieht sich als Zentrierungsakt, als die Öffnung des Menschen auf das Zentrum der Welt, das der Heil/ig/e immer selbst ist.

Worin liegt die Weisheit, die der Heiler Salomo selbst den heilkundigen Ägyptern voraus hat (1 Kön 5,10)? Nach AUGU-STINUS ist die Heilkunde, da sie dem Heil dient, keine autonome Disziplin. Das Be/Handeln der Heiler ist vor allem der jeweiligen Lehre des Heils verpflichtet. Die Sorge um den Körper der antiken Diätetik wird gegen die unsichtbaren Leiden, die der Zorn der Götter sandte, eingesetzt. Aber auch in der mittelalterlichen Mönchsmedizin wird der Leib als Gefäß des Geistes durchaus ernst genommen. In der Cura-Corporis-Literatur nehmen die Fragen der Ernährung, der Bekleidung, des Wohnens, des Erholens, des Atmens, des Badens und der Krankenpflege einen breiten Raum ein, der dem Konzept der Krankheit als 'modus deficiens' verpflichtet ist. Es ist die Heilkunde, die den jeweiligen Alltagsköper verläßt und das Symbolsystem eines Leibes erfindet, in dem sich die persönliche Erfahrung mit dem kosmischen Weltzusammenhang korreliert. Die Erfahrung des gesunden *Körpers* beginnt als Erkenntnis der Differenz zum heiligen *Leib*. Sie äußert sich als Schmerz, als Sehnsucht, als Verlangen nach der Vervollkommnung, der Gesundung, der Heiligung. In dieser Erfahrung ist auf der Folie der Struktur der Sucht ("unstillbares Verlangen") ein unendlicher Weg des Heils konzipiert. Auf diesem Weg steht den ins esoterische Leibkonzept Initiierten die mystische Numinositätserfahrung offen. Diese ist ein punktueller Ausstieg aus der Weltsucht des Begehrens in der All-Erfahrung der eigenen Leiblichkeit. Es ist die Erfahrung heiliger Ganzheit: Stillstand des Körpers, des Kosmos, des Universums. Ihr Organ ist das dritte Auge. Im Buddhismus befindet sich der gesunde Mensch, der Erleuchtete, in absoluter Harmonie mit Raum und Zeit. Er hat Zugang gefunden zur tiefen Harmonie des kosmischen Bewußtseins. HILDEGARD VON BINGEN beschreibt dies mit den berühmten Worten: "Homo corpus ubique est". Auf dem Höhepunkt ihrer Inkarnationsschau steht der Leib für den Mensch. Der Aufbau des Kosmos greift über den Leib des Menschen in den Ablauf der Heilsgeschichte ein. Im fleischgewordenen Wort kommt die Welt am Menschen zum Geist: Die Schöpfung vollendet sich im Bogen dreier Begriffe HILDEGARDS: 1. der "constitutio" des Menschen, seiner

Leiblichkeit an der Schnittstelle von Natur und Geschichte. 2. Die "destitutio" bezeichnet den Fall des Menschen und die Schwächung seiner Lebenskraft. 3. Die Mittel der Heilkunst gehören zur "restitutio", dem Weg des Menschen zu seiner Heilwerdung, die sich in seiner Auferstehung in voller Leiblichkeit erfüllt ("in integritate membrorum et cum sexu";)[21]. Der genesende Leib steht im Kontext mit dem Schicksal der Welt. Darin liegt die Verantwortung des Menschen, wie auch seine Freiheit. HILDEGARD VON BINGEN adaptiert die antike Humorallehre des Hippokrates und Galen für das christliche Weltbild. Im Analogiedenken teilen sich die vier Elemente in die himmlischen des Feuers und der Luft und in die irdischen des Wassers und der Erde. Im Menschen verbindet sich seine erdige Körperlichkeit mit dem himmlischen Lebenshauch aus Feuer und Luft. Das Wesen des Menschen vermittelt zwischen beiden Ebenen und ist dazu bestimmt, sie im Gleichgewicht zu halten oder sie zum Gleichgewicht zurückzuführen. In der Folge des Sündenfalles hat die Erde und mit ihr der Kosmos das harmonische Gleichgewicht der Elemente und der Kräfte eingebüßt und es ist nun die Aufgabe des Menschen, sich am Wiederaufbau des Paradieses bis zum Jüngsten Tag zu beteiligen. Ist das Firmament durch Adams Sündenfall in Bewegung geraten, so zielt die Utopie des Heils auf den erneuten Stillstand der Welt. Über die subjektive Lebensgestaltung des Einzelnen innerhalb des zugewiesenen Platzes des 'ordo' erfüllt sich der Heilsplan Gottes. Das Symptom ist daher gleichermaßen Indiz der Basalstörung des Phlegmengleichgewichts und Hinweis auf eine falsche Lebensführung. Dem kosmischen Durcheinander der Kräfte entspricht die Disharmonie der Säfte des Leibes. Er steht für den Fall des Menschen aus der zeitlosen Absolutheit seiner heiligen Gesundheit. Adam hat den "einst leuchtenden Kristall, der das Bewußtsein und die Vollendung seiner guten Werke in sich trug" in die Schwarzgalle verwandelt. Seither ist sie der Störfaktor im Gleichgewicht der menschlichen Säfte und damit im Gleichgewicht der Kräfte auf allen Ebenen des Kosmos. "Die Schwarzgalle [...] löst alles Übel aus, verursacht Schwermut und Zweifel an allem Trost, so daß der Mensch keine Freude über das himmlische Leben und keinen Trost am irdischen Leben haben kann.[22] Das menschliche Leben erfüllt sich darin, den Einfluß der schwarzen Galle einzudämmen. Denn die schwarze Galle bewirkt in HILDEGARDS symbolischem Code die Grundkrankheit der Menschen, aus der sich alle anderen Krankheiten ableiten, die Melancholie. Die Melancholie wird als Rückzug der Seele aus dem Körper definiert, wobei die Schwarzgalle ihren Raum einnimmt. Indem sie die Sinnesorgane schädigt, blockiert sie die Wahrnehmung des Kosmos im Leib, den Stillstand der Zeit während der mystischen Schau. Die Krankheit Melancholie entsteht durch die Verirdischung des Menschen, durch die die Seele ihrer heilenden Kraft der Ekstase beraubt wird. Die Ekstase der Verschmelzung von Körper, Geist und Seele im Leib bleibt in der Melancholie das unerreichbare und ins Unbewußte verdrängte Objekt des Begehrens. "Der Mensch ist irdisch und himmlisch zugleich. So besteht auch der Mensch aus zwei Naturen, nämlich Körper und Seele."[23] Die Seele ist das Licht des wachsenden Körpers, wohnt im Herzen wie in einem Haus und bestimmt über die Gedanken, die ihrerseits die Weisheit oder die Torheit begründen. Vernunft ist die im Herzen gründende Sprache der Seele. Die Seele ist in ihrer Unsterblichkeit ebenso göttlich wie unbegreifbar. Da das Begehren die wichtigste Kraft der Seele ist, reklamiert HILDEGARD im Begriff der 'vernünftigen Seele' den doppelten Aspekt des Begehrens und sie insitiert auf der Freiheit des Menschen, sich zu seinem doppelten Wesen zu verhalten. Die Gesundheit des Menschen ist nur dann garantiert, wenn sich die "Seele mit den Schwingen der Vernünftigkeit" im Leben entfalten kann. Der Garant der Vernunft ist der unendliche Gott, der sein Geschöpf schöpfend spricht. Es ist die Erfahrung des Geschöpfs, geschaffen zu sein, die es mit der Ewigkeit verknüpft. Als Instanz der Wahrheit bürgt Gott für die Erfahrung der Weisheit, die ihrem Wesen nach offen ist. Insofern steht jede schließende Bewegung des Denkens der öffnenden Schwingung der Seele gegenüber. HILDEGARD stellt den theologischen Versuchen ihrer Zeit, Gott in die Logik der Gedanken zu zwingen, den Versuch entgegen, die Logik der Gedanken auf die Erfahrung der Unendlichkeit hin zu öffnen. Die Krankheit beginnt schon im christlichen Mittelalter da, wo der (religiösen) Seele im Wahn der Endlichkeit der heilende Rausch der Ekstase verboten ist. Der dem *Körper* immanente Rausch verfehlt die Weisheit des *Leibes*. Die zwanghafte Suche nach ihr bleibt unbewußt und ist Sucht, das heißt süchtig im doppelten Sinn: zur Suche gehörig und krank. Im Bewußtsein seiner Verantwortung für die Welt heilt der heilkundige Weise den Leib, selbst wenn der Kranke von diesem nichts weiß. Das heilende Wissen kreist um den Mangel im Symptom.

Der Religionsphilosoph RAIMON PANIKKAR entwirft die 'quaternitas perfecta', die vierfache Gestalt des Menschen.[24] Das erste Zentrum umfaßt *Erde und Leib*, das zweite *Wasser und Ich*, das dritte *Feuer und Sein* und das vierte *Luft und Geist*. Die Vierheit des Menschen deutet auf den Sitz der Weisheit hin. In der christlichen Tradition thront Maria auf dem *sedes sapientiae*. Sie ist das Symbol der unversehrten menschlichen Natur. "Der Weise ist derjenige, der die vier Zentren konzentrisch erlebt und lebt. Die Kreise sind nicht identisch, Leib ist nicht Seele und auch nicht die ganze Realität. Aber sie sind konzentrisch, so daß das Zentrum der Welt durch meine Seele hindurchgeht wie auch durch meinen Leib."[25] Die Realität charakterisiert sich wie zu allen Zeiten durch die Brüche (Dualitäten, dvandva) zwischen Mensch und Erde, Subjekt und Objekt, Erkenntnis und Liebe, Kunst und Wissenschaft, männlich und weiblich, Mensch und Gott, Zeit und Ewigkeit oder Schöpfer und Geschöpf.[26] Das Konzept des Menschen als Mikrokosmos, als Abbild des Ganzen dient zur Sicherung der Würde. Die Würde gewährleistet die Verwandlung der Spaltungen in schöpferische Polaritäten; durch die Würde kann der Mensch "der Weisheit eine Wohnung bereiten". Die Weisheit als die letzte Würde unseres Lebens wohnt da, "wo weder das Gedächtnis, noch der Intellekt noch der Wille ihr etwas antun können".[27] Schon Jesaja unterscheidet zwischen Wissen, Erkenntnis und Weisheit (XI,3). Weisheit liegt in der Verbindung der "Äquidistanz"[28] und der gleichzeitigen Teilhabe an allen Dingen. "Es geht darum, meine Identität so wachsen zu lassen, daß ich mich mit meinem Leib und mit der ganzen Erde identifizieren kann und gleichzeitig distanziert bin von alledem und es nicht verabsolutiere. [...] Wenn wir 'unser' Sein durch unseren Leib und durch die 'Erde' hindurchgehen lassen, dann können wir es frei in uns sein lassen."[29] Es gehört mit zur Würde des Menschen, daß er das Universum zur Vollkommenheit bringen soll. Das "dritte Auge" als das Organ des Mystischen aber ist durch das Strahlen der Sinnlichkeit und der Vernunft stets von der Blendung bedroht. Da erst das Mystische dem Menschen die Urerfahrung seiner Freiheit vermittelt, ist das dritte Sehen die erste Heilungsstufe des Leibes. Weise ist nach PANIKKAR der, der das Mystische nicht verlernt. Es liegt im Wesen aller Systeme der Gesellschaft *und* der Religion, nur die irdischen Seiten des Menschen einzubinden, also die Sinnlichkeit und die Vernunft zu verabsolutieren. Es liegt aber in der subjektiven Verantwortung des Menschen, dem dritten Auge die Sehkraft zu erhalten. Gesundheit ereignet sich im Bereich jenseits des vergesellschafteten Körpers am Leib. In der kosmischen Eingebundenheit ist das dritte Auge heute wie vor 2000 Jahren Ausdruck der Freiheit des Menschen und seiner Unabhängigkeit von den Strukturen der Welt, in denen er lebt. Erst die Preisgabe dieser Freiheit bewirkt die innere Abhängigkeit von der Endlichkeit der Gesellschaft und der Religion. Um die Dimension des Leibes beraubt, sucht sich der Körper den Ausdruck seiner Abhängigkeit in der Sucht.

Zum Beispiel Liebe

Zum Beispiel Liebe. "Das Werden des Feuers vollzieht sich mit Widerstreit, mit Erregung und Unruhe und in der Zeit; die Geburt des Feuers aber und die Lust sind ohne Zeit und ohne Ferne" schreibt MEISTER ECKHART in seinem 'Buch der göttlichen Tröstung'.[30] Damit benennt er die Spannung, in der die Liebe und die Sexualität schweben. Es ist die Spannung zwischen Fleisch und Geist, die in der Regel die Gesellschaft für das Fleisch und die Religion zugunsten des Geistes entscheiden. Es ist die Spaltung von Seele, Geist und Körper, durch die die Liebe zur Vereinnahmung durch die Systeme aufbereitet wird. Der dritte Blick auf den/die Andere/n ist tabuisiert. Tristan und Isolde, eines der prominentesten Liebespaare des Mittelalters, geraten in das Blickfeld des dritten Auges. Sie trinken durch ein Versehen vom Zaubertrank, der für Isolde und Marke, König von Cornwall und Oheim Tristans bestimmt ist. Sie entbrennen in Liebe, derer sie sich entgegen der höfischen, die ja auch eine christliche Norm ist, nicht mehr enthalten können. Der Zaubertrank, ein literarisches Motiv, das schon die Heldensagen des Saxo Grammaticus kennen, dient Gottfried von Strassburg, der im 13. Jahrhundert als Dichter noch immer dem ritterlichen Tugendideal verpflichtet ist, als Kunstgriff, die beiden Liebenden von ihrer Schuld gegenüber Kirche und Gesellschaft loszusprechen. Immerhin begehen Isolde Ehebruch und Tristan Verrat an seinem Oheim. Die Minnegrotte in der Waldeinsamkeit, in die die Liebenden flüchten, wird als eine tropologische Ausdeutung des Kirchengebäudes interpretiert.[31] Das bedeutet, daß Gottfried eine Gleichstellung der Liebesgrotte mit dem christlichen Gotteshaus gestaltet hat. Es ist, als fände die sexuelle Ekstase der Liebenden in einem Gotteshaus statt. Es ist, als fände sie einen fiktiven gottgefälligen Platz innerhalb des Glaubensgebäudes. Gott selbst erscheint bei Gottfried als "Werkzeug der Minne".[32] Im sogenannten Gottesurteil hilft er den beiden, ihre Ehre zu retten. Marke ist mißtrauisch geworden und verlangt von seiner Frau Isolde die Feuerprobe. Isolde bestellt Tristan nach Caliûn, dieser erscheint als Pilger verkleidet. Isolde läßt sich von ihm aus dem Schiff ans Ufer tragen, wo sie einen Sturz vortäuschen und sich in die Arme fallen. Niemand außer Isolde erkennt Tristan. Sie aber schwört mit dem glühenden Eisen in ihrer Hand, daß kein Mann außer Marke und dem armen Pilger sie je in seinen Armen gehalten habe. Das Eisen verbrennt Isolde nicht. Ihre Ehre ist gerettet. Marke ist fürs erste beruhigt. Angesichts eines Gottes, der der Liebe lügen hilft, um sie zu beschützen, übt Gottfried eine tiefe Kritik am Glaubensgebäude und am arthurischen Tugendkatalog. Mit Hilfe der Zauberkraft des Rauschtranks setzen sich Isolde und Tristan sowohl von der kirchlichen Ehelehre, als auch vom gesellschaftlichen Minneideal ab, um die Erfahrung der Liebe, die sie (wieder)gefunden haben, zu verteidigen. Das christliche Glaubensgebäude sieht diese Erfahrung nicht vor. Der Baum der Erkenntnis ist verboten. Sein Apfel ist das Objekt des Begehrens, das Gott sich selbst vorbehält. Die Schlange sagt zur Frau im Paradies: "Nein, ihr werdet nicht sterben. Gott weiß vielmehr: Sobald ihr davon eßt, gehen euch die Augen auf; ihr werdet wie Gott und erkennt gut und böse" (Gen 3,4-5). Die Erkenntnis des Lebens, die die Vergöttlichung der Menschen wäre, ist so lange blockiert, wie diese von der Todesangst beherrscht sind. Die Schlange führt die beiden zur Weisheit. Erst der aus dem Paradies entlassene Adam nennt die Frau Eva, das heißt das Leben (Gen 3,20). Hier stellen sie sich der Polarität zwischen Irdischem und Göttlichem in der Einverleibung des Lebens. Die Schlange ist die entscheidende Initiationsinstanz. Es ist die Weisheit, zu der sie sie verführt. Indem sie den Apfel essen, erkennen sie sich als göttliche Wesen. Gott begründet ihr Leben jetzt in der Welt der Endlichkeit. Einerseits initiiert Gott die Feindschaft zwischen Mensch und Schlange (Gen 3,15). Aber andererseits gibt er dem gerade in das Geheimnis eingeweihten Moses als erstes Zeichen seiner Berufung den Stab, der sich zur Schlange wandelt (Ex 4,1-5).[33] In der indischen Mythologie dient die Schlange der Göttin der Weisheit, Sarasvati, als Waffe gegen die Unwissenheit.[34] Die Schlange der Bibel markiert die Grenze zwischen Erde und Himmel, zwischen Mensch und Gott, sie säumt den Übergang nach beiden Seiten. Aus dem Paradies führt sie in die Endlichkeit der Welt, wo sie die Wunder bewirkt, die auf die Unendlichkeit Gottes zurückweisen. Wie Gott in Numeri 21,4 ff. Giftschlangen schickt, so weist er Moses an, eine Kupferschlange zu formen und sie an einer Fahnenstange aufzuhängen. Wer dann als Gebissener zur Kupferschlange aufblickt, ist geheilt. In der Folge bringen die Israeliten dem Kultpfahl Nehuschtan Rauchopfer dar, bis Hiskija die Kupferschlange zerschlägt. Er hat das Heil-Prinzip verinnerlicht und verehrt Gott, wie auch Gott ihn nicht mehr verläßt (2 Kön 18,1-9). Die Schlange selbst aber erlebt ihre Transmutation zur Natter, deren Frucht ein fliegender Drache ist (Jes 14,29). Die gewundene, schnelle Schlange ist der Leviatan (Jes 27,1). Der Drache in der Apokalypse (= "Enthüllung") des Johannes ist die alte Schlange, der Teufel, der Satan (Offb 20,2). Im doppelten Grenzgang des verwundeten Heils und der heil/ig/enden Verwundung ist die Schlange der Bibel der Schlange des Asklepius in ihrem Symbolwert gleich. Seit AUGUSTINUS' Erbschuldlehre wird der Sündenfall sexuell interpretiert. Mit der Belastung der irdischen Sexualität durch Schuld ist die Liebe als die über den Körper gewonnene Erkenntnis im Christentum nicht möglich. Gleichzeitig ist die Liebe als Erlösung konzipiert. In der Apokalypse sagt der Geist zu den Gemeinden: "Wer siegt, dem werde ich zu essen geben vom Baum des Lebens, der im Paradies Gottes steht" (Offb 2,7). Es ist die Offenbarung des Geistes, die die Weisheit des Fleisches prophezeit. Die Liebe verletzt einerseits die paradiesische Ganzheit. Andererseits birgt die Liebe die Weisheit der Heilung wie auch der Heiligung. In Offb 22,2 lesen wir über die Bäume des Lebens, die den Strom des Lebens hüben und drüben säumen: "Zwölfmal tragen sie Früchte. Jeden Monat einmal; und die Blätter der Bäume dienen zur Heilung der Völker". Gott reagierte einst auf den Tabubruch, indem er das paradiesische Verhältnis Adams und Evas in das irdische Herrschaftsverhältnis verwandelte ("Du hast Verlangen nach deinem Mann; er aber wird über dich herrschen"; Gen 3,16). Das Begehren, das von der Schlange vergiftet ist, ist innerhalb des Machtmodus nicht heilbar. Es ist das Begehren, das die Spielarten der phallischen Liebe, deren Wesen süchtig ist, produziert. ANNE WILSON SCHAEF (1990) unterscheidet drei Manifestationen der Liebessucht: Sexsucht, Beziehungssucht und Romanzensucht.[35] Es ist eine Liebe ohne Weisheit, in der der Mensch sein doppeltes Wesen der Endlichkeit und der Unendlichkeit nicht erkennt. Es ist der innere Hunger, von dem die Suchttheorie spricht und gleichzeitig der innere Durst, von dem die Bibel (Offb 21,5), von dem aber auch Gautamo Buddha sprechen. Es ist eine Liebe, die den Leib verliert und die Erfahrung des Körpers zur Mangel- oder Krankheitserfahrung bestimmt. Es ist eine Sexualität, in der die Lust des Mangels weder an den Leib, noch an die Seele oder den Geist reicht. Es ist eine Liebe, die den Anderen sowenig wie den Einen befreit. Der Rahmen dieses Liebesmodells ist die Familie. Der Garant der Struktur ist Ödipus. Die Ketten des Machtmodus sind die Schuld. Im Suchtzirkel verdichtet sie sich zu einem Schuldwahn, aus dem es keine Befreiung gibt. Die Liebenden haben in der Diskrepanz zwischen der fortgesetzten Illusion, der Versehrtheit zu entkommen und deren Unheilbarkeit keine Chance, wahrzunehmen oder wahrgenommen zu werden. Sie brauchen einander, um sich im Machtmodus über die mögliche Schulderlösung zu täuschen. Die Machtliebe ist süchtig, weil sie im Dienst der Abhängigkeiten die autonome Begegnung der Liebenden boykottiert. Die süchtige Liebe basiert auf der fortgesetzten

Schwächung der beteiligten Personen.[36] Die Bibel suggeriert, daß das von der Schlange verwundete Begehren durch die Schlange geheilt werden kann. Das ist das isopathische Heilprinzip, das SAMUEL HAHNEMANN in der Simileregel zum homöopathischen Grundsatz variiert.[37] Die Grundidee ist auch im antiken Orakelspruch des Apollon überliefert (EURIPIDES), der anläßlich der Verwundung des Telephos durch Achill verkündet, daß der Rost der verwundenden Speerspitze dessen Wunde heilt. Der kultische Einsatz von Drogen erklärt sich aus ihrer Spende der Weisheitserfahrung im Rausch. Noch C. G. JUNG hat auf diesen Zusammenhang hingewiesen: "Sehen Sie, auf lateinisch heißt Alkohol 'spiritus', und man braucht dasselbe Wort für die höchste religiöse Erfahrung wie für das schädliche Gift."[38] Die Kunst des Heilens besteht also darin, eine pathogene Kraft in eine heilende zu verwandeln. C. G. JUNG nimmt diese Einsicht beim Wort, wenn er als Arznei gegen die Alkoholsucht den Geist empfiehlt: "spiritus contra spiritum."[39] Das weise Begehren hat sich aus dem Machtmodus befreit. Seine Liebe gilt der Unendlichkeit: Sie beginnt jenseits der Schuld.

Die Kirchenväter des Abendlandes haben das Christentum mit der Sündenfallexegese in den Dienst der Endlichkeit gerückt. Gegenüber anderen Religionen, wie dem Buddhismus, der auf den individuellen Übergang vom Machtmodus des Verhaltens zum Liebesmodus zielt, ist es nach der Erbschuldlehre der Christen nicht möglich, sich aus der Urschuld zu befreien. Der Double-Bind der Taufe zeugt vom Jahrtausende alten Leid: insofern die Taufe die Aufnahme in die Christengemeinde ist, übernimmt der Getaufte die Erbschuld, von der ihn das Taufsakrament gleichzeitig - aber nur partiell wieder befreit. Es ist demnach schwer, der schuldbelasteten Endlichkeit im christlichen Glauben zu entkommen. Nicht zuletzt AUGUSTINUS ist es zu verdanken, daß es im Abendland keine Tradition der 'ars erotica', keine christlichen Geheimlehren der Liebe gibt. Nur HILDEGARD VON BINGEN hat eine Liebeslehre verfaßt, die sie, um sie vor dem Zugriff der kirchlichen Autorität zu schützen, verschlüsselt und deshalb bislang unentdeckt in ihren Visionen und in ihrem Heilwissen entfaltet. Dafür übt sie (unerkannt) Kritik an der Erbschuld, da diese die Religio genau dort verhindert, wo sie die Rückbindung der

Seele ermöglichen soll. "Deshalb verspüre ich in mir die Sünde des Fleisches; den allerreinsten Gott aber vernachlässige ich im Rausch meiner Schuld".[40] Da sich Erbschuld und Weisheitserfahrung gegenseitig ausschließen, bleibt dem weisen Christen nur, sich über diese Lehre hinwegzusetzen und die verordnete Erbschuld nicht anzunehmen. HILDEGARD beruft sich auf die Heilige Schrift. "Denn weil Adam am Anfang rein und einfältig von Gott geschaffen war, fürchte ich Gott im Wissen darum, daß auch ich als reines, einfältiges Geschöpf erschaffen bin".[41] Die Schuldfreiheit ist die Voraussetzung dafür, daß der Mensch die Schwarzgalle, die in Form von Zorn und Haß existiert, in Leidenschaft verwandelt. Die Leidenschaft dient der Wiederfindung der verlorenen paradiesischen Kraft. Das Geschlechterverhältnis begründet sich seit der Vertreibung aus dem Paradies im Haß des Mannes auf die Frau, die ihn ans Unendliche erinnert. Dieser Haß manifestiert sich in der männlichen Lust und Zeugungskraft, auf die sich die Manneskraft und die goße Liebe Adams nach dem Sündenfall reduziert haben. Die Leidenschaft der 'rechten Liebe' überwindet den Machtmodus des Geschlechterverhältnisses: "Denn sie lieben die weibliche Gestalt bei der Vereinigung so sehr, daß sie sie nicht beherrschen können".[42] Deshalb erfüllt sich in der Leidenschaft der Heilsplan Gottes. Die Leidenschaft ist nach der Liebeslehre der HEILIGEN HILDEGARD die einzige Möglichkeit des Menschen, den Wirkungen der schwarzen Galle, damit dem Schuldkreislauf, beispielsweise im Krankheitsbild der Melancholie oder dem der Sucht, nachhaltig zu entkommen. Die leidenschaftliche Sexualität befreit das doppelte Begehren des Menschen und nur die in freier Leidenschaft gezeugten Kinder werden im Gleichgewicht ihrer himmlischen und ihrer irdischen Phlegmen geboren. Damit steht HILDEGARD auch in Opposition zur kirchlichen Ehe- und Zeugungslehre, die das Begehren der Partner selbst beim Zeugungsakt zur Todsünde erklärt und die immer ungestillte Sehnsucht der liebenden Christen begründet. Es ist die Erfahrung des unendlichen Leibes, die die Leidenschaft damals wie heute, - man denke an die aktuelle Rezeption tantrischer Praktiken -, zur Alternative wie zum Heilmittel der süchtigen Liebe macht. In der Ekstase verdichten sich Körper, Geist und Seele zum Leib, der Schaltstelle zwischen Mikro-und Makrokosmos. Im Gegensatz zur Liebeslehre der Mystikerin HILDE-GARD VON BINGEN beobachten wir schon im 13. Jahrhundert Konzeptionen der mystischen Ekstase, die sich in ihrer göttlichen Schau mit der Begrenzungssucht verbünden. Die Passionsmystik, das kritisiert HILDEGARD beispielhaft an ELISABETH VON SCHÖNAU, initiiert die abendländische Liebe, die sowohl Gott, als auch das Begehren auf eine Subjektivität im Leid aus Schuld verpflichtet.[43] Ihre Geschichte erfüllt sich in den Spielarten der Passionsliebe, der Liebespassion, der Passion der Lust ohne Liebe oder der Liebe ohne Lust und mündet im sadomasochistischen Selbstfindungsversuch eines pornographierten Begehrens, das im Herrschaftszirkel um sich selber kreist und von der Zeugung abgekoppelt ist, die sich ihrerseits im komplizierten Eherecht, in der Codierung einer von Machtliebe überfrachteten Elternschaft und schließlich im Reagenzglas wiederfindet. ULRICH BECK beklagt die allseitige Entliebung der Welt, die durch die immanente Therapisierung der süchtigen Liebe geschieht.[44] Im immer dichteren Netz der Endlichkeit des Systems fällt mit dem Anderen jenseits der Grenze die Liebe diesseits der Grenze aus. Ohne das Andere gibt es den Anderen nicht, das Begehren erstickt an sich selbst, weil es sein Objekt nicht erkennt. JEAN BAUDRILLARD verkündet das Ende der sexuellen Illusion, CARL SCHMITT und PETER SLOTERDIJK nennen das die Neutralisierung der Moderne. Das Schweigen des Begehrens bedeutet das Ende der Sucht. Doch nicht jede Überwindung einer Krankheit ist gesund. In der Homöopathie gilt das Nicht-Aufrechterhalten-Können der Spannung zwischen den binären Polen des Lebens als eines der zentralen Krankheits-/Arzneimittelbilder: Sepia (das Sekret des Tintenfisches). Das Charakteristikum ist die Stauung, der Stillstand, der sich durch den Verlust der Spannung zwischen den binären, männlichen und weiblichen Anteilen ergibt.[45] Ist die postsüchtige Gesellschaft kollektiv erkrankt?

Krankheiten

GREGORY BATESON sieht mit Recht, daß der abendländischen Suchtstruktur die erkenntnistheoretische Spaltung zwischen Subjekt und Objekt zugrunde liegt.[46] Das Subjekt ortet sich in

der Welt, indem es sich in einem ständigen inneren Dialog befindet. Gleichzeitig erhält die dialogische Struktur des Selbst
die Spaltung Ich/Nicht-Ich aufrecht. Die Sucht ist die direkte
Konsequenz dieser falschen erkenntnistheoretischen Voraussetzung des Denkens. Die Heilung vollzieht sich in der dauerhaften Wiederholung der Bewegung, die sich punktuell in jedem Übergang von der Nüchternheit zur Betrunkenheit ereignet, nämlich im Wechsel von der symmetrischen zur kom-
plementären Art des Dialogs mit sich, der Welt und mit Gott.
In der trügerischen "Gewißheit, daß das alte Problem, ob der
Geist immanent oder transzendent ist, zugunsten der Immanenz gelöst" ist,[47] übersieht BATESON, daß auch und gerade das
komplementäre Denken das imaginäre Andere voraussetzt
und die Spaltung des Subjekts, über der der Süchtige erkrankt, perpetuiert. Die Heilung der Sucht erfolgt vielmehr
über die Erfahrung einer Korrektur des Identitätsmodells. Das
Selbstkonzept des Süchtigen ist das des unabhängig handeln-
den Abhängigen, der eigenständig Suchtrituale zu erfinden
und Kontrollverluste zu inszenieren glaubt. Es zielt weniger
auf die Auflösung der Subjektgrenzen als auf ihre gewaltsame
Aufrechterhaltung innerhalb des Krankheitskontextes Sucht
(VIEF 1991). Damit ist der süchtige Charakter der in bestem
Sinne aufgeklärte, indem er das Subjekt verteidigt, wo es sich
den inneren Widersprüchen seiner Konzeption gemäß selbst
abschaffen will. In der "Immunisierung des Selbstbildes" (VIEF
1991) gegenüber der Weisheit liegt die suchterzeugende Wirkung der abendländischen Subjektivität. Für den Alkoholiker
dagegen sind der Erfolg und der Nichterfolg bei den Versuchen, "kontrolliert" zu trinken, gleichermaßen bedeutungslos
für die Aufrechterhaltung der Illusion, immer noch "Kapitän
der eigenen Sucht" zu sein, also Kontrolle über den Kontrollverlust zu haben. Die Heilung der Sucht liegt in der punktuellen Überwindung der Dualität. Die Transzendierung der
Trennung, das Anhalten der Welt, das Aufgehen in der
Unendlichkeit ist die Weisheitserfahrung, die die Anonymen
Alkoholiker als Kapitulation des Subjekts und die die
buddhistischen Tantriker als Erleuchtung beschreiben. Die
Trennung Körper-Geist zu überwinden, heißt, den (süchtigen)
Körper zu verlassen, um im Leib zu inkarnieren. Das Leib-
modell existiert parallel zum Wissen vom Alltagskörper, das

der erkenntnistheoretischen Vorgabe der Spaltung folgt. Bereits zur Zeit GALENs gibt es eine bedeutende anatomische Schule, deren Kenntnisse GALEN nicht nur bekannt waren, sondern in der er nachweislich selber Experimente durchführte.[48] Daß seine Krankheitslehre dennoch der Humoralpathologie verpflichtet blieb, ist kein merkwürdiger Zwiespalt, wie ROLF WINAU es interpretiert,[49] sondern Ausdruck der medizinischen Weisheit, die sich in paramedizinischen Modellen bis heute tradiert. Im Rahmen der anatomischen und wissenschaftlichen Körpermodelle geht die Leiblichkeit als Erfahrungsinstanz verloren. Als solche bleibt sie im esoterischen Leib erhalten. Die Esoterik bindet den Menschen an das Leben, an den Gesamtstrom von Prozessen, indem sie seine Körpererfahrung mit seiner Welterfahrung korreliert. Das ist das allen Geheimlehren gemeinsame Anliegen. Stehen sich die Weisheit der Körpererfahrung in der Esoterik und die Wahrheit der Körpererforschung in der Exoterik unvermittelt gegenüber, so bemühen sich nicht nur die buddhistischen Tantralehren um eine Integration von Wahrheit und Weisheit. Die Verwirklichung des Buddhakörpers als des höchsten eingeweihten Körpers ist als die Verwirklichung des Wahrheitskörpers beschrieben. Dieser Wahrheitskörper eines Buddha hat zwei Aspekte: einen Weisheits-Wahrheitskörper und einen Wesen-Wahrheitskörper. "Der Geist Vajradharas, die ursprüngliche angeborene Weisheit, ist der Weisheits-Wahrheitskörper, der im meditativen Gleichgewicht der Ausdehnung der Soheit verweilt, solange Raum existiert. Die endgültige Ausdehnung der Soheit, der Zustand, in dem alle vielheitliche Tätigkeit ausgelöscht ist, [...] ist der Wesen-Wahrheitskörper."[50] Die Wahrheit beginnt mit dem Austritt aus der Raum-Zeit, indem sie die Trennung zum Objekt über vier Stufen der Versunkenheit überwindet (Integration, Inspiration, Durchdringung, Strahlen). Die Identifikationen des Ichs erübrigen sich in diesem Set. Wenn die Ursache der Sucht auf der geistigen Ebene liegt, wie GREGORY BATESON richtig gesehen hat, so muß sich auch ihre Heilung im Geist vollziehen. Die Tantraphilosophie ist insofern die erste und bis heute richtungweisende Heilmethode der Sucht, als sie den "Durst" des Menschen, das heißt sein unersättliches Begehren als Struktur benutzt, um es als Struktur der Sucht zu überwinden. Im

Weisheitskörper Buddhas ist das Begehren nicht neutralisiert, sondern gestillt. Das Ideal der Androgynität erfüllt sich in der Zweigeschlechtlichkeit. Die Spannung zwischen männlichem und weiblichem Prinzip, zwischen Animus und Anima oder zwischen Yin und Yang umspannt die Spaltung der Welt und löst diese auf.

Seit Gott als eine das Sein zentrierende Größe abgeschafft ist, sind wir weitergehend im Begriff, auch die Wahrheit als Maß und Mitte der Erkenntnis zu verabschieden. Wer die Ausdünnung der akademischen Gegenstandsbereiche bedauert und ihre Beliebigkeit beklagt, begibt sich in die Arena der (konservativen) Ideologie, die sich aus der Politik gelöst und in die wissenschaftlichen Institute verlagert hat. Ob damit allerdings eine glückliche Wendung im Sinne dessen eingetreten ist, womit ich begonnen habe, daß nämlich die Weisheit darin liegt, nicht zu wissen, sei dahingestellt. In Indien ist es bis heute Brauch, sich vor dem Eintritt in die Schule und in die Universität zum Schutz vor der Vielwisserei des Beistandes der Göttin der Weisheit, Sarasvati, zu vergewissern.[51] Ist in der Entmaterialisierung der Welt zwar das süchtige Begehren abgestellt, so scheint jedoch im Rahmen der Simulation die Vielwisserei geradezu verordnet - dagegen nimmt sich FRIEDRICH NIETZSCHES Plädoyer, "sich von Eicheln und Gras der Erkenntnis zu nähren und um der Wahrheit willen an der Seele Hunger zu leiden",[52] bereits als rückwärts gewandte Suchtutopie aus. Jenseits der Dichotomie Freiheit-Abhängigkeit und jenseits der von Wahrheit und Erkenntnis aber liegt die Weisheit noch immer in der Erfahrung des esoterischen Leibes. Auch für CHRIS GRISCOM, die Hauptdenkerin des New Age, geht es darum, das Macht-Bewußtsein für den Modus der Liebe zu öffnen. Die esoterische Wirklichkeit konstituiert sich über die Erfahrung der vier Dimensionen des Leibes: seines physischen, seines mentalen, seines spirituellen und seines emotionalen Aspektes. Für CHRIS GRISCOM sind die Süchte dabei in der Abhängigkeitsstruktur des Emotionalkörpers verankert.

In der Homöopathie tradiert sich die anthropologische Trias des christlichen Leibes. Die Fähigkeit, regelmäßig zu erkranken, gilt als Indiz der Gesundheit. Eine Grippe jedes Jahr zur Reinigung und zur Mobilisierung des Abwehrsystems gilt als Norm. Dabei erkranken immer alle drei Ebenen des Leibes: Körper, Geist und Seele. Je kränker die Lebenskraft ist, desto mehr zeigen sich die Symptome im seelisch-geistigen Bereich, desto weniger findet sie Möglichkeiten des Ausdrucks ihrer Erkrankung auf der Ebene des Körpers. Die Sucht gilt seit BATESON als eine Erkrankung des Denkens, als verschobener Erkenntnishorizont des Geistes. Auch für ANNE WILSON SCHAEF verschreibt sich der süchtige Geist einem falschen System.[53] Im 20. Jahrhundert erreicht die Sucht ihren pathologischen Höhepunkt. Mit AIDS scheint aber bereits ein neues Krankheitszeitalter anzubrechen. Das Immunsystem, das die Immunisierung des Körpers gegen den Leib im Namen der Maschinisierung der Gesundheit aufrechterhalten hat, kündigt seine Dienste auf. Im Zeitalter von AIDS bricht das Abwehrsystem zusammen. Über dem diffundierenden Symptombündel des Körpers stellt sich die Frage nach der Liebe zum Leib wieder neu. Das "kollektive Recht auf Gesundheit" (KÖHLER 1978), das anstatt des natürlichen Rechtes auf Krankheit in der Moderne gemeinhin eingeklagt wird, erweist sich nicht unbedingt als bessere Alternative zur alten Utopie der absoluten Gesundheit. "Der Mensch kann über seine Gesundheit nicht verfügen" (KÖHLER) und er erfährt in seiner leiblichen Betroffenheit die Unverfügbarkeit der Welt. Insofern ist die Zeit, in der die Medizin ihren Platz als Naturwissenschaft dadurch sicherte, daß sie den Menschen an seine körperliche Endlichkeit band (FOUCAULT) abgelaufen. Die Medizin kann weniger als die Naturwissenschaft und weniger als die Sozialwissenschaft die Weisheit verabschieden, solange sie der Gesundheit des Menschen, (und diese steht seit der Antike im Wechselverhältnis zur Wahrheit des Seins), verpflichtet ist. So sehr die Philosophie die Liebe zur Weisheit schürt, so sehr birgt die Medizin die Weisheit der Liebe. Für PLATON ist der heilkundigste Arzt der, der im Bewußtsein der Liebesregungen seines Leibes heilt.[54] Auch für PARACELSUS ist die Liebe eine der vier Säulen des Heilens. Heilen ist im besten Sinn konservativ und das Fortschreiten der Medizin ist anders als der Fortschritt in anderen Bereichen - immer und von jeder Stufe aus immer wieder auch ein Hinschreiten zum Gesamtaspekt des Seins. Sarasvati ist in der tantrisch beeinflußten jinitischen Tradition die Anführerin der Vidyadevis,

der Hüterinnen des geheimen Wissens und die Göttin der Rede.[55] So gilt für die postmoderne Theorie der Medizin, solange
im Zentrum ihrer Praxis der Mensch steht, daß im Rückgriff
auf eine alte christliche Weisheit kein Wort sei, es sei denn, es
wird Fleisch.[56]

Anmerkungen

1 PANIKKAR 1991, S. 24.
2 Ebd., S. 17.
3 Ebd., S. 20.
4 Nach einem shivaitischen Text aus Kaschmir, zit. nach ebd., S. 76.
5 LUIGI ZOJA, Psychoanalytiker der JUNG-Schule, faßt die Initiation als
  wesentliche Etappe der Individuation auf, bei der sich die Archetypen
  beleben, was der Integration des Schattens dient. Vgl. ZOJA 1986, S. 91.
6 ELIADE 1988, S. 235.
7 Der Süchtige folgt jenem Erkenntnismodell und verfehlt es gleichzeitig, das auf festen Subjekt-Objekt-Grenzen beruht. Vgl. u. "Krankheiten", S. 150-155.
8 BARTHES 1988, S. 270.
9 Der Abt PRA CHAMROON PARNCHAND spricht von einem Langzeitthe-
  rapieerfolg seines Klosters bei bis zu 70% der ehemals Drogenabhängi-
  gen. Dagegen werden in Entzugsprogrammen deutscher Kliniken ca.
  80% der Süchtigen rückfällig. (KARIN DECKENBACH: Im Kloster kotzen
  sich die Junkies den Teufel aus dem Leib. In: Frankfurter Rundschau
  Nr. 102, 2.5.1992, S. 8.) Auch die Selbsthilfegruppen in der Nachfolge
  der Anonymen Alkoholiker, die in Deutschland die besten Erfolge bei
  der Stabilisierung ehemals Süchtiger verzeichnen, arbeiten mit Ele-
  menten der Initiation.
10 VON WEIZSÄCKER 1949, S. 353.
11 Nach OTTO, zit. nach KERENYI 1956, S. XIff.
12 Nach KERENYI 1956, S. XII.
13 OTTO 1980, S. 125.
14 ECKART 1990, S. 38.
15 ZIZEK 1991, S. 26.
16 BENN, Provoziertes Leben. In: REAVIS 1986, S. 215.
17 Ebd., S. 217.
18 SCHIPPERGES 1978, S. 229-269, hier S. 246f.
19 STOLZ 1988, S. 97.
20 Die Ambivalenz der Suchtkranken gegenüber dem Entzugsschmerz ist
   in der Literatur auf Verwunderung gestoßen und wurde meist psychoanalytisch erklärt. WOLF DETLEF ROST interpretiert den Entzug als we-

sentlichen Bestandteil der Sucht insofern, als der Schmerz die Möglichkeit einer Schuldentlastung bietet. Solange der Körper schmerzt, ist die Seele von Schuld befreit. DUVE zitiert 1971 einen Fixerspruch: "Entzug macht Sucht erst richtig schön". Nach ROST 1987, S. 101. Zur Schuld in der Sucht s.u. S. 146-150.

21 SCHIPPERGES 1978, S. 251-255.

22 HILDEGARD VON BINGEN, Heilwissen, S. 65.

23 Brief HILDEGARDs an Wibert von Gembloux. In: ZIMMERMANN 1981, S. 265.

24 PANIKKAR 1991, S. 41-93.

25 Ebd., S. 45.

26 Ebd., S. 43.

27 Ebd., S. 90.

28 "Nicht jenseits des Guten und Bösen ist das Ziel, und dennoch müssen wir erkennen, daß Gut und Böse nur äußerliche Schleier sind, die das nackte Wesen, die pure Realität nicht berühren. Meister Eckhart: Nicht durch Zufügen, sondern durch Abtun wird Gott in der Seele gefunden." Ebd., S. 52f.

29 Ebd., S. 53.

30 Ebd., S. 52f.

31 RANKE 1925.

32 SCHWIETERING 1932ff. Nachdr. 1957, S. 183-194.

33 Das zweite Zeichen ist die vor zweifelnden Ungläubigen wiederholbare Erkrankung und Heilung seiner Hand vom Aussatz (Ex. 4,6-8). Das dritte ist die jederzeit mögliche Verwandlung von Nilwasser in Blut (Ex.4,9).

34 Auf einem Schieferrelief aus dem 12. Jahrhundert hält Sarasvati die Schlange in der linken Hand, (Karnataka, Prince of Wales Museum, Bombay). In: Palast der Götter. 1992, S. 115, Sp. 3.

35 SCHAEF 1990.

36 Vgl. Anm. 20.

37 Homöopathie heißt, daß man zur Heilung das Mittel geben soll, das ein ähnliches Leiden, ähnliche Erscheinungen am Gesunden hervorrufen kann, vgl. TISCHNER 1950, S. 9.

38 C.G. JUNG an Bill Wilson, Mitbegründer der Anonymen Alkoholiker. Zit. nach WOODMAN 1987, S. 34.

39 Zit. n. WOODMAN 1989, S. 34.

40 HILDEGARD V. BINGEN, Scivias, S. 63.

41 HILDEGARD V. BINGEN, Scivias, S. 63.

42 HILDEGARD V. BINGEN, Heilwissen, S. 101.

43 Brief HILDEGARDs an Elisabeth von Schönau: "Wie durch unangebrachten Sturzregen die Frucht der Erde Schaden leidet und wie in ungepflügter Erde nicht gute Frucht, sondern unnütze Kräuter aufsprießen, so wird auch der Mensch, der sich mehr Mühsal auferlegt, als sein Körper aushalten kann - da in ihm das Wirken der heiligen Diskretion geschwächt ist-, durch maßlos auferlegte Mühsal und Enthaltsamkeit

seiner Seele keinen Nutzen bringen." HILDEGARD VON BINGEN, Briefwechsel. S. 199.

44 BECK 1990.
45 BOERICKE 1972, S. 509.
46 BATESON 1988, S. 400-435.
47 Ebd., S. 407.
48 WINAU 1982, S. 285-298.
49 WINAU 1982, S. 289.
50 HOPKINS 1980, S. 21.
51 Palast der Götter 1992, S. 116, Sp. I.
52 NIETZSCHE 1883, S. 293.
53 So SCHAEF 1989. Zur Störung der Denkprozesse im Suchtsystem vor
allem S. 83ff.
54 PLATON, Symposion, 186c-d; 189c-d; 197a-b.
55 Palast der Götter, 1992, S. 116, Sp. I.
56 Auch PANIKKAR (1991, S. 111) reflektiert die weisen Formen des Spre-
chens u.a. in Bezug auf die christliche Weisheit.

HASSO SPODE

Der Anspruch auf die Begierde

Die Revolution des medizinischen Wissens über die Trunkenheit

Jeder weiß, daß es Alkoholiker gibt. Alkoholiker - dies dürfte der kleinste gemeinsame Nenner konkurrierender Auffassungen sein - leiden an der Unfähigkeit, ihr Trinkverhalten zu kontrollieren. Eine solche Unfähigkeit ist zweifellos eine Krankheit, man nennt sie Sucht oder Abhängigkeit. Analoge Süchte werden in nahezu unbegrenzter Zahl beobachtet: Tabelettenabhängige, Fixer, Mager- und Fettsüchtige, Raucher, Workoholics, Spieler und so fort. Die Gewißheit, daß es "Sucht" gibt, gehört zu den Selbstverständlichkeiten des Alltagswissens. Dies war keineswegs immer so.

Erst vor gut zweihundert Jahren entstand - modellhaft am Beispiel der ärztlichen Sicht der exzessiven Trunkenheit - eine Wahrnehmung der Leidenschaft, die sie nicht mehr als sündige oder unvernünftige Maßlosigkeit brandmarkte (oder gar den Rausch als Beweis von Kraft und Heldenmut feierte). Nicht länger hatte man es mit der verwerflichen "Liebe zum Trunk" zu tun, sondern mit einer psycho-somatischen "Krankheit des Willens": Aus aus einem lasterhaften, temporären Zustand wurde ein unschuldiges, langwieriges Leiden.

Wiewohl sich *post festum* unschwer zahlreiche Fälle von körperlicher Abhängigkeit in vorangegangenen Epochen aufzeigen lassen, wurde die Trunksucht nun keineswegs als eine schon immer vorhandene Krankheit *entdeckt*, wie etwa der Cholera-Erreger entdeckt wurde; eher könnte man sagen, die Trunksucht wurde *erfunden*, konstruiert aus dem Material einer neuen Auffassung der Welt, und damit einer neuen Welt selbst.

Im folgenden werden die Wandlungen der Erklärung und Bewertung der Trunkenheit durch die Medizin vornehmlich chronologisch nachgezeichnet, wobei gleichzeitig versucht wird, die inner- und außerwissenschaftlichen Strukturmerkmale deutlich zu machen. Die zugrundeliegenden Wandlungen im Gesellschaftsaufbau können freilich nur angedeutet werden. Die Darstellung beginnt mit einer Skizze des vormodernen Alkoholwissens und der zunehmenden Bedeutung der Ärzte bei der Interpretation der Begierden. Sie wird fortgesetzt mit dem Ende des 18. Jahrhunderts einsetzenden Bruch im ärztlichen Diskurs über den Trinker und dem allmählichen Bedeutungszuwachs des neuen, des Suchtmodells, bis etwa zur Mitte des 19. Jahrhunderts. Dieses Alkoholwissen hat in seinen Grundzügen bis heute Bestand. Daher soll hier auch darauf verzichtet werden, seine endgültige gesellschaftliche Durchsetzung - die im Rahmen der Degenerationstheorie erst um die Jahrhundertwende gelang - zu behandeln. Diese heute auch verschämt als "Irrweg" titulierte Phase der Suchtforschung soll nur anskizziert werden, um dann abschließend den basalen Schwächen des Suchtbegriffs und den möglichen Gründen seiner dennoch eher steigenden Akzeptanz nachzugehen.[1]

Trunkenheit als mutwillige Unsinnigkeit

Die Einstellung der Ärzte zu den "hitzigen" Getränken war von dem Grundsatz bestimmt, daß sie in vieler Hinsicht von prophylaktischem und therapeutischem Nutzen, im Übermaß jedoch von Schaden seien. Seit der Antike hielten sich die Schriften hierzu an ein Schema, in dem die Folgen des (nützlichen) Gebrauchs denen des (schädlichen) Mißbrauchs gegenübergestellt werden. Das abwägende Urteil *"usus habet laudum, crimen abusus habet"* - hier aus einer 1720 erschienenen Arbeit[2] - steht ganz in der jüdisch-christlichen Tradition, nach der der Wein als Gabe Gottes gepriesen, und nur sein unmäßiger, verschwenderischer Gebrauch getadelt wird.

Diese Sicht war das ganze Mittelalter über gültig gewesen.

Schließlich hatten alkoholische Getränke die Doppelfunktion als alltägliches Nahrungs- und als festtäglich-exzessives Rauschmittel inne. Eine spezifisch medizinische Einstellung, die sich von der allgemeinen ethischen abgehoben hätte, ist nicht erkennbar. Wer sich überhaupt zur Trunkenheit äußerte - und dies waren nur Wenige in der ohnehin sehr schmalen Schicht der gebildeten Kleriker und Laien - sprach sich gegen das Übermaß aus, da es - so der mittelterliche Topos - zu Schaden an Seele, Leib, Ehre und Gut führe: Für die großen Prediger des Hochmittelalter, wie BERTOLD VON REGENSBURG und HUGO VON TRIMBERG, war die Trunkenheit eine Sünde, die weitere Sünden - wie die Unkeuschheit - gebiert, und die materielle und körperliche Folgeschäden nachsich zieht, wobei letztere nicht sehr genau bestimmt wurden; die schlimmste Folge aber sei der Schaden an der Seele. So drohte CAESARIUS VON HEISTERBACH den Säufern, daß sie in der Hölle Pech und Schwefel trinken müßten.[3] An eine Bestimmung der Grenze zwischen Mäßigkeit und Unmäßigkeit dachte man nicht - schließlich seien die Menschen von Natur aus verschieden. Es galt das Apostelwort: Jedem werde ausgeteilt, ein Jedem nach seinem Bedürfnis (Apg 4,35).

Sehr wohl sah man, daß bei denjenigen, die noch mehr "den Wein liebten" als ohnehin üblich, auch Krankheit und früher Tod häufiger waren als gewöhnlich, doch blieb der Zusammenhang eher lose stochastisch als streng kausal. Im 11. Jahrhundert schrieb der Chronist über den Prager Erzbischof Thiedagg, daß dieser "wegen einer unverschuldeten Krankheit maßlos trank. Er litt nämlich an einem Zittern der Hände und vermochte daher ohne Hilfe ihm zur Seite stehender Priester nicht mehr die Messe zu lesen. So siechte er dahin bis zu seinem Tode."[4] Krankheit und Tod waren alltäglich und der Rasende auch ein Heiliger im Zeitalter des Wahns. Ein Zwang, unmäßig zu trinken, wurde kaum einmal gedacht - und wenn, dann ging dieser nicht vom Getränk aus. Er beruhte auf dem "Zwingen" durch die Zechgesellen beim Gelage (es war kaum denkbar, sich anders als in Gemeinschaft zu berauschen); bei besonders auffälligen Trunkenbolden vermutete man auch geheimnisvolle Krankheiten oder eine dämonische Besessenheit. Letztlich aber war umäßige Trunkenheit Völlerei, eine - die Verschwendung sämtlicher Arten von Gottesgaben meinende - Kardinalsünde. Die schwersten Strafen für sein Tun hatte der Trinker erst im Jenseits zu gewärtigen.

Mit Beginn der Neuzeit trat hierin eine Akzentverschiebung ein: Humanisten und Reformatoren nahmen plötzlich massiv Anstoß am herrschenden - letztlich aus Strukturbedingungen tribaler Gesellschaften überkommenen - Trinkverhalten. Die ehernen Regeln des Zutrinkens und "Bescheidtuns", die jedem Teilnehmer am Gelage ein gleiches Quantum zumaßen - nicht selten bis zur Bewußtlosigkeit -, gerieten ins Wanken. MARTIN LUTHER und viele andere Prediger zogen wortgewaltig gegen den "Saufteufel" zu Felde, wobei sie die Trunkenheit zu einem primär innerweltlichen Problem rationalisierten. In apokalyptischen Visionen sahen sie die Welt in einem Taumel der Berauschung versinken. Alle erdenklichen unerwünschten Zustände der Welt, des Körpers und der Seele führten sie auf den "Saufteufel" zurück. Der aber saß weiterhin nicht in den Getränken, sondern in ihrer falschen Verwendung: In den Menschen selbst - nämlich in der Situation des Trinkzwangs, in die sie sich letztlich freiwillig begeben hatten. LUTHER bekämpfte nicht den Wein, sondern eine soziale Institution. Der Zwang ging vom Ritual des archaischen Gelages aus - vom "grewlichen laster des Zutrinckens". Ein Säufer war daher jemand, der stets aufs neue denselben Fehler beging, nämlich am Gelage teilzunehmen - er war lasterhaft, dumm, uneinsichtig, aber keinesfalls krank.

Allenfalls als akuter Zustand wurde der Rausch als Krankheit bestimmt: 1531 verfaßte der angesehene Arzt Prof. HEINRICH STROMER d.Ä. eine Abhandlung über das "hesliche laster der Trunckenheit". Es war dies wahrscheinlich die früheste medizinische Arbeit, die ausschließlich diesem Thema gewidmet war:[5] Die Trunkenheit erfolge aus "uberflüssigem brauch des weins" und sei eine "willige unsynnickeit", heißt es da. Physiologisch sei sie eine "kranckheit [...] des haubts, des gehirns und der adern, die vom gehirn wachssen". In deren Folge kommt es zu weiteren Krankheiten: Kopfweh, Zittern, Schlag, Lähmung, Fallsucht, Krampf, Podagra, Zipperlein, Kröten "und dazu eines solchen alders und tods, die da komen für rechter natürlicher zeit". (Mäßig genossen mache guter Wein dagegen die Feuchtigkeit besser, den Verstand lauter, er lindere den Zorn, mache den Menschen an Gemüt und

Leib frei, milde, keck und stark und viele andere nützliche Dinge.)

Die ärztliche Sicht unterscheidet sich nicht von dem, was auch die Prediger über die körperlichen Folgen des Saufens zu sagen haben, fast wörtlich werden deren Wendungen übernommen. Weiterhin spielt der in jeder Mangelgesellschaft wichtige Gedanke der Völlerei, die Verschwendung von Nahrungsmitteln, eine entscheidende Rolle; STROMER bezieht sich zwar auf den Wein, doch machen nicht nur "etlich andere getrencke, sondern auch etliche speise" Trunkenheit. Detailierter hieß es in einer späteren Abhandlung: "Wann nun der magen mit speiß und tranck belästigt wirdt, so verursacht es widrige vapores oder dämpff, die s[t]eygend auß dem magen über ins hirne, und verwirrend gute gedancken und vorhaben."[6] Der Völlerei als Allgemeinbegriff für Verschwendung entsprach die Trunkenheit als deren allgemeine somatische Folge: Es gab nur ein gering - resp. anders - entwickeltes Sensorium für die heute so selbstverständlich wahrgenommene Besonderheit der Rauschwirkung des Äthanols.

Im Kontext jener ersten "Moralisierung der Gesellschaft" (ARIES) leisteten Reformatoren und Humanisten wertvolle Vorarbeit für das moderne Alkoholwissen. Dabei blieben sie jedoch weit von der heutigen Wahrnehmung der Sucht entfernt. Trotz anfänglicher Erfolge gelang es im übrigen nicht, auf das Trinkverhalten der Zeitgenossen einzuwirken, und seit Ende des 16. Jahrhunderts wurde es recht still um den Saufteufel. Unter den Strukturbedingungen einer sich erst allmählich pazifizierenden Gesellschaft blieb die schutzbietende Institution des Gelages noch in Funktion; freilich war sie nun nachhaltig in Frage gestellt. So hatte in der Frühen Neuzeit zwar noch kaum die Praxis, wohl aber die Bewertung des Trinkens eine neue Richtung genommen.

Im 17. Jahrhundert - dem "Zeitalter der Vernunft" - wird die Tendenz zur innerweltlichen Beurteilung und Begründung des Rauschs weiterentwickelt. Schon MONTAIGNE hatte im Bezug auf die Trunkenheit gemeint: "Der ärgste Zustand des Menschen ist der, in dem er das Bewußtsein und die Beherrschung seiner selbst verliert."[7] Im Schrifttum tritt nun dieser - an sich keineswegs neue - Aspekt in den Vordergrund, wenn ein restriktiverer Umgang mit alkoholischen

Getränken begründet werden soll. "Ohne Affektion sein", "leidenschaftslos sein", fordert Gracian in seinem Handorakel: "Keine höhere Herrschaft, als die über sich selbst und über seine Affekte: sie wird zum Triumph des freien Willens".[8] "Alles was einem Menschen seiner Sinne beraubt, das ist zu schelten", heißt es bei TEXTOR; die "Trunckenheit nun ist eine ubermässige Erfüllung deß Weins [...] dadurch man eine Zeitlang seiner Vernunfft beraubt ist".[9]

Zugleich wird der Beitrag der Ärzte zur Erklärung dieser Unvernunft gewichtiger: Der Blick wird geschärft für die vom Menschen unabhängigen, stofflich-physiologischen Eigenschaften der Getränke, wie denn überhaupt in der Medizin physikalische und chemische Erklärungen die Humoralpathologie teils bekämpfen, teils ergänzen. Allmählich gerät so die alte, noch von den Reformatoren in ihrem Kampf gegen den Saufteufel geteilte Auffassung ins Wanken, daß der Wein, so er nun einmal da ist, eine Kreatur Gottes und also prinzipiell gut sei, und es nur gelte, den rechten Gebrauch von dieser Gabe zu machen. Nicht allein mehr die akute Berauschung, sondern auch die mangelnde Fähigkeit, sich dauerhaft vernünftig und nüchtern zu halten, gerät allmählich in die Nähe zur Krankheit. Für die Schwäche des Willens werden auch Erklärungen außerhalb der Seele und des sozialen Trinkzwangs herangezogen, die Seele selbst wird in manchen medizinischen Schulen zu einem stofflichen Mechanismus, dessen Sitz mal im Magen, mal im Gehirn oder den Nerven lokalisiert wird. Es wird über die physikalischen oder chemischen Störungen spekuliert, über Verdickung und Übersäurung der Säfte, die mit der Trunkenheit im Körper der Maschine Mensch auftreten. Die Begierden gewinnen an Macht über den Menschen; es deutet sich eine "Spaltung zwischen den 'Begierden' und der eigentlichen Person an".[10] Für diese Begierden beginnt das Wort "Sucht" Verwendung zu finden, das mehr und mehr auch auf langfristige Erkrankungen bezogen wird, die zugleich als moralisch verwerfliche Zügellosigkeit erscheinen können.[11]

Im 18. Jahrhundert nimmt die Zahl der medizinischen Abhandlungen über die Trunkenheit nochmals deutlich zu. Dabei bleibt STROMERS Diktum, die Trunkenheit sei ein Laster und eine bewußt begangene Unsinnigkeit, aber zunächst weiterhin gültig. Trunkenbolde seien Menschen, die freiwillig mehr als nötig oder die mißbräuchlich trinken, definierte eine Dissertation im Jahr 1720.[12] Zuweilen wird nun zwischen akutem Rausch und dauernder Unmäßigkeit unterschieden. Weitgehend übereinstimmend wird angenommen, daß die Wirkungen "hitziger" Getränke auf einem durch Gärung erzeugten "inflammablen oder brennbaren Spiritus" beruhen, der in Wein, Bier und Branntwein in unterschiedlichen Anteilen enthalten sei.[13] Die klare Unterscheidung zwischen dem Rausch, der allein durch alkoholische Getränke hervorgerufen wird, und anderen Räuschen (z.B. dem nüchternen Rausch des Kaffees oder der "Tabaktrunkenheit"), ist ein Indiz der Zurückdrängung von Wein und Bier im Alltag. In der sich mit Kaffee und Tee ernüchternden Welt wird die "Liebe zum Trunk" häufiger als individuelles Problem erfahren; es werden Therapien, vor allem die Verabfolgung von Heil- und Brechmitteln, diskutiert.

In der Vergangenheit hatten die Ärzte zumeist vom Schaden und Nutzen des Weins gesprochen, der quasi den Gattungsbegriff bildete für alle "hitzigen" Getränke. Mit dem steigenden Verbrauch wird nun dem Branntwein besondere Aufmerksamkeit zuteil, über den sehr gegensätzliche Anschauungen geäußert werden, die vom *aqua mortis*[14] zur Panazee reichen.[15] Selbst über die reinigenden und die schwefeligen - das heißt wärmenden bis austrocknenden - Eigenschaften des Branntweins (die ihn Phlegmatikern und Melancholikern angeraten sein ließen) gab es abweichende Urteile, wie das LINNES, der Branntwein als bloßes Gift einstufte. Die große Mehrheit freilich hielt es mit einem pragmatischen Mittelweg: Die *aquis vitae* würden manchen zu *aquis mortis*, doch hebe der Mißbrauch den rechten Gebrauch nicht auf.[16]

Unstrittig ist ferner, daß Trunkenheit zu Krankheiten führen kann. Sie bleiben Folge eines vom Arzt zwar zu tadelnden aber nicht weiter zu erklärenden Mißbrauchs. Die Frage nach dessen Ursache liegt außerhalb des medizinischen Diskurses, da er auf einer Willensentscheidung beruht. Ursachen und Folgen der Trunkenheit sind Gegenstände getrennter Diskurse und Berufsstände: der Ethik und der Heilkunst. Doch allmählich begannen sich die Grenzen zu verwischen. Ethische Fragen drangen in die Medizin ein, so wie die Medizin umgekehrt ihre Kompetenzen auf immer weitere Lebensbereiche ausdehnte. Am Ende des 18. Jahrhunderts tritt dann ein neues Wissen über den Trinker in Konkurrenz zum jahrhundertealten Vokabular der Schulmedizin.

Eine neues Wissen wird formuliert

Der Duisburger Medizinalprofessor LEIDENFROST findet eine Erklärung der häufigen Trunkenheit, die gänzlich ohne das Wissen der Theologen auskommt: sie sei Folge der Austrocknung, die der Branntwein hervorrufe.[17] Der eigentliche Anstoß für das neue Alkoholwissen aber kam nicht aus der Medizin, sondern aus der philanthropischen Reformbewegung der Spätaufklärung. Noch unter der Rubrik lasterhaften "Vergnügens" schildert JOHANN KASPAR LAVATER in seiner Sittenlehre für das Landvolk 1773 die Gefahren übermäßigen Trinkens. Neben Altbekanntem findet sich hier der Satz: "Die Trunkenheit hat dabey noch den Fehler, daß man sich bald so gewöhnt, daß man nachher immer mehr trinken will, und fast ohne bedrunken zu seyn, nicht mehr leben kann."[18] Der Unterschied zum Wissen der Autoritäten scheint minimal, und doch fällt hier ein neuer, nämlich mitleidiger Blick auf den Trinker: er wird zum *Opfer*.

Zugleich wandeln sich die Folgen der Trunkenheit: sie werden von einem Problem des Einzelnen und seines "Hauses" zu einer Gefährdung der Gesellschaft. Zumal der Branntweinkonsum wird verstärkt ein Gegenstand der "medicinischen Policey", Nüchternheit zur Bürgerpflicht. Die Medizin, schreibt FOUCAULT, beanspruchte in "der Lebensführung der Menschen [...] eine normative Rolle, die sie nicht bloß zur Erteilung von Ratschlägen für ein vernünftiges Leben befugt, sondern sie zur Lehrmeisterin für die physischen und moralischen Beziehungen zwischen dem Individuum und seiner Gesellschaft macht".[19]

Vor diesem Hintergrund betrachtete auch CHRISTOPH WILHELM HUFELAND den Trinker. HUFELAND, ein typischer Vertreter jenes im Geiste des aufgeklärten Pietismus erzogenen, gemäßigt reformerischen Bildungsbürgertums, war einer der angesehensten Ärzte in Europa. Er nimmt in dem Diskurs aber vor allem deshalb eine Sonderstellung ein, als er den sanitätspolizeilichen Aspekt mit der Wahrnehmung des Trinkers als Opfer verbindet und eine medizinische Theorie zwanghaften Trinkens formuliert, die in ihren Grundzügen bis heute Bestand hat. Unter dem programmatischen Titel *Die Kunst das menschliche Leben zu verlängern* gab er 1796 ein umfassendes Aufklärungsbuch zur Hebung der Volksgesundheit heraus, in dem es hieß, der Branntwein führe beim Trinker zu einer Abstumpfung des moralischen Gefühls. Der "Unglückliche" (!) sei auf einem Wege, der "ohne alle Rettung" ins Verderben führe. Das gelte auch für den mäßigen Genuß: "[...] das wenige, was man täglich trinkt, wirkt doch immer etwas und, was noch übler ist, es bleibt nicht dabei, sondern macht immer mehr nothwendig."[20] Ähnlich äußerte sich zur selben Zeit der Berliner Sozialmediziner FORMEY: durch Gewöhnung werde das "berauschende Gift" ein "nothwendiges Bedürfnis"; der Trinker suche "seinen Trieb nach diesem schädlichen Getränke zu befriedigen".[21] Steter Branntweinkonsum wird hier zu einem unkontrollierbaren Trieb und dieser zu einer den individuellen wie den sozialen Körper in seinem Bestand bedrohenden Krankheit. HUFELAND und noch stärker FORMEY bleiben allerdings schwankend, ob dieses notwendige Bedürfnis nicht auch ein Laster sei.[22]

In seiner 1802 erschienen Aufklärungsschrift "Über die Vergiftung durch Branntwein" bezieht HUFELAND eindeutiger Stellung.[23] Dazu greift er den Gedanken, Branntwein sei ein Gift (*aqua mortis*) auf, der schon seit langem von einer Minderheit der Ärzte - darunter CHEYNE, TISSOT und LINNE - vehement vertreten wurde. Doch HUFELAND ordnet die Dinge neu: Bestand die Vergiftung vordem in einer akuten somatischen Schädigung, so sieht er vor allem ein "schleichendes Gift", das zunächst die "Organisation" von Gehirn und Nerven zerstört und damit den Willen, die Moralität, die Fähigkeit zur Selbstkontrolle. Die weiteren Leiden des Trinkers sind dann sekundäre Merkmale dieser eigentümlichen neuartigen Vergiftung, die er sich unwissendlich durch Infizierung mit Branntwein zugezogen hatte. Seltener Gebrauch führt nicht in jedem Fall zur "Ansteckung", birgt aber aber immer die Gefahr eines Übergangs in die Vergiftung in sich. Nur als vorsichtig dosierte Arznei ist Branntwein daher erlaubt; seine freigebige Verabfolgung durch die Mehrheit seiner Standeskollegen - wie sie besonders nach der populären iatrochemischen Lehre des Brownianismus indiziert war - hält HUFELAND dagegen für eine der Ursachen der "Branntweinseuche", die "im Stillen immer weiter um sich greift, und eben dadurch am furchtbarsten ist, weil man sie nicht für eine Krankheit hält". HUFELAND bezieht sich ausschließlich auf den Branntwein, den er in die neue Klasse der "narcotischen Gifte" reiht, und beschreibt Symptome, wie man sie ähnlich auch heute noch bei akuter und fortgesetzter Alkoholintoxikation sieht. Die schwerste Folge ist die "Abstumpfung der Seele", der Trinker wird roh, gefühllos und brutal. Es gibt drei Grade der Vergiftung: Der erste ist durch das tägliche Bedürfnis bei ansonsten fehlenden körperlichen Symptomen gekennzeichnet, diese werden im zweiten Grad sichtbar, bis schließlich im dritten gefährliche Komplikationen eintreten. "Der erste unschuldig scheinende Anfang dieses Lasters [führt] unausbleiblich immer weiter fort." Da sich die Therapie entsprechend schwierig gestaltet - die in einer Umstellung auf Ersatzgetränke, besonders Bier, und einer allmählichen Reduzierung des Verbrauchs bestehen sollte -, ist vor allem auf die Prophylaxe Wert zu legen, eine Aufgabe, der sich auch der Staat annehmen müsse.

Wohl war HUFELAND der erste und zugleich prominenteste Arzt auf dem Kontinent, der statt der "Liebe zum Trunk" einen pathologischen Zwang zum Trinken sah, doch stand die Wiege dieses neuen Alkoholwissens nicht in Berlin, sondern in Edinburgh. Die Edinburgher Universität war ein geistiges Zentrum Europas, wo die Schule des Schottischen Rationalismus mit einer Vielzahl von Kirchen und Sekten - Quäker, Neocalvinisten, Presbyterianer - in spannungsreicher Wechselbeziehung stand. 1785 hatte dort der Sozialmediziner und Marinearzt THOMAS TROTTER über die Trunkenheit und ihre Wirkungen auf den menschlichen Körper promoviert.[24] Deutlicher noch als bei HUFELAND - der ja auch unter dem Einfluß der romantischen Medizin stand - wird hier der Trinker von jeglicher moralischer Schuld freigesprochen; die Begierde nach häufiger Trunkenheit sei ein von außen, nämlich durch die chemische Natur alkoholischer Getränke, hervorgerufenes Leiden. TROTTERS Arbeit fand lange Zeit wenig Beachtung, bevor sie 1804 ins Englische übersetzt und einem breiteren Publikum zugänglich gemacht wurde.

Vertraut waren HUFELAND zweifellos die Thesen des berühmten Irrenarztes und Politikers BENJAMIN RUSH aus Philadelphia, des dritten Arztes, der an dem neuen Alkoholwissen besonderen Anteil hatte. Auch RUSH hatte in Edinburgh studiert. Zu seinen Lehrern gehörte der Quäker ANTHONY BENEZET, der die Abschaffung des Branntweins als eines "mächtigen Zerstörers" des menschlichen und sozialen Körpers gefordert hatte - überall ging der Wahrnehmung der Trunksucht eine Neubewertung des Branntweins voraus, dessen Schäden nun vor allem unter kollektivmedizinischen Aspekten betrachtet wurden.[25]

Dieser Neubewertung hatte RUSH in Amerika zum Durchbruch verholfen. In seiner 1784 erschienenen Untersuchung über die Wirkungen des Branntweins auf den menschlichen Körper und Geist[26] schildert RUSH drastisch körperliche, moralische und soziale Folgeschäden des akuten und vor allem des fortgesetzten Branntweinkonsums und fordert Staat und Kirchen zum Eingreifen auf. RUSH war in der Fachwelt wie in der Öffentlichkeit eine bekannte und einflußreiche Persönlichkeit, und nicht zuletzt deshalb gelangte seine Schrift, die auch von Franklin und Jefferson begeistert aufgenommen wurde, bald zu großer Popularität, wurde in Zeitungen und Almanachen abgedruckt und gab - besonders in Gemeinden, in denen viele Quäker oder Methodisten lebten - den Anstoß zu einer ersten Kampagne gegen die Gewohnheit des Branntweintrinkens. Zu diesem Erfolg trug vielleicht am meisten bei, daß RUSH das Publikum nicht mit einer gänzlich neuen Sicht konfrontierte: Der bekannten, wenn auch umstrittenen Auffassung, Branntwein sei ein Gift, fügt er lediglich hinzu, daß man diesem Gift durch stete Gewohnheit auch unwissentlich verfallen könne. Ihm geht es noch primär um die *Folgen* des unmäßigen Gebrauchs - und dieser ist ein Laster und noch kaum eine Krankheit *sui generis*. Die Schuld liegt zunächst beim Trinker und erst in zweiter Linie bei seinem "teuflischen" Getränk.

Das Paradigma der Trunksucht

Die stringentere Sicht, wie sie Trotter und Hufeland in Gang gesetzt hatten, brauchte eine lange Latenzzeit, bis sie zur vorherrschenden Lehre innerhalb der Medizin werden konnte. Bei der Rekonstruktion des medizinischen Diskurses bietet sich Thomas S. Kuhns idealtypisches Modell des "Paradigmenwechsels" an, nach der sich die Entwicklung der Wissenschaften nicht kumulativ, sondern in "revolutionären" Strukturbrüchen vollzieht. Kuhns bekannte Begrifflichkeit (weniger seine internalistische Deutung) erweist sich hier als ein brauchbares Instrument:[27] Im Laufe des 19. Jahrhunderts wurde die Theorie des zwanghaften Trinkens von einer "Schule" zu einem "Paradigma" für die "normale Wissenschaft", die allmählich daranging, die vorgegebenen "Rätsel" ihres Gegenstandsbereichs zu lösen. Von einer "wissenschaftlichen Revolution" kann man insofern sprechen, als in einem eng umgrenzten Zeitraum ein neues Wissen über den Trinker entsteht. Es reklamiert nicht nur die Begierde als Gegenstand wissenschaftlichen Interesses, es ordnet und benennt dazu seine Elemente in einer Weise, die dem älteren Wissen fremd war, und produziert somit eine neue Wirklichkeit, so wie es selbst das Produkt einer neuen Wirklichkeit ist. Eher als langwieriger Prozeß denn als Revolution verlief dann die Durchsetzung dieses neuen Alkoholwissens. Von einem Paradigma kann dabei nur *cum grano salis* gesprochen werden - gemessen an den strengen Kriterien Kuhns erreichte die Erforschung der Sucht nämlich niemals das Stadium der "Reife".

Der entscheidende Schritt von der "Schule" zum "Paradigma" wird mit der 1819 erschienenen Abhandlung über die "Trunksucht und eine rationelle Heilmethode derselben" vollzogen.[28] In ihr führt der Autor, der Moskauer Arzt C. von Brühl-Cramer, den Begriff der Trunksucht ein und entwickelt systematisch deren Ätiologie und Symptomatologie. Zugleich wird die neue Krankheit aus der reformerischen Kollektivmedizin in die Praxis der Individualmedizin eingebracht. Brühl-Cramer bejaht entschieden seine einleitende Frage, ob "die Trunksucht ein Gegenstand der Pathologie, und also eines therapeutischen Verfahrens sey": Sie sei "ein unwillkührliches Uebel, folglich eine Krankheit, und [ist] nicht in einer Verletzung der Moralität, wie man gewöhnlich zu glauben geneigt ist, begründet". Auch der Beginn der Erkrankung entziehe sich moralischer Verurteilung: die allmähliche Gewöhnung beruhe auf Unkenntnis der Gefahren. Mit dem gelegentlichen, mäßigen Genuß "berauschender Getränke" (also auch von Wein und Bier) werde eine "Prädisposition" zur Trunksucht gelegt, die virulent werden könne, falls weitere Faktoren - für die der Kranke nicht verantwortlich zu machen sei - hinzutreten, beispielsweise Unglücksfälle oder körperliche Anstrengungen. In der Folge bedingen sich Ursache und Wirkung wechselseitig. Als Vermutung merkt BRÜHL-CRAMER (wie schon RUSH) zudem an, daß die Trunksucht auch erblich sein könnte; jedenfalls seien die Kinder von Trunksüchtigen immer körperlich und geistig schwer geschädigt, wie schon eine "simple Ostention" zeige.

Symptomatologisch bestehe die Krankheit "in einem heftigen Triebe, oder in einem unwillkürlichen Verlangen zum Genuß geistiger Getränke". Zu dieser Erkenntnis führten BRÜHL-CRAMER vor allem die Aussagen der Trunksüchtigen selbst, die lebhaft fühlten, wie entehrend und schädlich ihr Tun sei und versicherten, "daß es ein mächtiger, unüberwindlicher Trieb, ein Drang sey, der sie zum Genuß des Branntweines führe, und äußerste Quaal, wenn er nicht befriediget würde". Seinem Wesen nach sei ein solcher Trieb nicht auf die Trunksucht beschränkt, vielmehr gebe es "analoge specifische Triebe" - BRÜHL-CRAMER legt damit bereits das dem neuen Alkoholwissen inhärente Potential einer generellen Theorie der krankhaften Maßlosigkeit frei: das "unwillkührliche Verlangen" nach bestimmten Speisen, wie es Schwangere zeigten, oder nach Kaffee, Tee und Tabak sei ebenfalls als Sucht anzusehen.

Auch der klinische Blick auf die Verlaufsformen der Krankheit ist bereits weitgehend ausgebildet. BRÜHL-CRAMER unterteilt zwischen "anhaltender" und "periodischer" Trunksucht, wobei er nochmals nach Phasendauer und vermischten Formen unterscheidet. Vieles hiervon läßt sich in späteren - bis heute verwendeten - Typologien unschwer wiederfinden. Ähnlich wie HUFELAND und andere vor ihm sieht BRÜHL-CRAMER zahlreiche organische Folgeschäden, insbesondere des Nervensystems und des Gehirns, das "in manchen Fällen in einer organischen Destruktion zu sein" scheine. Es komme zu einer

Lähmung, verkürzter Lebenserwartung, bisweilen zu Verblö-
dung und Tod.

Der "periodischen" Trunksucht - die in schweren "Paroxys-
men" vom *stadium prodromorum* zur tödlichen *crisis* führt - gilt
das größte Interesse: die "bestimmten Gesetzen" folgende und
doch in ihren Ursachen verborgene Rhythmik der Anfälle, die
"gewissen Vorboten", die auslösenden Faktoren, deren Harm-
losigkeit im umgekehrten Verhältnis zu ihren katastrophalen
Wirkungen zu stehen scheint.

Widerstände gegen das Suchtmodell

Mit BRÜHL-CRAMER wird die Trunksucht endgültig in den Rang
einer eigenständigen Krankheit erhoben. Sein Werk wurde zu
einem Lehrbuch (nach KUHN untrügliches Zeichen "normaler
Wissenschaft"); es erlebte zehn Auflagen, die letzte noch 1899.
Doch zunächst wurde die radikale Sicht des Trinkers als Opfer, und damit die radikale Ablehnung der Gültigkeit moralischer Argumente zugunsten der leidenschaftslosen Vermessung durch die medizinische Wissenschaft, keineswegs begeistert von der Fachwelt aufgenommen. Zu groß war der seit
dem Mittelalter gesammelte und gepflegte Erfahrungsschatz
mit Branntweingaben als Heil- und Stärkungsmittel, und zu
selbstverständlich der - zumal von der romantischen Medizin
propagierte - Gedanke, ein Trunkenbold sei für sein Verhalten
zur Verantwortung zu ziehen.

Das neue Wissen gewann erst allmählich an Boden, als in
den 1830er Jahren die Öffentlichkeit von einem steigenden
Schnapsverbrauch bei den verarmten ländlichen und städtischen Unterschichten aufgeschreckt wurde. Das drei Jahrzehnte zuvor von HUFELAND geprägte Wort von der "Branntweinpest" wurde nun zum Kampfbegriff. Gegen den Branntwein,
von dem man sagte, daß er die Schuld trug am sozialen Elend
des Pauperismus, entwickelte sich eine Massenbewegung nach
amerikanischem Vorbild. Unter Führung von Geistlichen
schlossen sich in Nord- und Ostdeutschland an die 600 000
Menschen in Vereinen gegen das Branntweintrinken zusammen.[29]

In der Ärzteschaft wurde der Mythos vom *aqua vitae* gebrochen, die Zeit der Branntweinkuren ging zu Ende. Die steigende Zahl von Veröffentlichungen über die Folgen des Mißbrauchs - wie das *delirium tremens* - belegt eine wachsende Sensibilität. Mehr als tausend Ärzte unterzeichneten ein Gutachten, worin der Branntwein als ein völlig entbehrliches, verderbliches Gift gebrandmarkt wird.[30] In diesem Gutachten, wie in ähnlichen Stellungnahmen, spielte das Paradigma der Trunksucht freilich noch keine Rolle. Allenfalls wird "krankhafte Trunksucht" - in BRÜHL-CRAMERS Denken ist dies ein tautologischer Ausdruck! - als eine von vielen, zumeist physiopathologischen Folgen "habitueller Trunkenheit" erwähnt. Die Mehrheit der Ärzte dürfte sie nun (wie schon RUSH) als einen "schrecklichen Mittelzustand zwischen Laster und Krankheit" - so die ärztliche Gesellschaft zu Münster 1840 - gesehen haben; PIERERS Universal-Lexikon von 1846 nennt die Trunkenheit einen "destruirenden Mißbrauch der moralischen Freiheit", der zur Trunksucht führen könne.[31]

Der Mäßigkeitsbewegung indes ging selbst diese ambivalente Sicht zu weit; sie war ein von Geistlichen dominiertes Missionswerk, das in Methode und Theorie auf religiösem Wissen basierte. Daß Branntwein ein Gift sei, ließ sie sich gerne von Ärzten bekräftigen, insistierte jedoch auf der Freiheit des Christenmenschen, der Versuchung zu widerstehen und mit einem feierlich unterzeichneten Enthaltsamkeitsgelübde diesem teuflischen Gift ein für allemal abschwören zu können. Für sie blieb die Trunkenheit ein ethisch-moralisches Problem; einen krankhaften Zwang zu trinken, konnte und durfte sie nicht denken.

Und doch hat die Mäßigkeitsbewegung ungewollt dem Paradigma der Trunksucht zu größerer Akzeptanz verholfen. Indem sie einerseits die "Branntweinpest" lautstark ins öffentliche Bewußtsein brachte, andererseits für dieses Problem die nach Meinung vieler interessierter Ärzte falschen, nämlich unwissenschaftlichen Lösungen propagierte, trug sie zur Akzentuierung und Klärung des medizinischen Standpunkts bei, lenkte den Blick auf ein neues Betätigungsfeld. Gegen die primär moralische Argumentation und Praxis der "Mäßigkeitsapostel" melden nun Ärzte ihrerseits einen Kompetenzanspruch auf den Trinker an. In einer wachsenden Minderheit setzt sich die Ansicht durch, daß dieser Anspruch am stärksten zu begründen ist, wenn der Trinker ein willenloser Kranker ist; wirksame Hilfe kann dann niemals in Bekehrung, sondern nur in Heilung bestehen.

In einer vielbeachteten Arbeit nimmt CARL RÖSCH die Argumente BRÜHL-CRAMERS auf, um sich gegen "Zuspruch und Sittenpredigten" zu wenden: "Derjenige Säufer, dem einmal das Trinken zum physischen Bedürfnisse geworden ist, muss geheilt werden, wie ein Kranker, denn er ist in der Tat ein Kranker." Es "handelt sich hier nicht um ein angenommenes Laster, um ein Verlangen, welchem der Mensch wegen mangelnder Anwendung der Seelenkraft folgt, sondern um eine Krankheit, welche ihn zu saufen zwingt".[32] FRIEDRICH WILHELM BOECKER spricht Klerikern und anderen medizinischen Laien jegliche Zuständigkeit für die Behandlung "psychisch Kranker" ab: "Die Trunksüchtigen sind Irre, sie gehören in eine Irrenanstalt, in welcher ihr körperliches und somit auch ihr psychisches Leiden gehoben werden muß."[33] Über die stofflich-physiologischen Vorgänge, die diesem Leiden zugrunde liegen, werden ganz verschiedene Hypothesen aufgestellt, ohne daß diese Frage eine größere Kontroverse ausgelöst hätte. Während BOECKER von einer Verlangsamung des Stoffwechsels sprach, die der Branntwein hervorrufe (und damit das Stickstoffdefizit in der Ernährung der Unterschichten ausgleiche), nahmen die meisten - mit HUFELAND - eine künstliche Beschleunigung an (und schlossen jeden Nährwert des Branntweins aus). Strittig blieb auch, ob diese Giftwirkungen nur vom Branntwein oder von jeder Art berauschender Getränke hervorgerufen würden.

Mit der Bestimmung der Trunksucht als Krankheit war zugleich ein weiterer Einwand gegen die "Mäßigkeitsapostel" verbunden: Nicht das Zusammentreffen von moralischem Fehlverhalten und billigem Fusel habe den Pauperismus verursacht, sondern die elenden Lebensverhältnisse führten zur Flucht in den Branntwein und damit zur Trunksucht. "Eine große Zahl von Menschen wird durch üble Außenverhältnisse zum Trunke und zur Trunksucht verführt", schrieb BOECKER,[34] und ein Kollege meinte, die "Verführung zu scheinheiligen bindenden Unterschriften", wie es die Mäßigkeitsbewegung praktiziere, sei nicht nur selbstgerecht, sondern auch nutzlos.[35] Ein anderer Kritiker schrieb: "Es liegt eine unwürdige Ironie in jenen Anschauungen des Lebens, ein bitterer Hohn der Menschheit, welche den Branntwein, selbst in seinem Mißbrauche, darzustellen sucht, als die Hauptquelle, aus welcher Armuth, moralische Versunkenheit und geistige Verdumpfung entsprungen seien. [...] Darum sind denn auch eure Entsagungsvereine ein erfolgloses Palliativ, eine heillose Stümperei an dem kranken Organismus der Menschheit!"[36]

Doch selbst der klägliche Zusammenbruch der Mäßigkeitsbewegung während der Märzrevolution 1848 vermochte das Paradigma der Trunksucht noch nicht zum herrschenden Blick auf den Trinker zu machen. Dieser wurde vielmehr für die nächsten Jahrzehnte durch eine Krankheit strukturiert, bei der die Trunksucht nur eine marginale Rolle spielte: durch den *alcoholismus chronicus*.

Der schwedische Medizinalprofessor MAGNUS HUSS hatte 1849 mit diesem Namen die vom "Nervensysteme ausgehenden Symptome" der chronischen Vergiftung durch Alkohol belegt, die zwar schon vielfach beschrieben, aber noch nicht in einem eigenen - dem Ergotismus oder Plumbismus vergleichbaren - Krankheitsbild vereinigt worden waren.[37] Am alcoholismus chronicus läßt sich die Bruchstelle zwischen dem alten und dem neuen Alkoholwissen genau aufzeigen. HUSS liefert zahlreiche Fallberichte und entwickelt eine ausführliche Symptomatologie, wobei er zwischen der motorischen, der sensitorischen und der psychischen "Sphäre" des Nervensystems unterscheidet. In letztere reiht er auch die Trunksucht ein, "diese für Säufer eigenthümliche Geisteskrankheit [...], deren Vorkommen die Erfahrung nicht in Abrede stellen kann und aus welcher sich manchmal nur allein die Unmöglichkeit erklären und herleiten lässt, warum der eingefleischte Säufer nicht zu bessern ist, und warum er sich das Laster, dessen Verworfenheit er sehr wohl erkennt, nicht abgewöhnen kann". Er habe "diesen krankhaften Trieb, welcher bei Säufern über das bessere Wissen die Oberhand bekömmt", aber "nur einige Male" konstatieren können.[38] So sorgfältig HUSS in seinem fast 600 Seiten starken Werk bemüht ist, alle Aspekte des chronischen Alkoholismus präzise darzustellen, so unmöglich ist es ihm doch, den Trinker mit den selben Augen zu sehen und mit den selben Worten zu beschreiben, wie es BRÜHL-CRAMER getan hatte - obwohl er sich ausführlich der Arbeit BRÜHL-CRAMERS bedient. Dessen Wissen strukturiert - in den Worten KUHNS - eine andere "unmittelbare Erfahrung": BRÜHL-CRAMERS Begriff der Trunksucht impliziert eine andere Ätiologie und Nosologie, ist nicht übersetzbar in das ältere, von HUSS benutzte Wahrnehmungssystem.[39] Die Trunksucht ist darin eingebettet als eine spezielle, seltene Komplikation des fortwährenden und übermäßigen Genusses alkoholischer Getränke, und dieser bleibt ein "Laster".

Wie langsam (wie wenig "revolutionär" im Sinne KUHNS) das neue Alkoholwissen an Boden gewann, zeigt die begeisterte Aufnahme der Arbeit von HUSS in der Fachwelt; sie wurde 1854 von der französischen Akademie der Wissenschaften preisgekrönt und galt noch um 1900 als ein "bekanntes, epochemachendes Buch". Zu jener Zeit freilich hatte die Krankheit schließlich doch über das Laster gesiegt: im ärztlichen Diskurs hatte sich das neue Alkoholwissen durchgesetzt (ohne daß damit das von HUSS beschriebene klinische Bild obsolet geworden wäre). Ende des 19. Jahrhunderts war erneut eine kräftige Bewegung gegen den Alkohol aufgekommen, doch im Unterschied zu der des Vormärz hatte sie sich von Anbeginn dem (natur-)wissenschaftlichen Urteil unterworfen, war zu einem Gutteil das Werk engagierter Mediziner. Diese zweite Antialkoholbewegung - in der schließlich die Anhänger der radikalen Prohibition die Oberhand gewannen - war weit erfolgreicher als die des Vormärz: es gelang ihr, dauerhafte Institutionen für Prophylaxe und Therapie zu etablieren, und vor allem, die Grundlagen zu schaffen für eine zunehmende Akzeptanz des Suchtbegriffs über die Fachdiskurse hinaus im Alltagswissen.

Dies soll hier nicht weiter ausgeführt werden; nur soviel sei gesagt: Der endliche Sieg des Sucht-Paradigmas bis zum Ersten Weltkrieg verdankte sich - innerwissenschaftlich betrachtet - nicht etwa einer neuen aus dem Paradigma abgeleiteten Beobachtung ("puzzle solving"), sondern vielmehr der Tatsache, daß man sich der Durchschlagskraft der neuen Evolutionslehren - Darwinismus und Degenerationstheorie - bediente: Es war die lautstark vorgetragene Idee einer durch Alkohol bewirkten "Keimschädigung" und der "Durchseuchung" der erbgesunden Rasse durch das "minderwertige"

Erbgut von Trinkern, die der Sucht zum Durchbruch verhalf. An der Wiege der modernen Suchtforschung stand die Rassenhygiene.[40]

Die Aporien des Suchtmodells

Gegen die Ängste des Bürgers vor Devianz und Unvernunft, vor den dunklen Kaschemmen der Proleten und Lumpenproleten, bot die rassenhygienische Lehre von der Heredität der Trunksucht ein schlüssiges Remedium. Umso bemerkenswerter, daß sie den Diskurs zwar deutlich dominierte, jedoch nie gänzlich zu beherrschen vermochte. Umstritten blieb die Symptomatologie und vor allem die zentrale Frage der Ätiologie; Konsens war in der Wissenschaft lediglich die Meinung, daß man es bei der Trunksucht mit einer Krankheit zu tun hat. Bis sich dieses Wissen gegen die älteren und außerhalb der Wissenschaft fortbestehenden Ansichten durchgesetzt hatte, war etwa ein Jahrhundert vergangen. Die Frage, warum das Paradigma der Trunksucht in der Fachwelt so zögerlich akzeptiert wurde, hat auch ihre innerwissenschaftlichen Seiten. Es gab gute Gründe, die Existenz einer Krankheit Sucht abzulehnen.

Nach KUHN strukturiert ein Paradigma ein Forschungsfeld in der Weise, daß es dessen Fragen formuliert und zugleich ein anerkanntes Lösungsmodell bereitstellt oder doch bereitzustellen verspricht. Die Wissenschaftler beschäftigen sich dann mit der "Verdeutlichung" des Paradigmas, dem *puzzle solving*; erst bei Bewußtwerden einer "Anomalie" werden die anerkannten Prinzipien hinterfragt, geraten in eine "Krise", und es können gänzlich neue Hypothesen und Beobachtungen entstehen. Das Paradigma der Trunksucht indes vermochte für die selbstgestellten "Rätsel" keine klaren Lösungswege aufzuzeigen - es befand sich gleichsam stets im Stadium der "Krise".

Zum Ausbau der Symptomatologie der "habituellen Trunkenheit" beziehungsweise des "chronischen Alkoholmißbrauchs" trug es wenig bei. Die Branntweinvergiftung, wie sie HUFELAND beschrieben hatte, war eine eigentümliche Krankheit. Eine Unterscheidung zwischen Anamnese und Erkrankung war nicht vorgesehen, im Grunde gab es keine Anamnese:

Mit dem ersten Rausch war der Trinker erkrankt, hatte sich mit der "narcotischen" Droge infiziert, von der er allmählich immer höhere Dosen einnehmen mußte. Damit war sie allein - wie auch HUFELAND sah - mit einer schweren Infektionskrankheit vergleichbar, oder mit verletztungsbedingen Leiden. HUFELAND wollte ärztlich verordnete Branntweingaben aber durchaus gelten lassen; offenbar sollte die Analogie zur Infektionskrankheit nur begrenzt gültig sein. Wohl ließen sich Stadien des langen Siechtums angeben und begründen, nicht aber eine Grenze, mit dem es einsetzte. Das (bis heute ungelöste) Problem, wie mäßiges/normales von süchtigem/pathologischem Trinken abzugrenzen sei, war ein Geburtsfehler des neuen Alkoholwissens. Schon von RÖSCH war daher die Unterscheidung von chronischer Vergiftung und Trunksucht angeregt worden, wobei die Vergiftung ein physio-pathologisches, die Trunksucht ein psychisches Problem sei. HUSS gründete dann den *alcoholismus chronicus* allein auf den somatischen Befund. Er konnte den Begriff der Sucht hiervon vollständig abtrennen und damit die Frage der Pathogenese ausklammern beziehungsweise althergebracht als Folge lasterhaften Verhaltens beantworten. Hatte RÖSCH die Trunksucht als eine eigenständige, dem Heißhunger oder der Nymphomanie ähnliche Krankheit aufgefaßt, so blieb sie bei HUSS nur eine seltene Komplikation einer dem Plumbismus vergleichbaren Vergiftungskrankheit - Bleistaub aber ist keine "narcotische" Droge. Die vom Suchtbegriff entlastete, rein physiologisch-neurologische Bestimmung des chronischen Alkoholismus führte zu einer klaren nosologischen Einordnung und vor allem zu einer stabilen Symptomatologie dieser Krankheit; der klinische Blick des ärztlichen Praktikers folgte seitdem im wesentlichen den Vorgaben von HUSS. Dem Versuch der Medizin der Jahrhundertwende, Vergiftung und Sucht, Toxikologie und Psychologie mittels der Degenerationstheorie wieder zusammenzudenken, und die Trennung von Soma und Psyche im "Keimplasma" aufzuheben, war trotz der Eleganz dieser Lösung und des lautstarken Engagements ihrer Verfechter kein voller Erfolg beschieden; die Evidenz der Belege blieb zweifelhaft, zumindest so zweifelhaft, daß sie konkurrierende Erklärungen nicht zum Verstummen bringen konnte. Dagegen konnte sich allerdings die Annahme eines untrennbaren Zusammenhangs von

Vergiftung und Sucht im Grundsatz durchsetzen, so daß fortan Trunksucht und chronischer Alkoholismus synonym verwandt wurden. Die Diagnose wurde durch die erneute Hereinnahme der Sucht indes verunklart, mußte sie doch nun wieder zweifelhafte Symptome, wie das Allgemeinverhalten des Patienten, berücksichtigen.

Vor allem auch für die Lösung des wichtigsten "Rätsels", nämlich der Ursache der Sucht, lieferte das Paradigma keine brauchbaren "Regeln" - entsprechend hilflos und schwankend blieben die therapeutischen Vorschläge. Es blieb nicht lange verborgen, daß die Annahme eines suchtbildenden Gifts elementaren Beobachtungen (die gerade das neue Alkoholwissen ermöglichte) widersprach: längst nicht alle Trinker wurden süchtig. Schon HUFELAND mußte daher die paradoxe Behauptung - Methodologen würden sagen Ad-hoc-Hypothese - aufstellen, Branntwein sei ein "tödtliches Gift", obwohl man "so viele Menschen Zeitlebens ohne sichtbaren Nachtheil davon Gebrauch machen sieht". Er räumte ein, daß die Wirkungen "nicht immer" und sogleich bemerkbar seinen - aber "eben dies macht die Sache um so gefährlicher".[41] Auch RUSH sah, daß es Menschen gab, "die sich beinahe jeden Tag, dreißig oder vierzig Jahr hindurch, betranken [und dennoch] ein hohes Alter erreichte[n] und sich der gleichen guten Gesundheit erfreute[n], wie diejenigen, die den strikten Regeln der Mäßigkeit gefolgt sind".[42] HUFELAND konnte sich - wie auch RUSH - noch notdürftig damit behelfen, daß er allein dem Branntwein die suchtbildende Wirkung zuschrieb. Freilich entsprach eine essentielle Unterscheidung zwischen gebrannten und vergorenen Getränken längst nicht mehr dem medizinischen und chemischen Kenntnisstand. Und diese schützende Annahme fiel überdies fort, sobald man - wie BRÜHL-CRAMER - auch den im Bier enthaltenen Alkohol als Verursacher der Trunksucht ausgemacht hatte. Bier aber wurde als harmloses Volksgetränk propagiert und galt als Branntweinersatz der Wahl. BRÜHL-CRAMER, der wußte, daß es Säufer gab, die "viele Jahre hindurch alle Tage nicht geringe und immer ungefähr gleiche Quantitäten berauschender Getränke zu sich nahmen, ohne bis jetzt eigentlich trunksüchtig geworden zu seyn", nahm daher an, "bedeutende Sorgen" könnten zum Auslöser der Krankheit werden.[43] Verstärkt dann trat im Vormärz die moderne Funktion des Alkohols als Sorgenbrecher in den Blick: Sie sei - so RÖSCH - in allen Klassen anzutreffen, besonders aber bei den Armen, die sich mit Branntwein betäuben müßten, um auf eine Stunde ihr Elend zu vergessen.[44] "Äußere Verhältnisse" wurden für die Pathogenese der Sucht mindestens ebenso wichtig wie die chemisch-physiologischen Qualitäten der Droge. Ein Kritiker der Mäßigkeitsbewegung schrieb: "Die Branntweinpest ist nur Ein Symptom in der großen Entwicklungskrankheit der Menschheit!".[45] Ätiologie und Therapie wurden somit tendenziell bereits wieder aus dem medizinischen Diskurs ausgelagert; die Beschreibung des Elendsalkoholismus und der notwendigen Gegenmaßnahmen wurde ein Thema von Staatswissenschaftlern und anderen medizinischen Laien, wie Friedrich Engels.

Um die Jahrhundertwende war es der Medizin gelungen, ihren Kompetenzanspruch auf Beurteilung und Behandlung des Trinkers zurückzugewinnen, mehr noch: weit wirkungsvoller zu begründen als je zuvor und in bislang einmaliger Weise dominieren. Mit Blick auf das Trinkverhalten der "höheren Stände" wurden im engeren Sinne soziale Ursachen des Alkoholismus verworfen, und nur in einem weiteren Sinne, als "herrschende Trinksitte", in Rechnung gestellt. Warum die "Trinksitte" - und das hieß bald: jeglicher Alkoholkonsum - "auszurotten" sei, konnte nun ausschließlich *natur*wissenschaftlich begründet werden. Angesichts der vollzogenen Trennung von "nomothetischen" und "idiographischen" Wissenschaften bot allein schon diese Begründungsebene einen starken Schutz gegen Einwände von Nicht-Fachmenschen - umso bemerkenswerter, daß es in dem exklusiven Diskurs zwar zur Dominanz, nicht aber zu einem völligen Sieg der eugenisch legitimierten Abstinenz kam. Die Wirkmechanismen der chemischen, sozialen und physiologischen Faktoren, die den einen zum "Alkoholisten" machten, den anderen nicht, blieben ebenso hypothetisch und umstritten wie deren Gewichtung. Auch andere, zwar im Rahmen der Degenerationstheorie entstandene, doch über sie hinausweisende Erklärungsversuche - bei einigen Menschen bestehe eine "Intoleranz gegen Alkohol"; und Alkoholismus sei Ausdruck einer anderen, "larvierten" psychischen Erkrankung - verschoben lediglich das Ursachenproblem, ohne es im Rahmen des Suchtparadigmas "lösen" zu können.

An den nosolgischen und ätiologischen Schwierigkeiten mit der Sucht hat sich bis heute nichts geändert. Legt man die strengen Maßstäbe KUHNs an, ist die Erforschung der Trunksucht niemals in das "Stadium der Reife" eingetreten. Zu groß war die von Anbeginn registrierte "Anomalie", daß Trunksucht nicht bei jedem Trinker auftrat. Anstelle eines ätiologischen Fundaments wies das Paradigma eine Leerstelle auf, die mit Anleihen aus anderen Disziplinen gefüllt werden mußte. Die nosologische Verortung blieb daher stets unsicher, der therapeutische Nutzen gering. Er erwies sich älteren religiösen und quasi-religiösen Methoden unterlegen, wie sie Blaues Kreuz und Guttempler praktizierten. Freilich hielt das die Psychiatrie seit den 1880er Jahren nicht davon ab, die Zwangsmedikalisierung und -hospitalisierung des Alkoholikers zu forcieren.

Wie leicht die ätiologische Leerstelle von außen besetzt werden konnte, zeigt besonders der weltweite Einbruch der Rassenhygiene in den Diskurs über die "Alkoholfrage" um 1900; freilich beherrschte auch sie nie das Feld allein. Typisch für die nun fast zwei Jahrhunderte während Geschichte der Suchtforschung ist weniger eine Tendenz, die Krankheitsursache von der Droge in den Körper zu verlegen,[46] sondern vielmehr die Tendenzlosigkeit, das stete, teils unbewußte Nebeneinander disparater psychologischer, ökonomischer, sozialer, biologischer und physiologischer Hypothesen, von denen keine längerfristig die Qualität eines allgemein anerkannten Lösungsmodells erlangte - es sei denn mit den Mitteln staatlicher Gewalt (was in das Fiasko der Prohibition einerseits, in die Katastrophe der Ausmerze lebensunwerten Lebens andererseits führte). Schließlich mußte die Frage nach der Pathogenese der Sucht mit der alles und nichts erklärenden Trias Droge-Umwelt-Individuum neutralisiert oder gar als "X-Faktor" eliminiert werden. Mit dem berechtigten Hinweis auf die "Vielschichtigkeit" des Phänomens indes ist es nicht getan: Seit HUFELAND ist man den Lösungen der "Rätsel" der Sucht kaum einen Schritt näher gekommen, immer wieder tauchen alte Gedanken in neuem Gewand auf, man dreht sich im Kreis. Wenn man denn eine klare Tendenz der Suchtforschung ausmachen will, dann dürfte diese am ehesten in ihrem - Expansionismus zu finden sein, in der Ausweitung des Suchtbegriffs auf immer weitere Verhaltensbereiche, die in einem seltsamen Kontrast zu seiner geringen "explanativen Kraft" zu stehen scheint.

Nüchternheit und Trunksucht

Warum die Medizin mit dieser "Krise" so gut leben kann (nachdem sie sich erst einmal mit ihr abgefunden hatte), ist mit innerwissenschaftlichen Mechanismen der Theoriebildung nicht hinreichend zu beantworten. Zunächst liegt auf der Hand, daß die Sucht den Ärzten und - heute zunehmend - anderen professionellen Sozialisatoren ein weites Betätigungsfeld bietet und damit zu ihrer Existenzsicherung beiträgt; doch griffe eine allein auf die Legitimierungs- und Interessenpolitik der Professionen abstellende Erklärung zu kurz. Vielmehr ist das Suchtparadigma als Teil eines umfassenderen Paradigmas, als ein Moment der "gesellschaftlichen Konstruktion der Wirklichkeit"[47] aufzufassen und diese wiederum mit den Wandlungen des Affekthaushalts und der Disziplin im Zivilisationsprozeß zusammen zu denken.

Das heutige Wissen über den Alkoholiker basiert noch auf der kopernikanischen Wende im Verständnis der Begierden, auf jenen Grundannahmen über die "Sucht", die um 1800 Eingang in den Diskurs der Ärzte gefunden hatten - es markiert "die Schwelle einer Modernität, aus der wir immer noch nicht herausgekommen sind".[48] Die seit der Jahrhundertwende zunehmende und längst ins Alltagswissen reichende Akzeptanz des Suchtbegriffs - in welcher sprachlichen Verkleidung ("Abhängigkeit") er auch daherkommen mag - unterstreicht das grundsätzliche Fortgelten der Randbedingungen seiner Entstehung.

Zumindest in geschichtlicher Zeit litten einzelne Menschen schon immer schwer an ihrer Unfähigkeit, maßvoll zu trinken; die Annalen jeder Epoche sind voll von Säufern, mal bewundert, mal verspottet, selten bestraft, nie bedauert. Offenbar nimmt deren Zahl mit der diskursiven Problematisierung von Trunkenheit zu.[49] Die lasterhafte Trunkliebe wird auffällig, wenn sich entweder ein nennenswerter Anteil der Menschen bewußt nüchtern zu halten beginnt, und/oder Schichten, die bislang keine Möglichkeit zur häufigen Berauschung hatten, plötzlich über alkoholische oder stärkere alkoholische Getränke verfügen können. Mit der Ausnüchterung der mittleren und führenden Schichten, dem sinkenden Prestige des archaischen Gelages, stieg sowohl die Zahl der Trunkenbolde als auch deren Leidensdruck, wenn sie ihr Trinkverhalten nicht ändern konnten. Damit war eine wichtige Vorbedingung für die Entstehung der Sucht gegeben; und seit dem 17. Jahrhundert stellten dann auch einige Ärzte Spekulationen an, wie der Große Durst mit physikalischen oder chemischen Mechanismen zu erklären sei. Doch bis zum Ende des 18. Jahrhunderts blieb der Trinker weitgehend Herr seiner Sinne, war sein Leid kein Leiden, sondern vielmehr die gerechte Strafe für ein Fehlverhalten (insbesondere für ein verschwenderisches Wohlleben), weil - so eine pointierte Formulierung LEVINES - "weder dem Individuum noch der Substanz etwas inhärent war, das jemanden davon abhielt, maßvoll zu trinken".[50]

Als Teil und Produkt des modernen Alltagswissens ist die Wahrnehmung der Trunksucht unübersetzbar in die ältere Wahrnehmung der Trunkenheit. Es ist die Erfahrung verlängerter Interdependenzketten, wachsender Komplexität und Störanfälligkeit, die die nüchtern-moderne Welt begründet, verbunden mit einer Rationalisierung des Lebensstils: einem wachsenden Grad an innerer und äußerer Disziplinierung, an Distanzierung und Pazifizierung des Alltagverhaltens, und vor allem einer Verlängerung der Zeithorizonte.[51] In dieser Welt sind die Folgen exzessiven Trinkens dramatisch; für das Laster der Trunkenheit werden neue Begründungen gesucht und gefunden. Es ist nicht überraschend, daß diese Neubewertung der Begierden zuerst in solchen sozialen Schichten zum Tragen kam, in denen sich der hier angedeutete Wandel des "Affekthaushalts" (ELIAS) historisch frühzeitig und nachhaltig vollzogen hatte: bei Gebildeten und Wissenschaftlern.

Als man noch nicht von der Sucht sprach, gab es sie auch nicht. Freilich sind manche physiologische Wirkungen des Alkohols ahistorisch: sie ändern sich nur in dem Maße, in dem sich die biologische Konstitution des Menschen ändert (man denke an körpereigene Regelkreise, die ein Bedürfnis nach der Zufuhr bestimmter Quantitäten über längere Zeiträume steuern). Sie sind indes zugleich insofern historisch, als sie sich in unterschiedlichen Gesellschaften entfalten: Die physiologisch-konstanten Wirkungen des Alkohols[52] dienen den Funktionen und Riten des Trinkens als relativ invariante Folie - und erinnern an das relative Invariante und die Körperlichkeit der Menschennatur.

Im Prozeß der Zivilisation wird Trunkenheit daher zum Atavismus. In der Moderne aber heißt Atavismus Störung des Fortschritts. Der Trinker versündigt sich gegen die protestantische Ethik und die rationalistische gleichermaßen. Er ignoriert die laute Idee und den stummen Zwang der Planbarkeit von Fortschritt und Glück, den Absolutheitsanspruch jenes entkörperlichten Glücks, mit dem das Belohnungssystem der Disziplinargesellschaft steht und fällt; allein durch seine Existenz stellt er dieses Glück in Frage. Der Trinker wird zum Störfaktor. Gemeinsam mit dem Verbrecher und dem Wahnsinnigen, deren Krankheit - wie FOUCAULT beredt dargelegt hat - in einer störenden Abweichung von der Normalität besteht, wird er zum "pathologisierten Subjekt". Der Blick auf den Trinker ist nun mitfühlend und zugleich auf eine neue Art unerbittlich - er wird nicht mehr bestraft, sondern zur Vernunft gebracht.

Die Negation der Mäßigkeit ist nun nicht mehr die Unmäßigkeit, sondern die (Geistes-)Krankheit. Deren Geschichte aber ist - in den Worten FOUCAULTS - "die Geschichte des Anderen, dessen, das für eine Zivilisation gleichzeitig innerhalb und außerhalb steht, also auszuschließen ist (um die innere Gefahr zu bannen), aber indem man es einschließt (um seine Andersartigkeit zu reduzieren)."[53] Dem extremen Kontrollverlust des Süchtigen wurde dabei mit extremer Außensteuerung begegnet, dem Gefängnissystem. Im Gegensatz zum Kerker begnügte sich das Gefängnis nicht mit Aufbewahrung und Strafe - es wollte heilen. Obwohl die Vermessung der verschiedenen Formen und Heilungschancen devianten Verhaltens zu einer sozialen und funktionalen Ausdifferenzierung der Anstaltsformen führte - Asyl, Spital, Werkhaus, Gefängnis, Irrenhaus - kam für die Trunksucht die Spezialisierung sehr spät und wurde nie konsequent durchgesetzt. Da Alkohol als Bindemittel der verschiedenen Formen der Devianz fungierte, konnte man schwer sagen, ob man einen Verbrecher, einen Irren oder einen Säufer vor sich hatte.

Als "Krankheit des Willens" (Rush) ist die Trunksucht *die* Krankheit der entstehenden bürgerlichen Gesellschaft, die stets die Ordnung durch das Chaos, den Geist durch den Körper, das Normale durch das Pathologische bedroht sehen muß. Dabei ist sie zum einen und historisch zuerst Ausdruck der neuen Sorge um den Körper der herrschenden Klassen - den '"Klassenkörper' mit einer eigenen Gesundheit, einer Hygiene, einer Nachkommenschaft, einer Rasse"[54] -, zum anderen Bestandteil eines grenzenlosen Wissens, einer Wahrnehmung, deren Gültigkeit sich auf alle Menschen erstreckt. Als Sorge und als Wissen ist das Paradigma der Trunksucht - wie Medikalisierung und Hospitalisierung der Devianz überhaupt - ein Mittel gegen bürgerliche Ängste. Es erklärt die Unvernunft ohne sie als Produkt der Vernunft sehen zu müssen. Der Fortschritt der Künste und Wissenschaften, die zunehmende Vermessung und Steuerung des Menschen durch die Obrigkeit in der Disziplinargesellschaft hatte die Unvernunft nicht abschaffen können. Ein *von außen* in die an sich vernünftige Welt eindringendes Gift mußte die Wurzel des Übels sein. Dieses Gift rief eine neuartige Wirkung hervor - es führte zur Sucht. Die alte Trinkkultur war weitgehend zerstört, das Trinken hatte neue Funktionen zu erfüllen, nämlich Fluchtwege zu eröffnen. So hatte die gewandelte Rolle und Bewertung des Alkohols nicht den Sieg der Nüchternheit bedeutet; im Gegenteil, vielen war es, als habe die Trunkenheit zugenommen, als ertrinke die Menschheit in der Flut von Branntwein, Gin und Rum. Angesichts der täglichen Massenflucht aus einer immer besseren, rationaleren Welt erschien die Trunksucht den zukunftsfrohen Trägern des Fortschritts als *deus ex machina*. Sie entlastete nicht nur den Trinker, sondern auch den Nüchternen.

Im alten Alkoholwissen war die Frage nach der Ursache häufiger Trunkenheit widerspruchsfrei und vollständig beantwortet: Sie war das Resultat einer Willensentscheidung; diese zu erklären und zu beurteilen oblag den Ethikern, insbesondere dem Klerus. Mit dem Anspruch auf die Begierde scheint die Medizin sich überhoben zu haben. Freilich hatte sie sich diesen Kraftakt nicht allein aus freien Stücken zugemutet: Die Wissenschaft tat hierbei nichts anderes, als einen Resonanzboden abzugeben für fundamentale Wandlungen in der Gesamtgesellschaft. Hierüber sollte sie sich nun allerdings weit stärker Rechenschaft ablegen, als dies bislang geschehen ist. Die Suchtforschung steht vor der Aufgabe, sich der Eingeschlossenheit ihres Gegenstands in eine spezifische historische Konstellation zu vergewissern.

Anmerkungen

1 Das Folgende basiert auf meinem Aufsatz "Krankheit des Willens" (1991b); ausführl. Quellen- u. Literaturnachweise s.a. SPODE 1991a, S. 100ff.
2 HENCKELL 1720, S. 6.
3 Vgl. HAUFFEN 1889, S. 484ff.
4 THIETMARUS MERSEBURGENSIS: Chronicon, hg. v. W. TRILLICH 1957, VII,56.
5 STROMER 1531 (nicht paginiert).
6 HOFFMEISTER 1640 (nicht paginiert).
7 MONTAIGNE 1588, S. 327.
8 GRACIAN, Sentenz 123 u. 8.
9 TEXTOR 1617, S. 86, 89.
10 KLEINSPEHN 1987, S. 184.
11 Vgl. GRIMM, J. u. W. (Begr.) 1942, Bd. 10.4, S. 858ff.; FAHRENKRUG/ QUACK 1985, S. 346; s.a. HARTEN 1991, S. 72 ff., KLEINSPEHN 1987, S. 181 ff.
12 SEUFFERHELD 1720, S. 5.
13 HORN 1747, S. 3.
14 So 1697 erstmals KLOSE (S. 27).
15 Da man es mit mindestens drei Einflußgrößen zu tun hat - den physiologisch-humoralpathologischen Qualitäten des Branntweins, der Dosis und den Temperamenten - entsteht ein sehr komplexes Bewertungssystem: Ändert sich eine Größe oder wird sie in ihrer Wirkung anders eingeschätzt, können bezüglich Nutzen und Schaden gänzlich unterschiedliche Schlüsse gezogen werden.
16 MARPERGER 1716, S. 42.
17 LEIDENFROST 1781, S. 96. Grundsätzlich ist der Gedanke weit älter: Daß der Wein den Körper austrockene und deshalb zu immer weiterem Trinken führe, wurde bereits in der Antike gedacht; ähnlich meinte dann wieder die cartesianische Medizin des 17. Jh. (BONTEKOE), daß alkoholische Getränke den Durst nicht löschen können, da sie den Lauf der Säfte hemmen.
18 LAVATER 1773, S. 15.
19 FOUCAULT [2]1981, S. 52; vgl. LABISCH 1986, S. 268 ff.
20 HUFELAND 1905, S. 204 f.
21 FORMEY 1796, S. 76, 78.

22 Ganz fern liegt der Gedanke des Willenlos-Kranken anderen deutsch-sprachigen Schriften jener Jahre, wie MÖSER, FRANK, BECKMANN, SCHLÖZER oder dem vielbeachteten Branntwein-Gutachten des Dresd-ner Sanitätskollegs.

23 HUFELAND 1802.

24 Hier nach TROTTER 1821.

25 Vgl. FAHRENKRUG 1984, S. 52 ff.; LEVINE [2]1982, S. 216 ff.

26 Hier nach 1981.

27 KUHN 1973.

28 BRÜHL-CRAMER 1819.

29 Vgl. SPODE 1991a, S. 132 ff.

30 LaROCHE, 1845.

31 Zit. nach SPODE 1991a, S. 111.

32 RÖSCH 1839, S. 253, 161.

33 BOECKER 1845, S. 137.

34 Ebd.

35 Zit. n. STUBBE 1911, S. 40.

36 STOHLMANN 1845, S. 38.

37 Hier nach HUSS 1852. Vgl. BERNARD 1984.

38 HUSS 1852, S. 312.

39 HUSS vermag auch daher allein die "periodische" Form der Trunksucht (die HUFELAND Dipsomanie, andere Polydipsie genannt hatten) zu se-hen. Vgl. grundsätzl. KUHN 1973, S. 165 ff.

40 Vgl. SPODE 1991a, S. 169 ff.; DERS. 1992, S. 110 ff.; FINZEN 1980, passim; SPRINGER 1986, S. 39 ff.

41 HUFELAND 1802, S. 5, 12 f.

42 Zit.n. LEVINE 1982, S. 214. So war das neue Wissen doppelt immuni-siert: indem die Krankheit das Symptom ist, und indem die Krankheit auch ohne Symptome verlaufen kann. Zur Rolle der Überredungs-kunst in der Theoriebildung s. FEYERABEND [2]1976, S. 121 ff., S. 211 ff.

43 BRÜHL-CRAMER 1819, S. 12.

44 RÖSCH 1839, S. 153 ff.

45 STOHLMANN 1845, S. 38.

46 So LEVINE 1982, S. 220; BERNARD 1984, S. 627.

47 Vgl. BERGER/LUCKMANN 1969.

48 FOUCAULT [3]1980, S 27.

49 Vgl. MAC MARSHALL 1979, S. 452.

50 Vgl. LEVINE 1982, S. 215 f., S. 218.

51 Jahrzehntelang muß man den Trunksüchtigen beobachten, bis seine Krankheit manifest werden kann.

52 ... die keineswegs gut bekannt sind. Grundsätzlich sei vor einer ethno- oder hodiezentrischen Sicht der Physis des Trinkers gewarnt: Zur so-zialen Prägung gemeinhin als biologisch gedachter Vorgänge wegwei-send MACANDREW/EDGERTON 1969; MANDELBAUM 1965.

53 FOUCAULT [3]1980, S. 27.

54 FOUCAULT 1977, S. 137.

BURKHARDT KRAUSE

Ehrsucht, Kampfesliebe, Leibeslust

Leib, Ehre und Identität der heroischen Lebensform

I.

Die vorliegende Skizze handelt von einer die kulturelle, politische wie die Bewußtseins- und Seelengeschichte Europas und seiner Gesellschaften in einem beträchtlichen Ausmaß prägenden *mentalité*. Sie hat das politische und soziale Handeln und auch die gesellschaftlich-kulturelle Einbildungskraft elementar und mit weitreichenden Folgen bestimmt. In den turbulenten Anfängen der europäischen Staatengründungen und den sie begleitenden soziopolitischen Entwicklungen seit dem frühen Mittelalter, war sie mit einer spezifischen Lebensform unauflöslich verknüpft und durchherrschte sie fast bis in alle Fasern ihres Selbstverständnisses, ihrer Identität hinein: der heldischen Lebensform des Kämpfers, des Ritters, oder, wie er in der archaischen Sprache der alten Heldenlieder auch heißt: des 'degen', 'recken'oder 'wîgant'.

Die Typologie des 'Heldischen' beziehungsweise die psychogrammatische Struktur des 'Helden' ist bekanntlich nicht allein auf solche Epochen oder historisch-politische Entwicklungsphasen beschränkt geblieben, von denen man überzeugt war, sie hätten 'Heroen', solche gar von herkuleischem Format, als Ordnungs- und Heilsbringer dringend nötig gehabt. Als eine exklusive männliche Karriere hat sie sich über große Zeiträume hinweg und durch mancherlei Metamorphosen hindurch bis in die Gegenwart erhalten, wenngleich auch nicht mehr als eine gesellschaftlich besonders gratifizierte oder gar ausdrücklich geforderte Einstellung, mit den nunmehr eingerichteten sozialen und politischen Wirklichkeiten mit ihren martialischen Mitteln umzugehen. Als ein gesellschaftlicher 'Archetypus' spielt sie unbezweifelbar nach wie vor eine Rolle, und sie wird in ihrer zumindest stillschweigend noch immer bewunderten Attraktivität nicht dadurch etwa wirkungslos, daß sie sich vor allem in die 'Scheinwelten' der zahllosen, oft genug monströsen, Leinwandhelden, in die 'Medien' geflüchtet hat.

Im Bewußtsein und der kollektiven Wahrnehmung der Menschen in den sogenannten alteuropäischen Gesellschaften war der Kämpfer ein dominanter, im täglichen Leben allgegenwärtiger Personentypus, seine markante Lebensweise nicht minder. (Später erst tritt der 'Spießbürger' auf den Plan, das meint jener Typus des Kriegers, der nicht mehr, wie es sich dem zumindest idealiter anspruchsvollen ritterlichen Ehrenkodex entsprechend gehört, mit dem Schwert kämpft, sondern mit der verpönten 'Distanzwaffe', dem Spieß.) Texte, Dokumente, Bilder belegen dies mit überreicher materialer Fülle. In den vormodernen Medien, etwa dem archaischen Heldenepos, in der arthurischen Dichtung mit ihrer gestaltenreichen Apotheose des Heldischen usf., steht die Figur des mutigen Kämpfers zentral, ist sie meist Ausgang, Drehpunkt und Ziel des (literarischen) Geschehens, eine wirkungsmächtige, attraktive Identifikationen anbietende Figur.

Die von starken theologischen Einflüssen konstitutiv beeinflußte politische Theorie des Mittelalters hielt für diese Gruppe von in der Regel 'professionellen' Kriegern seit etwa dem 10./11. Jahrhundert eine selbständige politik-philosophische beziehungsweise standespolitische Kategorie bereit, die der *bellatores* (neben den beiden anderen Ständen der *laboratores* und *oratores*, denen die arbeiten/ernähren und beten).[1] Die ihr eigentlich zugewiesene Aufgabe war es zu kämpfen und zu schützen: die Heimat, *patria*, ihren Herrn, sein Leben und sein Land. So wollten es zumindest die zeigenössischen politischen Vorstellungen von ihren Pflichten. Sie bildete den rüstigen *corpus* der *militia*, das unverzichtbare Rückgrat in allen kriegerischen Aktionen und seit den - 1095 beginnenden - Kreuzzugszeiten die *militia Christi* unter dem schützenden

Schirm und mit dem sakralen Beistand des Pontifikats, und das heißt eigentlich: Gottes. Es erstaunt daher nicht, daß Gott selbst vielfach als der oberste Kriegsherr angesehen und auch als dieser immer wieder um Schutz, Rat und helfenden Beistand angerufen wird. Zu kämpfen ist mithin eine gottgefällige Tat gewesen, wenn es um christliche Werte und Ziele ging, etwa darum, Kirchenfeinde wie Ketzer und Schismatiker, die Abweichler von der einzigen Ordnung, zu bekämpfen.

Die *forma vivendi* des Kriegers mag unter gesellschaftlich-politischen Verhältnissen, die im wesentlichen als 'friedlos', ungeordnet und als gefährlich zu bezeichnen sind, eine in den Verhältnissen gründende Notwendigkeit gewesen sein. Anders war das allseitig unsichere Leben nicht zu bewältigen. Es kannte nur recht wenige und dabei kaum dauerhafte friedenssichernde Ordnungen. Vor allem kannte es keine effektiv wirksame, zentral rechtssetzende und das Recht auch konsequent durchsetzende politische Instanz. Die Rechtsunsicherheit war entsprechend groß. Sie bot der Anarchie und der blanken Willkür reichlich Gelegenheit.[2] So hat der allseitig gegenwärtige Zwang zur individuellen wie kollektiven Selbsterhaltung sie mit hervorgebracht und begünstigt.

Diese äußeren Umstände allein können aber allenfalls oberflächlich verstehen lassen, warum der Kriegerstand, der sich im Laufe der Zeit zu einer elitären 'Kaste' mit eigenwilligen Lebensformen entwickelte, und seine prestigebesetzte Lebensweise über Jahrhunderte einen sozial so außerordentlich exponierten, hochangesehenen Rang in den europäischen Gesellschaften einnahm. Es kommt hier als bedeutendes Moment hinzu, daß mit der Lebensform des Kriegers/Ritters eine bestimmte Einstellung und 'Ethik', eine besondere psychische Disposition verbunden war. Deren Werte gruppierten sich wesentlich um solche Primärtugenden wie 'Tapferkeit', 'Unerschrockenheit', 'Todesverachtung', für die der Faktor der Gewalt und die Bereitwilligkeit, sie auch auszuüben, konstitutiv und unverzichtbar war. Ja, sie war überdies, was für das Verständnis der Mentalität und Charakterologie dieser Gruppe vielleicht am wichtigsten ist, durch eine eigene, sozial überaus anziehende Mythologie unterfüttert. Der Kampf nobilitierte den Kämpfer. Im Kampf bewies er nicht allein, ob und daß und wieviel Mut er hatte, über Kraft verfügte. Er bestimmte schlechthin seinen gesellschaftlichen 'Wert', das, was ursprünglich *eigentlich* das Wort *Tugend* meinte: wozu einer *taugt und - wehrhaft - fähig ist*. Er versprach ihm Lohn, säkularen = materiellen oder spirituellen, oft beides. Als christlichem Kämpfer war ihm der sonst steinige, schmale Weg zum *regnum coelorum* wie selbstverständlich gebahnt.

In ihrem eigentlichen und substantiellen Kern aber hatte diese Lebensform mit einer ungewöhnlich wirkungsvollen gesellschaftlichen Wertung und individuellen Selbsteinschätzung zu tun, die das schier unerschöpfliche energetische Antriebsaggregat kriegerischen Handelns und Tuns war. Sie lebte aus der 'Ehre' und lebte im wesentlichen für sie.

Ehre ist im lebensweltlichen Kontext der feudalen Gesellschaft freilich nichts Akzidentielles, nicht etwas, das man wie beiläufig neben manchem anderen sonst auch noch besitzt. Sie ist ein Vitalprinzip und oberster überhaupt erwerbbarer Ausdruck der gesellschaftlichen Wertschätzung eines sozialen Verbandes und seiner in ihm und von ihm lebenden Individuen. Sie ist nicht nur begrenzt als individueller, sondern vielmehr als ein gesellschaftlicher Wert aufzufassen. Ehre ist nichts Privates. Sie ist nicht nur auf eine einzelne Person, sondern auf die 'Familie' beziehungsweise die 'Sippe', zu der jemand gehört, bezogen, auf das *lant*, dem man diente, ja auf den Besitz und die Ahnen der Sippe. Aristoteles hat die Ehre in der 'Nikomachischen Ehtik' als den höchsten der innerweltlich anstrebbaren Werte angesehen, und dies ist fast bis in die Gegenwart hinein auch so geblieben, selbst wenn sich in den modernen, säkularen Gesellschaften die Art und Weise, Ehre zu erringen, grundlegend verändert hat und auch nur mehr eher selten von 'Ehre', sondern unvergleichlich laxer vom 'Prestige' die Rede ist und auch das 'unehrenhafte' Handeln kaum mehr mit den harschen und existenzbedrohenden Sanktionen belegt wird, wie dies noch im Mittelalter der Fall war. Das beweist, trotz aller beobachtbaren substantiellen Wandlungen und emotionalen Begrenzungen des Ehrbegriffs in der Moderne, nicht nur die bemerkenswerte Kontinuität des Ehrprinzips durch die historischen Epochen hindurch, sondern darüber hinaus die *lange Dauer* einer sich vom Ehrenpunkt (*pundonor*) her definierenden kollektiven Psychologie.

Die - alte - Ehre der archaischen beziehungsweise semiarchaischen (Krieger)-Gesellschaften besitzt kräftige Züge des Mythischen. Sie trägt vor allem anderen zum 'Staunen' bei, zur (beinahe heiligen) Scheu (aidós) vor persönlicher Größe und Bedeutsamkeit, vor Macht, Einfluß, Charisma.[3] Sie verweist über das alltäglich Weltliche hinaus auf Höheres, welches 'göttlich' ist oder das Göttliche zumindest streift, zu ihm in einer Beziehung zu stehen beansprucht. Die Ehre haben, lassen sich mit alltäglichen Maßstäben gesellschaftlicher Wertschätzung nicht beurteilen, und nur wer selbst von Ehre ist, kann ihnen auf gleicher Ebene begegnen. Jenseits der Ehre ist man nichts, wird man als soziales Wesen kaum wahrgenommen. Alles, was in der Welt überhaupt als Glück und Heil anzusehen ist, ist unmittelbar und substantiell vom geringeren oder grösseren Maß der Ehre abhängig, die man hat. Ehre zu erlangen, sie zum Ruhm der gesamten Sippe und zum eignen zu steigern, zu erhalten und sie konsequent, zum Beispiel in der Fehde, und dies meint in der Regel: bis auf Bein und Blut zu verteidigen, hat deshalb auch mit der alles übliche Maß übersteigenden Leidenschaft zu tun, mit der Passion im Doppelsinn des Wortes. Anders wäre überhaupt nicht verständlich, warum man für sie das Leben, oft wegen einer - scheinbar - lächerlichen Geringfügigkeit, hinzugeben bereit war. 'Ehre' und 'Kampf' - oder die 'Rache', die gar nicht einmal so sehr Vergeltung ist, sondern den durch andere beschädigten Zustand heiler sozialer Identität wiederherstellen will - verweisen unmittelbar aufeinander, sie bedingen sich wechselseitig geradezu zwingend.

Der ehemalige Bundeswehrgeneral Graf Baudissin hat vor vielen Jahren die elegante Formel des 'Bürgers in Uniform' erfunden. Sie war gesellschaftspsychologisch mit Bedacht und mit feinem Gespür für die veränderten Verhältnisse in einer gewandelten politischen Kultur gewählt und nicht nur als semantischer Euphemismus, als eine Camouflage zu verstehen, sollte sie doch auch dem Soldatenstand unter endlich demokratisierten politisch-sozialen Verhältnissen den bedrohlichen Ruch des Martialischen nehmen, das militant-junkerhafte Preußische, das Harte und den zumal in Deutschland ideologisch zurecht schwer belasteten Mythos des Heldenhaften. Soldat zu sein oder es sein zu wollen, sollte nun mit einem demokratisch fundierten, einem dem allgemeinen Willen entspringenden Pflichtbewußtsein übereinstimmen, einer grundgesetzlich potentiell jedem Bürger aufgetragenen, einverständlichen Pflicht, nicht hingegen einer gewissermaßen 'psychischen' Disposition, einem *Habitus*, der sich in männerbündisch-heldenidealisch gestimmter Gemeinschaft verwirklicht haben will. Baudissin gleichsam kulturpädagogisch intendierte Formel diente somit auch der Ent*mystifizierung* und der Ent*archaisierung* des alten, kämpferisch-aggressiven Ehrbegriffs. Er hatte keinen sinnvollen Ort mehr im Nachkriegssystem der neuen demokratischen Werte.

Die Lebensform des Kriegers wie auch seine Mentalität haben sich wohl gewandelt, nicht zuletzt durch neuzeitlich veränderte, säkularisierte Staatskonzeptionen und die mit ihnen verbundenen Differenzierungen im Gefüge staatlicher Funktionsbereiche, die auch die 'Psychologie' und Selbstauffassung des Staates grundlegend verwandelt haben. Sie sind indes damit nicht auch schon getilgt, sondern gleichsam nur verschoben, auf andere Werte hin orientiert und auf anderen Ebenen gleichsam stillgelegt worden. Im Zeichen neuer 'Welt- und Friedensordnungen', wie sie einmal mehr nach unheilvollen Kriegen der amerikanische Präsident Bush unermüdlich beschworen hat, wie sie bereits das kriegserfahrene späte Mittelalter immer wieder beschwor und in zahlreichen Konzilien (mit offenkundig geringem oder immer nur kurzfristigem Erfolg) diskutierte, bleibt dennoch gegenwärtig, was diese Ordnungen doch zu beseitigen anstreben oder dies zu wollen behaupten: der Krieg und mit ihm die unvermeidliche Notwendigkeit des Kriegers.

II.

Der Psychoanalyse - wie auch der Paläo- und Humananthropologie - ist die in der *condition humaine* tiefgründig verwurzelte antagonistische Verknüpfung von Aggressivität/Sadismus und libidinösem Begehren wohlvertraut. Sie ist nicht nur der Ausdruck einer pessimistischen Anthropologie oder Ideologie. Für Freud, der auf diesen beängstigend starren Antagonismus immer wieder in verschiedenen seiner Studien zu sprechen gekommen ist,[4] stellte sie ein außerordentlich be-

drängendes und für ihn über lange Zeit auch unbewältigt ge-
bliebenes Problem in seiner Konzeption der Triebtheorie dar,
in der zunächst der *Eros* als die einzige energetische Trieb-
Quelle galt: "Wie soll man", fragte er aber später, nach dem
traumatisierenden Erlebnis des Ersten Weltkriegs, zweifelnd,
"[...] den sadistischen Trieb, der auf die Schädigung des Objekts
zielt, vom lebenserhaltenden Eros ableiten können?" (FREUD
1920) Den offenkundig unaufhebbaren Widerspruch zwischen
dem Trieb, andere/anderes zu 'schädigen' und dem, Leben zu
stiften und es zu erhalten, vermochte er erst durch die Annahme der nebeneinander bestehenden und miteinander wirksa-
men Existenz zweier gleichrangiger Triebe, des Thanatos und
des Eros, zu überwinden und als ein unumstößliches anthropologisches Faktum zu akzeptieren.[5]

'Lust' sei, meinte - in vorpsychoanalytischen Zeiten - KANT,
um die sich über FREUDS Konzeption anbietende Orientierung
an psychoanalytischer Theoriebildung nun etwas zurückzu-
nehmen, der Grund oder der Antrieb, einen als angenehm empfunden Zustand aufrechtzuerhalten, "in ihm zu bleiben".[6]
Das ist eine sehr hilfreiche Bemerkung, denn sie umschreibt
einen gleichsam allgemeineren Nenner, unter dem Lust zu betrachten ist. Lust als eine 'positive', lebensspendende und -er-
haltende Energie zielt, ob freudianisch oder kantianisch gedacht, auf die Selbsterhaltung (von *Existenz*) ab.[7]

Die Perspektive auf eine historische Lebensform muß sich
hermeneutisch disziplinieren, mithin auch die Verstehenshil-
fen, wie sie unbezweifelbar förderlich zum Beispiel die Psychoanalyse an die Hand gibt, wenn zwar nicht abzuweisen, so
doch zu historisieren versuchen.

Um dies zu tun, bietet es sich für den Philologen, der sich
auf dieses heikle und ihm gewiß auch eher fernliegende Thema einläßt, zunächst an, die Etymologie, also Herkunft und
'ursprünglichen Sinn' des Wortes 'Lust' ein wenig näher zu
betrachten, um den Horizont dessen etwas genauer abzustek-
ken, was ursprünglich als 'Lust' bezeichnet worden ist oder
für welche Empfindung 'Lust' der adäquate Ausdruck schien.
Dabei wird eine gewisse Streuung von Bedeutungen auffal-
len, wobei im einzelnen die 'Richtigkeit' möglicher oder mit
einiger Plausibilität ausgestatteter Etymologien nicht immer
ausreichend sicher beleg- und beweisbar ist. Es finden sich Hin-

weise darauf, daß die heute vornehmlich gebräuchliche oder vordergründig besonders beachtete Semantik: sexuelles, libidinöses Wohlempfinden, durchaus eine Einschränkung beziehungsweise einseitige Zuspitzung der ursprünglichen (wahrscheinlichen) Bedeutung darstellt. Die sprachwissenschaftlich zwar nicht vollständig abgesicherte, vermutlich aber doch mit guten Gründen als korrekt anzusehende Etymologie von 'Lust' hat vielmehr mit einem sehr praktischen, ja auf den ersten Blick geradezu banal anmutenden Zweck zu tun. Denn Lust geht wohl auf die germanische Wurzel *leus- zurück (= verlieren beziehungsweise 'lösen'), "wobei Ausgangspunkt der Wortgeschichte das konkrete zu Viehfütterungszwecken abgeschlagene (abgelöste) Laubbündel sein dürfte, welches Lust beim damit gefütterten Vieh wie beim viehhaltenden Menschen auslöst."[8] Das meint: 'Lust' zu haben resultiert hier aus einem zwischen Menschen und Tieren bestehenden wechselseitigen *Versorgungsverhältnis*, das einer bestimmten wirtschaftlichen Verkehrsform in frühen, vorindustriellen (=agrarischen) Gesellschaften entspricht. Als Wohlempfinden dürfte sie entsprechend als die Folge einer symbiotischen Beziehung, einer für beide Seiten vorteilhaften Erhaltung durch die *reziproke Gabe von Nahrung* einigermaßen plausibel gedeutet werden: Den Tieren vom Menschen das Laub als Futter, den Menschen von den Tieren die Milch, das Fleisch und so fort. Lust zu empfinden, ist in diesem Sinn Ausdruck der Erfüllung des elementaren Bedürfnisses nach Subsistenzsicherung. Neben oder für 'Lust' können außerdem eintreten: 'heftig begehren, sich sehnen, verlangen' (von griechisch *lilaiesthai*); ebenso: 'mutwillig, ausgelassen, zügellos, üppig, geil' und so weiter.[9]

Das Wort 'Lust' läßt demnach keine unmittelbar naheliegende oder zwingende Identifikation mit der Empfindung sexuellen Begehrens allein zu, es beinhaltet den libidinösen Aspekt aber, insofern Subsistenzsicherung elementare Voraussetzung jeglicher Prokreation ist.[10] Wie verträgt sich dieser Befund mit der Beziehung zwischen 'Ehrsucht', 'Leibeslust' und 'Kampfesliebe'?

III.

Zum Thema: Der Kampf ist ein archaisches, zivilisationsgeschichtlich überkommenes 'Modell' gewalttätiger, kriegerischer Konfliktlösungen, ein 'letztes Mittel', um durch staatliche Eingriffe Gemeinsamkeiten zu erzwingen. In Zeiten freilich, für die das HOBBESsche *homo homini lupus* ein nicht unzutreffendes Bild für die faktisch bestehenden politischen und gesellschaftlich-psychologischen Verhältnisse gewesen ist, war er eine den Menschen im Übermaß, ihm bis in seine 'privaten' Lebenssituationen hinein vertraute Verhaltensweise, alle überhaupt nur möglichen Konflikte zu bewältigen.

Aggressive, lebensbedrohende körperliche Auseinandersetzungen gelten hingegen in der Moderne (zivilrechtlich) als Ausdruck unzulänglicher Affekt- und Selbstkontrolle, schärfer: als Zeichen atavistischer Dezivilisierung, der dehumanisierenden Regression. Zu Recht gilt deshalb der Kampf zwischen Individuen (im Sinne der rechtsanmaßenden Selbstjustiz) - und auch der Massenkampf, also der Krieg, gegen jede mit welchen Gründen immer gestützte Überzeugung, ein Krieg könnte im Zeitalter der Geltung allgemein verpflichtender Ethiken ein *bellum iustum* (wie für AUGUSTINUS und die Jahrhunderte nach ihm) sein - als sittlich verwerflich. Zumindest als ein *abstraktes*, allgemein verbindlich vorgestelltes ethisches Postulat ist an seine Stelle die sprachlich-diskursive Auseinandersetzung in einer (weltweit ausgespannten und in zahlreichen internationalen Institutionen vernetzten) 'Kommunikationsgemeinschaft' getreten, das heißt die Verhandlung, die Vernunft und Widervernunft abwägende Diskussion um überzeugende, bessere Argumente und andere kulturell akzeptierte Streitformen der rationalen, kommunikativen Aushandlung und friedlichen Beseitigung von Streitfragen.

Der bewaffnete Kampf mit seinen entschieden teuflischeren 'höllischen Künsten' (als sie noch IMMANUEL KANT, von dem diese Charakterisierung [in 'Zum ewigen Frieden'] des Krieges stammt, zu seiner Zeit vertraut waren und er sie sich vorstellen konnte) ist dennoch weiterhin ein offenkundig einverständliches und in allen (auch europäischen) Weltregionen eingesetztes Mittel 'politischen' Handelns geblieben: trotz aller völkerrechtlichen Normen und seiner zivilisatorischen Ächtung. Das nach wie vor global verbreitete Denken in archaischen, elementar-polaren Freund-Feind-Kategorien hat nur wenig von seiner immer wieder erschreckend schnell revitalisierbaren atavistischen Energie verloren, die sich beinahe zwangsläufig in kleinen und großen Händeln und Kriegen stets nur kurzfristig erschöpft. Es will im Gegenteil scheinen, daß Politik nach wie vor ohne den Einsatz von kriegerischer Gewalt zur Erreichung politischer Zwecke und ohne die Entrichtung von Blutzoll nicht möglich ist, daß sie vielmehr als unauslöschbare *ultima ratio* politischen Handelns jedenfalls strategisch einbedacht wird.

Die unmittelbare Verknüpfung von Politik und dem archaischen Krieg (Kampf) hat eine lange Tradition, für die die Grenzlinien zwischen Humananthropologie, Ethologie, Politik und sozialem Handeln nie präzise gezogen waren. In der Tat ist sie für viele exponierte und prominente politik- und staatstheoretische Diskussionen noch unseres Jahrhunderts konstitutiv gewesen und zum Zwecke legitimatorischer Begründungen von Gewaltanwendung exzessiv ausgebeutet worden (und dies meist mit dem seit je bestechenden Argument, Kriege seien um des Friedens willen nötig, also gleichsam *sittlich erlaubt*). Es sei hier lediglich auf entsprechende einschlägige Studien des mit guten Gründen umstrittenen Staats- und Rechtstheoretikers CARL SCHMITT, ebenso auf bestimmte Erörterungen MAX WEBERS und auf frühere Positionen HELLMUTH PLESSNERS hingewiesen. In literarischer Hinsicht wäre insbesondere an ERNST JÜNGER zu erinnern, dessen zutiefst pessimistische anthropologische Einschätzung, der Mensch sei gar nicht auf den 'Frieden angelegt', geradezu paradigmatisch für das Fortleben eines uralten, unverwüstlichen 'Natur'-Programms einstehen kann. Dieser Gesichtspunkt eines sicherlich kaum spezifisch 'deutschen' Erbes kann hier nicht weiter ausgeführt, aber es muß doch auf einen grundlegenden Aspekt hingewiesen werden, der diese Auseinandersetzungen um den Gewaltbegriff und die Legitimität der Gewaltanwendung qualitativ entscheidend mitbestimmt hat: Unabhängig von in gegebenen historischen Problemsituationen anstehenden Entscheidungs- und Handlungszwängen, das einem (tatsächlichen oder nur vorgeschobenen) Zweck zuträgliche politische Mittel zu wählen - wird Gewalt von ihnen geradzu als ein anthropologisch elementares Charakteristikum behauptet, mithin als ein im *Wesen* der menschlichen Existenz selbst eingepflanzter und zivilisatorisch nicht beseitigbarer Modus nichtfriedlicher (= aggressiver) Selbstbehauptung. Die Ausübung von Gewalt gilt für sie als ein konstitutionelles Element der biologisch fundierten *conditio humana*, das sich allen zivilisatorischen Anstrengungen und erreichten Standards letztlich zu widersetzen scheint. Wie leicht zu erkennen ist, führt diese Annahme direkt in die Hinter- und dunklen Abgründe eines prominenten - und gleichermaßen prekären - ethologischen Diskurses, für den (nicht zuletzt durch Darwins lang anhaltenden eminenten Einfluß untermauert) die Paläontologie des menschlichen Geistes der Entwicklungsgeschichte der höheren Säugetiere noch entschieden enger verschwistert, oder wohl besser: verbrüdert ist, als es alle optimistischen Staats-, Zivilisations- und Kulturtheorien zu akzeptieren bereit sein können. Hier wäre an KONRAD LORENZ ('Das sogenannte Böse') zu erinnern, an den Paläoanthropologen ROBERT BILZ ('Wie frei ist der Mensch?'), an Thesen von IRENÄUS EIBL-EIBESFELDT, ARTUR KOESTLER und viele andere, die deshalb durchaus nicht schlankweg als die düsteren Protagonisten der Gegenaufklärung zu bezeichnen wären, aber doch als Mahner, die evolutionsgeschichtlich inzwischen *scheinbar* erworbene Dignität des Menschen - wo es um die tatsächliche Evolution der Spezies *homo sapiens* zur alleinigen Geltung der 'Vernunft' geht - nicht blauäugig in schierer Verkennung dessen, was Kultur und was Zivilisation ist, überzubewerten, sondern vielmehr gleichsam die unbezweifelbar perrenierende Resistenz des 'biologisch-stammesgeschichtlichen' Erbes mitzukalkulieren, auch dort, wo es scheinbar um allein *vernunftbestimmte* Entscheidungen geht.[11]

Tatsächlich ist die zwischen 'Vernunft' und 'Biologie', zwischen 'Intellekt' und 'Trieb' zivilisationsgeschichtlich eingerichtete Grenze offenbar äußerst schmal, für Überschreitungen und Verletzungen in bedenklichem Maße anfällig und deshalb auch für ideologische Zwecke so leicht instrumentalisierbar. Gerade der Krieg, also der kollektive zerstörerische Kampf zwischen einander sich zu 'Feinden' erklärenden Menschen (Völkern), müßte in jeder Hinsicht zu unterlassen sein, wo die normativ postulierte Würde menschlicher Vernunft auf dem Spiel steht und dem zivilisatorischen und sittlichen Anspruch etwa des 'Kategorischen Imperativs' oder des Dekalogs überhaupt irgend eine zeit-, gesellschafts- und kulturenübergreifende Bedeutung zukommen soll.

Kriege zu führen setzt unausweichlich die *Absicht* politischer Entscheidungsträger voraus, einen politisch vorgegebenen und mit welchen Gründen immer als sinnvoll behaupteten Zweck mit aggressiven Mitteln - also mit dem Kampf - durchzusetzen. Kriege zu führen kann legitimatorisch auf die Vernunft nicht rekurrieren dürfen, sofern deren Prämissen apriorisch in ihrer Geltung akzeptiert werden. Die *Absicht zum Krieg* muß geradezu notwendigerweise die Vernunft und die Prinzipien der Sittlichkeit aufzuheben trachten und *tiefere* Schichten des menschlichen Selbstverständnisses, demnach die vielberufenen 'Instinkte', das *Unbewußte*, unter Umgehung der Vernunft anzusprechen und zu affizieren versuchen. Kriege zielen darauf ab, Menschlichkeit aufzuheben, als Wert zu annullieren und den zum Feind deklarierten Menschen als beliebiges Objekt zu setzen, ihn zu dehumanisieren, zu verdinglichen.

Zur Absicht zum Krieg gehört freilich ebenso unausweichlich die Bereitschaft solcher, diese Entscheidungen auszuführen und dies (möglicherweise) auch zu *wollen*. Sie erfordern, erwarten, sozialisieren oder erzwingen eine Mentalität, das Psychogramm des Kriegers, die Bereitwilligkeit und die sie tragende Überzeugungskraft also, individuelles Leben einem allgemeinen, potentiell den Tod - und damit alle Existenz - einkalkulierenden Zweck *bewußt* hinzugeben.

IV.

Um nun - historisch etwas besser zu verstehen zu versuchen, was mit der in sich unvereinbar scheinenden thematischen Verknüpfung von 'Leibeslust' und 'Kampfessucht' für die *heroische* Lebens- und Existenzform gemeint ist, bedarf es einer nicht geringen Anstrengung historischer und anthropologischer Abstraktionsfähigkeit. Sie müßte sich zunächst einmal auf die nur schwer nachvollziehbare, hier auch nur thesenhaft knapp formulierte Überlegung einlassen, daß die langwierige Konstruktion moderner 'Identität', daß die Begründung des neuzeitlichen, selbstbestimmten und sich in seiner Individualität als unanfechtbar behauptenden Individuums einen gewaltigen Verlust von 'Leiblichkeit', ihren Funktionen und Fähigkeiten im gesellschaftlichen wie politischen Handeln voraussetzt, pointierter: durch deren Paralysierung in systematisch betriebener Bewußtseinsarbeit erst möglich geworden ist. Der Leib ist nicht mehr der "Statthalter des Individuums".[12] Dies ist in ihrer offenkundigen Verkürzung eine zivilisations-, kultur- und mentalitätsgeschichtlich weitreichende Behauptung. Sie macht nicht zuletzt auf die Verfallsgeschichte einer abundanten Verarmung des leiblichen Ausdrucks- und Aktionsvermögens aufmerksam, das heißt auf die Fähigkeit von Leibern, selbst 'identitäts'- und 'handlungsmächtig' zu sein. Die zivilisationsgeschichtlich beobachtbare Verkümmerung der Möglichkeiten des leiblichen 'Welteingriffs' hat zu einer fundamental veränderten Definition, Gestaltung *und Bewertung sozialer Beziehungen*, bis hin zu den modernen Liebes'konzeptionen',[13] geführt. Die dramatische Geschichte der *Entleib*lichung oder pointierter: der sukzesslven De'konkretisierung' von Identität als einer ursprünglich unmittelbar am Leib erlebten, erfahrenen und auch erlittenen Wirklichkeit, läßt sich auf verschiedenste Weisen benennen, und es lassen sich in ihrer planvoll-gerichteten Durchsetzung die unterschiedlichsten Mechanismen und Strategien am Werke beobachten. Der Bischof von Hippo, AURELIUS AUGUSTINUS, ist gewiß nicht der früheste, was seine über Jahrhunderte hinweg nur von wenigen bezweifelte Autorität angeht, sicherlich aber mit der wirkungsmächtigste 'Leibgegner' und meinungsbildende Programmatiker einer langfristig entworfenen, europäischen christlichen Anthropologie gewesen, die sich wesentlich aus platonischem und manichäischem Erbe speiste. Ihr Ziel- und Ansatzpunkt war zweifellos der Leib als Träger alles Sinnlichen (das nach KANTs Bestimmung im Paragraphen 8 seiner 'Anthropologie in pragmatischer Absicht', schon deshalb "Pöbel [ist], weil es nicht *denkt*"), die hinfällige Materie (und nur verblendete Leibfetischisten werden darin *nur* Verwerfliches sehen können).[14]

"Der Leib unterliegt [...] dem Tode mehr und ist dem Nichts demzufolge benachbarter. Deswegen neigt sich ein Leben, welches an der Frucht des Leibes Geschmack findet [...] dem Nichts zu."[15]

Der Leib ist bereits dadurch, daß er *Materie* ist, dem Nichts unmittelbar verwandt und als Materie der Verwesung nahe. Diese Überzeugung durchherrschte, auf die *lange Dauer* gesehen, erfolgreich die exponierten theologischen Positionen mittelalterlicher Anthropologie: *In hac vita misere vivitur.* Mit NORBERT ELIAS würde man einschlägig vom Zivilisationsprozeß sprechen, also von einer progressiven Internalisierung der extern auf alle als 'unfein' (oder - soziologisch - als 'unhöfisch') geltenden Leibexpressionen wirkenden Zwänge; mit MICHEL FOUCAULT von den systematisch entfalteten Wirkungen der 'Dispositive der Macht' oder von den Selbstbeeinflussungstechniken einer direkt auf den eigenwilligen Leib gerichteten 'Körperpolitik' und 'Mikrophysik der Macht'; mit MAX WEBER von der Entmythisierung oder 'Entzauberung' archaisch-mythischer Weltbilder und so fort.[16] Nicht zuletzt müßte an HEGELS Einschätzung erinnert werden, daß die Menschen der bürgerlich emanzipierten Moderne in der existentiellen *Entzweiung* von anthropologischer Bedürfnis*natur* und den abstrakter werdenden gesellschaftlichen Beziehungen leben.

Welcher der einzelnen, bloß summarisch erwähnten, Positionen man auch immer als der (scheinbar) plausibelsten zuneigen mag: Als historischer 'Archetypus' vorzivilisierter Körper ersteht - in "gar nicht so weit zurückliegender geschichtlicher Zeit" (JOHAN HUIZINGA) - der von zivilisatorischen Anmahnungen, Maßregelungen, Bestrafungen und Erpressungen (scheinbar) noch nicht durch und durch vereinnahmte, vermessene und in seinen Bewegungen, Wünschen, Affekten und Passionen allseitig regulierte, gleichsam der *anarchische*, selbstbestimmte 'Leib'. Das heißt aber auch und vor allem: eine elementar andere Weise, zu anderen Zeiten und mit anderen Mitteln und Möglichkeiten 'Mensch zu sein' (CHRISTIAN MEIER) - oder dies sein zu *müssen*.

Diese die gleichermaßen langwährende wie entbehrungsvolle Geschichte systematischer Körperdisziplinierungen (und ihrer neurotisierenden Folgen für die kollektive Mentalität und das Selbstverständnis einer Gesellschaft) rasch überfliegende Behauptung beinhaltet die Annahme einer *ursprünglicheren,* vormodernen, ja einer vollkommen *anderen* und auch radikal *fremd* gewordenen Qualität von Identität und menschlichem Selbstverhältnis. Sie bestimmte sich noch - und damit ist nur recht wenig darüber gesagt, was dies an Folgen zum Beispiel für die psychische und soziale Organisation von Individuen und ihr Verhältnis zueinander bedeutet - primär über den Leib als der 'Ursprungskonkretion' des Weltseins (E. HUSSERL).[17]

Sich selbst über den 'Leib'- und nicht über die von ihm abgespaltenen Akte des allein vernünftigen Bewußtseins - als dem Zentrum des Selbst- und Weltbezugs zu verstehen, in ihm und durch ihn aktiv, eingreifend, handelnd *welthaft* zu sein, läßt unter historischem und kulturanthropologischem Blickwinkel wiederum alle leibgebundenen Expressionen, Handlungen und Tätigkeiten in einem anderen Licht sehen und bewerten.[18] Nicht weniger als sie zugleich die Empfindungen, Leidenschaften und Affekte des welt- und außenorientierten Leibes, mithin den Schmerz, die Trauer, die Liebe - auch den *Kampf*, die *Lust*. Sie haben eine tiefgründige Geschichte, und diese Geschichte, die das Entstehen des modernen Individuums vorantreibt, sein gesellschaftlich geduldetes *Imago*, das wachsende Auseinandertreten von Individuum und Welt, von subjektiven und objektiven Strukturen (Subjekt und Objekt) bleibend einrichtet, diese Geschichte verbietet es, Erfahrungszustände und -qualitäten wie Freude, Trauer, Ärger oder Lust von den historischen, sozialen und kulturellen Umständen abgetrennt zu betrachten, unter denen sie entstehen, wirksam sind und 'gefühlt' werden.[19]

V.

Meine knappen Erkundungen richten sich im folgenden, wie schon angedeutet, auf eine historisch vergangene Epoche, 'das' Mittelalter.[20] Immer entschiedener und mit mancherlei einsichtigen Argumenten wird ihm die, allerdings zwiespältig zu wertende, Gunst der Überzeugung zuteil, die *eigentliche* Wiege des neuzeitlichen Individuums zu sein. Tatsächlich ist *das* Mittelalter, wenn ich hier auf notwendige Differenzierungen großzügig verzichten darf, diejenige Epoche, in der sich politisch, kulturell, psychohistorisch und mentalitätsgeschichtlich aus einem noch archaischen, ja oft geradezu 'primitiv' zu nennenden Milieu heraus die elementaren Dynamiken und bleibenden Strukturen herauszukristallisieren beginnen, die noch in der Moderne im 'kollektiven Gedächtnis' (*mémoire collective*, MAURICE HALBWACHS) und im emotionalen Haushalt der Europäer mehr oder minder intensiv nachwirken, als das kulturelle 'Erbe' in den 'Köpfen' (GRAMSCI).[21] Allerdings nicht nur als rudimentäre, primitive *survivals* (im Sinne des britischen Ethnologen E. B. TYLOR), sozusagen als die anachronistischen Störelemente des mit großem Aufwand endlich erreichten - und scheinbar unumkehrbaren - *status civilis*, sondern als - wenngleich schon verdeckte, mediatisierte, kompensierte - verhaltensprägende Energien. Zu ihnen gehört fraglos noch immer der Kampf, mithin also die - durch Ersatzformen aggressiven Handelns heute gleichsam (wenn letztlich auch nur vordergründig) apaisierte - latent weiterwirkende Bereitschaft, Konflikte immer wieder auch gewalthaft, d.h. durch den Einsatz des Körpers und mit Waffen, zu bewältigen. Zu kämpfen, mehr noch: kämpfen zu wollen, ist nicht allein Ausdruck eines zwanghaften, blind wütenden naturwüchsigen Triebs, sondern einer dauerhaft eingerichteten soziokulturellen Konfiguration (einer, wie der französische Historiker FERNAND BRAUDEL gesagt hat: *longue durée*), mit Konflikten gewalttätig fertig zu werden. Kampf und Krieg sind daher als *kulturelle* und somit als *sozialisierte*, erlernte Muster von Konfliktlösungen aufzufassen.[22] Im Kampf oder dem aggressiven Händel setzt sich eine alte, zählebige Konfiguration kultureller, sozialer und psychologischer Momente in faktische Reaktionen um. Sie bleibt historisch gleichsam dauernd abrufbar.

Noch IMMANUEL KANT war sich zu hochaufklärerischen Zeiten hellsichtig bewußt, daß auf der "Stufe der Kultur [...], worauf das menschliche Geschlecht steht, [...] der Krieg ein unentbehrliches Mittel [ist], diese noch weiter zu bringen; und nur nach einer (Gott weiß wann) vollendeten Kultur würde ein immerwährender Friede für uns heilsam und auch durch jene allein möglich sein." Der Krieg erschien ihm durchaus als ein kulturstiftendes Mittel, womit er der uralten Überzeugung des HERAKLIT beipflichtet, daß der *Krieg der Vater aller Dinge* sei. Immerhin galt ihm aber der Friede als ein künftig zu erreichender Horizont des menschlichen Geschlechts wie auch HEGEL den Krieg lediglich als etwas "Vorübergehensollendes" (1820), gewissermaßen als die Ausnahme von der *eigentlich* geltenden Friedensregel, verstanden wissen wollte. Daß KANT freilich auch der Ansicht war, selbst der Krieg könne dann etwas "Erhabenes" haben, wenn er mit der "Ordnung und Heiligachtung der bürgerlichen Rechte" geführt werde (so formuliert in der 'Kritik der Urteilskraft'), muß ein wenig erstaunen, ja befremden.[23]

Das mit scharfen Waffen ausgefochtene, den eigenen beziehungsweise den Tod des Gegners intentional einkalkulierende Duell, eine vor allem vom Adel, späterhin auch von Bürgerlichen zum tatkräftigen Beweis ihrer ehrebewahrenden 'Statisfaktionsfähigkeit' (NORBERT ELIAS)[24] noch bis in das frühe 20. Jahrhundert hinein ausgeübte Form des 'geregelten, ritualisierten Kampfes', wäre zu diesen aggressiven 'Ersatzformen' zu zählen. Im besonderen die selbst noch in der politisch-kulturellen Landschaft der Moderne, trotz aller staatsphilosophisch fundierten Prinzipien 'vernünftigen Handelns' fortbestehende Institution des Duells, beweist schlagend die so zähe wie unglücksselige Kontinuität einer unausrottbaren 'archaischen' - man muß nicht ausdrücklich hinzufügen: *maskulinen* - Mentalität des Kämpfens und des Kämpfers, von Angesicht zu Angesicht, wo es um Kränkungen, wesentlich narzißtische Kränkungen, um eine geradezu pathologisch fixierte Ehrsucht, den ominösen Kardinalpunkt jedenfalls männlicher Selbstauffassung, den *point d'honneur*, geht, der doch so klar fixiert und organisch präzise ausgedeutet werden kann. Auch die vehement gegen die immer wieder ordnungsbedrohend ausufernde Duellpraxis opponierende Aufklärung - sie brachte ja immerhin solch' bedeutende Vernunfts- und Friedenstexte wie die 'Metaphysik der Sitten', 'Zum ewigen Frieden' hervor - vermochte recht wenig zur dauerhaften Beseitigung dieses schmerzhaften Relikts aus feudal-archaischen Zeiten beizutragen, das alle scheinbar erworbene zivilisatorische Reife - gar Perfektion - im politischen wie gesellschaftlichen und auch tagtäglichen Handeln kraß widerlegte und als bloßen Schein, als Wunschbild enthüllte. 'Zivilisiertheit' war lediglich ein dünnes Firnis, ein fragiles Häutchen über der Gewalt und Anarchie der Sitten, und von der 'Mortalität' (KANT) als dem eigentlichen Ziel menschlicher Entwicklung noch unendlich weit entfernt. Nur am Rande sei hier vermutet, daß die noch in der frühen Moderne offenkundig äußerst vital gebliebene

Radikalität des Anspruchs auf persönliche Selbstverteidigung (die 'Ehrenrettung') mit der in Deutschland besonders eigenwillig rezipierten - und vor dem Hintergrund der politischen Entwicklung Deutschlands vielleicht auch einigermaßen verständlichen - Geschichte naturrechtlicher Ideen und Prinzipien zusammenhängt. Darauf kann ich nicht weiter eingehen.

Aus eben dem so fortschrittsbeflissenen Geist der Aufklärung heraus hat der Franzose CHARLES PINOT DUCLOS einmal den auffälligen Gedanken bemerkt: Bei den 'zivilisierten' Völkern würde der ungezügelten Anwendung von 'Gewalt' kraft der ordnend eingreifenden Macht der Gesetze Einhalt geboten. Es sei die Kraft des aufgeklärten Intellekts, die strikte Geltung der Vernunft, die die Notwendigkeit von Gesetzen als die zwingende Bedingung von Zivilisiertheit überhaupt einsehe. Demgegenüber begründe bei den archaisch (= den gesetzlos) lebenden *Wilden*, so DUCLOS weiter, "die *Stärke* den Adel und die Vornehmheit". Sie leben im Stande einer 'natürlichen Bosheit', wie wiederum KANT einmal griffig vermerkte.

Das uns vor allem interessierende Schlüsselwort dieser kultur- und zivilisationen'vergleichenden' Charakterisierung von naturständlich-'primitivem' und zivilisiertem *status hominis*, ist die *Stärke* als gesellschaftlicher und politischer Faktor. Sie nun meint die Fähigkeit von Menschen, allerlei legitime wie illegitime Ansprüche entweder durch die ökonomische Potenz der Güter (Land, Geld usf.), die sie besitzen, oder durch die Kräfte des Körpers, über die sie verfügen, gegen andere rücksichtslos durchsetzen zu können. Nicht ein aus dem gleichsam Verborgenen heraus wirkendes abstraktes Gesetz schriftlich fixierter Normen und seine auf allgemeine Befolgung zielende, selbstverständliche Akzeptanz durch verfassungsmäßig lebende, auch die moralischen Verpflichtungen einer Verfassung bewußt, einsichtig, nicht unter Zwang, anerkennende Subjekte, reguliert die gesellschaftlichen Beziehungen, sondern der 'Körper', die sinnlich-sinnenfällige Macht höchst eigenwilliger und selbst'bewußter' Kräfte.

In einem für uns fremd gewordenen Maße, und vielleicht gerade deshalb immer wieder mit seltsam untergründiger Faszination und emotionaler Beteiligung betrachtet, gilt dies für weite Bereiche der Lebenswelten der mittelalterlichen Feudalgesellschaft.[25] Deren Selbsterhaltungswille und ihre eigentliche

Legitimationsbasis ist mit der Ausübung von Gewalt - auch der von keinerlei sittlichen Rücksichtsmaßnahmen zurückgehaltenen, willkürlichen Gewalt - unmittelbar verbunden. Ja ohne Gewalt, ohne die spontane Bereitschaft zum (bewaffneten) Kampf oder der körperlichen Konfrontation ist sie gar nicht denkbar, geschweige denn aufrechtzuerhalten gewesen. Gewalt exekutieren zu können, war vielmehr *die* entscheidende Grundlage ihrer Existenzfähigkeit. *Robot* (= Arbeit) und nicht zuletzt die Reise (= der Feldzug) gehörten zu den selbstverständlichen Pflichten der in Abhängigkeit von ihren Feudalherren Stehenden. Das "rohe Faustrecht", wie es von "weiten Kreisen des Rittertums" noch im 13. Jahrhundert und weit darüber hinaus ausgeübt worden ist,[26] einer Zeit, in der es durchaus viele auf beständige, haltbare und zukunftssichernde Ordnungen drängende Friedensinitiativen, nicht zuletzt durch die Kirche ('Gottesfriedensbewegung', 'Treuga Dei') und den 'Staat' ('Landfriedensbewegung'), gegeben hat, prägte unübersehbar und allenthalben spürbar die noch extrem ordnungslabilen Lebensverhältnisse des Mittelalters.

GEORGES DUBY hat zu Recht und mit aufmerksamem wie ethnologisch geschultem Blick für historisch-kulturelle Analogien an die grausamen modernen Despoten Idi Amin und an Bokassa erinnert, wenn er das exzessive Verhalten und den Lebensstil der 'barbarischen Häuptlinge' Europas um das Jahr 1000 zu schildern versucht. Die von allen Beschränkungen ungezügelte Kraft des Leibes, die Anarchie der Macht, gehörte schlechthin zum - alltäglichen wie politisch und ökonomisch bedeutsamen - Kapital, sich in einer archaischen Welt, die weitgehend ohne die regulierende, ordnende Macht der dem Monopolstaat heute zur Verfügung stehenden Mittel auskommen mußte, behaupten und erhalten zu können.[27] Politisches Handeln war in erheblichem Umfang ein Handeln *ad hoc*, war *situations*bezogenes und situations*abhängiges* Handeln, eher von rasch aufflammenden Leidenschaften, plötzlich eintretenden Meinungsumschwüngen und sich unerwartet zu eignem Vorteil bietenden 'Chancen' bestimmt, als langfristig, planend, prospektiv angelegt.[28]

Nun ist es gewiß nicht zulässig, die ritterlich-adelige Gesellschaft des Mittelalters insgesamt in Bausch und Bogen der präzivilisatorischen Stufe naturwüchsiger, ungehemmter

Wildheit zuzuordnen. Gerade das Mittelalter zeigt ja auf allen Ebenen gesellschaftlich-politischen Handelns das Bemühen um eine langfristige Befriedung der unordentlichen Verhältnisse. Andererseits gibt es genügend einschlägige Belege dafür, daß zumindest bis in das 11. Jahrhundert hinein das zwischenmenschliche Verhalten dieser Gruppe, besonders augenfällig vor allem dort, wo es um ihren Umgang mit Frauen ging (was stets ein wesentlicher Indikator für den Grad der Zivilisiertheit und Kultiviertheit einer Gesellschaft ist), kaum auch nur in Konturen zivilisiert genannt zu werden verdient.

Der holländische Historiker JOHAN HUIZINGA hat in seinem epochalen Buch 'Herbst des Mittelalters' ein schaurig-schönes Bild verwendet, um die mittelalterliche Lebenswelten in allen Bereichen durchherrschenden Spannungen sinnbildlich zu charakterisieren: Das Mittelalter vertrug zugleich den verführerischen süßen Duft von Rosen - und den schauerlichen Anblick von Blut. Mit dieser ambivalenten Kennzeichnung trifft sich HUIZINGA mit ähnlichen drastischen Charakteristiken der Zeit, etwa jenen MARC BLOCHS, NORBERT ELIAS', LUCIEN FEBVRES und ARNO BORSTS. Tatsächlich dürfte heute kaum mehr die geradezu obszöne Gleichzeitigkeit von enorm disziplinierter Schönheitssucht, von Friedenssehnsucht und verzweifelter Ordnungssuche, von exzessiver Gewalttätigkeit, Anarchie, von immer wieder unvermittelt ausbrechender Impulsivität und dem prächtig-schönen Schein der (etwa literarischen) Imaginationen nachzuempfinden sein.

Wer in den Texten jener Zeit von Kämpfen las oder über sie vorgelesen bekam, *wußte* - und kannte - meist auch aus eigener - leiblicher - Erfahrung, was ihm geschildert wurde. Erzählungen und Erfahrungen, Fiktion und Realität, deckten sich diesbezüglich vielfach.

Die folgende Skizze der Lebensformen 'früher' Ritter, lediglich ein Beispiel neben unzählig vielen anderen, die als Beleg hier zitierbar wären, ist nicht überzeichnet. Man darf sie deshalb für ein realitätsnahes Dokument nehmen. Sie schildert eine kleine Passage aus der 'Angelsächsischen Chronik' (frühes 12. Jahrhundert). Sie läßt mit einem grellen Schlaglicht das ungeheuerliche Maß der Gewalt - und der 'Lust' an ihr - erkennen, welche die Mentalität der Zeit und ihrer sozial und politisch führenden Cliquen beherrschte:

"Die [Großen] jagten bei Tag und Nacht Leute, die sie für wohlhabend hielten, Männer wie Frauen; und um ihr Gold und Silber zu bekommen, sperrten sie sie in den Kerker und quälten sie mit unsäglichen Martern. Sie hängten sie an den Füßen auf und erstickten sie mit Qualm. Sie spannten sie aus und nagelten sie an den Daumen fest, dann hängten sie Eisengewichte an die Füße. Sie legten ihnen Stricke um den Kopf und drehten die Stricke so lange fest, bis der Schädel zersprang."[29]

Ein mittelalterlicher Geistlicher hat die folgende, von NORBERT ELIAS berichtete, Geschichte aufgeschrieben: Ein namentlich nicht genannter Ritter, so wird darin erzählt,

"verbringt sein Leben damit, [...] zu plündern, Kirchen zu zerstören, Pilger anzufallen, Witwen und Waisen zu unterdrücken. Er gefällt sich besonders darin, die Unschuldigen zu verstümmeln. In einem einzigen Kloster [...] findet man 150 Männer und Frauen, denen er die Hände abgeschlagen oder die Augen ausgedrückt hat. Und seine Frau ist ebenso grausam. Sie hilft ihm bei seinen Exekutionen. Ihr macht es selbst Vergnügen, die armen Frauen zu martern. Sie ließ ihnen die Brüste abhauen oder die Nägel abreißen, so daß sie unfähig waren zu arbeiten."[30]

Abseits der etwa durch den massiven Einfluß des staufischen, an der Begründung imperialer Ordnungen orientierten, Zivilisations- und Kulturierungsschubs seit etwa dem 12. Jahrhundert zahlreicher werdenden Beispiele, die für ein sich allmählich wandelndes Bild in den menschlichen Verhaltensweisen hin zu größerer Selbstdisziplin gutsprechen mögen, wird eine außerordentlich hohe Disposition der Menschen zur Gewalt offenkundig, genauer, zur Neigung, jedwede Konflikte mit Gewalt, mit dem 'Schwert der Wildheit' (ALANUS AB INSULIS), also vor allem durch körperliche Konfrontationen, auszutragen. Selbst noch dann, wenn bereits kodifizierte Gesetze in allgemeiner, wenigstens regional verpflichtender Geltung standen, die sie hätten friedlich regeln können. Immer wieder ist vielmehr in den Quellen von der 'Wildheit' der Zustände die Rede, davon, daß sich die Menschen, meist waren es Ritter, die Söldner, etwa die sogenannten *Brabanzonen* (= brabantische Söldner), damit gemeint - nicht wie Menschen, sondern wie 'wilde Tiere' (BURCHARD VON WORMS) benähmen. Sie raubten, plünderten, brandschatzten und scherten sich einen Dreck um einmal gelobte heilige Schwüre, sich nicht zu vergreifen am Besitz, dem Leben und den Frauen anderer. Die gegen das rücksichtslose Verhalten der weltlichen Eliten und das schlimme Wüten der Soldateska gerichteten bitteren Anklagen, nicht etwa nur von besonders empfindsamen Klerikern, über Unzucht, Grausamkeit, Mord und Totschlag, Dieberei, Vergewaltigungen und andere Bösartigkeiten und brutale Übergriffe gegen Menschen und Sachen, sind Legion. Sie vermitteln ein von täglichen Unsicherheiten in erschreckendem Maße geprägtes Szenario der Zeit. Der Geistliche Peter von Blois, selbst für längere Zeit ein Höfling, hat in seinen sogenannten *Miseriae Curialium* das Hofleben seiner Zeit mit scharfen, sicherlich um ihrer Wirkung willen etwas überspitzten, Worten kritisiert und auf die vielfältigen offenen wie geheimen Gefahren selbst der zivilisierteren höfischen Existenz aufmerksam gemacht: Vor allem anderen lauere der *Tod* dort, und der Hof sei allenthalben voller Fallen des Todes (*curia plena est laqueis mortis*). Diese Dokument steht durchaus nicht allein.

Die zerstörerische Gewalt war nicht verfemt - wer hätte sie zu jener Zeit wirklich erfolgreich eindämmen können? Gewalt zu erleiden und sie auszuüben, war auch ein "Bestandteil der Sitten" (MARC BLOCH). Im Gegenteil war, jedenfalls für die ritterlichen Männerbünde, insbesondere für die durch die Länder auf der Suche nach *frouwe unde lant* streifenden sogenannten *iuvenes*, die "Freude am Quälen und Töten anderer [...] eine gesellschaftlich erlaubte Freude".[31] WALTHER VON DER VOGELWEIDE, einer, der wahrlich nicht zur gesellschaftlichen Elite seiner Zeit, nicht zu den Mächtigen, doch zu ihren genauen Beobachtern und wortgewandten Kritikern gehörte, sah aufmerksam hin und schrieb, was er sah, grimmig auf: "der jungen ritter zuht ist smal".

Soziales und politisches Handeln im Mittelalter, einer, um es zu wiederholen, in fast allen nur denkbaren Hinsichten unsicheren, allein schon im Hinblick auf den nächsten Tag unkalkulierbaren, gefährdeten Welt, konnte auf den 'Kampf', konnte auf das Messen der Leiber und ihrer Stärke in der körperlichen Auseinandersetzung überhaupt nicht verzichten. Im Gegenteil gehörten der ständig 'auf dem Sprung stehende' Kampf, gehörte auch der Krieg, der große wie der kleine, zu den hauptsächlichen kulturellen Streit- und auch, ja auch *Spiel*formen,[32] eine *über* und *am* fLeib erworbenen Identität immer wieder neu und durch den Einsatz des ganzen Leibs zu ratifizieren, sei's in der (macht-)politisch motivierten Fehde um Boden und Besitz, sei's im Zweikampf oder im Turnier. Wer da schwach, wer widerstands- und wehrlos war, zum leibkräftigen Widerstand nicht fähig, der verlor, verlor vielleicht alles, was er besaß.

"Wenn Deine *Kraft* nicht ausreicht", wendet sich der streitbare Siegfried im 'Nibelungenlied' provokativ an Gunther, den 'degen', "Deinem Land den Frieden zu erhalten, dann nehme ich alles in meinen Besitz. Dasselbe gilt auch für meine Erbländer: wenn Du sie mit Deiner Kraft erringst, dann sollen sie Dir auch anheimfallen."[33] Die Verfügung über den eigenen Besitz reichte so weit, wie die leibliche Kraft es zuließ, ihn auch wehrhaft verteidigen zu können. *Der Leib ist Macht*, der beschädigte, schwache Leib ist Ohnmacht.

Nur selten begleitete empfindsames Mitleid das Schicksal der Verlierer.

Die Zeit etwa zwischen dem 11. und 13. Jahrhundert, meint GEORGES DUBY (und es sei hinzugefügt, daß sein Urteil auch noch für die späteren Jahrhunderte gilt, in denen freilich das Rittertum als 'Stand' längst untergegangen war), "war eine Periode, in der das Phänomen des Krieges die gesamte Zivilisation Westeuropas dominierte."[34] Es bildete sich eine dominante *mentalité*, eine kollektive Einstellung oder Haltung (*outillage mental*) aus, für die der Krieg, der Kampf zuweilen geradezu den Charakter des Obsessiven annahm.

Die kriegerische Mentalität war aber vor allem auch der Ausdruck psychischer Dispositionen, die das Wesen der sozialen Beziehungen zwischen den Menschen tiefgreifend prägten. "Bis zum 12. Jahrhundert sicher", schreibt der Historiker KARL BOSL, "war die menschliche Triebintensität ein Ausdruck der archaischen Struktur der Gesellschaft", und er beobachtet in ihr die kräftigen, von allgemein verbindlichen Ordnungen kaum hinlänglich disziplinierten "Züge von Süchtigkeit".[35] Das "archaische Heldenideal zeigte [demgegenüber eine] übersteigerte Entfesselung des persönlichen Willens, rücksichtslose Brutalität gegen die Außenwelt, Schmerzens- und Todesverachtung [...]".[36] BOSL erläutert diese destruktive Tendenz in der Haltung der heroischen Lebensform aus dem wachsenden Antagonismus von bewahrendem (altem, matriarchalem) Eros und dem zerstörerischen (patriarchalischen) Thanatos. Diese Lebensform habe alte matriarchale (bäuerlich-pagane) Energien zunehmend isoliert und "den Eros zugunsten des Todes [und] das Weibliche" zurückgedrängt.

Der amerikanische Psychoanalytiker BENNETT SIMON skizziert uns ein zwar knappes, aber gewiß zutreffendes Psychogramm der 'heldischen Lebensform' am Beispiel eines der paradigmatischen Heroen der frühen europäischen (griechischen) Literatur: Ajax (Ajas). Ihm sind viele der mittelalterlichen Helden durchaus vergleichbar. SIMON kennzeichnet ihn überzeugend als jemanden, der nicht fähig ist, aus der eng gesteckten Welt seines festgemauerten, unflexiblen "simple heroic code" herauszutreten; er charakterisiert ihn als jemanden, der wohl sehr gut, ja instinktiv, weiß, wie er Konflikte und Probleme mit den kraftvollen Schlägen seines Schwertes ('to slaughter enemies') lösen kann, nicht aber dazu in der Lage ist oder dies auch will oder in Betracht zieht, *andere* Formen der Konfliktlösung, etwa den vermittelnden, Situationen gütig klärenden Kompromiß, zu finden.[37] Die einzig mögliche Lösung, die er dann für sich aus der Unausweichlichkeit seiner eigenen Situation finden kann, ist, "mein Leben selber auszulöschen".

Mit alldem hätte sich schlecht vertragen, was SIGMUND FREUD einmal in einem Brief an ALBERT EINSTEIN (1932) aus der Sicht des modernen Pazifisten als die 'konstitutive Intoleranz' gegen den Krieg bezeichnet hat.

Mit dem Kampf (*strît*) ist - mittelalterlich, indes nicht eingeschränkt mittelalterlich - die aggressive körperliche Aktion oder der klirrende Waffengang gemeint. Vieles, was es lebensweltlich-praktisch, tagtäglich aus der unmittelbaren Sorge ums schwere Dasein in einer unübersehbaren 'Mängellandschaft' (BERND THUM) zu bewältigen galt, wurde in das militante Bild des 'Kampfes' gefaßt, der so zu einer vielschichtigen Metapher zur Charakterisierung menschlicher Beziehungen überhaupt wurde - selbst dort, wo er am wenigsten zuträglich scheint: in der Liebe. Auch die Liebe - die *minne*, die uns in der Lyrik der Zeit in oftmals überaus zarten literarischen Texten geschildert wird - war ein andauernder Kampf (um Lust): ein *vehten* der Geschlechter *umb die minne* (HEINRICH VON VEL-

DEKE). Für die mittelalterlichen Helden, jedenfalls für die der Literatur, gilt eine merkwürdige Verbindung der ihre 'Persönlichkeit' bildenden antagonistischen Kräfte: Kampf und Lust, Waffentaten und Liebe "sind mit der Person des vollkommenen Ritters dauernd verbunden, sie gehören zu seiner Definition, so daß er keinen Augenblick ohne Liebesverstrickung sein kann - würde er es, so verlöre er sich selbst und wäre kein Ritter mehr."[38]

Das aber wäre auch das Thema einer Psychohistorie der Geschlechterbeziehungen.

Den arbeitsamen, geradezu *modern* anmutenden Ökonomen ihrer Zeit, den Zisterziensern unter der flamboyant-leidenschaftlichen Führerschaft des charismatischen Abts BERNHARD VON CLAIRVAUX - selbst ritterbürtig aus Fontaines bei Dijon - galt, was BERNHARD im XXVI. seiner berühmten und weit verbreiteten Kommentare zum 'Hohelied' geschrieben hatte: Auch sie waren Kämpfer, Soldaten Gottes (*militia Christi*). Und sie fühlten und gebärdeten sich nicht selten auch als solche.

"Nous sommes ici commes des guerriers sous la tente, cherchant à conquérir le ciel par la violence, et l'existence de l'homme sur la terre est celle d'un soldat."[39]

Selbst der bis zur demütigenden Selbstverleugnung friedfertige *pauper Christi* FRANZ VON ASSISI versäumte in seinen nicht minder berühmten 'Cantico' mit dem Hinweis, seine Mitbrüder seien die *fratres mei Tabulae Rotundae* nicht darauf, den literarischen *locus classicus* arthurischer chevalresker Lebens- und Kampfgemeinschaft schlechthin zu zitieren.

VI.

Mittelalterliche Texte, die literarischen vom archaischen Heldenepos, den *chansons de geste* bis zur ästhetisch disziplinierten arthurischen Epik wie auch die historischen Quellen, bestätigen mit einer Unzahl einschlägiger Belege die enge Beziehung von 'Leiblichkeit' und 'Kampf' - und 'Lust'. Keiner der zahllosen hier herbeizitierbaren Texte, weder der feinsinnige, psycholo-

211

gisch anforderungsreiche und ästhetisch anspruchsvolle 'Tristan' des hochgebildeten Stadtbürgers GOTTFRIED VON STRASSBURG, erst recht nicht das in seiner rüden und oft maßlosen Gewalthaftigkeit selbst für das 'zivilisiertere' (hohe) Mittelalter fremdartig anmutende 'Nibelungenlied' oder das 'Rolandslied', nicht wenige Partien auch von WOLFRAMS VON ESCHENBACH 'Willehalm' und 'Parzival', scheuen die Schilderung von zuweilen erschreckend blutrünstigen Szenen, die keiner griechischen Tragödie in deren Darstellung des Grauens und - unbezweifelbar - der Faszination ihrer Hörer am Grauen nachstehen. Vielmehr muß man den Eindruck gewinnen, daß sie bei ihren höfischen Zuhörern/-innen nicht etwa eine entrüstete, ästhetisch oder sittlich motivierte Ablehnung des Grauens erwarteten, sondern daß sie im Gegenteil voraussetzen durften, ihren Darstellungen würde ein für sie auch empfänglicher Sinn - durchaus eine 'Lust' am Hören solcher Geschichten - entgegenkommen. Anders läßt sich die Neigung mittelalterlicher Dichter zu verschiedentlich äußerst brutalen und unter Einsatz all' ihrer sprachlichen Mittel geschilderten Kampfszenen und schlimmsten Verletzungen überhaupt nicht verstehen. So weigert sich, um nur ein rüdes Beispiel neben vielen anderen zu geben, der Markgraf Willehalm von Orange in WOLFRAMS Alterswerk 'Willehalm', den inständig um sein Leben flehenden heidnischen König Arofel gütig aus christlich gebotener humanitas zu schonen. Sein Bein hatte er ihm - in fairem Kampf - bereits abgeschlagen. Mit 'sang froid' trennt er dem schwerverletzten Besiegten dann noch den Kopf vom Rumpf (wie auch - bei HEINRICH VON VELDEKE - Eneas dem ebenfalls um Schonung seines Lebens bittenden Turnus). Der (christliche) Dichter WOLFRAM schildert diesen Vorgang bemerkenswert lakonisch, aber er verliert - erstaunlicherweise - nicht ein einziges kritisches Wort über die Ungeheuerlichkeit und die - jedenfalls in unseren Augen - ethische Verwerflichkeit dieser Handlung. Die Lust des Kampfes liegt, so scheint es, allemal in der Zerstörung.

Schwerlich wird man allerdings angesichts solcher und vieler anderer unerwähnt bleibenden Beispiele geneigt sein, noch von 'Lust' zu sprechen, weil diese fürchterlichen Taten mit dem Bösen unmittelbar in eins fallen. Hier stoßen wir allerdings auch unverkennbar an die historischen und kulturanthropologischen - und ebenso an die sittlichen - Grenzen unseres Verstehens solcher Handlungen. Das Grauen, der Schrecken kann bürgerlichem Sinn, der zivilisatorisch über Jahrhunderte hinweg am 'Guten' und - parallel dazu - ästhetisch am 'Schönen' geschult wurde, für den das 'Schön-Gute' (die griechische *kalokagathia*) die wesensmäßige Übereinstimmung von Ethik *und* Ästhetik bedeutet, keine irgend emotional positive oder produktive Kategorie mehr sein. Das Einbrechen des Grauens ist ihm vielmehr der im allseits normativ geregelten Leben ordentlicher Sittsamkeit weitgehend ausgegrenzte (oder durch das selektive technische Medium 'vermittelte'), unerwartete, plötzliche 'Chok'. Erst recht gilt dies für die Wahrnehmung schwerster körperliche Verletzungen, wie sie die antike und die mittelalterliche Literatur in geradezu obszön zu nennender Sinnlichkeit ausbreitet und darstellt. Erkennbar ist, daß in der mittelalterlichen Literatur Gewalt und Grausamkeiten mit entschieden größerer 'Unbefangenheit' geschildert werden. Der Disposition zur Gewalt entspricht offenbar eine wesentlich höhere Toleranz gegenüber ihren Darstellungen. Der fürchterliche Tod durch Pfeile, Spieße und Lanzen, die sich in Hirne oder Eingeweide bohren (so in Wolframs 'Parzival' [Gahmuret] und 'Willehalm' [Vivianz] wird nicht etwa empfindsam ausgeblendet, er wird vielmehr zuweilen ausführlichst und mit differenzierter sprachlicher Akkuratesse geschildert. Die *ästhetische* Grenze, bis zu der hin solche Schilderungen noch erträglich wären, wird vielfach bis zum unerträglichen *degout* belastet, oftmals überschritten, wie in der Moderne erst wieder *intentional* bei Flaubert, Poe, Baudelaire.[40] Hier wird freilich längst mit dem *Anatomiegreuel der Moderne* (Adorno) in 'ästhetischer' Absicht gleichsam gespielt oder aber bewußt, wie etwa bei Poe, die *Lust am Grauen* als ein drastisches Dementi der zivilisatorischen Dignität des Menschen agiert.[41]

Der Zivilisationsprozeß als die zwangsgeleitete Einübung der 'rüstigen' Leiber ins Sittliche, Angemessene, geht mit der moralischen Zurüstung des 'homo sapiens sapiens' zum Bewußtsein des Guten einher, das 'zu tun sei'.[42]

Von christlich inspiriertem Ethos, christlicher Humanität und Nächstenliebe ist in vielen mittelalterlichen Texten, die 'christlich' beseelt zu sein vorgeben und deren Helden auch immer wieder den Namen Gottes im Munde führen, freilich wenig zu verspüren. Die mit dem Namen Gottes verbundene Verpflichtung zur Vergebung, zur Toleranz und zur Güte hat noch keinen festen Ort im Bewußtsein der Helden.

VII.

Kaum eine der literarischen Viten mittelalterlicher Heroen läßt den Hinweis unerwähnt, ob mit diesen oder anderen Worten, daß ihnen ze *ritterschefte* der *wân* stehe. Hier endlich begegnen in den Texten auffällig häufig auch Worte wie *begirde* oder *gir*. Dies meint im oben auch skizzierten Sinn: Verlangen, heftiger Wunsch, 'Lust' - vielleicht auch: die Obsession, den Zwang. Es wird freilich zu zeigen sein, wie die 'Lust am Leib' und die 'Sucht zu kämpfen' im Sinne der Selbsterhaltung aufeinander bezogen sind.

Das gilt für den jungen, noch ungeschickt-törichten Parzival so gut wie für den gescheiten, über manches Jahr lang in den intellektuell anfordernden *artes* ausgebildeten Klosterzögling Gregorius. Es gilt ebenso für den reisigen Parzivalvater Gahmuret, den liebes- und machthungrigen Helden; es gilt für Iwein, Erec und Gawan wie für Wigalois oder wie sonst die vielen Helden der vielen Texte heißen mögen. Und sie wissen alle sehr wohl, wenn sie mit heißem Herzen schon in jungen Jahren 'ritter' zu sein begehren, für welche *forma vivendi* sie sich begeistern und welche Gefahren in ihr auf sie warten: Es ist schlechthin die Lebensform des Kampfes (*furor*), und in dem steht jedesmal nichts Geringeres als das Leben auf dem Spiel, und wenn es nicht das Leben ist, so ist es doch die Gesundheit, die Integrität und Handlungsfähigkeit des Leibes. "Daß uns am Ende Trauerbande umstricken, ist das Los ritterlichen Lebens", deutet Parzivals gutmeinender Mentor Gurnemanz die Tragik ritterlichen Lebens an.[43]

Vor allem anderen aber geht es für sie in allem, was sie tun, um die *êre*, das soziale Ansehen, das Prestige, die Anerkenntnis der höfischen Gesellschaft, ihre vollgültigen Mitglieder zu sein. Sie haben "Lust an Ehre" (Aristoteles).

Es steht in einem der exponierten mittelalterlichen Texte,

jenem, der in schöner ästhetischer und metrischer Wohlord-
nung die furchtbare Geschichte des im Inzest gezeugten - und
später in inzestuöser Verbindung mit seiner Mutter lebenden -
Gregorius schildert:

> Auch brannte ich
> immer in großem Verlangen,
> statt meines Griffels die Lanze,
> statt meiner Feder das Schwert zu führen:
> Nur danach begehrte ich![44]

Das mag als Wunsch und Ziel des Begehrens in unseren Ohren jugendlich-forsch, hitzig und einigermaßen unbedacht
klingen für jemanden, der in den friedlichen 'artes', mithin in
der anspruchsvollen Kunst der *schönen Rede* (die doch nicht
zuletzt auch um des 'überzeugenderen Arguments' willen geübt wird) ausgebildet wurde, aber es ist doch kein vereinzel-
tes Dokument für die Lust, die *gir* der *jungen* am Kampf, für
ihre Leidenschaft, sondern eher typisch.

Nur ein weiteres Beispiel möge hier zusätzlich belegend
zitiert sein. Es ist indes wiederum kein beliebiges, vielmehr
eines, das den Kampf nicht nur als ein Mittel der Auseinandersetzung neben verschiedenen *anderen* möglichen, sondern
als den Ausdruck des substantiellen Kerns eines Weltbildes,
einer (kollektiven) Mentalität oder 'Ideologie' und Lebensform
erweist. Nun geht es um WOLFRAMS VON ESCHENBACH 'Parzival'. Ein Sünder wie Gregorius ist auch (der junge, was vieles
entschuldigen mag) Parzival, der seinem im weltfernen *eremos*
eines Waldes die große Schuld des Anfortas büßenden Mut-
terbruder Trevrizent seinen verworrenen Lebensweg schildert.

Bis zu diesem Zeitpunkt der (letztlich) rettenden Begegnung mit dem weisen, asketisch (= friedfertig, vegetarisch!) lebenden Alten im Wald, hat er schon manchen, auch fragwürdigen, Kampf bestanden: Seinen Verwandten Ither hat er um
dessen rotglänzender Rüstung wegen rüde erschlagen (um
sich selbst damit in falsch verstandener Ritterlichkeit zu zie-
ren), er hat mit Clamide und Orilus gekämpft, doch in der seinen künftigen Lebensweg wirklich und allein entscheidenden
Situation vor dem schmerzensreichen Gralskönig Anfortas
auf der Burg Munsalvaesche, wo er hätte sprechen, *fragen*,

also seine Vernunft einsetzen, Mitleid hätte zeigen müssen, kläglich versagt:

> Ich suchte nur den, *Kampf*
> und hasse Gott von ganzem Herzen,
> der er ist schuld an meiner Trübsal
> und hat sie so vermehrt,
> daß sie all mein Glück lebendig begraben hat,[45]

bekennt er dem Eremiten Trevrizent später trotzig und, noch immer unzugänglich-widerspenstig:

> Kann man durch ritterliche Taten
> mit Schild und Lanze irdischen Ruhm
> und ewige Seligkeit erringen,
> dann habe ich mich stets darum bemüht.
> Ich bin keinem Kampf ausgewichen
> und habe mit wehrhafter Hand um
> Heldenruhm gestritten.
> Versteht Gott etwas von Kampfestaten,
> dann müßte er mich zum Gral berufen.
> [...]
> Ich werde keinem Kampf ausweichen.
> (Parzival, 472,1 ff.)

Daß das Rittertum als die ihm einzig angemessene, von seinem kampftüchtigen Vater Gahmuret ererbte, vorbildhafte Lebensform ihm 'höchstes Glück in diesem Leben wie im Leben nach dem Tode' verspreche, war dem *tumben* Knaben Parzival schon klar, als er seinen Lehrer im rechten Rittertum, Gurnemanz, verläßt (ohne ihn doch schon recht zu verstehen): Nun wolle er erst einmal 'viele Kampfestaten vollbringen' (bevor er in den warmen Armen einer schönen Frau ausruhen möchte). Im Gespräch mit Trevrizent wird der Kampf um alles und gegen jeden freilich schon als eine zutiefst defizitäre Handlungsform offenbar, für die der (noch) defizitäre Held Parzival paradigmatisch einsteht, weil er die *Demut* vermissen läßt. Dennoch: Worum geht es eigentlich im Kampf? Was bedeutet er der heroischen Lebensform?

Wo so viel und immer nur zum hohen Preis des eigenen Lebens gewagt wird, der Anspruch des Kämpfers sich wie selbstverständlich nicht nur des begrenzt irdischen, sondern zugleich des immerwährenden *jensseitigen* Ruhms versichert wissen will, kann und darf der Lohn aller Mühen nicht gering sein. Es geht für die 'jungen Ritter' darum, den eigenen, unverwechselbaren Ort in der Gesellschaft, in der 'Welt' des leit- und vorbildhaften (arthurischen) Hofes zu finden, die Anerkennung der hochehrenhaften *table ronde* zu gewinnen, sie offensiv zu erkämpfen und gegen die ständigen Anfechtungen durch andere zu bewahren. Um den *prîs*, den *ruof* geht es beim Kämpfen, um glanzvollen Ruhm und gesellschaftliches Ansehen, das heilig-unheilige Gut der *êre*. Die *Lust* am Kampf, *gir*, nicht die zurückhaltende, vernünftig Wohl und Wehe abwägende Absicht, ihn besser zu vermeiden, ist geradezu Bedingung dafür, diese 'Ehre' erringen zu können.[46] So fordert es auch die patriarchalische Übergestalt des König Artus, der - wie es der Prolog von HARTMANNS VON AUE 'Iwein' deutlich macht - zugleich Leitbild der Helden wie ihr 'Gewissen' als Krieger ist.

Was allerdings *êre* für das Selbstverständnis der Kämpfer in archaischen Kriegergesellschaften und noch bis tief in die innersten Falten der verqueren Mentalität preußischer Offizierscorps in der Neuzeit hinein bedeutet (literarisch bestens belegt in FONTANES 'Effi Briest'), vermag zivilisatorisch einigermaßen apaisiertes gegenwärtiges Bewußtsein angesichts dessen, was heute, in den modernen Meritokratien, etwa durch beruflichen Erfolg 'Ansehen' schafft und soziale Identitäten bleibend sichert, schwerlich nachvollziehen können. *Ere* ist in der Kriegergesellschaft ein hart und vor allem ist sie ein immer wieder neu zu erwerbendes, kein auf Dauer gestelltes Gut. Der Einsatz für sie ist stets hoch.

Allein der *Kampf* als Primärleistung begründet und sichert *êre*. Siege steigern die *êre* der Kämpfer. Selten zögern deshalb die Recken kleinmütig, einen Kampf auszufechten, wo immer, wann immer er sich ihnen bietet. Der Tod wird wohl als Konsequenz einbedacht, doch selten wirklich gefürchtet: Denn weder weiß

"der [heroische Charakter etwas] von der Inkonsequenz der Reue [...]; was er getan hat, das hat er getan. Orest hat um des Muttermordes willen keine Reue, die Furien der Tat verfolgen ihn zwar, aber die Eumeniden sind zugleich als allgemeine Mächte und nicht als die inneren Nattern seines nur subjektiven Gewissens dargestellt"[47]

noch darf er für sich zuversichtlich hoffen oder gar im Hinblick auf ein allgemein in Geltung stehendes Prinzip von Sittlichkeit erwarten, ein Gegner oder Feind würde sein Leben nach gewonnenem Kampf gnädig schonen. Mitleid ist für die ritterliche Lebensform eine schwere Tugend, womöglich noch dazu eine gefährliche, weil man sie nicht gutgläubig beim anderen voraussetzen darf.

Es ist etwas Merkwürdiges und Zwiespältiges um dieses hohe und emotional hoch besetzte, an das *Numinose* heranreichende Gut der *êre*: Mit ihr verhält es sich beinahe wie mit dem Geld und den Zinsen, die es einbringt. Sind die Siege der Helden großartig, sind sie spektakulär, um so gewaltiger ist und wächst ihr Ansehen. Bereits der römische Geschichtsschreiber TACITUS hatte an den Germanen mit auffälliger Sympathie bemerkt, daß sie den Ruhm gerne im Krieg zu erringen trachteten und von großer Ungeduld befallen würden, findet sich für sie keine Gelegenheit zum Kampf. Den Germanen erschien es vielmehr "träg und lässig, mit Schweiß zu verdienen, was man mit Blut erwerben kann."[48] Vieles von dieser uralten kämpferischen *mentalité* und Energie hat sich bis in die ritterliche Selbstauffassung des Mittelalters hinein erhalten.

> Ich glaube, sein Herz blutete,
> wenn er keine Gelegenheit zum Kampf hatte,
> so mordlustig (mordic) war er.[49]

Niederlagen lassen den Ruhm der Helden hingegen rasch wieder vergehen. Schändliche Niederlagen können Individuen völlig zerstören, sie zumindest auf Dauer vergessen machen. Niederlagen bedeuten Ehrverlust, wie ihn der Artusritter Erec, der *junge man*, erleiden muß, als er vom *getwerc*, dem Zwerg eines Ritters mit einer Peitsche geschlagen wird, ohne sich verteidigen zu können. Nicht aber nur die *êre* ist ihm dabei geschändet worden: Das Leben selbst sei ihm nun nichts mehr wert!

So deutet es auch der wahrlich großartige Ritter Mabona-grin in HARTMANNS VON AUE 'Erec' in der sogenannten *joie de la curt-âventiure* an, der seinen sieghaften Gegner Erec bittet, ihm doch seinen Namen nennen zu wollen. Die Furcht ist groß, er könnte von einem Geringen besiegt worden sein:

> Es könnte mir doch diese Schande
> von einem Mann zugefügt worden sein,
> der niemals einen Sieg errungen hat,
> so daß ich mich lieber töten lassen will.
> Hat es ein Mann von niederer Geburt getan,
> so würde ich auf keinen Fall mehr leben wollen.[50]

Dieser enorme systemimmanente Zwang, der das Leben der ritterlichen *forma vivendi* unerbittlich durchherrschte, mußte zwangsläufig eine besondere Form von Individualität und individueller Selbstauffassung hervorbringen.[51]

Die ritterliche Lebensform ist nicht beliebig und nicht von Beliebigen, wie ein Beruf heute, erlernbar. Sie ist gleichsam wie ein Zwang genealogisch - wir würden vielleicht sagen: genetisch - auf ihre unendliche Perpetuierung hin bestimmt, das heißt, im *art*, dem 'Wesen' oder dem 'Charakter' der Helden wie eine ihnen von altersher aufgetragene und unausweichliche Aufgabe angelegt. Des Ajax (Ajas) Worte an seinen Sohn sind für diese Auffassung bester Beweis. Ihm geht es um die Verpflichtung des *Kleos* (= Ruhm, Ruhmestaten; aber auch: Gerücht, Kunde, dem das mittelhochdeutsche *ruof* oder die *maere* [das, was über einen erzählt wird] entspricht) wie um die hohe 'Ehre' seiner Familie, seiner Sippe. Wir hatten oben schon festgestellt, daß 'Ehre' ein Vitalprinzip ist, dessen Zerstörung den gesellschaftlichen 'Tod' eines Individuums durch die Aberkennung von *êre* wie die Beschädigung seiner Sippe oder Familie nach sich ziehen kann, wird die einmal erlittene Schande nicht restlos getilgt. Diesem ehernen Gesetz entsprechend muß sich der Sohn "als Sohn seines Vaters beglaubigen".[52] Die Erinnerung der Helden ist heroische Erinnerung.

Was aber sagt Ajas seinem Sohn? "Komm her, Du wirst Dich nicht über dies ganze Blut erschrecken, wenn Du wirklich mein echtgeborener Sohn bist." Ajas fährt in seiner Rede so fort: "recht bald wirst Du Dich in den rauhen Sitten des Vaters üben müssen, damit Du seinem Wesen gleichkommst."[53] Es geht ihm um die Bewahrung der *eutaxia*, der *guten Ordnung*, die in den Kindern und Kindeskindern der Helden fortleben und aufrecht erhalten werden soll. Ähnlich sagt es bei WOLF-RAM Gurnemanz zu seinem Zögling Parzival. Vollkommen in diesem Geist verflucht die skurrile Gralsbotin Cundrîe in WOLFRAMS 'Parzival' den *tumben* Versager-Helden. Eben was ihn als soziales Subjekt ganz und gar begründet und erhält, seinen *art*, habe er verraten, also das, was sein Vater Gahmu-ret ihm- genealogisch- als seine künftige Pflicht und Aufgabe zu erfüllen aufgetragen habe. Nicht aber nur hat er diese Pflicht nicht erfüllt, er hat gewissermaßen die in der Würde der genealogischen Bindungen liegende *Wahrheit* beschädigt.

Die heroische Identität hat sich in einem prekären Balan-ceakt auf dem schmalen Grat, der die erhebende, nobilitieren-de und lustgewährende *êre* und die schimpfliche, erniedrigen-de *schande* voneinander scheidet, fortwährend zu bestätigen. 'Lust' und 'Unlust' 'Lob' und 'Tadel', 'Gewinn' und 'Verlust' liegen bedrohlich dicht beieinander.

Wiederum HARTMANN VON AUE, einer der großen hochmit-telalterlichen Epiker, läßt einen seiner Helden, den Artusritter Kalogreant im 'Iwein', nach verlorenem Kampf eben diese un-aufhebbare Polarität von *Ruhm und Schande* lakonisch kom-mentieren: 'Er (Ascalon) heimste den Ruhm ein, mir blieb da-gegen nur die 'Schande'. Was auf der Seite des Verlierers zur Schande hin sinkt, steigt auf der Seite des Siegers zu dessen Ehre; was der eine verliert, gewinnt der andere.

Die erlittene Schande aber steckt wie ein unablässig schmerzender Stachel im Selbstgefühl des Helden. Sie sind im höchstem Maße für Schmähungen anfällig, geradezu dünn-häutig - die mittelalterliche Sprache setzt hier das Wort *schande* ein - zumal, wenn sie gegen ihre Tapferkeit gerichtet sind, wenn sie ihren Mut bezweifeln, ihr ideales Selbstbild be-schädigen. Da reicht bereits ein böses, ein vielleicht nur unbe-dachtes Wort, die Verweigerung des Grußes oder ein 'mokan-tes Lächeln' (WEINRICH) aus, um sofort den in ihre Seele tief eingeprägten Mechanismus aggressiver Reaktion - den *zorn*, den *haz* - zu provozieren. Durch nichts anderes als den neuen Kampf um 'neue' Ehre kann einmal erlittene Schande aufge-hoben werden. Ere ist füglich nur ein anderes Wort für 'Exi-

stenz'. So meint es der junge Ritter Lischoys, wiederum in
WOLFRAMS 'Parzival':

> Es war ihm unfaßbar,
> daß ihn jemand an Stärke übertreffen
> und zum Aufgeben zwingen sollte;
> [...]
> Obwohl er besiegt worden war,
> wollte er um keinen Preis tun,
> wozu er oft andere genötigt hatte.
> [...]
> Wenn es bekannt wird, daß ich,
> dessen Ruhm hell leuchtete, unterlag,
> so will ich lieber sterben.
>
> (Parzival, 538,25ff)

Ähnlich sagt es auch der 'edel Sivrit', der sein "ganzes Ansehen"
und mit ihm seinen "Kopf" ("mîn êre und ouch mîn houbet")
einzusetzen bereit ist, um zu beweisen, daß er "Land und Herrschaft zu Recht" besitze (Nibelungenlied, Aventiure 3,109).
Dies zeigt zudem, daß auch Herrschaft und Ehre zusammengehören. Die *êre* des Herrschers ist auch die *êre* des Landes.

VIII.

'Ehre' also begründet Identität. Kampf wiederum begründet
'Ehre'. Identität, einen *ruof* zu haben, setzt die Bereitschaft -
und die Fähigkeit - zum Kampf voraus, also körperliche
Integrität, Stärke, Willenskraft: den/die *lust*.[54] Sie werden füh
und mit großem Aufwand an physischer Energie geübt.

Über den jungen Staufer Friedrich II. wird berichtet, ganz
ähnlich erzählen es auch über ihre Helden die literarischen
Quellen:

"Niemals in Ruhe, verbringt er den Tag in ständiger Tätigkeit, und
damit die Kraft durch Übung gemehrt werde, schult er seinen ge-
lenken Körper in jeglicher Handhabung und Kunst der Waffen.
Und wenn er sich darin übt, dann zieht er wohl sein Schwert, das
ihm mehr als alles andere vertraut ist, und gerät in wilde Wut, als
wollte er in das als Bild vorgestellte Antlitz eines Gegners stoßen.

Den Bogen zu spannen und Pfeile zu entsenden, hat er wohl gelernt und übt sich fleißig darin. [...] So schult er sich in jeglichem Kriegshandwerk, verbringt in immer wechselnder Betätigung den ganzen Tag bis zur Nacht und verwendet dann noch die ganze Zeit der folgenden Vigilie auf die Waffenkunde."[55]

Solche notorische Unruhe in der Lebensführung ist für die ritterliche Lebensform geradezu typisch. Für sie ist die körperliche 'Betriebsamkeit', ist die fortwährende, disziplinierte Ertüchtigung des Leibes zentral und im Sinne der Selbsterhaltung gänzlich unverzichtbar. Sie ist, wie es bei SIGMUND FREUD einmal treffend heißt, "Organlust".[56] Der ritterliche, der schöne, wohlproportionierte Leib wird im Rennen, Schlagen, Stechen, Hauen, Schleudern, Werfen, Reiten usf. unablässig geschult, denn er ist das hauptsächliche 'Kapital' des Helden, das es aus guten Gründen zu pflegen und klug zu bewahren gilt.[57] Dem Leib wird eine ungemein intensive Aufmerksamkeit zugewendet. Dem entspricht, als Gegenprogramm der Zeit, die radikale Annihilierung des Leibs, etwa durch das Fasten, durch Selbstgeißelung usf. in der asketischen Lebensform.

Wenn weiter oben davon gesprochen wurde, daß das Mittelalter nur wenige schon wirklich beständige Ordnungen kannte, so trifft HEGEL den Charakter und die Moral des paradigmatisch oder normativ 'Heldischen' recht gut, wenn er schreibt: "Wenn ein Individuum noch nicht durch Gesetze, sondern nur durch eigene Kraftanstrengung geschützt ist, so ist eine allgemeine Lebendigkeit, Betriebsamkeit und Erregung vorhanden."[58] Die Helden erfahren sich, ja sie erleben und 'fühlen' ihre Identität primär als leibliche, über die Empfindungen und Wahrnehmung ihres Leibes erworbene Identität. Der Leib ist ihnen eine primäre Bewußtseinstatsache. Er ist Dreh- und Angelpunkt ihrer Existenz.

Die jungen Helden der mittelalterlichen Epen sind auch fast immerzu unterwegs, *âventiure*, die ritterliche Herausforderung, den Kampf mit einem ihnen angemessenen Gegner suchend. Sie treibt die "Gärung in die Ferne" (GOETHE). Nichts hält sie daheim am warmen Herd, weder Besitz noch die *frouwe*. Das würde den *gemach* bedeuten, die faule, ehregefährdende Inaktivität, wie sie innerhalb mediterraner kultureller Verhältnisse noch heute gesellschaftlicher (d.h. männlicher) Kritik ausgeliefert wird:

"Ein Mann, der tagsüber zu viel Zeit zu Haus verbringt, macht sich verdächtig, oder lächerlich: Er ist ein 'Hausmann', der 'zu Hause wie eine Henne auf der Stange brütet'. Ein Mann, der sich selbst respektiert, muß sich anbieten, um gesehen zu werden, muß sich ständig dem Blick anderer aussetzen, sich mit ihnen konfrontieren, ihnen entgegentreten (qabel). Er ist ein Mann unter Männern. Daher kommt auch das Gewicht, das man Spielen um Ehre beimißt, eine Art Theatervorstellung, die im Beisein anderer gegeben wird."[59]

Unsüeze strenge, eine 'gärende Unruhe', heißt es im 'Parzival', treibt sie beinahe zwanghaft in die Welt hinaus, meist um zu turnieren, zu kämpfen: um '*frouwe*' und '*lant*' zu erringen oder um '*minne*' zu '*steln*', eine Herrschaft zu ergattern und die Liebe einer Frau. Diese doppelte Beziehung ist wichtig, denn sie vermag den '*point d'honneur*' präziser zu bestimmen, um den die Helden eigentlich besorgt sind und der vor allem anderen mit dem Empfinden von 'Lust' zu tun hat.

Ehre ist eine "Ethik der Öffentlichkeit".[60] Ehre wird durch die Anwesenheit jener gestiftet und bestätigt (aber auch entzogen), die selbst im hohen Stand der 'Ehre' leben. Wer aber bildet diese (repräsentative) 'Öffentlichkeit' eigentlich? Es sind selbstverständlich die Männer, die Freunde, die höfische (=repräsentative) Öffentlichkeit, aber es sind - für die Ritter - Frauen vor allem, viele Frauen, mithin viele Augen, die ihnen bei ihren Geschäften zusehen: Beim Turnier, beim Zweikampf, zu dem sie - zuweilen hundertfach - gebeten werden um zuzusehen und im Zuschauen die 'Ehre' zu geben - oder sie, wenn der Kampf mißlingt, zu nehmen. Ehre zu erringen hat eine gewaltige libidinöse Komponente. Denn wer Ehre hat, den, so wird es im 'Parzival' (Pz.32,20ff) gesagt

> preisen auch die Damen.
> Und wes Ruhm die Frauen singen,
> der wird überall gerühmt;
> Lob und Lust sind ihm gewiß.

Wer Ehre hat, gehört dazu. Wer Ehre hat, ist anerkanntes, geliebtes und umworbenes Glied des einen gesellschaftlichen *corpus*, als den mittelalterliches politisches Denken sich - in Anlehnung an das alte paulinische Bild des *corpus mysticum* der Theologie - die menschliche Gemeinschaft vorstellte. Diese Vorstellung gilt es mit Aufmerksamkeit zu bedenken.

Der gesellschaftliche/politische Leib bedeutet mehr als nur eine von der Wirklichkeit fern abgehobene Metapher, zu der er freilich in den modernen Staatskonzeptionen durch die wachsende Abstrahierung und Reglementierung der gesellschaftlichen Verhältnisse und die Intimisierung/Privatisierung der Individuen, ebenso ihrer Beziehungen zueinander, verkümmert ist.[61] Die Moderne hat zwischen *privater* und *öffentlicher Sphäre* eine endgültige Trennwand eingezogen. Auch ihre Leiber bedeuten im öffentlichen Austausch kaum mehr etwas. Im Mittelalter wird dagegen alle soziale und politische Existenz von der Auffassung der Gesellschaft als eines *organischen*, lebendigen 'Leibs' her begriffen, der nicht nur (statistisch) 'Mitglieder' hat, sondern aktive *Glieder. Communitas quasi unus homo:* die Gemeinschaft ist gewissermaßen wie *ein Mensch* aufzufassen (THOMAS VON AQUIN, Summa theologiae). Ein Angriff auf den Helden (als des 'Mit*glieds*' eines durch und durch beseelten *corpus*) gilt immer seinem *lîp*, will und soll ihn schädigen, verletzen, zerstören (oder ihn um Lösegeld tauschen). Er ist zugleich ein Angriff auf seine *êre*. Der *lîp* ist füglich die ganze Existenz des Helden, seine 'Person' und 'Persönlichkeit', nicht nur die beliebige materiale Hülle, welche ein tieferliegendes, gleichsam abstraktes Prinzip von Personalität bedeckt.[62] Der 'Leib' und seine Vitalität ist alles, was der Held einzusetzen hat, um sich selbst und andere zu erhalten - und er ist alles, was er zu verlieren hat. Nur so scheint mir auch die zuweilen alle Imaginationskraft übersteigende Toleranz der mittelalterlichen Helden gegenüber der Empfindung von Schmerzen erklärbar zu sein. Den Leib erfolgreich und gegen andere gewinnbringend zu bewahren bedeutet - kantianisch - in einem angenehmen 'Zustand zu bleiben'. Erstaunlicherweise spielt dabei, die Lebensform des Kämpfers ließe anders sich gar nicht hinreichend in ihrer Existenz verstehen, der körperliche 'Schmerz' eine hervorragende Rolle. Die Erfahrung des Schmerzes für das Bewußtsein der Helden, er 'selbst zu sein', ist nicht etwas prinzipiell zu Vermeidendes, sondern geradezu Ausdruck der *Macht*, sich selbst in allen

Möglichkeiten zu erfahren, und sie ist Ausdruck der Fähigkeit, alles, was dem Leib zustößt, auch *aushalten* zu können. Im Erleiden des Schmerzes werden sie auch tatsächlich erst bewußtseinshell der Gefahr ihrer vollkommenen Zerstörung, ihrer eigentlichen Identität, gewahr.

Der gesellschaftliche Leib als *corpus morale et politicum*, zu dem die Helden als seine Glieder gehören, ist ein durch und durch organischer Leib und als solcher deshalb lebendig, vital - und *er ist erotischer Leib*. Er unterliegt den Regeln des Begehrens beinahe so, wie sich sexuelles Begehren auf den menschlichen Leib richtet. Der gesellschaftlich- politische Leib ist *sinnlicher* Leib, und alle seine einzelnen Glieder sind an der Unterhaltung, Sicherung und auch an der ihn substantiell erhaltenden und kontinuierenden Prokreation in der Weise beteiligt, wie sich auch die 'Familie', die 'Sippe' (als *corpora*) zumal über ihre Söhne fortzeugt.

Zeugen und somit die Sippe in der Zukunft erhalten kann freilich nur, wer sich 'gesund', wer sich - als integrer, starker Leib - dauernd wehrhaft und kämpfend erfolgreich selbst zu erhalten versteht. So liegt es nicht fern, den eigentlichen *point d'honneur* auf jenen exponiertesten Bereich der 'Leibeslust' zu beziehen, der vor allem die Prokreation der 'Sippe' wie des gesamten *corpus* (als Gemeinschaft oder Staat) garantiert, auf das generative Organ schlechthin.[63] Es verwundert nicht, wenn noch immer, besonders ausgeprägt in mediterranen kulturell-gesellschaftlichen Zusammenhängen, eben die Ehre mit Begriffen und Metaphern charakterisiert wird, die auf dieses Organ der Prokreation bezogen sind, die den Ehrenpunkt des 'starken Mannes' in den *Hoden* zentrieren und für die Ehrabschneidung nichts anderes ist als eine Weise der Kastration, also die Zerstörung von vitaler Leiblichkeit in ihrer urtümlichsten Kraft.[64]

IX.

Der Kampf sei, so wurde weiter oben behauptet, ein 'anachronistisches' Modell der aggressiven Konfliktlösung. Kampf und Krieg haben vielmehr, so will es die bekannte

These JEAN BAUDRILLARDS suggerieren ("Der Krieg findet nicht statt"), durch die wachsende Präponderanz der Medien als den Produzenten und Konstrukteuren einer zweiten Wirklichkeit, einer Scheinwirklichkeit, den Charakter von Simulacren, also selbst Scheincharakter, angenommen. Nicht *reale* Körper aus wirklichem Fleisch und Blut, sondern *'virtuelle'*, also gleichsam enbtleiblichte - medialisierte - Körper kämpfen im eindimensionalisierten Raum des technischen Mediums. Die insbesondere in französischen intellektuellen Kreisen einflußreiche (und gegenüber der Philosophie JEAN-PAUL SARTRES als zunehmend attraktiver erachtete) Phänomenologie des späten MERLEAU-PONTY[65] hat dieser These bereits früh philosophischen Vorschub geleistet, sie - im Verein mit Thesen des kanadischen Kommunikations- und Medientheoretikers (und Literaturwissenschaftlers) MARSHALL MCLUHAN - mithin erst möglich gemacht. Für sie ist der zivilisationsgeschichtlich außerordentlich interessante Gedanke zentral, daß der 'Leib' als aktives Oragn jeglicher Wahrnehmung und Handlung überhaupt keine selbständige Rolle mehr spiele. Er bilde vielmehr, selbst medialisiert, das heißt, selbst zu einem Text geworden, mit der ihn umgebenden Welt einen *einzigen großen Text*. Von 'Materie' im Sinne der 'Physik' dürfe eigentlich gar nicht mehr geredet werden, demnach auch nicht mehr von 'Wirklichkeit' im Sinne des althergebrachten abendländischen Verständnisses von Ontologie.[66] Damit werden epistemologische Kategorien des herkömmlichen Seinsverständnisses aufgebrochen, ja obsolet, für das zum Beispiel Trennungen beziehungsweise Unterscheidungen wie die zwischen 'Realität' und 'Imagination', zwischen 'Wahrnehmung' und 'Wahrgenommenem', zwischen 'Signifikat' uns 'Signifikant' elementar und unverzichtbar, weil 'sinnbildend' und ordnungsstiftend sind. Die nur angedeutete These BAUDRILLARDS ist (zumindest aus alter aristotelischer Sicht) nicht 'wahr'. Sie droht aber auf eine erschrekkend beunruhigende Weise wahr zu werden: Indem sie das 'Wirkliche' als medial 'Verunwirklichtes' in einem gigantischen Raum kollektiver Imaginationen wirklich werden läßt, ohne daß damit für die meisten noch eine Realerfahrung, eine körperliche, verbunden wäre. Das Medium inszeniert das Verschwinden der Körper ästhetisch. Alles wird, auch der Krieg wird ihm zum Spectaculum, zur 'ästhetischen' Chiffre. BAUDRIL-

LARDs radikal de-ontologisierende und derealisierende These bekommt in einem anderen Zusammenhang eine kulturpsychologisch gewichtigere Bedeutung. Für ihn spielt wiederum SIGMUND FREUDs (und nicht allein seine) pessimistische Beurteilung des zivilisationsgeschichtlichen Prozesses, den die Menschheit seit ihrer vorgeschichtlichen Vergesellschaftung in der 'Urhorde' durchlaufen hat, eine entscheidende Rolle. FREUD fühlte sich zutiefst und berechtigt davon überzeugt, nicht nur aus dem Erlebnis des 1. Weltkriegs, sondern auch aus den Erfahrungen seiner psychoanalytischen Praxis, daß es "in Wirklichkeit [...] keine 'Ausrottung' des Bösen" gibt. Im Gegenteil offenbarte ihm der untilgbare, selbst noch für die philosophisch wie politisch scheinbar umfassend 'aufgeklärte', sogenannte zivilisierte Moderne weiterhin konstitutive Wille zum Krieg, Regressionen, so als wären alle die "späteren Entwicklungen annulliert, rückgängig gemacht worden [...]."[67]

Die sinnenfällige Vielfalt allgegenwärtiger, bereits wirklich gewordener wie unschwer antizipierbarer Horrorszenarien, scheint dies nur zu drastisch zu bestätigen und den ohnehin, nicht ausschließlich unter zur politischen Melancholie neigenden Pessimisten verbreiteten, perennierenden Zweifel daran zu nähren, daß das 'telos' der Moderne, das große 'Projekt der Aufklärung' - bereits für seinen Mitkonstrukteur KANT eine 'unendliche Aufgabe' - wenn schon nicht hinfällig geworden, so doch als Erfüllung in weite Ferne gerückt ist. SIGMUND FREUD erkannte gerade im (Wollen des) Krieg(s) und seiner furchtbaren Schrecken den Ausdruck tiefsitzender Triebregungen", die "elementarer Natur, bei allen Menschen gleichartig sind und auf die Befriedigung gewisser ursprünglicher Bedürfnisse zielt."[68] Tatsächlich hat FREUD auch in "das Unbehagen in der Kultur" behauptet: "Das Böse ist oft gar nicht das dem Ich Schädliche oder Gefährliche, im Gegenteil auch etwas, was ihm erwünscht ist, ihm Vergnügen bereitet." Damit stützt er - psychoanalytisch / anthropologisch - was er *vernünftig* zutiefst verabscheut und aus Gründen der Vernunft abweisen muß. Erstaunlich ist hier die augenfällige Nähe der Argumente, etwa zwischen FREUD und KANT und denjenigen solcher, die nicht ausdrücklich zu den Aufklärern gezählt werden können. KANT faßte die 'Rachbegierde' als eine 'Leidenschaft' auf, die, wie er sagt, aus "der *Natur* des Menschen *unwider-*

stehlich hervorgeht."[69] Die aus dem antagonistischen Widerspiel von Anthropologie und zivilisatorischem Prozeß freiwerdende Spannung wird unübersehbar deutlich, selbst wenn man FREUDS pessimistischer Diagnose nur mit einigem Zögern und allein unter Berücksichtigung der historisch-politischen und kulturellen Situation zustimmen möchte, in der sich vor allem die konservative bürgerliche Intelligenz seiner Epoche befand.[70] Zivilisatorischen Normen und ihren Ermahnungen zur Affektkontrolle scheint eklatant zu widerstreben, was der (sogenannten) 'Natur' des Menschen offenbar urtümlich und unveränderlich eigen ist, ihr wesenmäßig zugehört. Sie tabuieren normativ eine Energie, die sich als archaisch-unbezähmbarer Trieb geradezu zwanghaft zum Ausdruck bringen muß, es aber nicht mehr darf.[71]

Das technische Medium gewährt heute, auf dieser Ebene ließe sich die Beziehung zu BAUDRILLARDS auf merkwürdige Weise suggestive These wieder aufnehmen, was sowohl zivilisatorische Normen wie ethische Imperative wenigstens vorderhand als zudringliche Realität verpönen: Die medialisierte, die durch das *Medium* mediatisierte Gewalt, das heißt, die *Darstellung* des Schreckens, ohne ihn auch am eigenen Leib erleiden zu müssen, ihn freilich schaulustig erleben zu können. Der Kampf zwischen Körpern ist in dem Sonderraum der gesellschaftlich beherrsch- und lenkbaren, ja ökonomisch instrumentalisierbaren 'Spiel'kultur aufgehoben worden, seine untergründigen atavistischen Energien hingegen nicht. In gewisser Hinsicht muß man in der medial produzierbaren Simulation von womöglich beliebigen und beliebig grausamen und in ihrer Grausamkeit gesteigerten, ja steigerbaren - Wirklichkeiten die an der Arbeit an Körpern gebildete Logik des zivilisatorischen Prozesses in seiner höchsten Konsequenz an sein Ende gekommen sehen. Die subversiven, ordnungsbedrohenden Triebkräfte, die bereits das Mittelalter auf vielen Ebenen zivilisatorisch in den Griff zu bringen suchte, haben heute Unterschlupf vor allem im Medium, etwa dem Film, gefunden.[72] Er erhält mit seinen Mitteln aufrecht, was den Leibern selbst zu erleben nicht länger, oder doch nur in Ausnahmesituationen, erlaubt wird.

Der kämpferische 'Held' als eine möglicherweise gar im Sinne des alten Mythos restaurierbare gesellschaftliche Leitfigur wird - zumindest offen - nicht mehr gefordert; 'Heldentum' im oben skizzierten Sinne ist unter aufgeklärten beziehungsweise als aufgeklärt geltenden Verhältnissen eine anachronistische Haltung, unter nicht aufgeklärten, die freilich stets mit dem Gewehr bei Fuß bereitstehen, indes nicht. Sie hat gerade in Konfliktzeiten eine immer wieder reaktualisierbare und in Aktionen umsetzbare, eine wohl verdeckte, aber sehr agile Tradition.

Es muß aber doch der Zynismus befremden, wenn dem kampfbeflissenen amerikanischen General Norman Schwarzkopf wegen seiner 'Verdienste um die Erziehung und Motivation der Jugendlichen' ein Preis verliehen werden soll, der in geradezu grotesker Verkehrung der Werte ausgerechnet den Namen des friedfertigen Albert Schweitzer trägt.[73]

Anmerkungen

1 DUBY 1981.

2 Vgl. hierzu M. BLOCH 1982, insbesondere S. 488 ff. (Das Chaos und der Kampf gegen das Chaos).

3 Vgl. dazu WEINRICH 1971, S. 341-356.

4 Etwa in seiner berühmten Abhandlung "Das Unbehagen in der Kultur", wo er zum Beispiel die "triebhafte[n] Leidenschaften" eine größere Stärke als den "vernünftige[n] Interessen" zuschreibt. Ziel der Kultur müsse es sein, die Menschen zu "Identifizierungen und zielgehemmten Liebesbeziehungen" anzutreiben. FREUD 1930, S. 471."

5 FREUD hat beiden Qualitäten im "Abriß der Psychoanalyse" eine endgültige Definition gegeben. 1938, S. 63-138

6 Vgl. Kant 1798.

7 Der Begriff 'Selbsterhaltung' spielt - seit der Stoa - insbesondere für eine Theorie der Subjektivität eine zentrale Rolle. Sie kann hier nicht berücksichtigt werden. Vgl. aber zum Thema Selbsterhaltung im Kontext der 'Subjektivitätsproblematik' Ebeling 1976.

8 Herr Professor GERHARD BAUER (Universität Mannheim) hat mich in diesem Punkt sehr präzise unterrichtet. (Zitiert nach einem Kommentar zur Etymologie von 'Lust' von Professor Dr. GERHARD BAUER, den er mir freundlicherweise zur Verfügung gestellt hat.)

9 Jede etymologische Rekonstruktion muß bekanntermaßen mit mancherlei Unwägbarkeiten rechnen, die in vielen Fällen das Ergebnis der sprachgeschichtlichen Rekonstruktion belasten. Das gilt auch für die

hier angeführte, von der es ebenfalls heißt, daß sie "umstritten" ist. Immerhin läßt sie doch erkennen, daß das semantische Spektrum von 'Lust' relativ weit ausgespannt ist.

10 Dabei wäre grundsätzlich einmal die Frage eingehender zu prüfen, ob die Empfindung von 'Lust' nicht selbst 'historisierbar' ist, also unter dem Aspekt des Wandels gesehen werden müßte; vgl. hierzu z.B. KAHLE 1981. Für eine solche Historisierung beziehungsweise historische 'Relativierung' hat auch der französische Historiker LUCIEN FEBVRE schon früh mit guten Gründen plädiert.

11 Was im besonderen die faschistische Instrumentalisierung des 'Naturhaften' angeht, so wäre hier zum Beispiel an Formulierungen von HERMANN RAUSCHNING (aus den Gesprächen mit Hitler) zu erinnern: "Eine gewalttätige, herrische, unerschrockene Jugend will ich. Jugend muß das alles sein. Schmerzen muß sie ertragen. Es darf nichts Schwaches und Zärtliches an ihr sein. Das freie, herrliche Raubtier muß erst wieder aus ihren Augen blitzen. [...] Ich will eine athletische Jugend. [...] So merze ich die tausende von Jahren der menschlichen Domestikation aus. So habe ich das reine, edle Material der *"Natur* vor mir." RAUSCHNING 1940, S. 237 (Hervorhebung B.K.). Vgl. a. STERN 1986.

12 Vgl. KÜCHENHOFF 1988 sowie KRAUSE 1991b.

13 Vgl. hierzu LUHMANN 1984.

14 Vgl. KRAUSE 1991a.

15 AURELIUS AUGUSTINUS, De vera religione. XI, 22, 62 (S. 39). Das fleischliche und irdische Leben, heißt es bei Augustinus weiter, könne, solange "es so bleibt, das Reich Gottes nicht ererben. Vielmehr wird ihm entrissen, was es liebt. Denn es liebt [...] nämlich den Körper [...]", ebd., XII, 23, 63.

16 Nicht zuletzt wäre in diesem Zusammenhang auf die Thesen des amerikanischen Soziologen RICHARD SENNETT 1983 hinzuweisen. Vgl. a. ZUR LIPPE 1975.

17 Der moderne Sprachgebrauch unterscheidet kaum mehr klar zwischen 'Leib' und 'Körper'. Beide Worte bezeichnen indes historisch deutlich unterscheidbare Konzeptionen der Selbstauffassung von Menschen. Vgl. dazu auch meine historischen Ausführungen in KRAUSE 1991c sowie aus philosophischer Sicht zum Beispiel REITEMEYER 1988. Vgl. a. HAMMER 1974.

18 Vgl. für die Geschichtswissenschaft (Historische Verhaltensforschung) NITSCHKE 1989.

19 Die Geschichte der 'Affekte', ihrer Eigentümlichkeiten und Metamorphosen ist recht eigentlich noch nicht geschrieben worden, selbst wenn es vielfältige Ansätze zu einer Psychohistorie der europäischen Kultur und zum thematischen Bereich historischer Subjektivität gibt. Grundsätzlich wäre hier an die ersten Impulse zu erinnern, die hierzu LUCIEN FEBVRE gegeben hat. Vgl. FEBVRE 1977. AGNES HELLER 1980, S. 253ff. macht zum Beispiel auf die Differenzen zwischen der Gefühlswelt von Individuen der 'bürgerlichen Weltepoche' und jenen 'organischen' Ge-

sellschaften aufmerksam, denen die Gefühle gleichsam 'unreflektiert' auf eine ganz 'natürliche' Weise gegeben sind.

20 Von dem "Mittelalter" zu reden, beinhaltet selbstverständlich bereits eine unzulässige Abstraktion. Tatsächlich gibt es viele "Mittelalter", worauf zum Beispiel JACQUES LE GOFF verschiedentlich mit überzeugenden Gründen aufmerksam gemacht hat.

21 Vgl. zu den germanistischen Bemühungen zum Thema des 'kulturellen Erbes' THUM 1985. Zur mediävistischen Neubewertung des Mittelalters s. v.a. LE GOFF 1978, ebenso DERS. 1985.

22 Vgl. zu diesem Thema zum Beispiel die verschiedenen Studien von P. CONTAMINE, zuletzt: CONTAMINE, P. 1980.

23 Besser verstehbar wird diese Überzeugung vielleicht unter Berücksichtigung des Gedankens, daß der Krieg, wie ihn KANT ansieht, tatsächlich noch einer zwischen sich leibhaft gegenüberstehenden Gegner bzw. Feinden ist.

24 So ein Kapitel in ELIAS 1990.

25 NORBERT ELIAS bemerkt dazu (1976, Bd. 2, S. 83): "In der feudalen Kriegergesellschaft ist eine beträchtliche Stärke unentbehrliches Element der gesellschaftlichen [...]. Etwas vereinfacht kann man sagen: Die gesellschaftliche Stärke eines Mannes ist, der Chance nach, in der feudalen Kriegergesellschaft genau so groß, wie der Umfang und die Ergiebigkeit des Bodens, über den er faktisch verfügt. Seine physische Stärke bildet ohne Zweifel ein wesentliches Element dieser Verfügungsgewalt. Wer nicht wie ein Krieger zu kämpfen und den eigenen Körper in Angriff und Verteidigung einzusetzen vermag, hat auf die Dauer in dieser Gesellschaft kaum eine Chance zu besitzen."

26 OTTO BRUNNER zitiert hier zustimmend eine Arbeit von WOLFGANG SCHNELBÖGL, in: BRUNNER ([5]1973), S. 10 f.

27 Vgl. hierzu zum Beispiel GEARY 1986 oder BLACK-MICHAUD 1975.

28 S. hierzu die vielfältigen Materialien in der (unveröffentlichten) Habilitationsschrift von BERND THUM, Studien zu Elementarformen politischsozialen Handelns im Mittelalter, dargestellt an der Chronistik und der politischen Spruchdichtung des Ostalpenraumes, Karlsruhe 1976.

29 Zitiert bei BORST 1989, S. 314 f. BORSTs Auswahl ist keinesfalls einseitig, wie zum Beispiel auch die von NORBERT ELIAS für die Brutalität der Handlungsweisen beigebrachten Belege zeigen können. Vgl. a. ELIAS 1976, Bd. 1, S. 267 f.

30 Zitiert bei ELIAS, ebd., der diese Darstellung für "ganz echt" hält. Aber selbst wenn sie übertrieben wäre, müßte erstaunen, zu welchen Phantasien des Grauens die Zeit fähig war! M. BLOCH 1982, schreibt: "Die täglich vorhandene Drohung lastete auf dem Schicksal eines jeden einzelnen. Sie richtete sich gegen den Besitz und darüber hinaus gegen die leibliche Existenz" (S. 492).

31 ELIAS 1976, Bd. 1, S. 268. "Weil die Menschen ihre spontanen Regungen kaum unterdrücken konnten, auf den Anblick des Leidens wenig sensibel reagierten, von geringer Achtung dem Leben gegenüber erfüllt

waren", agierten sie ihre Energien in der "fast animalischen Entfaltung psychischer Kraft" aus (M. BLOCH 1982, S. 493).

32 Vgl. hierzu HUIZINGA 1956, sowie jüngst auch NITSCHKE 1987.

33 Das Nibelungenlied. Bd. 1, 3. Aventiure, 113. Hervorhebung B.K.

34 DUBY 1986, S. 133.

35 BOSL 1972, Bd. II, S. 347.

36 Ebd., S. 346.

37 SIMON, BENNETT 1980.

38 AUERBACH 1977, S. 136.

39 Zit. nach DUBY 1979, S. 80.

40 Vgl. hierzu BOHRER 1985. Zu einer historischen Pathographie der exzessiven Gewalt am Beispiel des Gilles de Rais s. RELIQUET 1984. Vgl. auch aus exegetischer, psychoanalytischer und philosophischer Sicht DREWERMANN 1988.

41 BOHRER 1985, S. 466 zitiert hierzu POE: "Und dieser überwältigende Drang, das Unrechte zu tun um des Unrechten willen, läßt keinerlei Analyse, keinerlei Zerlegung in anderweitige, tiefer gelegene Elemente zu. Er ist selber ein Grund-, ein Urtrieb - ist selber elementar." In der Gegenwart wäre als ein 'Ästhet des Schreckens' zum Beispiel IAN MCEWAN zu erwähnen, vgl. dazu PRALL 1991, S. ZB 3.

42 Die Funktion des Motiv des Grausamen in der mittelalterlichen Literatur ist noch nicht erschlossen worden. Ist es die 'Lust' am Grausamen, welches oft sich zum 'Ekelhaften' steigern kann (etwa in WOLFRAMS VON ESCHENBACH 'Willehalm': Schilderung vom Tod Vivianz'), oder, was MANFRED FUHRMANN (1968) für viele Werke der lateinischen Dichtung annimmt, der 'stoische Kontrapost', der das 'sittliche Bewußtsein' schulen soll?

43 WOLFRAM VON ESCHENBACH: Parzival, Vv. 177,25 f.

44 HARTMANN VON AUE: Gregorius, der gute Sünder, Vv. 1588ff. Ich zitiere auch im folgenden jeweils nach der nhd. Übersetzung.

45 WOLFRAM VON ESCHENBACH: Parzival, Vv. 461,8 ff. (Hervorhbg. B.K.).

46 HUIZINGA 1956, S. 146 erblickt im Ruhm, dem Stolz, dem Ansehen die eigentlichen Motive für alle "großen Angriffskriege vom Altertum bis heute" und weiter: "Die modernen Ausbrüche der Verherrlichung des Krieges [...] kehren im Grunde zu der babylonisch-assyrischen Auffassung des Krieges als göttliches Gebot um des heiligen Ruhmes willen zurück".

47 HEGEL, Vorlesungen über die Ästhetik, S. 360. HEGEL hat in einer bekannten Stelle seiner 'Ästhetik' den nichtchristlichen Griechen abgesprochen, über ein 'Gewissen', d.h. über Formen der inneren "Reflexion" zu verfügen, die ihnen in der Entscheidung darüber, "was gut und schlecht sei", hilfreich zur Seite gestanden hätten.

48 SO DE VRIES, [2]1945, S. 13.

49 So heißt es bei HARTMANN VON AUE: Erec, Vv. 9021ff.

50 Ebd., Vv. 9345 ff.

51 Einen nicht uninteressanten, aber doch - vor allem hinsichtlich der

schmalen Materialbasis - unbefriedigend bleibenden Ansatz der Erklärung des mittelalterlichen Individuationsprozesses bietet BUSCH 1987.

52 GADAMER 1976, S. 107.

53 Zitiert bei GADAMER, ebd., S.107 Kursive B.K.

54 'Lust' wird in den älteren Sprachstufen vielfach sowohl in femininer, als auch in maskuliner Form verwendet.

55 Zitiert bei NITSCHKE 1987, S.67. NITSCHKE erwähnt in diesem Zusammenhang noch verschiedene andere Quellen, die von Kämpfen berichten und dabei eine ungewöhnliche Toleranz im Erleiden von Schmerzen anzeigen. An *diesem* von NITSCHKE erwähnten Beispiel ist bemerkenswert der Hinweis des Chronisten, daß der junge Staufer mit seinem 'Schwert' besser als mit sonst jemandem 'vertraut' ist! Viele andere, auch literarische, Quellen bestätigen, daß die Waffen geradezu als gleichsam organische Verlängerungen oder Verstärkungen anzusehen sind!

56 FREUD 1900, S. 279 (Anmerkung 3). Diese Anmerkung ist ein Zusatz aus dem Jahr 1925, der eine interessante Verknüpfung der Organlust mit der Sexuallust herstellt: "Die analytische Untersuchung hat uns erraten lassen, daß an der Vorliebe der Kinder für gymnastische Darstellungen und an deren Wiederholung im hysterischen Anfall außer der Organlust noch ein anderes Moment beteiligt ist, das (oft unbewußte) Erinnerungsbild des (an Menschen oder Tieren) beobachteten Sexualverkehrs." In seinen "Drei Abhandlungen zur Sexualtheorie" stellt FREUD überdies eine Beziehung her zwischen der "Neigung zum Muskelstreit" und dem "sadistischen Trieb". Vgl. FREUD 1905, S. 103.

57 Es sei hier daran erinnert, daß die Erhaltung der körperlichen Integrität auch der Aufrechterhaltung der Rechtsfähigkeit eines Individuums diente. Wer sein 'Recht' bewahren und durchsetzen wollte, mußte - so zeigt es etwa der 'Sachsenspiegel'- körperlich dazu auch in der Lage sein.

58 HEGEL, Vorlesungen über die Philosophie der Geschichte, S. 460 f.

59 BOURDIEUX 1979, S. 141.

60 WEINRICH 1971, S. 341.

61 Vgl. hierzu SENNETT 1983.

62 Die Identität von Leib ('lîp') und 'Person' bestätigt etwa - neben einer Unzahl weiterer Belege, die hier selbstverständlich nicht angeführt werden können - der Königsfrieden Heinrichs VII. für Sachsen. Darin heißt es in der ersten Bestimmung des Friedens: "1. Clerici, monachi, mulieres, moniales, agricole, iusti venatores, piscatores, Iudei omni die et tempore firmam habebunt in personis et in rebus." Mit 'personis' und 'rebus' sind, wie die Übersetzung richtig sagt: "Leib und Gut" (=Leben und Besitz) gemeint. KROESCHELL 1972, S. 289ff.

63 Von dem HOMER in der 'Ilias' sagt, daß dort "am meisten/Ares schmerzhaft wird für die unglückseligen Menschen" (Ilias, XIII,568 f.).

64 Vgl. hierzu auch BLOK 1982. Vgl. zu einem ähnlichen Bezug in der balinesischen Kultur GEERTZ 1987, S. 208ff. ('Von Hähnen und Männern').

65 Vgl. hierzu v.a. MERLEAU-PONTY 1964.

66 Vgl. zur Position MERLEAU-PONTYs und ihrer Weiterentwicklung etwa bei BAUDRILLARD, LACAN u.a. die Überblicksstudie von BARTELS 1990. Vgl. a. die dezidierte Position des amerikanischen Postmoderne-Theoretikers FREDERIC JAMESON (1986), etwa formuliert "Es steht zu erwarten, daß die neue [...] Logik des Simulacrum sich folgenschwer auf die Erfahrung der historischen Zeit auswirken wird. Vergangenheit wird dabei modifiziert." (S. 63). Das hat natürlich auch Auswirkungen auf die Wahrnehmung der Gegenwart.

67 FREUD 1915b, S. 337. Auch KANT war der Überzeugung, daß es die der "menschlichen Natur eingeartet[e]" Neigung zum Krieg sei, die dem 'ewigen Frieden' hinderlich sei, vgl. KANT, Zum ewigen Frieden, S. 19.

68 FREUD, ebd., S. 331.

69 KANT, Anthropologie in pragmatischer Hinsicht, S. 270. (Hervorhebung durch mich).

70 Vgl. hierzu zum Beispiel die Studie von VONDUNG 1988.

71 Vgl. a. SENGHAAS [3]1981.

72 Siehe auch KAMPER 1989.

73 So eine Notiz im 'Mannheimer Morgen' vom 25. Mai 1991.

KARIN WINTER

Evolution und Sucht

Bis vor einigen Jahren beherrschten hauptsächlich die Drogensüchte, stoffgebundene Süchte, hervorgerufen durch Stoffe wie Haschisch, Heroin, Cocain, die Schlagzeilen unserer Zeitungen. Inzwischen ist eine Vielzahl neuer Süchte hinzugekommen, die wir als Tätigkeitssüchte oder auch stoffungebundene Süchte, bezeichnen. Da lesen wir von der Computersucht, Kaufsucht, Spielsucht, Arbeitssucht und in letzter Zeit besonders häufig von den Abenteuersüchten, wie S-Bahn-Surfen, Bungee-Jumping, Free-Climbing und anderen mehr.

Ein Stoff oder eine Tätigkeit können also dasselbe Ergebnis in unserem Körper hervorrufen, die Sucht. Das klingt zunächst seltsam, da im Fall der Drogensucht dem Körper ein Fremdstoff zugeführt wird, der von Menschen synthetisiert oder aus Pflanzen extrahiert wurde, um eine bestimmte chemische Wirkung zu erzielen, während Tätigkeiten zu unserem täglichen Leben gehören und schon immer gehörten.

Ein Leben ohne Tätigkeiten gibt es nicht, weder Mensch, Tier noch Pflanze wären dann existent. Tätigkeiten sind somit als uralte, evolutive Mechanismen zu betrachten.

Der Psychologe WERNER GROSS (1990) stellt fest, daß alle Tätigkeiten ".... - im Extrem betrieben - Züge von Sucht bekommen, sozusagen süchtig entgleisen" können. Glauben wir dieser Aussage, was für die oben genannten Beispiele der Tätigkeitssüchte als gesichert angenommen werden kann, dann ergeben sich hieraus mehrere Fragen. Wie kann eine Tätigkeit überhaupt zu einer Tätigkeitssucht werden? Welche Vorgänge laufen dabei in unserem Körper ab? Sind die am Suchtprozeß innervierten Körperteile alte evolutive Strukturen, oder traten sie erst sehr viel später in der Evolution auf? Wenn ja, wann und aus welchem Grunde? Wenn sie ein evolutionäres "Mißgeschick" waren, warum wurden sie dann nicht ausselektiert? Oder handelt es sich bei den Süchten um eine Erscheinung der Moderne, durch unsere heutige, stark veränderte Umwelt ausgelöst? Ein Katalog von Fragen, den es zu beantworten gilt.

Erklärungsmodelle zur stoffungebundenen Sucht

Mit der Frage, wie es zu einer Tätigkeitssucht kommen kann, befassen sich vor allem Psychologen, Soziologen, Gehirnphysiologen und Genetiker, je nach dem Blickwinkel ihrer Diziplin. Die verschiedenen Erklärungsmodelle wiedersprechen sich nicht, sondern ergänzen sich wie Bausteine im vielschichtigen Wirkungsgefüge des Suchtkomplexes. Am einfachsten läßt sich dies an der Black-box darstellen. Psychologische und soziologische Erklärungsmodelle haben zum Ziel, die Gesetzmäßigkeiten zwischen Verhaltensabläufen und äußeren Einflußfaktoren zu erklären. Dabei wird bewußt darauf verzichtet zu untersuchen, wodurch die Verhaltensabläufe im einzelnen zustande kommen. Die äußeren Einflußfaktoren wirken als Input auf die Black-box ein. Diese beinhaltet verschiedene Gehirnstrukturen und die darin verlaufenden Nervenbahnen, die in ganz bestimmter Weise auf den Input ansprechen. Welche Reaktionen hier ablaufen und inwieweit sie genetisch gesteuert sind, probieren Gehirnphysiologen und Genetiker zu erfassen. Das gemeinsame Ergebnis, der Output, ist dann ein Verhalten, in unserem Fall die Sucht.

Psychologische und soziologische Erklärungen

Diese Modelle sehen bestimmte Umwelteinflüsse während verschiedener Lebensphasen und deren Auswirkung auf die menschliche Psyche als suchtauslösend an. Es werden Erfahrungen gemacht, Dinge erlernt, die, zu welchem Zeitpunkt auch immer, durch bestimmte Lebensumstände zu Suchtfaktoren werden können. Sozialisationsdefizite aufgrund einer gestörten Mutter-Kind- beziehungsweise Eltern-Kindbeziehung, narzistische Persönlichkeitsstrukturen, ein Ödipuskomplex, mangelnde Ausbildung von Selbstständigkeit, Unabhängigkeit und Verantwortung, nervös-organische Lernprozesse in Familien und Jugendgruppen, dauernde Über- wie Unterförderung, sowie ein sinnlos erlebtes Leben werden für eine Suchtprädestination verantwortlich gemacht.

Gehirnphysiologische Erklärungen

Neurophysiologen probieren zu ergründen, welche Gehirnstrukturen an der Entstehung von Sucht beteiligt sind, welche Neurotransmitter, Neuromodulatoren und/oder Neurohormone in diesen Strukturen eine Rolle spielen und schließlich, welche intra- und interspezifischen Veränderungen an den dort gelegenen Nervenzellen und deren Stoffwechsel auftreten können.

Das limbische System

Diesem System ordnen wir heute die Entstehung von Sucht zu. Es umfaßt verschiedene Strukturen unseres Groß-, Zwischen- und Mittelhirns, die eng mit dem Hypothalamus, der Hirnanhangsdrüse, verbunden sind. Während der Hypothalamus anscheinend eine wesentliche Rolle bei der Kontrolle unserer Gefühle spielt, steuert das limbische System unser gesamtes emotionales Verhalten und einen Teil unserer Schmerzempfindungen. Reizt man mittels einer Elektrode gewisse Regionen, so kann man "bei Mensch und Tier Wutausbrüche und Angriffsverhalten auslösen"(THOMPSON 1990). Eine Reizung benachbarter Regionen ruft hingegen Freude und Wohlbefinden hervor. Die Bereiche der negativen Wahrnehmung ordnen wir dem Bestrafungssystem zu, die der positiven dem Belohnungssystem.

Der Frage nach der Bewandnis dieser psychischen Empfindungen kamen Forscher in den siebziger Jahren näher. Sie entdeckten Rezeptoren im Gehirn, die mit Opiaten, wie z.B. Morphin, Kontakt aufnehmen. Daß diese Rezeptoren für körperfremde Stoffe bestimmt sein sollten, war kaum denkbar, und so forschte man nach körpereigenen Verbindungen, endogenen Opioiden, die für diese Rezeptoren bestimmt sein mußten. Man fand schließlich drei Gruppen, die als endogene Morphine, kurz Endorphine, bezeichnet werden: das "beta"-Endorphin, die Enkephaline und die Dynorphine. Sie können an verschiedene Rezeptortypen ankoppeln und so Kontakt mit dem Zellinneren aufnehmen.

Enkephaline scheinen eine wesentliche Rolle im langsamen, evolutiv schon sehr alten Schmerzsystem zu spielen, wo sie "an den emotions- und motivationsgebundenen Aspekten des Schmerzes, also der subjektiven Schmerzerfahrung beteiligt" sein sollen (THOMPSON 1990).

Das "beta"-Endorphin wirkt sehr ähnlich dem Morphin. Es gelang Forschern, dieses Opioid zu synthetisieren. Verabreichte man es, so schaltete es zwar den Schmerz aus, rief jedoch analog zu den Opiaten Sucht hervor.

Über die Dynorphine ist bis heute sehr wenig bekannt. Sie scheinen aber eine sehr hohe Wirksamkeit zu haben, die um das 200-fache stärker sein soll als die des Morphins (THOMPSON 1990).

Die Evolution hat mit diesen Substanzen ein phantastisches System zur Schmerzaufhebung und Erregung von Freude entwickelt, um uns ein besseres Überleben zu garantieren, das heißt, die Art zu erhalten. Dieses System steht allerdings in engem Zusammenhang mit Sucht.

Das Belohnungssystem

Ratten, die sich mittels einer Taste, die mit einer Gehirnelektrode verbunden war, in diesem Gehirnbereich selbst reizen konnten, betätigten die Taste mehr als 100x pro Minute und vernachlässigten ihre Nahrung und Körperpflege total. Auch Rhesusaffen hungerten lieber, als daß sie auf ihre Lustempfindung verzichtet hätten (ROUTTENBERG 1984). Kommt es zur Zerstörung der Amygdala, einer im Schläfenlappen gelegenen Struktur die zum Belohnungssystem zählt, so stellt sich eine psychische Blindheit ein. Reize, die bis dahin eine emotionale

Bedeutung besaßen, werden plötzlich mit Lustlosigkeit und Gleichgültigkeit quittiert. Da aus diesem Gebiet direkte Bahnen in den Hippocampus laufen, der an der Gedächtnisbildung beteiligt zu sein scheint, gibt es wahrscheinlich auch eine direkte Beziehung zwischen dem Belohnungssystem und dem Lernen. Dies würde mit den Ergebnissen der Pschychologen und Soziologen korrespondieren.

Vorgänge an und in den Gehirnneuronen

Über die Rezeptoren der Zellmembranen können die körpereigenen Endorphine Kontakt mit dem Zellinneren aufnehmen, indem sie sich von außen an einen Rezeptor anheften und ihre Nachricht an einen Boten in der Zelle übergeben, der jetzt innerhalb der Zelle durch Genaktivierung in der Lage ist, 1. Informationen über das Ereignis seiner Anheftung dauerhaft (einem Langzeitgedächtnis gleich) zu speichern, 2. Zelleigenschaften zu verändern oder 3. neue Eigenschaften zu bestimmen (EWERT 1990).Ein solches Geschehen kann dann eine Sucht manifestieren.

Genetische Erklärungen

Zwei Möglichkeiten der Suchtentstehung sind hier denkbar. Entweder wird die Veranlagung zur Sucht vererbt, und diese kann dann durch ein unglückliches Zusammentreffen von Umweltfaktoren zum Ausbruch kommen, oder bestimmte Gene erfahren durch die Einwirkung von Umweltfaktoren eine Veränderung, das heißt sie mutieren und lösen daraufhin Sucht aus. Eindeutige Beweise liegen bisher nicht vor, doch spricht manches für diese Hypothesen. So fanden amerikanische Forscher vor kurzem angeblich Gensequenzen, die die Bildung spezieller Rezeptormoleküle auf Gehirnneuronen bewirken und vorwiegend bei Alkoholikern auftreten. Weiterhin ist bekannt, daß Kinder süchtiger Eltern, die nicht bei ihren Eltern aufwachsen und keinerlei Suchtverhalten erlernen können, trotzdem häufiger zu Sucht neigen als Kinder nichtsüchtiger Eltern. Forschungsergebnisse oder statistische Erhebungen bezüglich Tätigkeitssüchten liegen bisher noch nicht vor.

Sucht - ein evolutionäres Produkt?

Die Strukturen des limbischen Systems, verantwortlich für die Sucht, wurden während der Evolution schon sehr früh angelegt. Sie entwickelten sich als erster Teil des Vorderhirns. So finden wir dieses System bereits bei niedrigen Wirbeltieren wie Fischen und Krokodilen. Bei "dem Krokodil liegt die Hauptaufgabe des limbischen Vorderhirns im Geruchssinn, also in der komplizierten Analyse von Intensität, Qualität und Richtung von Gerüchen."(THOMPSON 1990) Allgemein kann man sagen, daß es zunächst der Auswertung von Geruchsreizen diente und der dadurch bedingten Reaktionen wie Angriff oder Flucht, Wahrnehmung weiblicher Tiere und Paarung. Später übernahm es generell die Steuerung von Trieben und Stimmungen. Da dieses System sich evolutiv bewährte, wurde es beibehalten und findet sich heute bei allen höheren Wirbeltieren, so auch beim Menschen. Denn daß wir wie auch alle anderen Lebewesen im Laufe der Erdgeschichte aus andersartigen Vorfahren in direkter Zeugungskette entstanden sind, bezweifelt wohl niemand mehr. Legen wir dies zugrunde, so verwundert es nicht, daß in Selbstreizungsversuchen Ratten genauso reagieren wie Totenkopfäffchen oder Schimpansen, und vermutlich auch Menschen.

Unser Körper verfügt ebenfalls über ein evolutiv sehr altes Schmerzsystem, mit relativ langsamen Nervenbahnen, und ein evolutiv sehr viel neueres Schmerzsystem, mit schnellen Nervenbahnen. Ersteres kommt bereits bei primitiveren Wirbeltieren vor, die keine oder nur eine sehr kleine Großhirnrinde besitzen. Interessant ist, daß Morphin und andere Opiate einen stark hemmenden Einfluß auf das langsame System haben, auf das schnelle jedoch nur eine äußerst geringe Wirkung ausüben. Daraus resultiert, daß hauptsächlich die evolutiv alten Schmerzbahnen am Suchtgeschehen mitwirken.

Zu Beginn der menschlichen Evolution waren also mit Sicherheit die Sucht hervorrufenden Gehirnstrukturen ausgebildet. Tätigkeiten, die Menschen stimulierten und in ihnen Freude und Wohlbefinden hervorrufen konnten, oder sie sogar in Euphorie versetzten, gab es, wie wir noch sehen werden, zur Genüge. Die Grundbedingungen zur Auslösung einer Sucht waren somit vorhanden. Ist es da nicht wahrscheinlich, daß mancher dieser Urahnen durch repetitive Wiederholung einer ihn befriedigenden Tätigkeit sich immer wieder in den erwünschten Erlebniszustand zu versetzen suchte, so daß die Ausübung dieser Tätigkeit schließlich zu einem unabweisbaren Verlangen wurde, dem sich die Kräfte des Verstandes unterordneten?

Die Haupttätigkeiten des Urmenschen, die wohl ausschließlich dem Überleben dienten, dürften Jagen und Sammeln, Vermehrung und Gruppenbildung, Entdecken neuer Lebensräume und Erfindungen zur Verbesserung der Lebenssituation gewesen sein. Ein guter Jäger zum Beispiel mußte eine hohe Risikobereitschaft und Ausdauer im Laufen haben. Freude und Begeisterung am Jagen motivierten ihn aber erst zu Höchstleistungen, bedingten, daß er unter widrigen Umständen die Jagd nicht einfach aufgab oder sich von anderen auftretenden Gefahren in die Flucht schlagen ließ. War die Beute erlegt, so können wir ihn uns leicht euphorisch, in einer Art Machtrausch, vorstellen. Sein Gehirn belohnte ihn für die ausgestandene Mühsal, bewirkte eine allgemein positive Einstellung zur Jagd und motivierte ihn bereits für die nächste. Dieses Beispiel zeigt, daß über das Belohnungssystem generell eine Motivation bei positiv empfundenen Handlungen hervorgerufen und so ein neuer Antrieb geschaffen wird, der dann wiederum die entsprechende Handlung fordert. Die Möglichkeit, daß dieser Jäger einer Jagdsucht verfiel, so daß das Jagen für ihn zum dominanten Lebensziel wurde, dem er ausschließlich, einem inneren Zwang folgend, nachging, läßt sich leicht vorstellen.

Wurde ein Lebensraum zu klein oder die in ihm lebende Population zu groß, so wurden entweder die schwächeren Mitglieder der Population verdrängt, oder abenteuerbereite Menschen zogen aus um neue Territorien zu ergründen. Auch hier dürften sich diejenigen mit einer hohen Motivationsbereitschaft besonders bewährt haben.

Ideenreichtum und geistige Ausdauer bei der Verbesserung der ihn umgebenden Gegenstände erleichterten dem Urmenschen die Lebenssituation und verschafften ihm bessere Überlebenschancen. Sie erhöhten auch seine Vermehrungsrate, denn innerhalb seiner Großfamilie oder Gruppe nahm er eine höhere soziale Stellung ein und genoß einen besseren Schutz.

Menschen mit einer allgemein sehr geringen Motivationsstufe dürften in der Evolution nur sehr geringe Chancen gehabt haben, da sie außerhalb von Gemeinschaften kaum existieren konnten und in Gemeinschaften am unteren Ende der Hierarchieordnung standen. Evolutiv bevorzugt wurden eindeutig Menschen mit hohem Antrieb für mehrere Tätigkeiten, so daß sich die Art erhalten, vermehren und ausbreiten konnte.

Gab es nun Individuen, die nicht wie die meisten Menschen ihr Belohnungssystem durch mehrere, unterschiedliche Tätigkeiten befriedigten, sondern die genetische Bandbreite der Tätigkeiten auf eine einzige reduzierten und diese zur Sucht ausartete, so konnte sich das zwar negativ auf ihr soziales Umfeld und ihre eigene Gesundheit auswirken, der Evolution waren sie aber trotzdem häufig von Nutzen. Arbeitssüchtige konnten zum Beispiel große Erfindungen machen, Abenteuersüchtige neue Kontinente entdecken, von denen die Nachwelt bis heute profitiert. Warum sollte die Evolution da die Tätigkeitssüchte ausselektieren? Der Schaden, der durch diese Menschen entstand, lag eindeutig auf individueller Ebene und weniger auf evolutiver.

Sucht als evolutionäres Ergebnis

Sucht trat vermutlich schon immer bei einem Teil der Menschheit auf, da sie als evolutionäres Ergebnis angesehen werden kann. Ihr Auftreten fiel aber in frühen Zeiten wohl kaum so extrem auf, da die Tätigkeiten, die bei manchem zur Sucht führten, die Tätigkeiten vieler waren und die genaue Grenze zwischen einer begeisterten Hingabe zu einer Tätigkeit und einer Sucht häufig schwer auszumachen ist. So fällt es auch heute dem Laien schwer zu erkennen, ob eine Person zum Beispiel periodisch arbeitswütig ist oder arbeitssüchtig. Viele unserer Tätigkeiten sind kein "Muß" des täglichen Lebens, wie zum Beispiel früher das Jagen, daß dem Menschen Risikobereitschaft abverlangte und so Befriedigung verschaffte, sondern Freizeitbeschäftigungen, von denen wir uns denselben psychischen Effekt versprechen, und die natürlich ebenso zur Sucht werden können.

Der Boom der laufend neuen Abenteuermöglichkeiten weist daraufhin, daß wir nur zu gern ein Stück auf dem Weg der Evolution zurückgehen möchten. Die kulturelle Evolution und die biologische Evolution klaffen immer weiter auseinander, einer geöffneten Schere gleich, und wir befinden uns suchend irgendwo dazwischen. So schreibt denn auch GROSS (1990): "Die Suche nach Extremsituationen ist so alt wie die Menschheit. Sich selbst überwinden, die eigenen Grenzen überschreiten, Neues erforschen, es genauer wissen wollen, experimentieren mit riskanten Situationen - all das gehört zur Evolution der Menschheit". Und für all diese Dinge gibt es für die meisten von uns in unserer heutigen Welt nur wenig Platz.

Fazit

Bisher hat sich die Evolution noch nicht selektiv mit Sucht befaßt, sondern bewahrt sie als genetische Bandbreite im Genpool. Sucht als Problem, tritt für uns als Individuen einer Gesellschaft auf, da ihre Folgen zumeist nicht nur den Süchtigen betreffen, sondern auch sein näheres soziales Umfeld. So stürzt der frühzeitige Tod eines Extremsituationssüchtigen seine nächsten Verwandten und Freunde in großes Leid, oder die Folgen der Spielsucht ganze Familien in den finanziellen Ruin.

Gegen die Suchtprädestination als solche können wir also nichts tun, wohl aber ihre Erscheinungsform beeinflussen. So vertreten denn auch viele Autoren die Meinung, daß Spielhallen, oder die laufend raffinierter werdende Werbung zum Konsum, die die Kaufsucht auslösen kann, verboten werden sollten. Diese Forderung basiert auf der Tatsache, daß zu einer vorliegenden Handlungsbereitschaft ein Schlüsselreiz kommen muß, damit eine Endhandlung ausgelöst wird. Vermeide ich diesen Schlüsselreiz, so kann sich die Reaktionskette nicht schließen, diese Sucht sich also nicht manifestieren. Denn hat sie das erst einmal getan, so scheint es bei den meisten Menschen nur noch eine Umlagerung der Sucht von einer Form in eine andere zu geben. Dieser Möglichkeit bedienen sich viele Therapeuten.

NIKOLAUS HEIM

Vom Trieb zur Sucht

Im Anfang war der Trieb. Nicht nur als bloßes Wort bei Gott, sondern als reine Natur. In ihm war das Leben, und das Triebleben war das Licht der Menschen. Der Trieb leuchtete in der Finsternis der Wissenschaft, aber diese hat ihn nicht ergriffen, sondern aufgehoben und vertrieben.

Einst war der Trieb ubiquitär und omnipräsent. Sein Gebrauch war inflationär in den Wissenschaften - wie heute der Suchtbegriff ausufernd gebraucht wird. Es gab viele Spielarten des Triebes: Stehl-, Selbstmord-, Arbeits-, Spiel-, Bereicherungs-, Bildungs-, Lust-, Wander-, Eigentums-, Paarungs-, Sozial-, Flucht- oder Todestrieb. Einige Triebe, etwa der Hunger- oder der Sexualtrieb, sind noch gängige Diskurs-Münze. Freilich dürfte ihr Kurswert fallen, bis zum *crash*, wie ihn die "gesellschaftlichen Triebkräfte" und damit der Sozialismus bereits ereilt haben. Bananen und DM machten die einstige Preisfrage, was die Triebkräfte hinter den gesellschaftlichen Triebkräften sind, obsolet.

Die Fundamentalkategorie "Trieb" hat Geschichte gemacht. Das wird sich von seinem Nachfolger und Platzhalter "Sucht" - dies ist schon jetzt absehbar - nicht sagen lassen können. Zu beliebig wird das Sprachspiel betrieben: Hab-, Rach-, Putz-, Vergnügungs-, Fernseh-, Arbeits-, Spiel-, Freß-, Heul-, Verschwendungs-, Quäl-, Klatsch-, Eifersucht.

Vor Beginn der Moderne kam die Menschheit noch ohne Triebe aus. Die älteren Worte "Trip" und "Trift" (13. Jh.) wurden allmählich im 16. Jahrhundert durch "Trieb" ersetzt, das sich vom Verb "treiben" ableitet. Man trieb das Vieh oder

Wild zur Herde zusammen. Bei Pflanzen war das, was durch Treiben hervorgebracht wurde, der Sproß. Erst im 17. Jahrhundert war von Trieben beim Menschen die Rede. Gemeint war jedoch nicht etwas Innerlich-Triebhaftes, sondern der in der Umwelt liegende Reiz oder Anreiz, von dem man angezogen wurde. Im 18. Jahrhundert begannen dann Psychologie, Biologie und Medizin, den Begriff in Beschlag zu nehmen, wobei der Trieb etwas Inneres, ähnlich der Instinkte oder primitiver, natürlicher Regungen, meinte (BOSS 1971, HESSE 1973). Diese Wende, sowohl Frucht des frühen Vitalismus wie Folge der cartesianischen Subjekt-Objekt-Spaltung, resultierte zudem aus dem Aufkommen einer neuen Sprache. Nach dem Zeitalter der Uhren im 17. und 18. Jahrhundert brachte das Zeitalter der Dampfmaschine eine Hinwendung zu den Begriffen der Mechanik und der Energie: Triebmotor, Treibstoff, Triebachse, Triebrad, Triebwagen, Triebtäter, Abtreibung. Im Zeitalter des Manchester-Kapitalismus war dann Triebfeder des ökonomischen Handelns, was sich im Ver- und Betrieb organisieren ließ.

Der "Trieb" wurde gehandelt als anthropologische Konstante und erwies sich dann doch nur als vergängliches theoretisches Konstrukt in unterschiedlichsten wissenschaftlichen Disziplinen. Der Erfinder der Marktwirtschaft und Schmied der Nationalökonomie, ADAM SMITH, rekurrierte Mitte des 18. Jahrhunderts entsprechend des damaligen a-sozialen Gesellschaftsverständnisses auf den "Erwerbstrieb". Dieser gipfelte im Prinzip, dem Eigennutz von Unternehmern und Käufern Vorrang vor der Nächstenliebe beim wirtschaftlichen Handeln zu geben, und dieser Egoismus ist es, der die unsichtbare Hand das Marktes zum Nutzen aller lenkt. Darin liegt, so dieser Theoretiker des Einzelmenschen, das paradoxe Geheimnis des kapitalistischen Wirtschaftens (SMITH 1759, 1776).

Die biologische Psychiatrie, schon immer in großer Verstehensnot, erklärte tautologisch die widerrechtliche Aneignung fremden Eigentums mit dem "Stehltrieb" oder die Liquidation des Mitmenschen mit dem "Tötungstrieb". Als der bekannte kommunistische Philosoph LOUIS ALTHUSSER am Sonntagmorgen des 16. November 1980 seiner Frau Hélène, wie so häufig, Hals und Nacken massierte und sie dabei erwürgte, diagnostizierten die Psychiater einen "Destruktionstrieb", der beim manisch-depressiven Philosophen durchbrach (ALTHUSSER 1992). Auch die Nichtseßhaften fielen dem Trieb anheim. Der Trebegänger war Opfer seines animalischen "Wandertriebes", der seinerseits in Massenbewegungen wie "Wandervogel" und "Hitler-Jugend" sein Unwesen trieb und sie antrieb. Und beim Ver-rückten war es nach psychiatrischer Auffassung selbstredend der "Fabuliertrieb", der die Kommunikation entgleisen ließ.

Tiefsinniger war da die Philosophie. Bei BERGSON ist der "Fabuliertrieb" ein virtueller Instinkt, der das transzendente Bedürfnis der Menschen, Götter zu erschaffen und Religionen zu erfinden, zum Ausdruck bringt (DELEUZE 1989). Ähnlich erwächst nach SIMMEL (1905) das Bedürfnis der Menschen nach Metaphysik aus ihrem "Spieltrieb". Der homo ludens, vor die Aufgabe gestellt, das Wechselspiel von Plastizität und Kreativität zu beherrschen, war lange Zeit anthropologisches Leitbild (LANDMANN 1979, HUIZINGA 1956), während er heute - als Karikatur und Zerrbild - in der durchökonomisierten Freizeit- und Sportkultur nur noch eine seiner vielen Statistenrollen innehat. Für SCHELER (1933, S. 103 f.), bei dem vom Trieb als vergesellschafteter Natur und Ausgangspunkt in bezug auf unterschiedlichste menschliche Ausdrucksweisen (Geist, Wissen, Wille, Wahrnehmung, Empfindung) die Rede ist, basiert z. B. die Koketterie, die auch Tieren nicht fremd ist, in den Geschlechterbeziehungen auf dem "Spieltrieb" - und läßt sich von der echten, leiblichen Schamreaktion als etwas nur dem Menschen Eigentümliches eindeutig unterscheiden.

In der Philosophie RUDOLF STEINERs (1911, 1918) ist der "Grundtrieb zur Wissenschaft" beziehungsweise der "Erkennntnistrieb" ein Spezialfall der angeborenen Unzufriedenheit des Menschen. Entsprechend seiner Karma- und Inkarnationslehre hängt der "Trieb" des kosmischen Wesens "Mensch", das ein zweifaches Leben (ein irdisches und ein geistiges) lebt, hinsichtlich Zeit und Ort der Inkarnation davon ab, wie die Eingliederung des Menschen vor der Geburt in den Kosmos erfolgte.

Für FEUERBACH (1866) ist die menschliche Unzufriedenheit dagegen allenfalls sekundär. Für ihn sind Trieb und Wille nicht Widersacher, sondern Einheit. "Wo aber kein Trieb, ist kein Wille, wo aber kein Glückseligkeitstrieb, kein Trieb überhaupt. Der Glückseligkeitstrieb ist der Trieb der Triebe" (S. 70). Der Wille will das Wohl; er ist kein armer, sondern ein guter Wille: "Ich will heißt: Ich will glücklich sein. Den Glückseligkeitstrieb des Menschen unterdrücken heißt den Willen des Menschen unterdrücken" (ebd., S. 73f.).

Der Glückliche träumt (phantasiert) nicht, meinte FREUD - oder etwa doch? Schlaf- und Traumforschung nahmen ihren Ausgangspunkt vom "Schlaftrieb", bis sie im Kontext von Biorhythmen entdeckten, daß sowohl der leichte Schlaf als auch die Träume überflüssige Relikte aus dem Reich naturaler menschlicher Natur sind.

Auch die Selbstmordforscher, fixiert auf das Subjekt, kamen ohne den Trieb nicht aus: Nach MASARYK (1881) lassen gewisse Selbstmordarten einen "Heiltrieb" erkennen. Erst DURKHEIM (1897) machte der Vorstellung der Vererbung des "Selbstmordtriebes" und beim imitierten Selbstmord (Werther-Effekt) dem "Nachahmungstrieb" den Garaus, indem er die soziale Tatsache "Selbstmord" strikt durch Soziales zu erklären versuchte und damit einen Paradigmawechsel einleitete.

Die Kategorie "Trieb" hat Geschichte gemacht, nicht zuletzt auch deshalb, weil der Trieb häufig antagonistisch gefaßt wurde: Nach SCHILLER hat der Mensch zwei Grundtriebe: einen sinnlichen Trieb (Natur-, Lebenstrieb) und einen Formtrieb (Vernunfttrieb). Beide Triebe haben Einschränkung, Abspannung notwendig. Der Vernunfttrieb stellt den Menschen unter geistigen Zwang, engt seine Freiheit also ein. Der Naturtrieb ist naturverpflichtend und damit ebenfalls freiheitseinschränkend. Im "Spieltrieb" wirken beide Triebe verbunden. Seine Aufgabe ist es, "die Zeit in der Zeit aufzuheben, Werden mit absolutem Sein, Veränderung mit Identität zu vereinbaren" (SCHILLER, Briefe über die ästhetische Erziehung, S. 37). Der Mensch ist angesichts dieser Triebkonstellation aufgerufen, einen mittleren Zustand zu schaffen, Vernunft- und Naturnotwendigkeit anzunähern und zu versöhnen.

Bei FREUD (1915a) liegen Todes- und Lebenstriebe, Thanatos und Eros, Nirwana- und Lustprinzip miteinander im Krieg. Dieser Dualismus, grundlegend für FREUDS Denken, konstituiert seine Theorie. Die Triebe sind die Kräfte, die im psychischen Konflikt einander gegenüberstehen, Ambivalenz verursachen und Grundspannungen der Subjektivität sind. Der

Todestrieb, an dem FREUD trotz vieler Kritik (BISCHOF 1985) festhielt, ist die nach innen gerichtete "Destruktionssucht", die der Wahrnehmung insbesondere dann entgeht, wenn es ihr an erotischer Färbung mangelt. Der Todestrieb ist meistens stumm, während Eros für Aufregung im Leben sorgt.

Aber noch ein anderes Begriffspaar kommt ins Spiel: Trieb und Agggression. Die Ethologie und die Psychologie haben sich damit beschäftigt. In der Psychoanalyse haben Triebe ihre Schicksale. Art und Umfang des Über-Ich sind Folge von Triebschicksalen (MITSCHERLICH-NIELSEN 1986). Die Partial-triebe tendieren gerade wegen ihrer Primitivität, ihrer entwicklungspsychologisch frühen Herkunft, dazu, Aggressionen ungehemmt und ungesteuert abzuführen. Nach PERLS (1989), dem Begründer der Gestalttherapie, ist es die unbefriedigte Zerstörungslust, die im Gebrauch der Zähne ihr natürliches biologisches Ventil findet, die die Ursache großer Mengen freigesetzter kollektiver Aggression ist. Die Jagd auf Asylanten, wie sie die frustrierten Rostocker Kids - zweifellos zahngeschädigt unter den vitaminarmen Sozialisationsbedingungen der Ex-DDR - jüngst vorgeführt haben, sind Aggressionen "ungekonnter Art" (MITSCHERLICH 1968). Sie ähneln atavistischen Reaktionen des *homo necans,* insofern andere als Sündenböcke und Opfer herhalten müssen, um durch Verbrechen Einmütigkeit und Frieden im eigenen Kollektiv und in den eigenen Kadern zu schaffen (BURKERT 1986).

Prominente Bedeutung hatte der Trieb vor allem in Verbindung mit dem Sexuellen. Philosophischen Denkern war die weibliche Sexualität hierbei suspekt. Nach FICHTE äußert sich im unverdorbenen Weib kein Geschlechtstrieb. Für HEGEL erschöpfte sich - entsprechend der Dominanz männlicher Sexualität - der weibliche Trieb darin, nur Gegenstand des Triebes zu sein, zu reizen, Trieb zu wecken. DE SADE (1867) zufolge war die sexuelle Liebe der unpersönlichste der menschlichen Triebe (SCHREIBER 1987). Je nach dem, ob der weibliche Körper als die minderwertige Variante des männlichen konzeptualisiert oder als sein invariantes, fremdes Pedant konfiguriert wird, verschiebt sich die Triebbedeutung. Ob ein oder zwei Geschlechter, beides folgt ohnehin nicht zwingend aus körperlichen Differenzen oder biologischen Radikalen, sondern aus dem sozialen Bedürfnis nach Diskursivierung der Geschlechterdifferenzierung (FOUCAULT 1977/ 1986, LAQUEUR 1992).

Mit FREUD nistete sich dann der Pansexualismus in das bürgerliche Kulturleben ein. Seine Triebtheorie ist zentraler Bestandteil der psychoanalytischen Metapsychologie, wie sehr diese sich auch aus einem physikochemischen Sprachgemisch und Prämissen des mechanistischen Materialismus zusammensetzt. Der Trieb ist, so FREUD, ein Grenzbegriff zwischen Seelischem und Somatischem. Er ist "psychischer Repräsentant der aus dem Körperinnern stammenden, in die Seele gelangenden Reize". Und er ist auch zu verstehen "als ein Maß der Arbeitsanforderung, die dem Seelischen infolge seines Zusammenhangs mit dem Körperlichen auferlegt ist" (FREUD 1915a, S. 214). Da FREUD das dialektische Verhältnis von Trieb und Bewußtsein, von Trieb und Realität nicht konventionalisierte und banalisierte, sondern nach guter alter Philosophiemanier Fundamentalbegriffe aufgriff, die immer ihre Gegenbegriffe haben und das Problem des einen zum Problemgegenstand des anderen machen, konnte er an der Einheit des Problems festhalten. Deshalb sind die Triebe für ihn weder nur Materielles noch allein Ideelles (SIGUSCH 1984). Das materialistisch-energetische Triebkonzept ist deshalb nur vorgründig überholt, verbraucht und verkommen. Aufgabe ist es vielmehr, dieses Triebkonzept auf seinen Wahrheitsgehalt in der "Lüge" zu überprüfen und zu dechiffrieren (BUTZER 1991).

Eine solche Anstrengung erübrigt sich bei der ebenso postmodernistischen wie antiquierten Metapher "Sucht" und ihrer entsprechenden inflationären Gebrauchsweise, die dem Tauschprinzip ("Trieb" gegen "Sucht") folgt. Wie es einst ein begriffliches Sammelsurium von Trieben gab, so schwappt heute nach Art des "anything goes" ein uferloser Suchtkatalog in die wissenschaftliche Landschaft. Das hat zur Folge, daß sich bestimmte soziale Verhaltensweisen medikalisieren und das heißt - in aller Regel - pathologisieren lassen. Das schafft auf praktischer Ebene Bedarf und Arbeit für professionelle Sozialkontrolleure. Mit deskriptiven Differenzierungen allein kann auf theoretischer Ebene aber kein tieferes Verständnis des Suchtgeschehens erreicht werden.

Deshalb ist ideengeschichtlich daran zu erinnern, daß der Trieb - zumindest bei FREUD - nicht nur Ausdruck einer phänomenologischen Analyse, eines bloßen Ordnungsversuches war, sondern als substantieller Begriff dualistisch angelegt und - darüber hinaus - an energetische Radikale gekoppelt war (MITSCHERLICH 1968). Weil dieser Trieb-Begriff altmodisch an den Tendenzen des psychischen Untergrunds menschlicher Natur festhält, widersetzt er sich dem herrschenden Zeitgeist, dessen Wirkungsweise die des Vergessens ist, so daß Altes zugunsten des Neuen problemlos ausrangiert werden kann (JACOBY 1978). Unterstellt, es gibt noch eine Differenz von Individuum und Gesellschaft, dann ist es gerade die Kategorie des Triebes, die das Gewaltsame, Aggressive, Anstößige, Unberechenbare und Spontane verkörpert und dem allgemeinen Bewußtsein, wenn auch oft wider Willen, zugänglich macht.

Von einer solchen theoretischen Durchdringung ihrer zentralen Begrifflichkeiten sind die Sprachspielfetischisten der "Süchte", die Ockhams Rasiermesser nicht fürchten, weit entfernt. Ihre rhetorische Gebrauchsweise der "Süchte" ist, als erklärte man die Armut mit der *pauvreté*, will sagen, die inhaltliche Konkretisierung bleibt häufig hinter ihrem deklamatorischen Gebrauch zurück. Die wissenschaftliche Ausdifferenzierung und der Vormarsch der empirisch-orientierten Disziplinen haben zwar die Fundamentalkategorie "Trieb" historisch entmächtigt. Das zeigt sich etwa an der philosophischen Anthropologie PLESSNERS (1981), die - ganz im Gegensatz etwa zu den Arbeiten SCHELERS - auf den Triebbegriff verzichten kann, weil sie den Menschen und dessen Leiblichkeit, verstanden als "natürliche Künstlichkeit", in eine "exzentrische Positionalität" rückt und damit sich frei macht von einer materialistischen Perspektive. Soweit das Triebkonzept aber überdauert, wie etwa in der Psychoanalyse, ist in ihm etwas Subversives und trotz aller Mystifikation Erkenntnisgewinn aufgehoben. Demgegenüber läuft der Begriff der "Süchte" Gefahr, semantisch bereits depotenziert zu sein, bevor er zu einem theoretisch potenten Existential heranreifen kann.

PHILIPP SCHULLER

Abschied vom Leistungssport

Tagebuch eines Entzugs

Das Rennen

Ich stehe wenige Stunden vor dem wichtigsten sportlichen Ereignis in meinem Leben. Ich werde dann das Halbfinale auf der Ruderweltmeisterschaft bestreiten. In der gleichen Situation befindet sich mein Zweierpartner, Golo. Wir müßten in dieser schwierigen Phase der Vorbereitung zusammenstehen, aber ich bin nur mit mir selbst beschäftigt. Ich bin unfähig, mit meiner Umgebung zu kommunizieren, Probleme wahrzunehmen, geschweige denn, sie zu lösen. Ich habe Angst vor dem Rennen. Ich weiß, daß es schmerzvoll sein wird, daß der Erfolg nur kommt, wenn ich mich wieder einmal und zu neuen Qualen überreden kann. Diese Angst ist, seit ich zu rudern begonnen habe, mehr geworden: sie ist wahrscheinlich mit dem Niveau der Wettkämpfe gestiegen. Obwohl ich in Prüfungssituationen meist mein Bestes geben kann, ist diese Angst immer ein Bestandteil, vielleicht sogar eine notwendige Voraussetzung.

So geht es mir also auch jetzt, bei der WM, hier auf Tasmanien. Außer uns sind noch elf andere Zweier im Wettbewerb, die je zu sechst ein Halbfinale fahren werden. In unserem Lauf sind verschiedene Favoriten, die Briten mit Steven Redgrave, der vor zwei Jahren Olympia-Sieger geworden ist, die Österreicher, im letzten Jahr Bronzemedaillen-Gewinner, und die Sowjetrussen, die schon seit zwölf Jahren auf Weltmeisterschaften und Olympiaden immer wieder Medaillen gewinnen. Dann sind da noch die Neuseeländer und Jugoslawen. Um ins Finale zu kommen, müssen wir mindestens Dritte werden. Golo und ich sind beide zum ersten Mal auf einer WM. Jeder für sich in seinen Gedanken versunken, werden wir von der Anspannung mehr auseinandergetrieben als zusammengeschweißt.

Je näher das Rennen kommt, desto größer wird der Druck. Zwar hilft es, daß ein Zeitplan abläuft, nach welchem wir uns umziehen, zur Regattastrecke fahren, warmlaufen und schließlich ablegen. Die Maschine ist angelaufen, Entscheidungen sind weder möglich, noch nötig. Das Rennen wird nach Plan verlaufen. Ich bin dieser Maschine ausgeliefert. Unbarmherzig kommt das Rennen näher, aber jede unvorhergesehene Entwicklung oder Verzögerung ist willkommen. Denn im Hinterkopf steckt immer die Hoffnung: Vielleicht muß ich doch nicht oder wenigstens erst später antreten.

Ich habe gelernt, mit dieser Angst umzugehen. Immer wieder rufe ich mir ins Gedächtnis, daß es sich bei dem Rennen - und besonders bei diesem Rennen - um die eine, die einzige Gelegenheit handelt, mich für all die Arbeit, all die Mühe und Qual, das tägliche Training bei Wind, Regen, und sogar Schnee, das müde Hinschleppen zum Training, das erschöpfte Fortschleichen vom Training, das Zähnezusammenbeißen beim Hanteln und die Kopfschmerzen bei Spurts auf dem Wasser, mich für all das zu belohnen. Ich sollte froh sein, antreten zu können, um wie ein endlich freigelassenes Tier loszubrechen. Ich wollte, ich will dieses Rennen, und ich werde es mir holen.

Auf dem Wasser - noch eine halbe Stunde bis zum Rennen - haben wir auch unser festes Programm. In verschiedenen technischen Übungen muß ich hier wenigstens einmal schwitzen, um auf die Anstrengung vorbereitet zu sein. Vielleicht ist es noch wichtiger, mich auf diese Weise ein letztes Mal von der Leistungsfähigkeit und der Funktionsfähigkeit meines Körpers zu überzeugen. Mein Kopf ist von ihm losgelöst und schon längst bei dem Rennen. Nachlässig absolviere ich die Übungen und handle mir Ermahnungen von Golo ein. Alle Muskeln scheinen so schwach; ich fühle mich vollkommen untrainiert. Der Körper reagiert mit einer Verzögerung, als stünde er unter Drogen. Wegen der großen Anspannung suche ich immer wieder nach Ablenkung. Endlich können wir in unsere Bahn rudern. In nächster Nähe befinden sich die Gegner. Alle müssen rückwärts an den Startkahn anlegen; nur nicht als erster und warten müssen, aber auch nicht als letzter und gehetzt sein; nur ja rechtzeitig fertig sein. Aber es sind noch drei Minuten bis zum Start - eine Ewigkeit. Auch Golo ist nervös. Er fragt den Startjungen, der unser Heck festhält, ob sich in unserem Steuer Blätter verfangen hätten. Es sind hier aber weit und breit keine Blätter im Wasser zu sehen.

Erst als der Startschuß gefallen ist, löst sich die Spannung. Jetzt endlich sind wir unterwegs, es gibt kein Zurück mehr. Wir leben nur für diesen einen Zweck und wollen ihn erfüllen. Ich will auf diesen 2000 Metern alles aufs Spiel setzen, mich selbst, ganz und gar. In dem ersten Viertel des Rennens werden wir uns, ohne auf die Gegner zu achten, nur auf uns selber konzentrieren - so ist es abgesprochen. Die Österreicher fallen so schnell zurück, daß wir sie bald gut im Blick haben. Von den anderen Booten ist keines zu sehen, d. h., sie sind entweder gleichauf oder voraus. Daß die Briten schließlich vorne und die Neuseeländer hinten sein werden, ist klar. Wir müssen also mindestens noch ein Boot hinter uns lassen - die Russen. Aber wo sind die Russen? Wie wir später erfahren, sind sie bei 500 Metern schon 3,2 Sekunden vor uns. Zwischen unseren Booten befindet sich also schon offenes Wasser. Sind wir doch zu vorsichtig gestartet, haben wir uns überrumpeln lassen? Egal - jetzt nur weitermarschieren. Der Gegenwind macht uns schwer zu schaffen. Trotzdem fahren wir mit 35 Schlägen pro Minute ein straffes Tempo, mehr als bei allen vorangegangenen Rennen. Aber heute müssen wir schon viel dransetzen, um mitzuhalten. Doch wir wollen nicht nur mithalten, sondern vorne sein. Bei 750 Metern fahren wir einen kleinen Spurt bei konstanter Schlagzahl, aber erhöhter Konzentration. Der Effekt ist nur gering. Bei 1000 Metern haben wir uns eine Sekunde an die Russen, die Pimenov-Brüder, herangearbeitet. Ihr Heck schiebt sich jetzt immer wieder in unseren Gesichtskreis. Kurz nach 1000 Metern haben Golo und ich 15 Spurtschläge verabredet. Hier liegt jetzt unsere Chance, das Rennen an uns zu reißen. Wir erhöhen die Frequenz auf 36. Das Boot beschleunigt, aber die Russen sind immer noch vor uns. Die Reaktion bei Golo und mir ist die gleiche: die Schlagzahl bleibt oben - jetzt oder nie. Mein Kopf dröhnt, ich atme schwer. Obwohl ich mir vorgenommen hatte, Golo während des Rennens kurze Ermutigungen zuzurufen, ist daran nicht mehr zu denken. Zwischen meinen keuchenden Atemstößen könnte ich kein Wort herausbringen. Bei 1500 Metern soll unser Endspurt beginnen. Ohne daß es der Absprache bedarf, beginnen Golo und ich schon 100 Meter früher, die Schlagzahl zu forcieren. Bei 500 Metern vor dem Ziel sind wir wieder eine Sekunde näher an die Pimenov-Brüder herangekommen und können sie jetzt neben uns sehen. Ich fühle mich, als hätte ich schon ein vollständiges Rennen hinter mir. Meine Arme reagieren nicht mehr - sie bewegen sich nur noch aus Gewohnheit. Die Beine wiegen Tonnen. Die Milchsäure wütet überall in meinem Körper, und der Kopf droht zu platzen. Trotzdem sind es noch 500 Meter. Von nun an müssen wir alle 20 Schläge die Frequenz weiter erhöhen. So ist unser Endspurt abgesprochen. Es wird sich alles auf den letzten Metern entscheiden. Ich zähle die Schläge. Die Ausweglosigkeit der Situation treibt mir Tränen in die Augen. Ich will fliehen und ich will nicht. Noch einmal die Zähne zusammengebissen: Wir erhöhen die Schlagzahl. Vom Ufer höre ich vage die Stimmen unserer Mannschaftskameraden. Sie rufen die Anfeuerung unseres Berliner Vereins, der doch eigentlich ihr Rivale ist. Mein ganzes Leben, alles steht auf dem Spiel. Noch 20 Schläge: Wir gehen noch einmal hoch, sind jetzt bei Schlagfrequenz 43, so hoch wie noch nie in irgendeinem Rennen zuvor.

Wir sind im Ziel. Es ist vorbei. Ich schaue neben mich: auf gleicher Höhe mit einem der Pimenovs. Aber es ist der Schlagmann, und ich bin der Bugmann. Sie sind also ca. einen Meter vor uns durchs Ziel gegangen. Obwohl wir auf den letzten 500 Metern mit der schnellsten Zwischenzeit aller sechs Boote wieder eine Sekunde gutmachen konnten, fehlten uns am Ende 0,3 Sekunden auf die Pimenovs, den dritten Platz und das Finale.

Aber es ist noch nicht einmal die Kraft zum Verzweifeln da. Der Schmerz ist unerträglich. Unbeweglich zu sitzen, scheint es nur noch schlimmer zu machen. Auch das Rudern ist unmöglich. Ich lehne mich nach hinten, um freier zu atmen, dabei dröhnt mir der vom Sauerstoff entleerte Kopf. Ich beuge mich vornüber, um die Kopfschmerzen zu lindern, aber kann nicht atmen. Minutenlang bin ich nicht in der Lage, aus der Strecke zu rudern. Die ärztlichen Betreuer im Gummiboot fragen nach meinem Befinden. Nur Zeit, nur Zeit kann den Schmerz lindern. Langsam paddeln wir an den Steg. Auf dem Land kann ich noch nicht mal die fünf Pfund schweren Riemen tragen, kann mich kaum selber schleppen. Als ich in gekrümmter Haltung nach 15 Minuten zum Ausruhzelt stolpere, beginnt mein Herz wieder zu rasen. Erst nach ca. einer Stunde kann ich mich wieder normal bewegen.

Dieses Halbfinale war das härteste Rennen, das ich je gefahren bin. Noch nie habe ich ähnliche Schmerzen überwunden, um immer mehr aus mir herauszufordern. Daß ich dabei zu kurz gekommen bin, ist in diesem Zusammenhang fast bedeutungslos. Dieses Rennen war mein bestes: das sportlich gesehen anspruchsvollste und meine persönlich beste Leistung. Es hat das, was an diesem Sport für mich das Wichtigste ist, nämlich Selbstüberwindung, so stark wie nie zur Geltung gebracht.

Weil ich mich zwei Tage später immer noch nicht vollständig erholt habe, rudern wir das kleine Finale nicht mehr. Damit war das Halbfinale mein letztes Rennen als Leistungssportler. Denn ich habe mich entschieden, das Angebot meines Arbeitgebers, nach Japan zu gehen, anzunehmen.

Abschied vom Rudern

Zwei Wochen sind vergangen, ich bin wieder zu Hause. Heute habe ich zum erstenmal das Foto gesehen, das in der Berliner Presse von unserem Halbfinallauf gezeigt wurde. Golo nach hinten, ich vornüber gebeugt, Beine im Wasser, Stirn am Riemen: ein Haufen Elend.

Meine erste Reaktion ist Stolz. Nachdem wir nicht ins Finale gekommen waren, hatte ich nicht erwartet, daß überhaupt von uns berichtet würde. Ich habe Sport immer als eine extreme Beschäftigung mit dem eigenen Körper empfunden - sehr narzißtisch. Aber Narziss wird eben erst durch den Blick in den Spiegel, der Sportler durch das Urteil der anderen, befriedigt. Jeder Wettkampf ist auch ein Sich-Vorzeigen und jeder Sportler hofft auf eine Bestätigung durch die anderen. Aber Rudern ist nicht sehr populär, und so macht mich schon dieses kleine bißchen Öffentlichkeit glücklich.

Die zweite Reaktion ist Trauer. Zwar freue ich mich, daß wir in einem so authentischen Moment eingefangen wurden. Aber in diesem Bild sehe ich jetzt nicht mehr den Schmerz, an den ich mich doch so gut erinnern kann. Ich sehe nur Enttäuschung, die mich weinen läßt. Als ich die Situation tatsächlich erlebte, hatte ich nicht die Kraft zur Enttäuschung, aber jetzt habe ich Mitleid mit der Person, die da nach großer Anstrengung doch verloren hat. Immerhin kann es kein Mißverständnis geben: Wir haben alles gegeben.

Die dritte Reaktion ist Trotz. Zum erstenmal seit zwei Wochen denke ich beim Betrachten dieses Bildes daran, weiter zu rudern. Im nächsten Jahr könnte ich, um die Erfahrung dieser WM reicher, zeigen, daß doch mehr in mir steckt. Ich könnte alle Fehler, die uns während dieser Saison unterlaufen sind, wiedergutmachen. Viele Jahre lang habe ich jede Niederlage dazu verwendet, mich für das nächste Mal stärker zu motivieren. Dieser Mechanismus ist endlos, denn den perfekten Sieg gibt es nicht. Man steckt sich immer wieder neue Ziele. In diesem Fall ist klar, was ich im nächsten Jahr wollte: im Finale sein, vielleicht eine Medaille gewinnen.

Dieses dritte Gefühl ist nicht ganz realistisch. Die Saison ist glücklich verlaufen, und im nächsten Jahr wird es wahrscheinlich schwerer sein, die Nationalmannschaft zu erreichen. Das alleine würde mich allerdings eher anspornen. Der Grund, warum ich aufhöre, ist ein anderer: ich will nicht, daß der Sport mein Leben beherrscht. Ich kenne viele Ruderer, die nur deswegen weiter rudern, weil sie keine vergleichbare Erfüllung in anderen Beschäftigungen finden konnten. Ich möchte mir beweisen, daß ich vom Rudern nicht abhängig bin. So ist die Entscheidung gegen das Rudern auch die Entscheidung für ein erwachsenes, ein berufliches Leben. Daß sie auch sonst eine starke Veränderung, nämlich einen Wechsel ins Ausland, bedeutet, macht sie einfacher. Ich kann vor mir und anderen rechtfertigen, daß es sich dabei um einen Anlaß handelt, für den es sich lohnt, das Rudern aufzugeben. Ich brauche dieses Argument, um mich meinen Gefühlen nicht stellen zu müssen. Ich muß nicht entscheiden, was ich lieber täte, arbeiten oder rudern. Aber die Trauer des Abschieds kann ich nicht verdrängen.

Diese Trauer mischt sich mit Schuldgefühlen, die von dem Bewußtsein, einen ungeschriebenen Vertrag gebrochen zu haben, stammen. Vertragspartner ist dabei nicht nur mein Partner Golo oder im weiteren Sinne der gesamte Ruderclub, ich fühle auch, dass ich mir selber nicht treu geblieben bin.

Ich habe am Rudern immer genossen, daß ich durch den Sport ein ganz bestimmtes Selbstbewußtsein erhalten habe. Er hat mich - vielleicht in den Augen der anderen weniger als in meinen eigenen - auf vielfältige und widersprüchliche Weise definiert und hervorgehoben: als gentleman, weil es kein Geld dafür gab, als unabhängig, weil ich mich ganz auf meine eigene Leistung stützen konnte, und als stark, weil ich mich mit der Beherrschung meines Körpers auch meiner zivilisierten, unkörperlichen Umwelt überlegen fühlte. Und nicht zuletzt: Der Sieg war mir wichtig. Das Rudern war gut für mich. Wieso soll ich damit aufhören?

Einfacher zu beschreiben, aber nicht einfacher zu rechtfertigen, ist mein Gefühl, Golos Vertrauen gebrochen zu haben. Ich hatte Golo zwar nie im Unklaren darüber gelassen, daß er über diese Saison hinaus nicht fest mit mir rechnen könne. Allerdings bin ich mir auch der ungeschriebenen Regeln bewußt, ein erfolgreiches Team nicht auseinanderzureißen. Golo hat das Recht zu erwarten, auch die nächste und übernächste Saison mit mir zu rudern, Erfahrungen zu sammeln und sich auf die nächste Olympiade vorzubereiten. Jetzt einen neuen Partner zu finden und sofort zu einem eingespielten Team zu werden, ist schwierig. Vielleicht bedeutet es, daß er seinen Heimatort verlassen muß, um anderswo einen Partner zu finden.

Die Probleme, die durch die Verzahnung dieser Entscheidung mit dem Leben anderer, mit meinen eigenen Wünschen und Ängsten aufgeworfen werden, sind vielfältig. Das Rudern aufzugeben, bedeutet, die Welt, die mir Halt und Sinn gab, aufzugeben.

Heute habe ich zum erstenmal seit der WM wieder trainiert. Daß ich nach einer so langen und konzentrierten Phase des Trainings und der ausschließlichen Arbeit an meinem Körper über zwei Wochen lang keinen Sport getrieben habe, war wie eine Befreiung. Es stimmt offenbar nicht, daß das Training eine Droge sei, von der man nicht loskäme. Oder vielleicht sucht der Körper nur, wie nach einer Art "Überdosis", nach Reinigung. Es heißt, euphorisierende, körpereigene Hormone würden die Sportler dazu bringen, immer und immer wieder zu trainieren. Meine eigene Erfahrung ist eine andere. Obwohl das gelöste Gefühl nach dem Training angenehm ist, reicht es alleine nicht, die Bequemlichkeit zu überwinden. Ich hätte fast jeden Tag lieber die Trainingseinheit ausfallen lassen, mich in einen Sessel gesetzt und Zeitung gelesen. Das positive Gefühl danach lag also nicht nur an der totalen körperlichen Erschöpfung, sondern war mindestens so sehr eine psychologische Folge der Zufriedenheit nach erfüllter Pflicht.

Auch heute hat mich mehr die Pflichterfüllung - denn nun muß wohl das "Abtraining" beginnen - als die Lust auf meine 14 km lange Laufstrecke geschickt. Immerhin ist es nicht mehr nur Rudern. Ich kann jetzt auch andere Sportarten ausüben. Über das Abtraining gibt es verschiedene Ansichten. Leider haben sich die Trainer zu diesem Kapitel nie mit der gleichen Autorität geäußert wie zum Wettkampftraining. Die einen meinen, man müsse das Trainingspensum auf dem gleichen Niveau weiterhalten, andere reden von der Hälfte, wieder andere behaupten, der Körper würde mir schon sagen, was am besten für ihn sei. Diese Ungewißheit steht im starken Gegensatz zu dem reglementierten Trainingsplan, der vorher mein Leben beherrscht hat; das ist auch ein Teil der Schwierigkeiten des Aufhörens. Mehr Freiheit bedeutet auch mehr Pflicht. Ich muß jetzt wieder selbst entscheiden. Zumindest was das Rudern betrifft, war es einfacher, sich an das Programm des Trainers zu halten.

Mir scheint mein Körper kein besonderes Pensum vorzuschreiben; aber ich gehe auf Nummer sicher und trainiere. Obwohl mir im Nachhinein die Anstrengung heute Spaß gemacht hat, ist mir ein Rätsel, wie ich in Zukunft mit diesem meinem Sport als Freizeitsport fertig werden soll. Wenn ich früher nach einer Rudersaison ein paar Wochen mit dem Training aufgehört hatte, war es immer die Vernunft, die mich zurückbrachte. Aus Sorge, am Anfang der nächsten Trainingssaison mit einem Rückstand zu starten, konnte ich mich nie ganz gehen lassen. Training war immer auf ein Wettkampfziel ausgerichtet. Auch in der nächsten Saison wollte ich wieder gut sein. Jetzt ist das alles anders. Ich soll den Sport nur noch wegen seiner selbst (oder noch schlimmer: wegen meiner Gesundheit) betreiben. Der Wettkampf spielt dabei überhaupt keine Rolle. Ob ich auf dieser Laufstrecke eine neue Rekordzeit erreiche oder zehn Minuten darüber bleibe, ist völlig gleichgültig. Ich merke jetzt, wie wichtig mir der Wettkampf und die auf ein langfristiges Ziel ausgerichtete Disziplinierung gewesen sind. Wenn ich nur dann trainiert hätte, als es Spaß machte, wäre das kaum 30% des tatsächlichen Trainingspensums gewesen. Vielleicht ist das dann der richtige Rahmen für mein Abtraining.

Nach drei Wochen will ich endlich wieder einmal rudern. Ich habe mich mit Golo im Club verabredet, aber er verspätet sich. Ich unterhalte mich in der Zwischenzeit mit meinen jüngeren Clubkameraden. Nach einer anfänglich etwas steifen Unterhaltng stellt sich heraus, daß sie erwartet hatten, mich nicht erst fünf Tage nach meiner Ankunft wieder im Club zu sehen. Diese Reaktion überrascht und beschämt mich. Ich war in der Vergangenheit nur im Club gewesen, um zu trainieren, meine Freizeit hatte nie dort stattgefunden. Jetzt, wo die Freiheit wiedergewonnen ist, drängte mich auch nichts in den Club. Die Neugier, die Gefühle und die persönlichen Bindungen, die die jüngeren Kameraden zu mir als Vorbild offenbar hatten, habe ich dabei gar nicht wahrgenommen. Ich hatte, ohne es zu wollen, ein Stück Verantwortung übernommen und wußte nun nicht, wie ich damit umgehen sollte.

Als Golo dann doch kommt, ist es zum Rudern zu spät. Aber da wir uns das erste Mal seit Tasmanien wiedersehen, gibt es einiges zu erzählen. Auch hier ist die Situation ungewöhnlich: Wir haben verlernt, einfach nur zu plaudern, ohne konkrete Aufgaben zu haben, ohne Pläne machen zu müssen. Nachdem ich mit Golo vier Wochen lang in einem Zimmer gelebt und vorher ein Jahr lang jeden Tag zwei bis drei Stunden mit ihm verbracht habe, fällt mir jetzt eine natürliche Unterhaltung schwer.

Später, als ein älterer Clubkamerad zu unserem Gespräch dazukommt und wir erneut von unseren Erlebnissen erzählen, spricht Golo zum erstenmal aus, was schon einige Zeit ungesagt zwischen uns steht, daß wir in der kommenden Saison vielleicht noch besser, noch koordinierter und noch erfolgreicher sein könnten. Wieder belastet mich das Bewußtsein, daß sein Leben auch von mir mitbestimmt wird.

Golo und ich haben während dieses Jahres eine merkwürdige Freundschaft gehabt. Rudern ist ein Teamsport, und obwohl im Zweier das Team sehr klein ist, ist dieser Aspekt gerade besonders wichtig. Kürzlich hatte mir ein Freund, der sonst erfrischend wenig vom Rudern weiß, eine gute Frage gestellt. Er erkundigte sich nach der persönlichen Dynamik zwischen Golo und mir. Das gefiel mir deswegen, weil ich überzeugt bin, daß unter den verschiedenen Größen, die die Ruderleistung beeinflussen (physische Verfassung, psychische Leistung, technisches Vermögen, Bootsmaterial) die innere Einstellung die wichtigste ist, weil sie alle anderen Größen bestimmt. Sie war jedenfalls für uns zwei die ausschlaggebende. Anders als im Großboot, wo die Unterordnung unter die Gruppe - meist exemplifiziert durch die Trainermeinung - im Vordergrund steht, spielt im Zweier die Beziehung zwischen den Ruderern eine größere und komplexe Rolle. Ohne das Rudern wären Golo und ich wahrscheinlich keine Freunde. Wir haben verschiedene Erfahrungen und Erwartungen. Obwohl wir gleichaltrig und beide Bankangestellte sind, enden damit die Gemeinsamkeiten. Es ist eine Geschäftspartnerschaft, die uns verbindet. Es war von Anfang an das gemeinsame Ziel, Erfolg zu haben, an der WM teilzunehmen, das uns zusammengeführt hat. Wir haben dabei soviel Zeit miteinander verbracht, mit ein und derselben Sache so viele Konflikte, so viele Hoffnungen und Niederlagen gemeinsam erlebt, daß eine persönliche Freundschaft sich zwar entwickelte, aber keiner von uns sie auch außerhalb des Bootes weiterverfolgen wollte. Jetzt, da unser Ziel erreicht ist und hinter uns liegt, ist auch die Partnerschaft zu Ende.

Das Komplexe an der Teamarbeit ist, daß ich nicht nur gegen mich selber und gegen die Uhr arbeite, sondern mit einem Partner, der genauso vielfältig ist wie ich selber. Um ein Beispiel zu nennen: Sowohl im Training als auch im Rennen macht sich der Unterschied zwischen unseren Charakteren bemerkbar. Während Golo zum Beispiel, wenn das Boot oder eine Trainingsstrecke nicht gut liefen, den Fehler außen suchte, war ich geneigt, ihn in mir selber zu finden. Das führte dazu, daß Golo, so nahm ich das wahr, während des Trainings öfter an mir oder unserer gemeinsamen Leistung herumnörgelte und mich damit zusätzlich demotivierte. Mir schien, daß er die Ermutigung - wie die Fehler - von außen erwartete. Es gab Rennen während der Saison, in deren kritischen Phasen Golo Ermunterung gebraucht hätte. Als er sie von mir nicht erhielt, ermahnte er statt dessen mich. Auf mich hatte das einen negativen Effekt, auf ihn nicht den gewünschten positiven.

Im Trainingslager vor der Weltmeisterschaft konnten wir dann auch mit wissenschaftlichen und empirischen Methoden, wie zum Beispiel der Lactatmessung, sehen, wie vielfältig und komplex diese Aspekte der Teamarbeit sind. Aber alle technischen Untersuchungen können immer nur Hilfe liefern, um das Zusammenspiel der beiden Menschen Golo und Philipp zu optimieren. Uns ist das während dieses Jahres wahrscheinlich nur zum Teil gelungen. Das Wichtigste war wohl die Erkenntnis, daß der Weg zum Sieg auch über diese psychologische Hürde führt.

Resozialisierung

In diesen ersten Wochen nach meiner Rückkehr muß ich noch nicht arbeiten. Ich werde mir dadurch der plötzlichen Ziellosigkeit in meinem Leben bewußt. Ich habe in den letzten Jahren viele Freundschaften einschlafen lassen oder sie stark eingeschränkt. Jetzt bin ich plötzlich ganz ohne soziale Angebote. Das beunruhigt mich nicht besonders, aber es macht mich unentschlossen. Vielleicht stört mich gar nicht der Mangel an Aufgaben und Angeboten, sondern daß ich jetzt keine taugliche Entschuldigung mehr habe, sie nicht wahrnehmen zu müssen. Sozialer Kontakt bedeutet auch Pflichten und Last. Das viele Rudern hatte so auch seine angenehmen Seiten; ich mußte meine Freizeit nie planen, alles lag fest.

In meinem Hinterkopf hatte das Rudern auch immer die Funktion, mich bei anderen begehrt zu machen, aber oft schien eher das Gegenteil der Fall zu sein. Wenn ich Freunden oder Bekannten, die nicht zu meinem engsten Umkreis gehörten, von meinen Erlebnissen erzählte, dann bewirkte ich damit zwar Bewunderung, aber häufiger noch Distanz. Für meinen "disziplinierten" Lebenswandel erntete ich häufig Unverständnis; der Sport erschien vielen als Spleen.

Ich werde jetzt mein Leben neu füllen müssen. Die Arbeit allein kann es nicht sein. Natürlich habe ich auch Ideen, was ich darüber hinaus tun will. Aber ich stehe noch ganz am Anfang, bin mir dieser neuen Ziele noch nicht sicher. Im Moment fühle ich mich noch, wie sich ein Arbeitsloser fühlt: losgelöst aus seinem Beziehungsrahmen, ohne Aufgabe, fast minderwertig. Ich habe zwar die Freiheit, mich jetzt meinen Freunden und dem Vergnügen zuzuwenden, aber ich bin dieser Freiheit entwöhnt und weiß kaum, mit ihr umzugehen.

Wahrscheinlich wird dieses Problem bald verschwinden. Der freie Raum, der sich in meinen Tagesablauf auftut, wird sich schnell schließen. Der freie Raum in meinem Selbstbild ist größer. Ich war so lange ein Ruderer und Leistungssportler. Was bin ich jetzt? Meine Identifikation mit dem Sport hat mich stärker geprägt, als irgend ein anderes Bild, das ich von mir selbst gemacht habe. Scheinbar fand das Rudern nur in meiner Freizeit statt, tatsächlich aber war es meine Lebensaufgabe. Nur wenige konnten eine ähnlich zeitraubende und erschöpfende Nebenbeschäftigung für sich beanspruchen. So war ich etwas Besonderes. Nach außen wollte ich beliebt sein, aber mich zugleich unerreichbar über meine Umwelt erheben. Nach innen wollte ich meinen Körper besiegen, indem ich die Gegner besiegte. Sport war und ist für mich auch etwas Adeliges, die Beschäftigung eines Gentleman. Das Ziel - ganz und gar altmodisch - ist immateriell: Sieg und Ehre. Ohne das Rudern stelle ich mir wieder die Frage: Habe ich mich selbst betrogen? Hätte ich bis ans Ende, bis zu einer Olympiade durchhalten sollen? Bin ich all jenen, die mir vertraut haben, etwas schuldig geblieben?

Das Verhältnis zu meinem Körper hatte auch noch einen anderen Einfluß auf mein Selbstbild. Als Wettkampf und Ehrgeiz mich noch zur Trainingsdisziplin zwangen, war die körperliche Verfassung eine willkommene Zugabe. Ohne zusätzliche Anstrengung konnte ich immer für mich beanspruchen, gesund und noch dazu eine Autorität in Dingen der körperlichen Fitness zu sein. Nun habe ich Angst, unsportlich zu werden. Während des Ruderns habe ich gelernt, meinen Körper zu lieben. Er ist schlank und muskulös und schön geworden. Ich glaube, daß viele Leistungssportler diese stolze Beziehung zu ihrem Körper haben. Das Ende des Leistungssports wird nun zum Beginn des Verfalls meines Körpers. Werde ich eine Lebenslüge brauchen, um mit diesem Verfall ins Reine zu kommen? Oder reicht die Angst vor dem Verfall, um auch nach dem Leistungssport weiter intensiv zu trainieren?

Gedanken beim Rudern

Inzwischen arbeite ich wieder, und weil der Winter näher gekommen ist, bleibt mir nur ein Tag in der Woche, Freitag, um noch bei Tageslicht rudern zu können. Eigentlich wäre ich gerne mit Golo Zweier gefahren, aber er trainiert inzwischen mit einem anderen Clubkameraden. Nun bin ich überflüssig. Also fahre ich Einer. Es ist schon spät, und ich weiß, daß ich auf dem Rückweg im Dunkeln fahren werde. Trotzdem habe ich den Ehrgeiz, bis zu unserer üblichen Wendestelle zu rudern, insgesamt 75 Minuten. Einer zu fahren, ist schwieriger als Zweier. Auch dieses Mal läuft das Boot nicht gleich von Anfang an, aber nach einer Weile überführt der Rhythmus der regelmäßigen Bewegung mich wie in eine Trance. Trotz der Kälte trage ich kurze Hosen und bald durchströmt mich ein Glühen, das nur der entblößte Körper kennt. Das Boot pflügt durch das Wasser. Nachdem das letzte Tageslicht verschwunden ist, beginnt der fast volle Mond, mir den Weg durch die Seenkette der Havel zu leuchten. Er spiegelt sich auf den dunklen Oberfläche. Hinter mir kräuselt sich das Wasser in meiner Heckwelle. Das Ufer ist im Dunkeln nur schwer zu erkennen, und so wirkte die Geschwindigkeit des Bootes gemessen am vorbeifließenden Wasser noch stärker. Im Kontrast zu dieser äußeren Stille hämmert mein Herz mit

150 Schlägen laut durch den ganzen Körper. Der Atem geht schwer. Die Anstrengung macht sich in allen Muskeln bemerkbar. Dennoch gelingt es mir für einen Moment, etwas außerhalb meiner selbst zu stehen und die Szene zu sehen. Mein Körper ist mit seiner Umgebung in Arbeit verschmolzen. Ruderer, Boot und Wasser werden eins. Ich liebe Momente wie diesen, in denen ich mich mit der Natur verbinde. In keinem Boot ist man dem Wasser so nahe und doch getrennt davon wie in einem 40 cm breiten Einer.

Als ich wieder im Club angekommen bin, bin ich gelöst und glücklich. Es stimmt doch nicht, daß nur der Wettkampf und die Disziplin mich am Rudern gehalten haben. Immer wieder gab es auch Momente wie dieses Training, die einfach nur Glück bedeuteten. Wie die Verbindung zur Natur schafft auch das Bewußtsein, einen Bewegungsablauf vollendet zu beherrschen, diese selbstvergessene Zufriedenheit. Die elegante Effizienz der Fortbewegung rührt von der jahrelangen und zunehmenden Perfektion der Bewegung. Der ideale Schlag ist eine Utopie. Selbst die besten Ruderer erreichen ihn nie. Aber dieser Utopie laufen wir immer nach, oft gerade dann, wenn die Kraft zu Ende geht - am Ende eines Trainings. Viele Jahre lang habe ich immer wieder diese eine, diese Bewegung wiederholt. Sie sollte vollendet sein. So nah wie jetzt werde ich dieser Vollendung nie wieder sein. Ich werde das Rudern langsam verlernen. Wenn es schon schwer ist, mich ohne Wettkampf zum Sport zu motivieren, wieviel schwerer wird es sein, wenn mir die technischen Fähigkeiten, dieser Wille zur Perfektion verloren gehen sollten. Wenn ich mit Golo gemeinsam gerudert war, lief das technische Zusammenspiel so gut, daß ich oft das Gefühl hatte, mich fast anstrengungslos fortzubewegen. Erst am Ende der Einheit merkten wir dann, wieviel Kraft wir doch tatsächlich aufgebracht hatten. Auch dieses Gefühl wird jetzt nur noch Erinnerung sein.

Die geistige Herausforderung des Sports liegt eher auf der seelischen als auf der kognitiven Ebene. Disziplin und Durchsetzungskraft, Konkurrenz und Macht spielen eine Rolle, sowohl gegen mich selbst als auch gegenüber Partner, Trainer und schließlich dem Gegner. Aber die meiste Zeit ist Training. Das ist langweilig. Stundenlang, tagelang geschieht das gleiche, immer wieder die gleiche Bewegung, die gleiche Strecke, kaum Variationen im Trainingsprogramm. Training gerät hier zum Selbstvergessen, zur Meditation.

Natürlich ist Abwechslungsreichtum nicht der Sinn des Trainings, sondern Perfektion. Mit allen geistigen Fähigkeiten muß ich mich auf den Schlagablauf konzentrieren, vor allem die verschiedenen technischen Parameter, wie Durchzugs- und Vorrollgeschwindigkeit, Blattstellung im Wasser, Synchronisation mit dem Partner und Lauf des Boots unter Kontrolle zu halten und zum Ziel der maximalen Geschwindigkeit zu koordinieren, bedarf es hoher Konzentration. Das ist anstrengend - aber es ist eben auch langweilig.

Wegen dieses Mangels an intellektueller Herausforderung habe ich häufig an dem Sinn meines Ruderns gezweifelt. Ob die Zeit nicht sinnvoller genutzt werden könnte, ob ich für mein späteres Leben - für mein derzeitiges Vergnügen sowieso - die Zeit nicht besser verwenden könnte, ob ich dieses Opfer an Zeit eigentlich bringen möchte. Insgeheim war auch immer etwas Freude auf das Ende meiner Ruderkarriere mit im Spiel.

Identität

In den 6 Jahren, seit ich 18 bin, habe ich im Schnitt 1 1/2 Stunden am Tag, an Werktagen, Wochenenden und Feiertagen, im Sommer wie im Winter mit dem Training verbracht. Im Vergleich zu professionellen Sportlern ist das wenig, aber wenn man bedenkt, daß dazu noch ca. die gleiche Zeit für An- und Abfahrt, Umziehen, Duschen und Besprechungen hinzukommt, daß ich während dieser Zeit zuerst studiert und später einen Beruf ausgeübt habe, daß nach den Trainingsanstrengungen zusätzliche Erholung nötig war, dann wird klar, daß das Rudern während dieser sechs Jahre den wesentlichen Teil meines Lebens ausgemacht hat. Selbstverständlich war das immer freiwillig, freiwilliger sicher als ein Sportler, der sich mit dem Sport seinen Lebensunterhalt verdienen muß. Dennoch bedeutet diese freiwillige Entscheidung nicht, daß jeder einzelne Schritt, jede einzelne Trainingseinheit Spaß gemacht hätte. Aber einmal für das Rudern entschieden, habe ich trainiert, weil ich wollte *und* weil ich mußte, vor allem aber, weil ich ohne Rudern weniger leicht hätte sagen können, wer ich bin.

Es hat jedenfalls nie an Versuchungen gemangelt, nicht zu trainieren. Besonders in diesem letzten Jahr, wo ich mich regelmäßig nach acht Stunden Arbeit zum Training geschleppt habe (am Wochenende gab es zwar diese Doppelbelastung nicht, dafür aber zwei Trainingseinheiten), war die Überwindung zum Training oft groß. Ich hatte regelrechte Angst vor dem Gang zum Clubhaus, der mich der Anstrengung und oft auch dem Schmerz immer näher brachte. Manchmal konnten Golo, dem es vielleicht genauso ging, und ich uns einfach nicht entschließen, unser Boot ins Wasser zu tragen. Wir blödelten dann eine halbe Stunde, manchmal eine Stunde nutzlos herum, bis schließlich die drohende Dunkelheit uns auf das Wasser trieb.

Noch schwieriger war es, Freunden klarzumachen, daß ich zu einer Verabredung keine Zeit hätte oder früh nach Hause und ins Bett müsse. Ich empfand es oft als rüde, ihre Angebote auszuschlagen, die dann verständlicherweise immer weniger wurden. Genauso wenig verstand es meine Freundin, daß ich in meiner Freizeit hauptsächlich zum Schlafen Lust hatte und mir auch sonst nur eingeschränkte Zeit zur Verfügung stand. Obwohl meine Rechtfertigung in einer solchen Situation immer dieselbe war, empfand ich den Konflikt mit dem Rudern immer wieder neu. In diesen Konflikten zeigte sich aber, daß das Rudern in meinem Leben wichtiger war als alles andere. In sechs Jahren hat das Rudern mein Leben dominiert. Davor war ich nie besonders sportlich, jedenfalls nie erfolgreich gewesen und hatte eine - wie mir jetzt scheint, typisch europäische - herablassende Haltung gegenüber Sportlern angenommen. Psyche war wichtiger als Physis, und Sportler waren roh und einfach.

Durch einen längeren Aufenthalt in den Vereinigten Staaten, wo Sport gemäß dem "mens sana in corpore sano" sehr viel ernster genommen wird, habe ich diese Einstellung geändert. Plötzlich wurde mir die Möglichkeit bewußt, mit dem Sport und der Herausforderung und Anstachelung des eigenen Körpers eine einfache und starke Form des Selbstausdrucks zu finden. Auch ließ sich mit dem Sport äußere Anerkennung gewinnen. Dazu kam, daß gerade die Tatsache, daß ich im Sport ursprünglich nicht erfolgreich gewesen war, mich reizte, auf diesem Gebiet mein Bestes zu geben. Und dann war da noch der Rausch des Siegens. Die freiesten Momente in meinem Leben waren jene, da ich als erster die Ziellinie überquert hatte und all die Anspannung von mir abwerfen konnte.

Als ich schließlich wieder nach Deutschland zurückkehrte, war die Anerkennung meiner Umwelt nicht mehr so groß wie in den Vereinigten Staaten. Inzwischen war aber das Rudern für mich schon so sehr Bestandteil meines Lebens geworden, daß ich auch ohne diese Anerkennung auskam. Sport war wie ein Spiegel des wirklichen Lebens geworden: der beständige Wunsch, einen Raum abzustecken, ihn zu besetzen und zu verteidigen, der Wunsch nach Rechtfertigung und Verewigung. Der Kampf fand sowohl außen, vor allem natürlich im Wettkampf, als auch innen statt. Immer wieder wollte ich die eigenen Schwächen, die Faulheit, die Trainingsrückstände, die eigenen Zweifel am Sinn des Ruderns, an der Möglichkeit des Erfolgs, die eigenen Grenzen des Körpers und des Kopfes bekämpfen.

Auf der Suche nach neuem Sinn

So wichtig der Sport für mich war, so wichtig war es mir, daß er mich nicht usurpierte. Ich habe versucht, das Leben vielfältig zu erfahren. Vielleicht ist das eine Defensivstrategie: Viele verschiedene Lebensebenen zu haben, heißt, verschiedene Möglichkeiten des Erfolgs zu besitzen. So konnte ich für den Fall, daß eine dieser Ebenen unglücklich verlief oder zum Mißerfolg wurde, mich auf eine andere Ebene zurückziehen. Ich konnte im Rudern Kraft für Studium und Beruf, und in Studium und Beruf Kraft für das Rudern finden. Diese Möglichkeit ist mir jetzt genommen. Ich kann mich nicht mehr als Leistungssportler bezeichnen. Wenn früher die Rede von Sport war, habe ich das direkt auf mich beziehen, Vergleiche mit anderen Sportarten anstellen und mich als Autorität fühlen und darstellen können. Nun ist mir diese Möglichkeit genommen. Ich bin jetzt Freizeitsportler wie jeder andere. Fast ist es, als sei ich nur noch ein halber, ein weniger wertvoller Mensch.

Die Angst vor diesem Sinnverlust hatte ich auch schon früher, die Angst, daß das Ziel, auf das ich hinarbeitete, die WM, mich enttäuschen könnte. Vielleicht würde die abgeklärte Professionalität des Ruderns auf dieser höchsten Ebene die emotionale Befriedigung, nach der ich mich nach so vielen Opfern sehnte, unmöglich machen. Schon früher hatte ich die Erfahrung gemacht, daß eine Sache, auf die ich mich lange vorbereitet hatte, wie zum Beispiel ein Theaterstück, in dem Moment, wo ich sie zu Ende bringe, unabhängig von ihrem Ausgang, nicht ein Erfolgserlebnis, sondern nur Sinnlosigkeit zurücklassen kann. Bisher war diese Erfahrung beim Rudern nicht aufgetreten. Aber bisher hatte ich auch nach jeder Saison wieder auf eine neue Saison schauen können und sagen können: nächstes Jahr wieder.

Ich kenne Ruderer, die sich von diesem Sog, jedes Jahr das vorangegangene ungeschehen zu machen, nie befreien können. Sie rudern so lange, bis die physischen Grenzen ihres Körpers erkennbar werden, und auch dann suchen sie noch den Wettkampf und neue Herausforderugen in anderen Sportarten. Jedes Jahr werden die Ziele neu gesteckt, zuerst höher, später dann niedriger. Aber ohne einem Ziel hinterherzueilen, ohne Suche geht es nicht. Auf diese Weise ist der Blick immer nach vorne gerichtet; ohne Verantwortung für die Vergangenheit. Die Furcht, durch das Aufhören ein abschliessendes Urteil über den eigenen Wert zu eröffnen, sitzt uns Sportlern im Nacken.

Deswegen will ich mir auch jetzt noch nicht eingestehen, daß ich vielleicht nie mehr zum Riemen greifen werde. Und wenn ich es nicht kann - was realistisch erscheint - so muß ich meinen Wert in anderen Bereichen unter Beweis stellen. Ich habe beim Rudern viel gelernt, über Menschen und über mich, aber am leichtesten in ein neues Leben zu übertragen ist die Erfahrung, daß der Wunsch, meine Existenz in dieser Welt zu rechtfertigen, ein endloser, siegloser Kampf gegen die eigenen Grenzen ist.

Literatur

ALTHUSSER, L.: L'avenir dure longtemps. Paris 1992.

ARISTOTELES: Politik. München 1985.

AUERBACH, E.: Mimesis. Dargestellte Wirklichkeit in der abendländischen Literatur. 6. Aufl., Bern/München 1977.

AUGUSTINUS, A.: De vera religione. Über die wahre Religion. Übersetzung und Anmerkungen von W. THIMME. Nachwort von K. FLASCH. Stuttgart 1983.

BACON, F.: Neu Atlantis. Reinbek 1968.

BARTELS, K.: Kybernetik als Metapher. Der Beitrag des französischen Strukturalismus zu einer Philosophie der Information und der Massenmedien, in: BRACKERT, H.; EFELMEYER, F. (Hg.), Kultur. Bestimmungen im 20. Jahrhundert. Frankfurt a.M. 1990, S. 441-447.

BARTHES, R.: Fragmente einer Sprache der Liebe. Frankfurt a.M. 1988.

BATAILLE, G.: Der heilige Eros. Darmstadt/Neuwied 1963.

BATESON, G.: Die Kybernetik des Selbst: Eine Theorie des Alkoholismus, in: DERS., Ökologie des Geistes. Anthropologische, psychologische, biologische und epistemologische Perspektiven. Frankfurt a.M. 1988, S.400-435.

BEAUVOIR, S. DE: Das andere Geschlecht. Hamburg 1968.

BECK, U.: Die irdische Religion der Liebe, in: BECK, U.; BECK-GERNSHEIM, E., Das ganz normale Chaos der Liebe. Frankfurt a.M. 1990, S. 222-266.

BENJAMIN, W.: Illuminationen. Ausgewählte Schriften, Bd. 2. Frankfurt a.M. 1977.

BENN, G.: Gedichte. GW Bd. III, Stuttgart o.J.

BENN, G.: Provoziertes Leben, in: REAVIS, E. (Hg.), Rauschgiftesser erzählen. Frankfurt a.M. 1986.

BENZ, E.: Vision und Offenbarung. Gesammelte Swedenborg-Aufsätze. Zürich 1979.

BERGER, P.; LUCKMANN, TH.: Die gesellschaftliche Konstruktion der Wirklichkeit. Frankfurt a.M. 1969.

BERNARD, H.: Alcoolisme et antialcoolisme en France au XIX siècle, in: Histoire, Économie et Société 3 (1984).

BISCHOF, N.: Das Rätsel Ödipus. München 1985.

BLAKE, W.: Werke. Berlin 1958.

BLAKE, W.: Die Ethik der Fruchtbarkeit. Jena 1907.

BLACK-MICHAUD, J.: Cohesive Force. Fend in the Mediterranean and the Middle East. Oxford 1975.

BLOCH, E.: Das Prinzip Hoffnung. Berlin 1954.

Bloch-Almanach, 3. Folge, hg. v. Bloch-Archiv der Stadtbibliothek Ludwigshafen durch K. WEIGAND. Baden-Baden 1983; hier: "Offener Brief: Protest gegen Anwürfe der Parteileitung der SED am Institut für Philosophie der Karl-Marx-Universität Leipzig, 22.01.1957", S. 19-32.

BLOCH, M.: Die Feudalgesellschaft. Frankfurt a.M. 1982.

BLOK, A.: Widder und Böcke - Ein Schlüssel zum mediterranen Ehrkodex. In: NIXDORF, H.; HAUSCHILD, Th. (Hg.), Europäische Ethnologie, Berlin 1982, S. 165-183.

BOECKER, F. W.: Ueber eine Ursache des Branntweingenusses, als Anmerkung zu Liebig's Thierchemie. Braunschweig 1845.

BOERICKE, O.E.: Homöopathische Mittel und ihre Wirkungen. Teil I: Materia Medica. Leer 1972.

BOHRER, K.H.: Das Böse - eine ästhetische Kategorie? In: Merkur. Deutsche Zeitschrift für europäisches Denken 436 (1985): 459-473.

BORST, A.: Wie kam die arabische Sternkunde ins Kloster Reichenau? Konstanz 1989.

BOSL, K.: Die Grundlagen der modernen Gesellschaft im Mittelalter. Eine deutsche Gesellschaftsgeschichte des Mittelalters, Bd. II. Stuttgart 1972.

BOSS, M.: Grundriß der Medizin. Bern 1971.

BOURDIEUX, P.: The Kabyle House of the Word Reserved. In: Algeria 1960. Essays by Pierre Bourdieux, Cambridge 1979.

BRAUDEL, F.: La Méditerranée et le monde méditerranéen à l'époque de Philippe II. 1966.

BRÜHL-CRAMER, C. v.: Ueber die Trunksucht und eine rationelle Heilmethode derselben. Berlin 1819.

BRUNNER, O.: Land und Herrschaft. Grundfragen der territorialen Verfassungsgeschichte Österreichs im Mittelalter. Darmstadt, 5. Aufl. 1973.

BURKERT, W.: Griechische Religion der Archaischen und Klassischen Epoche. Stuttgart/Berlin/Köln/Mainz 1977.

BURKERT, W.: Anthropologie des religiösen Opfers. Die Sakralisierung der Gewalt, in: RÖSSNER, H. (Hg.), Der ganze Mensch. München 1986, S. 205-227.

BUSCH, H.-J.: Subjektgeschichte als Sozialisationsgeschichte. Notizen zur Genese der Institution Individuum und ihrer Psychoanalyse, in: BELGRAD, J. u.a. (Hg.), Zur Idee einer psychoanalytischen Sozialforschung. Dimensionen szenischen Verstehens. Alfred Lorenzer zum 65. Geburtstag. Frankfurt a.M. 1987, S. 103-117.

BUTZER, R.: Zur Dechiffrierung des Freudschen Triebbegriffs. Zeitschrift für Sexualforschung 4 (1991), S. 1-32.

CAMPANELLA, T.: Der Sonnenstaat. München 1900.

CAMUS, A.: L'homme revolté. Paris 1972.

CAMUS, A.: L'étranger. Paris 1973.

CANCIK, H.: Grundzüge franziskanischer Leidensmystik. Zur Religionsgeschichte des Schmerzes, in: DERS. (Hg.), Rausch - Ekstase - Mystik. Düsseldorf 1978.

CAPRA, F.: Wendezeit. München 1983.

COMENIUS, J. A.: Über den rechten Umgang mit Büchern, den Hauptwerkzeugen der Bildung (1650), in: J. A. KOMENSKI: Analytische Didaktik und andere pädagogische Schriften, hg. v. F. HOFMANN. Berlin 1959, S. 158 ff.

CONTAMINE, P.: La Guerre au Moyen Age. Paris 1980.

DELEUZE, G.: Bergson zur Einführung. Hamburg 1989.

DOREN, A.: Wunschräume und Wunschzeiten, in: NEUSÜSS, A. (Hg.), Utopie. Begriff und Phänomen des Utopischen. Neuwied/Berlin 1968, S. 123-177.

DREWERMANN, E.: Tiefenpsychologie und Exegese. Bd I. Olten/Freiburg i. Br. 1987.

DREWERMANN, E.: Strukturen des Bösen. 3 Bde. Paderborn 1988.

DUBY, G.: Saint Bernard. L'art cistercien. Paris 1979.

DUBY, G.: Die drei Ordnungen. Das Weltbild des Feudalismus. Frankfurt a.M. 1981.

DUBY, G.: Krieg und Gesellschaft im Europa der Feudalzeit, in: ders., Wirklichkeit und höfischer Traum. Zur Kultur des Mittelalters. Berlin 1986, S. 133-170.

DUERR, H. P.: Traumzeit. Über die Grenzen zwischen Wildnis und Zivilisation. Frankfurt a.M. 1985.

DURKHEIM, E. (1897): Der Selbstmord. Frankfurt a.M. 1983.

EBELING, H. (Hg.): Subjektivität und Selbsterhaltung. Beiträge zur Diagnose der Moderne. Frankfurt a.M. 1976.

ECKART, W.: Geschichte der Medizin. Berlin/Heidelberg 1990.

ELIADE, M.: Die Sehnsucht nach dem Ursprung. Von den Quellen der Humanität. Wien 1973.

ELIADE, M.: Geschichte der religiösen Ideen, Bd. 1: Von der Steinzeit bis zu den Mysterien von Eleusis. Freiburg 1978.

ELIADE, M.: Ewige Bilder und Sinnbilder. Über die magisch-religiöse Symbolik. Frankfurt a.M. 1986 (franz. 1952).

ELIADE, M.: Das Mysterium der Wiedergeburt. Versuch über einige Initiationstypen. Frankfurt a.M. 1988.

ELIAS, N.: Über den Prozeß der Zivilisation. Soziogenetische und psychogenetische Untersuchungen. 2 Bde. Frankfurt a.M. 1976.

ELIAS, N.: Über die Deutschen. Frankfurt a.M 1990.

EWERT, J.-P.: Nerven- und Sinnesphysiologie. Braunschweig 1990.

FAHRENKRUG, W. H.: Alkohol, Individuum und Gesellschaft. Frankfurt a.M./New York 1984, S. 52 ff.

FAHRENKRUG, W.H.; QUACK, W.: Überlegungen zur Geschichte des Suchtbegriffs am Beispiel der Modellsucht Alkoholismus, in: Deutsche Hauptstelle gegen die Suchtgefahren (Hg.), Süchtiges Verhalten. Hamm 1985.

271

FEBVRE, L.: Sensibilität und Geschichte. Zugänge zum Gefühlsleben früherer Epochen In: BLOCH, M.; BRAUDEL, F.; FEBVRE, L. u.a.: Schrift und Materie der Geschichte. Vorschläge zur systematischen Aneignung historischer Prozesse, hg. v. C. HONEGGER. Frankfurt a.M. 1977, S. 313-334.

FEUERBACH, L. (1866): Spiritualismus und Materialismus, besonders in Beziehung auf die Willensfreiheit. GW Bd. 11. Berlin 1972, S. 53-186.

FEYERABEND, P. K.: Wider den Methodenzwang. 2. Aufl., Frankfurt a.M. 1976.

FINZEN, C.: Alkohol, Alkoholismus und Medizin. Rehburg-Loccum 1980.

FLAUBERT, G.: Bouvard und Pécuchet (1880), mit einem Vorwort v. V. BROMBERT und einem Nachwort v. U. JAPP. Frankfurt a.M. 1979.

FLORMAN, R.: The Existential Pleasures of Engineering. New York 1976.

FORMEY, L.: Versuch einer medizinischen Topographie von Berlin. Berlin 1796.

FOUCAULT, M.: Sexualität und Wahrheit, Bd. 1-3. Frankfurt a.M. 1977 - 1986.

FOUCAULT, M.: Die Ordnung der Dinge. 3. Aufl., Frankfurt a.M. 1980.

FOUCAULT, M.: Die Geburt der Klinik. 2. Aufl., Frankfurt a.M. 1981.

FOUCAULT, M.: Von der Subversion des Wissens. Frankfurt a.M. 1987.

FOUCAULT, MICHEL: Un 'fantastique' de bibliothèque, in: DERS., Schriften zur Literatur. Frankfurt a.M. 1988 (franz. 1962-1969).

FOURIER, CH.: Aus der neuen Liebeswelt. Berlin 1977.

FREUD, S. (1900): Die Traumdeutung. GW Bd. II/III.

FREUD, S. (1905): Drei Abhandlungen zur Sexualtheorie. GW Bd. V. S. 27, 33-145.

FREUD, S. (1915a): Triebe und Triebschicksale. GW Bd. X, S. 210-232.

FREUD, S. (1915b): Zeitgemäßes über Krieg und Tod. GW Bd. X, S. 324-355.

FREUD, S. (1920): Jenseits des Lustprinzips. GW Bd. XIII, S. 1-69.

FREUD, S. (1930): Das Unbehagen in der Kultur. GW Bd. XIV, S. 419-506.

FREUD, S. (1938): Abriß der Psychoanalyse. GW Bd. XVII, S. 63-138.

FUHRMANN, M.: Grausige und ekelhafte Motive in lateinischer Dichtung, in: JAUSS, H.R. (Hg.), Die nicht mehr schönen Künste. Grenzphänomene des Ästhetischen (= Poetik und Hermeneutik III). München 1968, S. 23-66.

GADAMER, H.-G.: Das Vaterbild im griechischen Denken, in: BORNKAMM, G.; GADAMER, H.-G.; ASSMANN, J.; LEMKE, W.; PERLITT, L., Das Vaterbild in Mythos und Geschichte. Ägypten, Griechenland, Altes Testament, Neues Testament, hg. v. H. TELLENBACH. Stuttgart 1976, S. 102-115.

GEARY, P.J.: Vivre en conflit dans une France sans Etat: Typologie des mécanismes de réglement des conflits (1050-1200). In: Annales E.S.C. 41 (1986), S. 1107-1126.

GEERTZ, C.: Dichte Beschreibung. Beiträge zum Verstehen kultureller Systeme. Frankfurt a.M. 1987.

GESSINGER, J.; RAHDEN VON W. (Hg.): Theorien vom Ursprung der Sprache. 2 Bde. Berlin/New York 1989.

GIBSON, W.: Neuromancer. London 1984.

GIDE, A.: Les faux-monnayeurs. Paris 1925.

GNÜG, H.: Literarische Utopie - Entwürfe. Frankfurt a.M. 1982.

GRACIAN, B.: Hand-Orakel und Kunst der Weltklugheit. Dt. v. A. SCHOPEN-HAUER, hg. v. A. V. GLEICHEN-RUSSWURM. Berlin 1912, Sentenz 123 u. 8.

GRIMM, J. u. W., Begr., Deutsches Wörterbuch, Bd. 10. Leipzig 1942.

GROSS, W.: Sucht ohne Drogen. Frankfurt a.M. 1990.

HAAN, G. DE: Das rostige Tor zum Glück, in: Émile. Zeitschrift für Erziehungskultur 2 (1989), H. 1.

HAMMER, F.: Leib und Geschlecht. Bonn 1974.

HARTEN, R.: Sucht, Begierde, Leidenschaft. München 1991.

HARTMANN, E. VON: Nietzsche's 'Neue Moral', in: Ethische Studien. Leipzig 1898, S. 34-69.

HARTMANN VON AUE: Gregorius, der gute Sünder. Mittelhochdeutscher Text nach der Ausgabe von F. NEUMANN. Übertragung von B. KIPPEN-BERG. Nachwort von H. KUHN. Stuttgart 1972.

HARTMANN VON AUE: Erec. Mittelhochdeutscher Text und Übertragung von TH. CRAMER. Frankfurt a.M. 1973.

HAUFFEN, A.: Die Trinkliteratur in Deutschland bis zum Ausgang des 16. Jahrhunderts, In: Vierteljahresschrift f. Literaturgeschichte 2 (1889), S. 484 ff.

HEGEL, G. W. F.: Vorlesungen über die Philosophie der Geschichte, in: Hegel, Werke in 20 Bänden, Bd. 12. Frankfurt a.M. 1970.

HEGEL, G. W. F.: Vorlesungen über die Ästhetik, in: ebd., Bd. 13.

HEINRICH, K.: Sog. Zur aktuellen Mythenfaszination (Interview), in: Niemandsland, Heft 3, Berlin 1987.

HELLER, A.: Theorie der Gefühle. Hamburg 1980.

HENCKELL, J. PH.: De usu et abusu spiritus vini. Diss. Med. Erfurt 1720.

HESSE, P.: Zum Begriff des Triebes. Psychiatrie, Neurologie und medizinische Psychologie 25 (1973), S. 193-198.

HILDEGARD VON BINGEN: Heilwissen. Von den Ursachen und der Behandlung von Krankheiten nach der hl. Hildegard von Bingen. Übersetzt und herausgegeben von M. PAWLIK. Augsburg 1990.

HILDEGARD VON BINGEN: Briefwechsel. Nach den ältesten Handschriften übersetzt und erläutert von A. FÜHRKÖTTER OSB. Salzburg 1990.

HILDEGARD VON BINGEN: Scivias. Wisse die Wege. Eine Schau von Gott und Mensch in Schöpfung und Zeit. Übersetzt und herausgegeben von W. STORCH OSB. Augsburg 1991.

HOPKINS, J. (Hg.): Tantra und Tibet. Das geheime Mantra des Tseng-ka-pa, eingeleitet vom 14. Dalai Lama. München 1980.

HOFFMEISTER, H. R.: Christenliche Mahlzeit oder schrifftmässige Vnderweisung was gestalt ein Christ in speiß vnd tranck der Nüchterheit sich fleissen ... sölle. Zürich 1640.

HOMER: Ilias. Neue Übersetzung, Nachwort und Register von R. HAMPE. Stuttgart 1979.

HORN, PH. S.: Abhandlung von der Trunckenheit. Stralsund usw. 1747.

HUFELAND, CH. W.: Ueber die Vergiftung durch Branntwein. Berlin 1802.

HUFELAND, CH. W.: Makrobiotik oder die Kunst das menschliche Leben zu verlängern. 2. Auflage ND Leipzig 1905.

HUIZINGA, J.: Homo ludens. Versuch einer Bestimmung des Spielelementes der Kultur. Hamburg 1956.

HUSS, M.: Chronische Alkoholskrankheit oder Alcoholismus Chronicus. Stockholm/Leipzig 1852.

HUXLEY, A.: Moksha. München 1983

HUXLEY, A.: Brave New World. Harmondsworth, Middlesex 1974.

IRIGARAY, L.: Speculum. Spiegel des anderen Geschlechts. Frankfurt a.M 1980.

JACOBY, R.: Soziale Amnesie. Frankfurt a.M. 1978.

JAMESON, F.: Zur Logik der Kultur im Spätkapitalismus, in: HUYSSEN, A.; SCHERPE, K. R. (Hg.), Postmoderne. Zeichen eines kulturellen Wandels. Reinbek 1986, S. 45-102.

JOYCE, J.(1914): The Dubliners. Hamburg 1980.

JÜNGER, E.: Annäherungen. Frankfurt a.M./Berlin/Wien 1980.

KAFKA, F.: Tagebücher 1910-1923, in: Gesammelte Werke, hg. v. M. BROD. Frankfurt a.M. 1983.

KAHLE, G. (Hg.): Logik des Herzens. Die soziale Dimension der Gefühle. Frankfurt a.M. 1981.

KAMPER, D.: Tod des Körpers - Leben der Sprache. Über die Intervention des Imaginären im Zivilisationsprozeß, in: GEBAUER, G. u.a. (Hg.), Historische Anthropologie. Zum Problem der Humanwissenschaften heute oder Versuche einer Neubegründung. Reinbek 1989, S. 49-81.

KANT, I.(1798): Anthropologie in pragmatischer Hinsicht, in: Kants Werke, Akademie Textausgabe VII. Berlin 1968, S. 230 ff.

KANT, I.: Zum ewigen Frieden. Ein philosophischer Entwurf, hg. v. TH. VALENTINER. Stuttgart 1973.

KERENYI, K.: Der göttliche Arzt. Studien über Asklepios und seine Kultstätten. Darmstadt 1956.

KIERKEGAARD, S.: Die Leidenschaft des Religiösen. Stuttgart 1981.

KLAGES, L.: Vom kosmogonischen Eros. Jena 1930.

KLEINSPEHN, TH.: Warum sind wir so unersättlich? Frankfurt a.M. 1987.

KLOSE, S.: De spiritu vini. Diss. med. Jena 1697.

KÖHLER, O.: Die Utopie der absoluten Gesundheit, in: SCHIPPERGES, H.; SEIDLER, E.; UNSCHULD, P. (Hg.), Krankheit, Heilkunst, Heilung. Freiburg/München 1978.

KRAUSE, B. (Hg.), Fremdkörper - Fremde Körper - Körperfremde. Studien über Leiblichkeit und Fremderfahrung. Stuttgart 1991a.

KRAUSE, B.: Hermeneutische Aspekte der Körpererfahrung im Mittelalter, in: DINZELBACHER, P. u.a. (Hg.), Das Mittelalter - Unsere fremde Vergangenheit. Stuttgart 1991b, S. 71-115.

KRAUSE, B.: lîp, mîn lîp und 'Ich'. Zur 'conditio corporea' mittelalterlicher Subjektivität', in: FRITSCH-RÖSSLER, W. (Hg.) unter Mitarbeit von L.

HOMERING, Uf der mâze pfat. Festschrift für Werner Hoffmann zum 60. Geburtstag. Göppingen 1991c, S. 373-396.

KREIS, R.: Der gekreuzigte Dionysos. Nietzsche in der Diskussion. Würzburg 1986.

KROESCHELL, K.: Deutsche Rechtsgeschichte. Bd. 1: bis 1250. Reinbek b. Hamburg 1972.

KÜCHENHOFF, J.: Der Leib als Statthalter des Individuums? In: FRANK, M.; HAVERKAMP, A. (Hg.), Individualität (= Poetik und Hermeneutik XIII). München 1988, S. 167-202.

KUHN, TH. S.: Die Struktur wissenschaftlicher Revolutionen. Frankfurt a.M. 1973.

LABISCH, A.: Hygiene ist Moral - Moral ist Hygiene, in: SACHSSE, CH.; TENNSTEDT, F. (Hg.), Soziale Sicherheit und soziale Disziplinierung. Frankfurt a.M. 1986.

LACAN, J.: Encore. Paris 1975.

LANDMANN, M.: Fundamental-Anthropologie. Bonn 1979.

LANGE, TH.: Idyllische und exotische Sehnsucht. Formen bürgerlicher Nostalgie in der deutschen Literatur des 18. Jahrhunderts. Hochschulschriften Literaturwissenschaft, Bd 23. Kronberg i.Ts. 1976.

LAQUEUR, TH.: Auf den Leib geschrieben. Frankfurt a.M. 1992.

LAROCHE, L. A. (Hg.), Die Branntwein-Schrecknisse des neunzehnten Jahrhunderts. Posen 1845.

LAVATER, J. C.: Sittenbüchlein für die Kinder des Landvolks. Homburg 1773.

LEARY, T.: Die Politik der Ekstase. Hamburg 1970.

LEGNARO, A.: Alkoholkonsum und Verhaltenskontrolle - Bedeutungswandel zwischen Mittelalter und Neuzeit in Europa, in: Rausch und Realität, hg. v. G. VÖLGER u.a.. Reinbek 1982.

LE GOFF, J.: Pour un autre Moyen Age. Temps, Travail et Culture en Occident. Paris 1978.

LE GOFF, J.: L'imaginaire médiéval. Essais par Jacques Le Goff. Paris 1985.

LEIDENFROST, J. G.: Revolutionen in der Diät von Europa seit 300 Jahren, in: A. L. Schlözer's Briefwechsel meist historischen und politischen Inhalts 8, 1781.

LEVINE, H. G.: Die Entdeckung der Sucht, in: VÖLGER, G.; WELCK, K. V. (Hg.), Rausch und Realität, Bd. 1. 2. Aufl., Reinbek 1982.

LEVY, S.: Hackers. New York 1984.

LIPPE, R. ZUR: Autonomie als Selbstzerstörung. Zur bürgerlichen Subjektivität. Frankfurt a.M. 1975.

LUHMANN, N.: Liebe als Passion. Zur Codierung von Intimität. 4. Aufl., Frankfurt a.M. 1984.

MAC MARSHALL, M.: Beliefs, Behaviours and Alcoholic Beverages. Ann Arbor 1979.

MACANDREW, C.; EDGERTON, R. B.: Drunken Comportment. Chicago 1969.

MANDELBAUM, D. G.: Alcohol and Culture, in: Current Anthropology 6 (1965)

MANN, TH. (1897): Der kleine Herr Friedemann, in: ders.: Frühe Erzählungen. Frankfurter Ausgabe, hg. v. P. DE MENDELSSOHN. Frankfurt a.M. 1981.

MANN, TH. (1901): Buddenbrooks. Verfall einer Familie. Frankfurter Ausgabe, hg. v. P. DE MENDELSSOHN. Frankfurt a. M. 1981.

MANN, TH. (1903): Tristan, in: ders.: Frühe Erzählungen. Frankfurter Ausgabe, hg. v. P. DE MENDELSSOHN. Frankfurt a.M. 1981.

MANN, TH. (1924): Der Zauberberg. Frankfurter Ausgabe, hg. v. P. DE MENDELSSOHN. Frankfurt a.M. 1981.

MANN, TH. (1947): Doktor Faustus. Frankfurter Ausgabe, hg. v. P. DE MENDELSSOHN. Frankfurt a.M. 1981.

MANN, TH. (1954): Bekenntnisse des Hochstaplers Felix Krull. Frankfurter Ausgabe, hg. v. P. DE MENDELSSOHN. Frankfurt a.M. 1985.

MANUEL, F. E.; MANUEL, F. P.: Utopian Thought in the Western World. Cambridge 1989.

MARCUSE, H.: Das Ende der Utopie. Frankfurt a.M. 1980

MARINETTI, F. T.: Il manifesto del futurismo. Paris, Le Figaro 20.02.1909.

MARPERGER, P. J.: Vollständiges Küch- und Keller-Dictionarium. Hamburg 1719.

MASARYK, TH.: Der Selbstmord als soziale Massenerscheinung der modernen Civilisation. Wien 1881.

MATTENKLOTT, G.: Rausch und Nüchternheit, in: Zauber und Blendung: Über Gefühle. Konkursbuch 10. Tübingen 1984.

MCLUHAN, M.: Understanding Media. McGraw-Hill 1965.

MERLEAU-PONTY, M. (1964): Das Auge und der Geist. Philosophische Essays, hg. und übersetzt von H.W. ARNDT. Hamburg 1984.

MITSCHERLICH, A.: Aggression und Anpassung, in: MARCUSE, H. u.a.: Aggression und Anpassung in der Industriegesellschaft. Frankfurt a.M. 1968, S. 80-127.

MITSCHERLICH-NIELSEN, M.: Triebe und Triebschicksale, in: RÖSSNER, H. (Hg.), Der ganze Mensch. München 1986, S. 192-204.

MONTAIGNE, M. DE (1588): Essays. Zürich 1953.

MORUS, TH.: Utopia, in: The Complete Works of St. Thomas More IV, hg. v. E. SURTZ and J. H. HEXTER. New Haven 1965.

Nibelungenlied. Mittelhochdeutscher Text und Übertragung. Hg., übers. und mit einem Anhang versehen von H. BRACKERT, Bd. 1 u. 2. Frankfurt a.M. 1970.

NIETZSCHE, F.: Krit. Studienausgabe, hg. v. COLLI, G. u. MONTINARI, M., Bd. 6. Berlin/New York 1980.

NIETZSCHE, F. (1871): Die Geburt der Tragödie. Kritische Studienausgabe, hg. v. COLLI, G. u. MONTINARI, M., Bd. 6. Berlin/New York 1980.

NIETZSCHE, F. (1883): Also sprach Zarathustra. Ein Buch für Alle und Keinen. Krit. Studienausgabe, hg. v. COLLI, G. u. MONTINARI, M., Bd. 4. Berlin/New York 1980.

NITSCHKE, A.: Körper in Bewegung. Gesten, Tänze und Räume im Wandel der Geschichte. Stuttgart 1989.

276

NITSCHKE, A.: Bewegungen in Mittelalter und Renaissance. Kämpfe, Spiel, Tänze, Zeremoniell und Umgangsformen. Düsseldorf 1987.

ORTEGA Y GASSET, J.: Der Aufstand der Massen. Stuttgart 1989.

ORWELL, G.: Animal Farm. Hamburg 1986.

ORWELL, G · 1984. London 1954.

OTTO, W. F.: Dionysos. 4. Auflage, Frankfurt a.M. 1980.

Palast der Götter. 1500 Jahre Kunst aus Indien. Katalog zur Ausstellung 7. März bis 28. Juni, Nr. 63, 1992.

PANIKKAR, R.: Der Weisheit eine Wohnung bereiten, hg. v. CH. BOCHINGER. München 1991.

PERLS, F.: Das Ich, der Hunger und die Aggression. München 1989.

PIRSIG, R.: Zen and the Art of Motorcycle Maintenance. Bantam 1989.

PLATON: Der Staat. Artemis, München 1973.

PLATON: Symposion, in: ders., Sämtliche Werke. In der Übersetzung von F. SCHLEIERMACHER mit der Stephanusnumerierung. Bd. 2. Hamburg 1957.

PLESSNER, H.: Die Stufen des Organischen und der Mensch. GW Bd. IV, Frankfurt a.M. 1981.

PRALL, U.: Im Schatten des Kinos. Der offene und geheime Grenzverkehr von Ian McEwans Romanen und Erzählungen mit der Filmästhetik, in: Frankfurter Rundschau vom 18.05.1991, S. ZB 3.

PROUST, M.: A la recherche du temps perdu. Paris 1954.

RANKE, F.: Tristan und Isolde. 1925.

RAUSCHNING, H.: Gespräche mit Hitler. Zürich/New York 1940.

REICH, W.: Die Funktion des Orgasmus. Köln 1987.

REICH, W.: Die sexuelle Revolution. Frankfurt a.M. 1990.

REITEMEYER, U.: Philosophie der Leiblichkeit. Ludwig Feuerbachs Entwurf einer Philosophie der Zukunft. Frankfurt a.M. 1988.

RELIQUET, PH.: Ritter Tod und Teufel. Gilles de Rais oder die Magie des Bösen. München/Zürich 1984.

ROHRWASSER, M.: Der Stalinismus und die Renegaten. Stuttgart 1991.

RÖSCH, C.: Der Mißbrauch geistiger Getränke in pathologischer, therapeutischer, medizinisch-polizeilicher und gerichtlicher Hinsicht. Tübingen 1839.

ROST, W.D.: Psychoanalyse des Alkoholismus. Theorie, Diagnostik, Behandlung. Stuttgart 1987.

ROUGEMONT, D. DE: L'amour et l'occident. Paris 1972.

ROUSSEAU, J.-J.: Schriften, hg. v. H. RITTER. 2 Bde. Bd. 1 München/Wien 1978, Bd. 2 Frankfurt a.M./Berlin/Wien 1981.

ROUSSEAU, J.-J. (1751): Abhandlung über die Wissenschaften und Künste, in: Schriften Bd. 1.

ROUSSEAU, J.-J. (1752): Letzte Antwort. An Bordes, in: Schriften Bd. 1.

ROUSSEAU, J.-J. (1755): Abhandlung über den Ursprung und die Grundlagen der Ungleichheit unter den Menschen, in: Schriften Bd. 1.

ROUSSEAU, J.-J. (1756): Brief an Herrn von Voltaire, in: Schriften Bd. 1.

ROUSSEAU, J.-J. (1762): Staat und Gesellschaft. Contrat social. Übers. u. komm. v. K. WEIGAND. München 1959.

ROUSSEAU, J.-J. (1762): Émile oder über die Erziehung, hg. v. M. RANG. Stuttgart 1963.

ROUSSEAU, J.-J. (1776/78): Träumereien eines einsamen Spaziergängers, in: Schriften Bd. 2.

ROUSSEAU, J.-J. (1781): Bekenntnisse. Frankfurt a.M. 1985.

ROUTTENBERG, A.: Das Belohnungssystem des Gehirns. Spektrum der Wissenschaft: Gehirn und Nervensystem. Heidelberg 1984.

RUSH, B.: A Inqiry into the Effects of Ardent Spirits upon the Human Body and Mind, in: GROB, G. N. (Hg.), Nineteenth-century Medical Attitudes toward Alcoholic Addiction. ND New York 1981. Eine dt. Übersetzung zuerst 1792.

RUTSCHKY, K. (Hg.): Schwarze Pädagogik. Quellen zur Naturgeschichte der bürgerlichen Erziehung. Frankfurt a.M./Berlin/Wien 1977.

SADE, M. DE (1867): Die 120 Tage von Sodom. Ausgewählte Werke Bd. III. Hamburg, 1965.

SAINT-SIMON, H. DE: De la reorganisation de la sociéte europeenne. Oeuvres choisies. Paris 1925.

SCHAEF, A.W.: Im Zeitalter der Sucht. Wege aus der Abhängigkeit. Hamburg 1989.

SCHAEF, A.W.: Die Flucht vor der Nähe. Warum Liebe, die süchtig macht, keine Liebe ist. Aus dem Amerikanischen von BRIGITTE JAKOBEIT. 2. Aufl., Hamburg 1990.

SCHELER, M. (1933): Über Scham und Schamgefühl. GW Bd. 10. Bern 1957, S. 65-154.

SCHILLER, F.: Briefe über die ästhetische Erziehung des Menschen. Bad Heilbrunn 1960.

SCHIPPERGES, H.: Antike und Mittelalter, in: SCHIPPERGES, H; SEIDLER, E.; UNSCHULD, P. (Hg.), Krankheit, Heilkunst, Heilung. Freiburg/München 1978, S.229-269.

SCHREIBER, J.: Die strengen Träume des Marquis, in: Schuller, A.; Heim, N. (Hg.), Vermessene Sexualität. Berlin 1987, S. 220-234.

SCHWIETERING, J.: Die deutsche Dichtung des Mittelalters, 1932ff., unveränderter Nachdruck 1957 (=Handbuch der Literaturwissenschaft, hg. v. O. WALZEL).

SEMJATIN, J.: Wir. Köln 1974.

SENGHAAS, D.: Abschreckung und Frieden. Studien zur Kritik der organisierten Friedlosigkeit. 3. Aufl., Frankfurt a.M. 1981.

SENNETT, R.: Verfall und Ende des öffentlichen Lebens. Die Tyrannei der Intimität. 2. Aufl., Frankfurt a.M. 1983.

SEUFFERHELD, G. N.: De morbis bibonum. Diss. med. Altdorf 1720.

SIGUSCH, V.: Lob des Triebes, in: DANNECKER, M.; SIGUSCH, V. (Hg.), Sexualtheorie und Sexualpolitik (Beiträge zur Sexualforschung 59). Stuttgart 1984, S. 3-16.

SIMMEL, G.: Die Probleme der Geschichtsphilosophie. Leipzig 1905.

SIMON, B.: Mind and Madness in Ancient Greece. The Classical Roots of Modern Psychiatry. Ithaca/London 1980.

SKINNER, B.F.: Walden Two. New York 1962.

SKINNER, B.F.: Beyond Freedom and Dignity. London 1972.

SMITH, A. (1759): Die Theorie der ethischen Gefühle. Hamburg 1977.

SMITH, A. (1776): Der Wohlstand der Nationen. München 1983.

SMITH, H.: Erneuerung und Vertiefung des religiösen Lebens? In: JOSUTTIS, M.; LEUNER, H.. (Hg.), Religion und die Droge. Stuttgart 1972.

SPODE, H.: Alkohol und Zivilisation. Berlin 1991a.

SPODE, H.: Krankheit des Willens. In: Sociologia Intern. 29, 1991b.

SPODE, H.: Normales und abweichendes Trinken. In: MMG 17, 1992, 110 ff.

SPRINGER, A.: Wie die junge Psychiatrie den Teufel Alkohol austreiben wollte. In: Kriminalsoz. Bibl. 13, 1986.

STAROBINSKI, J.: Das Rettende in der Gefahr. In: Neue Rundschau 92, 1981, S. 42 ff.

STAROBINSKI, J.: Das Leben der Augen. Frankfurt a.M./Berlin/Wien 1984 (franz. 1961).

STAROBINSKI, J.: Rousseau. Eine Welt von Widerständen. München/Wien 1988 (franz. 1971).

STEINER, R. (1911): Die geistige Führung des Menschen und der Menschheit. Dornach 1974.

STEINER, R. (1918): Die Philosophie der Freiheit. Dornach 1962.

STENDHAL: De l'amour. Garnier-Flammarion, Paris 1965.

STERN, F.: Kulturpessimismus als politische Gefahr. Eine Analyse nationaler Ideologie in Deutschland. München 1986.

STERNE, L.: The life and opinions of Tristam Shandy. New York 1904.

STOHLMANN, W.: Einige ärztliche Stimmen gegen die Enthaltsamkeitsvereine. Bielefeld 1845.

STOLZ, A.: Schamanen. Ekstase und Jenseitssymbolik. Köln 1988.

STROMER D.Ä., H.: Ein getrewe, vleissige und ehrliche Verwarnung Widder das hesliche laster der Trunckenheit. Wittemberg 1531 (nicht paginiert).

STUBBE, CH.: Hamburg und der Branntwein. Berlin 1911.

TEXTOR, V.: Anatomia Bachi, vom Brauch und Miß-Brauch des Weines. Frankfurt a.M. 1617.

The Hacker Papers. In: Psychology Today, Aug. 1980.

THOMPSON, R.F.: Das Gehirn. Spektrum der Wissenschaft. Heidelberg 1990.

THIETMARUS MERSEBURGENSIS: Chronicon, hg. v. W. TRILLICH, Berlin 1957.

THUM, B. (Hg.): Gegenwart als kulturelles Erbe. Ein Beitrag der Germanistik zur Kulturwissenschaft deutschsprachiger Länder. München 1985.

TISCHNER, R.: Das Werden der Homöopathie. Stuttgart 1950.

TROTTER, TH.: Ueber die Trunckenheit und deren Einfluß auf den menschlichen Körper. Lemgo 1821.

TURKLE, SH.: The Second Self. New York 1984.

TWAIN, M.: The Adventures of Huckleberry Finn. Norton, New York 1967.

VIEF, B.: Initiation und Sucht. Zwei Auswege aus einer Kulturleistung, in:

279

LENZEN, D. (Hg.), Verbotene Wünsche. Kulturelle Muster der Erhaltung. Berlin 1991, S. 145-169.

VONDUNG, K.: Die Apokalypse in Deutschland. München 1988.

VRIES, J. DE: Die geistige Welt der Germanen. Halle, 2. Aufl. 1945.

WARHOL, A.: The Philosophy of Andy Warhol. San Diego 1977.

WATZLAWICK, P.: Anleitung zum Unglücklichsein. München 1983.

WEININGER, O.: Geschlecht und Charakter. Wien/Leipzig 1920.

WEINRICH, H.: Mythologie der Ehre, in: FUHRMANN, MANFRED (Hg.), Terror und Spiel. Probleme der Mythenrezeption (= Poetik und Hermeneutik IV). München 1971, S. 341-356.

WEISS, P.: Die Ästhetik des Widerstands. Frankfurt a.M 1983.

WEIZSÄCKER, V. VON: An Leib, Seele und Ehre krank. Grundlagen einer neuen Medizin (1949), in: GW Bd. 7, S. 283-293.

WELLS, H.G.: The Time-machine. 1896.

WILLI, J.: Nur wer die Sehnsucht kennt. In: Psychologie heute 18/3, 1991, S. 30-37.

WINAU, R.: Krankheitskonzept und Körperkonzept, in: KAMPER, D.; WULF, CH. (Hg.), Die Wiederkehr des Körpers. Frankfurt a.M. 1982, S. 285-298.

WOLFRAM V. ESCHENBACH: Parzival. Mittelhochdeutscher Text nach der Ausgabe von K. LACHMANN. Übersetzung und Nachwort von W. SPIEWOK. Stuttgart 1981.

WOODMAN, M.: Heilung und Erfüllung durch die Große Mutter. Interlaken 1987.

WÜNSCHE, K.: Die Endlichkeit der pädagogischen Bewegung, in: KAMPER, D.; WULF, CHR. (Hg.), Die sterbende Zeit. Darmstadt/Neuwied 1987.

WÜNSCHE, K.: Die Bemühungen um einen anthropomorphen Menschen, in: GEBAUER, G. u.a.: Historische Anthropologie. Reinbek 1989.

ZIMMERMANN, H. D.: Rationalität und Mystik. Frankfurt a.M. 1981.

ZIZEK, S.: Liebe dein Symptom wie dich selbst. Jacques Lacans Psychoanalyse und die Medien. Berlin 1991.

ZOJA, L.: Sehnsucht nach Wiedergeburt. Ein neues Verständnis der Drogensucht. Stuttgart 1986.

280

Die Autoren

BOLZ, NORBERT

Dr. phil., Professor für Kommunikationstheorie an der Universität GH Essen, *Arbeitsschwerpunkte*: Medientheorie, Kommunikationstheorie, Designwissenschaft, *Veröffentlichungen*: Theorie der neuen Medien (1990), Eine kurze Geschichte des Scheins (1991), Chaos und Simulation (1992).

DE HAAN, GERHARD

Dr. phil., Professor für Erziehungswissenschaft an der freien Universität Berlin. *Arbeitsschwerpunkte*: allgemeine Erziehungswissenschaft , Kulturgeschichte, Ökologie. *Veröffentlichungen*: Natur und Bildung (1985), HerzStiche. Beiträge, Erzählungen und Bilder aus dem Gefühlsdschungel Schule, (1989) (Hg. gem. mit Heger/ Manthey); Ökologie-Handbuch Grundschule (1989); Zwangslagen. Über den Umgang mit Zeit im pädagogischen Diskurs (1992); seit 1989ff gem. mit R.-J. Heger Herausgeber von "Emile. Zeitschrift für Erziehungskultur".

HEIM, NIKOLAUS

Dr. rer. soc., Privatdozent, Institut für soziale Medizin, FU Berlin, *Arbeitsschwerpunkte*: Medizinsoziologie, Forensische Psychologie, Devianzforschung. *Veröffentlichungen*: Psychiatrisch-psychologische Begutachtung im Jugendstrafverfahren (1986), Die Kastration und ihre Folgen bei Sexualstraftätern (1980), Vermessene Sexualität (1987, Hg. gem. mit Alexander Schuller), Biomedizin (1990, Hg. gem. mit Alexander Schuller), Medizinsoziologie. Ein Studienbuch (1992, Hg. gem. mit Alexander Schuller und Günter Halusa).

KAMPER, DIETMAR

Dr. phil., Professor, Institut für Soziologie, Freie Universität Berlin, *Arbeitsschwerpunkte*: Sozialisation und Erziehung, Familiensoziologie, Zivilisationstheorie, insbesondere Geschichte des Körpers; Philosophische und Historische Anthropologie; Soziologie der Imagination, Soziologische Ästhetik. Mitbegründer des Forschungszentrums für Historische Anthroplogie. *Veröffentlichungen*: Zur Geschichte des Körpers (1976); Zur Geschichte der Einbildungskraft (1981), Zur Soziologie der Imagination (1986), Hieroglyphen der Zeit (1988), seit 1981 zus. mit Ch. Wulf Veranstalter internationaler, transdisziplinärer Kolloquien zur "Historischen Anthropologie", u.a. publiziert: Der andere Körper (1984), Transfigurationen des Körpers (1989), Historische Anthropologie (1989), Rückblick auf das Ende der Welt (1990).

KLEBER, JUTTA ANNA
Dr. phil., wiss. Mit., Freie Universität Berlin, Institut für soziale Medizin. *Arbeitsschwerpunkte*: Artus- und Gralsliteratur, Mystik, Paramedizin, Eßstörungen, Sucht, Erotik. *Veröffentlichung*: "Die Frucht der Eva und die Liebe in der Zivilisation" (1992). Vorbereitung einer Habilitationsschrift zur Zivilisationsgeschichte der Ekstase. Derzeit Ausbildung in klassischer Homöopathie.

KRAUSE, BURKHARDT
Dr. phil., Mediävist, Bayreuth und Mannheim, *Arbeitsschwerpunkte* in den Bereichen Artusliteratur, Mentalitätsgeschichte und interkulturelle Germanistik. *Veröffentlichungen*: "Präludien. Kanadisch-deutsche Dialoge", Hg. gem. mit Ulrich Scheck, Patrick O'Neill (1992); "Fremdkörper - fremde Körper - Körperfremde ", Hg. (1992). Vorbereitung einer Habilitationsschrift zur Geschichte der Subjektivität.

RAU, PETER
Dr. phil. habil, nach Tätigkeit als Gymnasiallehrer und Hochschulassistent 1989 Venia Legendi für Neuere Deutsche Literaturwissenschaft. Universitätsdozent am Seminar für deutsche Philologie der Universität Mannheim. *Arbeitsschwerpunkte*: Spätbarocke Poetik und Literatur; Romangeschichte; Ethik und Literatur; Literarische Ästhetik. *Veröffentlichungen* über das barocke Trauerspiel, Liebeskonzeptionen des Romans vom Barock bis zur Klassik, Karl Philipp Moritz, Schiller, Romantheorie im 17. und 18. Jahrhundert, Thomas Mann, Stefan George und andere.

SCHULLER, ALEXANDER
Dr. phil., Professor, Freie Universität Berlin, Institut für soziale Medizin. *Arbeitsschwerpunkte*: Medizin-, Kultur- und Bildungssoziologie, Historische Anthropologie, Soziologie des Körpers. *Veröffentlichungen*: "Vermessene Sexualität" (1987; Hg. gem. mit N. Heim),

"Der codierte Leib" (1989; Hg. gem. mit N. Heim), "Biomedizin. Künstliche Befruchtung, Embryonenforschung und Gentechnologie (1990; Hg. gem. mit N. Heim), "Medizinsoziologie. Ein Studienbuch" (1992; Hg. gem. mit N. Heim und G. Halusa). Mitglied des Forschungszentrums für Historische Anthropologie.

SCHULLER, PHILIPP
M.A. East-Asia-Studies, Harvard University. Arbeitet bei der Deutschen Bank in Tokyo/Japan, Mitglied der deutschen Rudernationalmannschaft 1990.

SPODE, HASSO
Dr. phil., Historiker und Soziologe bei der Sektion "Kulturgeschichte" der historischen Kommission zu Berlin. *Arbeitsschwerpunkte*: (quantitative) Sozialgeschichte und Kultursoziologie. *Veröffentlichungen*: Zur Geschichte des Tourismus (1987), Alkohol und Zivilisation (1991), Zur Sonne, zur Freiheit! (1991; Hg.), Arbeitskämpfe in Deutschland 1933 bis 1980 (1992; Hg. gem. mit H. Volkmann u.a.), Die Macht der Trunkenheit, (im Druck).

THIEL, MARLIS
Diplomsozialwissenschaftlerin, lebt und arbeitet in Bremen, beschäftigt beim Landessportbund als Frauenreferentin, schreibt an einer Dissertation zum Thema "Sucht und Kunst" (am Leitfaden der Lebens- und Werkgeschichte Klaus Manns).

WINTER, KARIN
Dipl.-Ing. für Lebensmitteltechnologie und Studienrätin für Biologie, Landbau und Spanisch am Albert-Schweitzer-Gymnasium in Berlin; ist dort Drogenkontaktlehrerin. Senatorin für Schulwesen, Berlin. Als Profesora de tiempo completo für Lebensmitteltechnologie an der Universität de Bogolá (Kolumbien) und als Leiterin des chemischen Forschungslabors des Instituts für Pharmakologie, Toxikologie und Pharmazie der tierärztlichen Hochschule Hannover zahlreiche *Veröffentlichungen* zum Stoffwechsel, zur Lebensmittelkontrolle usw.

Siegfried Zepf (Hg.)
Die Erkundung des Irrationalen
Bausteine einer analytischen Sozialpsychologie nebst
einigen Kulturanalysen. 1993. 241 Seiten, kartoniert
ISBN 3-525-45757-X

Christa Rohde-Dachser (Hg.)
Beschädigungen
Psychoanalytische Zeitdiagnosen. (Sammlung
Vandenhoeck). 1992. 192 Seiten, Paperback
ISBN 3-525-01420-1

Christa Rohde-Dachser (Hg.)
Zerstörter Spiegel
Psychoanalytische Zeitdiagnosen. (Sammlung Vanden-
hoeck). 2. Auflage 1992. 189 Seiten mit 2 Abbildungen.
ISBN 3-525-01414-7

Helmut Puff (Hg.)
Lust, Angst und Provokation
Homosexualität in der Gesellschaft. Mit einem Vorwort
von Martin Dannecker. (Sammlung Vandenhoeck). 1993.
Ca. 275 Seiten, Paperback. ISBN 3-525-01423-6

Rudolf Eckstein und die Psychoanalyse
Schriften, herausgegeben von Jörg Wiesse. 1993. Ca. 220
Seiten mit ca. 20 Abbildungen, kartoniert
ISBN 3-525-45754-5

Michael B. Buchholz (Hg.)
Metaphernanalyse
1993. Ca. 350 Seiten mit 3 Abbildungen, kartoniert
ISBN 3-525-45747-2

Vandenhoeck & Ruprecht · Göttingen